AF710926

GUIDES VOIR

NOUVELLE-ZÉLANDE

Libre Expression
QUEBECOR MEDIA

Libre Expression
QUEBECOR MEDIA

HACHETTE TOURISME
43, quai de Grenelle 75905 Paris Cedex 15

DIRECTION
Cécile Boyer-Runge

RESPONSABLE DE PÔLE ÉDITORIAL
Amélie Baghdiguian

RESPONSABLE DE COLLECTION
Catherine Laussucq

ÉDITION
Aurélie Pregliasco

TRADUIT ET ADAPTÉ DE L'ANGLAIS PAR
Dominique Brotot
avec la collaboration de Claire Rouyer

MISE À JOUR
Paulina Nourissier

MISE EN PAGES (P.A.O.)
Maogani

DK

CE GUIDE VOIR A ÉTÉ ÉTABLI PAR
Helen Corrigan, Roef Hopman, Gerard Hutching,
Rebecca Macfie, Geoff Mercer, Simon Noble, Peter Smith,
Michael Ward, Mark Wright

www.dk.com
Publié pour la première fois en Grande-Bretagne en 2001,
sous le titre *Eyewitness Travel Guides : New Zealand*
© Dorling Kindersley Limited, London, 2006
© Hachette Livre (Hachette Tourisme) 2006
pour la traduction et l'adaptation française.
Cartographie © ERA-Maptec Ltd, Dublin, Irlande, 2006

© Éditions Libre Expression, 2006
pour l'édition française au Canada

Tous droits de traduction, d'adaptation
et de reproduction réservés pour tous pays.
La marque Voir est une marque déposée.
IMPRIMÉ ET RELIÉ EN CHINE PAR SOUTH CHINA PRINTING CENTRE

Aussi soigneusement qu'il ait été établi, ce guide
n'est pas à l'abri des changements de dernière heure.
Faites-nous part de vos remarques, informez-nous
de vos découvertes personnelles : nous accordons
la plus grande attention au courrier de nos lecteurs.

Éditions Libre Expression
7, chemin Bates
Outremont (Québec) H2V 4V7

DÉPÔT LÉGAL : 1er trimestre 2006
ISBN 2-7648-0262-5

◁ **Vaches et moutons paissant au pied du mont Hutt**

SOMMAIRE

Tamatekapua, maison commune maorie à Rotorua

PRÉSENTATION DE LA NOUVELLE-ZÉLANDE

***Pohutukawa* en fleur à Oriental Bay, Wellington**

En barque sur l'Avon, à Christchurch

La Nouvelle-Zélande région par région

L'île du Nord

L'île du Sud

Bonnes adresses

Friture et salade

Renseignements pratiques

Match de rugby au cap Est, dans l'île du Nord

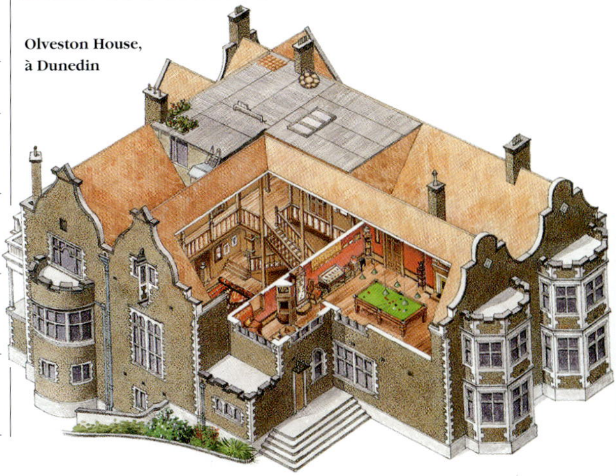

Olveston House, à Dunedin

COMMENT UTILISER CE GUIDE

Ce guide a pour but de vous aider à profiter au mieux de votre séjour en Nouvelle-Zélande. L'introduction, *Présentation de la Nouvelle-Zélande*, situe le pays dans son contexte géographique, historique et culturel. Dans les sept chapitres de *La Nouvelle-Zélande région par région*, plans, textes et illustrations présentent en détail les principaux sites et monuments de l'île du Nord et de l'île du Sud. Les *Bonnes adresses* proposent une sélection d'hôtels et de restaurants. Les informations contenues dans les *Renseignements pratiques* vous simplifieront la vie au quotidien.

LA NOUVELLE-ZÉLANDE RÉGION PAR RÉGION

Le pays est divisé en sept régions repérables rapidement grâce à un code couleur. La carte du premier rabat intérieur montre ce découpage. Au début de chaque chapitre, les localités et les sites les plus intéressants, numérotés, apparaissent sur une *Carte touristique*.

1 Introduction
Elle présente les principaux attraits touristiques de chaque région en mettant en lumière la manière dont paysages et histoire ont forgé son caractère.

La carte de situation montre l'emplacement et l'étendue de la région.

Un repère de couleur correspond à chaque région.

2 Carte touristique
Elle offre une vue de toute la région et de son réseau routier. Les principaux centres d'intérêt y sont répertoriés et numérotés, et des informations sont fournies sur les modes de transport.

3 Renseignements détaillés
Les localités et les sites importants sont décrits individuellement dans l'ordre de la numérotation de la Carte touristique. *Chaque notice comprend aussi des informations pratiques telles que références cartographiques, adresses, numéros de téléphone et heures d'ouverture.*

Des encadrés sont consacrés à des traits propres à la région.

4 Les grandes villes

Elles sont traitées individuellement. Pour chacune, les principaux centres d'intérêt – situés sur le Plan général de la ville *– font l'objet d'une rubrique séparée.*

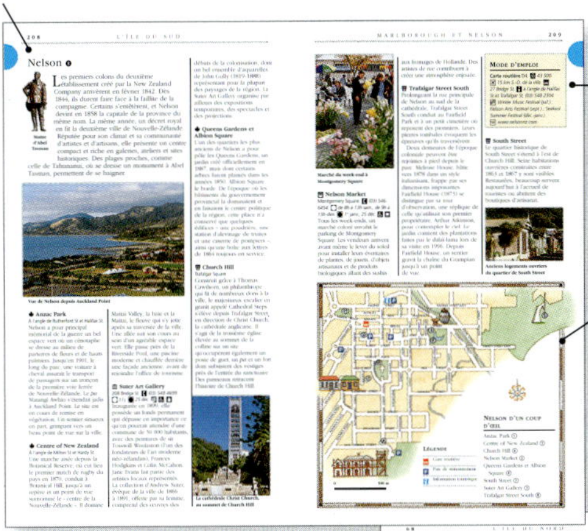

Le Mode d'emploi fournit des informations sur les transports publics, les offices de tourisme et les principales manifestations.

Sur le **Plan général de la ville** figurent les rues principales, les gares ferroviaires et routières, les parkings et les offices de tourisme.

5 Plan pas à pas

Il offre une vue aérienne et détaillée de quartiers particulièrement intéressants. Des photographies montrent les sites et édifices importants.

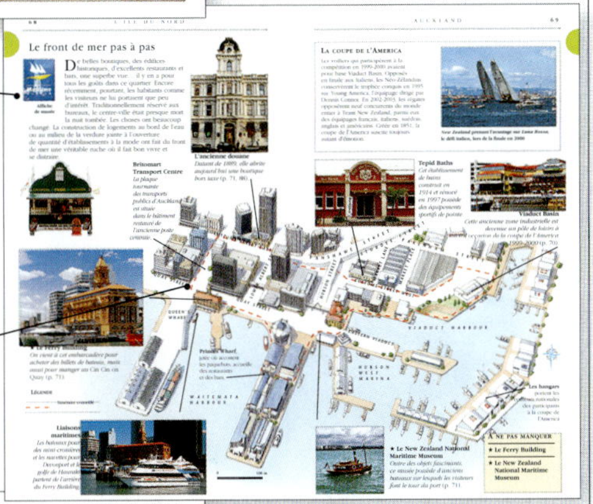

Un itinéraire de promenade conseillé apparaît en rouge.

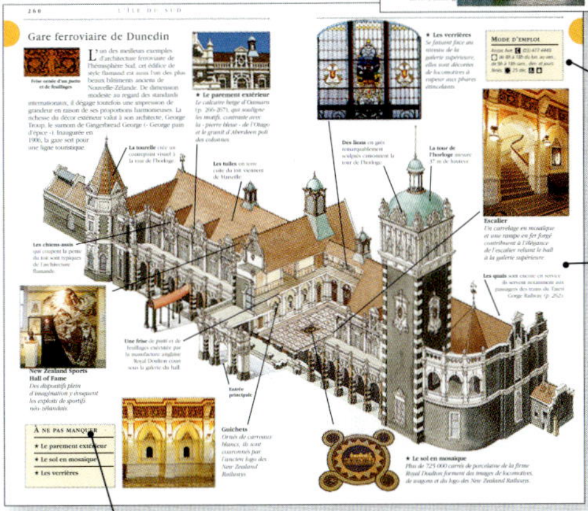

Horaires et autres renseignements pratiques sont réunis dans le *Mode d'emploi*.

6 Les principaux sites

Deux pleines pages au moins leur sont réservées. La représentation des édifices historiques en dévoile l'intérieur, celle des musées en révèle l'organisation. Pour les parcs nationaux, des cartes indiquent les équipements et les sentiers.

Des étoiles signalent les éléments à ne pas manquer.

Présentation de la Nouvelle-Zélande

L'île du Nord dans son environnement

La Nouvelle-Zélande s'étend au cœur du Pacifique sud, à 1 600 km à l'est de l'Australie et à environ 10 000 km de San Francisco et de Tokyo. Elle se compose de deux îles principales et de quelques autres beaucoup plus petites. Si sa superficie de 270 530 km² est proche de celle du Japon, ou du Royaume-Uni, sa population atteint seulement 4 millions d'habitants. Les trois quarts des Néo-Zélandais vivent sur l'île du Nord, où l'agglomération d'Auckland abrite plus d'un million de personnes, dont la plus importante communauté polynésienne du monde. La capitale administrative et politique, Wellington, se trouve à sa pointe méridionale, au centre géographique du pays. Le détroit de Cook, large de 20 km, la sépare de l'île du Sud.

Code couleur

Île du Nord

- Northland
- Auckland
- Centre de l'île du Nord
- Wellington et le Sud

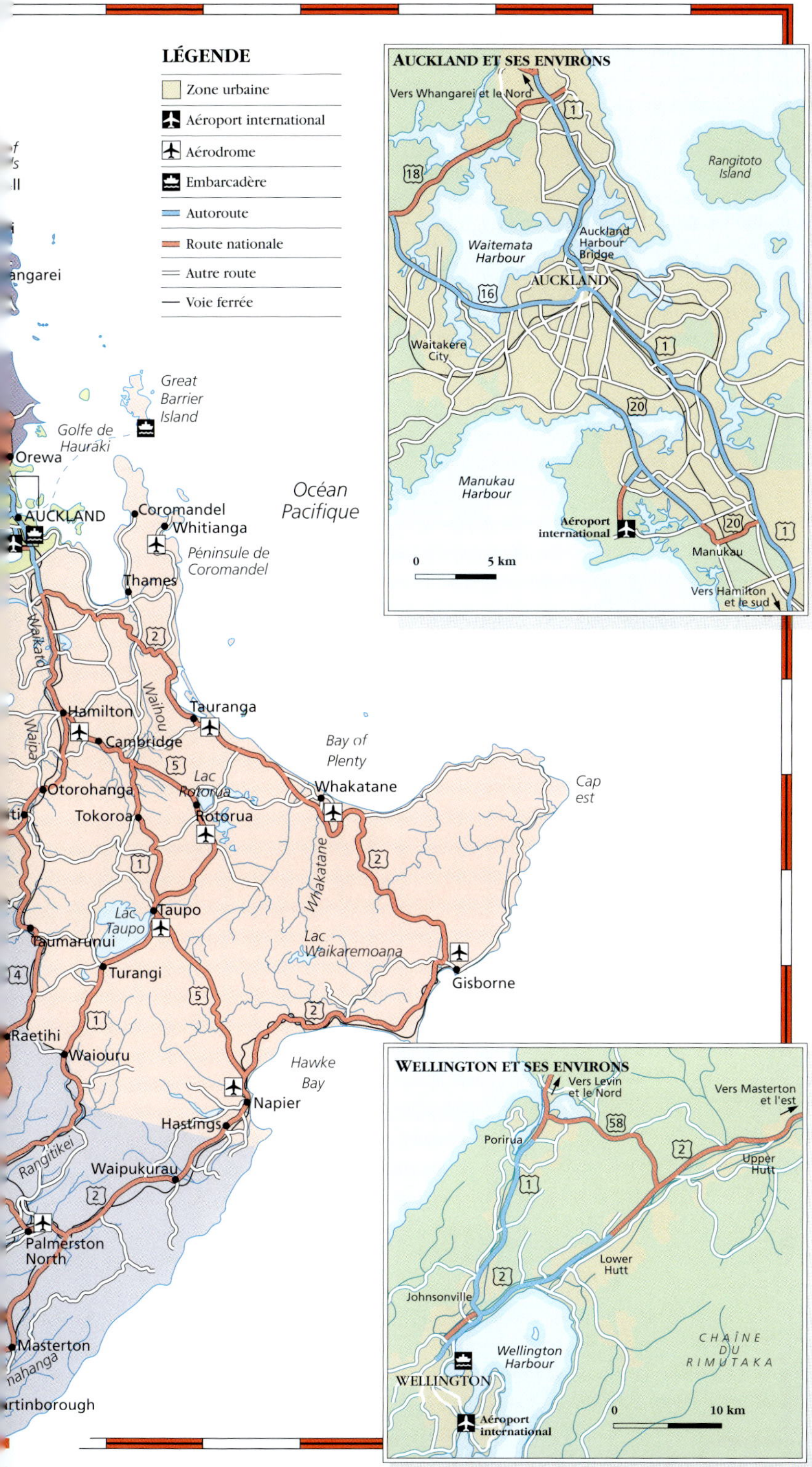
LÉGENDE
Zone urbaine
Aéroport international
Aérodrome
Embarcadère
Autoroute
Route nationale
Autre route
Voie ferrée
AUCKLAND ET SES ENVIRONS
Vers Whangarei et le Nord
Rangitoto Island
Waitemata Harbour
Auckland Harbour Bridge
AUCKLAND
Waitakere City
Manukau Harbour
Aéroport international
Manukau
Vers Hamilton et le sud
0 5 km
Great Barrier Island
Golfe de Hauraki
Orewa
AUCKLAND
Coromandel
Whitianga
Péninsule de Coromandel
Océan Pacifique
Thames
Waikato
Waihou
Hamilton
Tauranga
Cambridge
Waipa
Bay of Plenty
Lac Rotorua
Rotorua
Whakatane
Cap est
Otorohanga
Tokoroa
Whakatane
Lac Taupo
Taupo
Taumarunui
Lac Waikaremoana
Gisborne
Turangi
Raetihi
Waiouru
Hawke Bay
Napier
Hastings
Rangitikei
Waipukurau
Palmerston North
Masterton
Martinborough
WELLINGTON ET SES ENVIRONS
Vers Levin et le Nord
Vers Masterton et l'est
Porirua
Upper Hutt
Lower Hutt
Johnsonville
Wellington Harbour
CHAÎNE DU RIMUTAKA
WELLINGTON
Aéroport international
0 10 km

L'île du Sud dans son environnement

Légèrement plus grande que l'île du Nord, l'île du Sud couvre une superficie de 150 440 km². Les Southern Alps, dont 223 sommets dépassent 2 300 m d'altitude, courent sur presque toute sa longueur. Une végétation basse prédomine sur le côté oriental de la chaîne montagneuse, peu arrosé, tandis que de magnifiques forêts pluviales s'étendent sur la côte ouest, agrémentée de lacs et de glaciers. Christchurch, la ville la plus importante avec 330 000 habitants, possède un aéroport international. Au sud, Dunedin est un grand centre universitaire. Des ferries relient Invercargill à Stewart Island, la troisième île du pays par la taille.

Code Couleur

Île du Sud

- Marlborough et Nelson
- Canterbury et côte ouest
- Otago et Southland

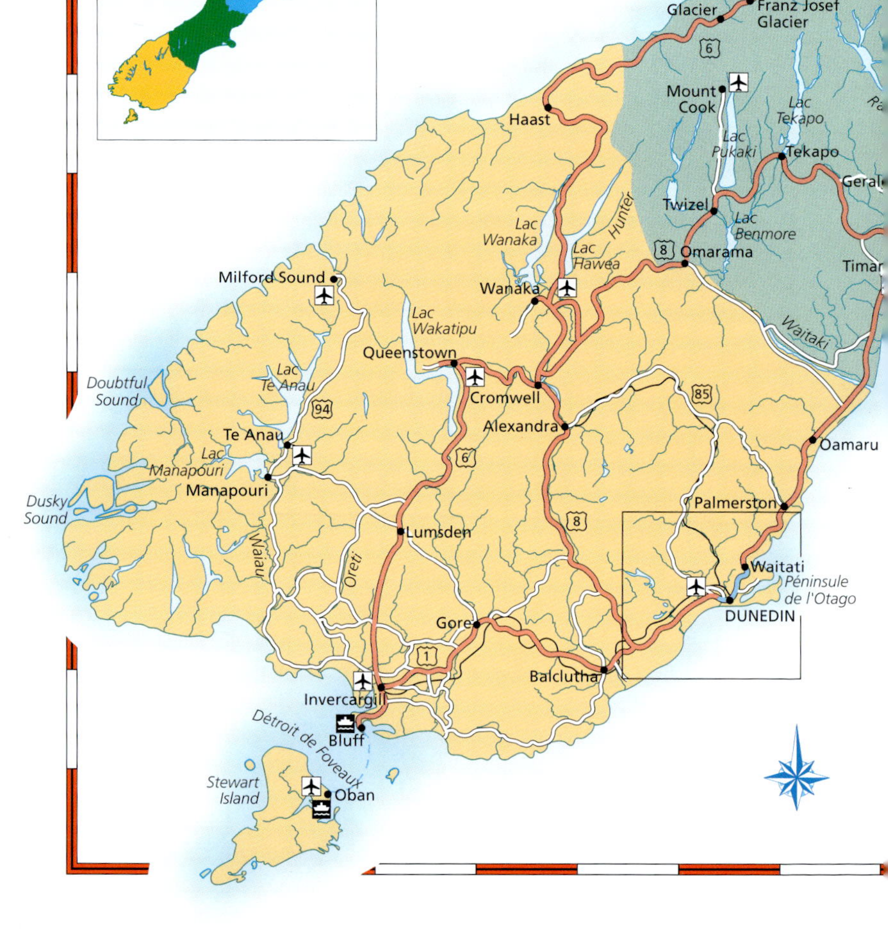

Pointe de Farewell
Golden Bay
Collingwood
60
Upper Takaka
Tasman Bay
Marlborough Sounds
Motueka
Karamea
Nelson
Picton
Wairau
Blenheim
6
Murchison
St Arnaud
Awatere
1
Reefton
Clarence
Springs Junction
Hanmer Springs
7
Kaikoura
73
Waipara
Oxford
Pegasus Bay
Mount Hutt
CHRISTCHURCH
Rakaia
Lac Ellesmere
Ashburton
Presqu'île de Banks
Océan Pacifique
Palmerston North
Levin
Paraparaumu
Upper Hutt
Masterton
WELLINGTON
Lower Hutt
Rumahanga
Détroit de Cook
Cap Palliser
CHRISTCHURCH ET SES ENVIRONS
Blenheim
1
Oxford
72
Rangiora
Kaiapoi
Océan Pacifique
Eyre
Waimakariri
Belfast
Christchurch Aéroport international
CHRISTCHURCH
Darfield
73
Halswell
Lyttelton
Péninsule de Banks
Selwyn
1
Lincoln
75
Lac Ellesmere
Akaroa
Rakaia, Timaru
Rakaia
0
20 km
DUNEDIN ET SES ENVIRONS
Oamaru
Queenstown
Karitane
Michies Crossing
Blueskin Bay
Port Chalmers
88
87
Mosgiel
1
Fairfield
DUNEDIN
Péninsule de l'Otago
Henley
Queenstown
1
Océan Pacifique
8
Milton
Invercargill
0
20 km
LÉGENDE
Zone urbaine
Aéroport international
Aérodrome
Embarcadère
Autoroute
Route nationale
Autre route
Voie ferrée
0
50 km

UNE IMAGE DE LA NOUVELLE-ZÉLANDE

Sa situation géographique au sein du Pacifique sud, qui fait de la Nouvelle-Zélande l'un des pays les plus isolés du monde, a profondément marqué son identité. Les premiers arrivants, les Maoris, la nommèrent Aotearoa – « la terre du long nuage blanc » –, car c'est la vue de nuages qui, depuis leurs pirogues, leur indiqua la présence de ses îles.

Les îles de la Nouvelle-Zélande s'étirent entre 34° et 47° de latitude sud. Cela les place sur le passage des quarantièmes rugissants, les vents qui balaient ces régions australes. La mer de Tasman, large de 1 600 km, les sépare de la terre la plus proche : l'Australie. Située aux antipodes du méridien de Greenwich, sur la ligne de changement de date, la Nouvelle-Zélande se targue d'être la première nation à voir le soleil se lever.

Le kiwi, animal emblématique

Subtropical au nord, le climat devient tempéré au sud. L'omniprésence de l'Océan suscite des précipitations régulières qui entretiennent une végétation abondante. La faune comprend de nombreux oiseaux et poissons, mais seules deux espèces de mammifères – des chauves-souris – sont indigènes. Toutes les autres ont été introduites par les Maoris ou les colons européens.

Peuplée relativement tard et comptant moins de quatre millions d'habitants, la Nouvelle-Zélande a préservé en grande partie son environnement naturel. L'industrie touristique joue cette carte à fond. Il est vrai que l'intérêt des villes paraît secondaire face

La fougère argentée, l'un des symboles du pays, apparaît sur le maillot des All Blacks

◁ **Vue aérienne des sommets enneigés des Southern Alps**

Le littoral vu de Tunnel Beach, au sud de Dunedin

à la beauté sauvage du pays. Des baies abritées et de superbes plages jalonnent les côtes, tandis que l'île du Nord, avec les sites volcaniques de son plateau central, et l'île du Sud, avec les Southern Alps et ses fjords glaciaires, offrent des paysages spectaculaires.

La colonisation

Les relevés cartographiques effectués par le capitaine James Cook en 1769 ouvrirent la voie aux chasseurs de baleines et de phoques. Le désordre régnant, les craintes de frictions avec les Maoris émises par les missionnaires et la menace d'une annexion française poussèrent la Grande-Bretagne à donner à la Nouvelle-Zélande le statut officiel de colonie. Le traité signé en 1840 à Waitangi, dans la Bay of Islands, par un représentant de la Couronne et des chefs de tribus, était censé garantir aux Maoris le contrôle de leurs ressources naturelles. Les spoliations de terres se poursuivirent toutefois jusque tard dans le XXe siècle. Aux objections des Maoris et à leurs marches de protestation répondit en 1975 la création du Waitangi Tribunal, une commission d'enquête chargée d'examiner leurs doléances contre l'administration. Son pouvoir d'investigation, d'abord limité aux litiges postérieurs à sa fondation, fut étendu en 1985 à des actions remontant à 1840.

Le capitaine James Cook

Les premiers programmes de colonisation furent en majorité entrepris par des Anglais et des Écossais, ce que reflètent encore des villes comme Christchurch et Dunedin. Auckland, le pôle commercial, a toujours été plus cosmopolite. Quant à Wellington, très tôt choisie comme capitale, son caractère politique est bien marqué.

Dame Whina Cooper, chef maorie, lors d'une marche de protestation en octobre 1975

Ces pionniers défrichèrent de vastes forêts pour en exploiter le bois et gagner des terres à la culture. L'esprit d'indépendance des Néo-Zélandais est un legs de ces hommes qui, désireux de fuir le système de classes de la société britannique, consacrèrent leurs forces à construire une nation. C'est pourquoi les prouesses physiques sont pour eux un motif de fierté. Ils l'ont montré lors des deux guerres mondiales et le prouvent désormais au travers du sport national : le rugby.

The Beehive (la « Ruche »), aile du Parlement, à Wellington, qui abrite les ministères

La société

La Nouvelle-Zélande est à la fois un État indépendant et démocratique et un dominion du Royaume-Uni. Conformément au statut de Westminster régissant les rapports au sein du Commonwealth, son parlement rend allégeance à la couronne britannique en la personne du gouverneur-général. Cela n'empêche pas le gouvernement de décider en toute liberté de sa politique étrangère. Des voix s'élèvent aujourd'hui pour demander l'instauration d'une république. L'identité néo-zélandaise s'est construite sur le rejet d'une société inégalitaire, et le pays tire une grande fierté d'avoir été le premier à accorder le droit de vote aux femmes en 1893. Une aversion profonde pour le nucléaire l'a conduit à se désengager de ses accords militaires avec les États-Unis et la Grande-Bretagne à partir de 1986, tandis qu'il recentrait sa politique extérieure sur le Pacifique sud.

Malgré les compensations substantielles accordées par le Waitangi Tribunal, la question de la jouissance des terres reste un sujet de litiges pour les Maoris. Le recours à une importante main-d'œuvre polynésienne venue d'autres îles du Pacifique et l'arrivée d'immigrants asiatiques ont entraîné des tensions raciales, mais les Néo-Zélandais

Marché du week-end à l'Arts Centre de Christchurch

Les All Blacks avant un match contre l'Afrique du Sud à Dunedin en 1999

revendiquent aujourd'hui une société pluriculturelle.

Les visiteurs apprécient leur attitude accueillante due à leur curiosité pour le reste du monde – les Néo-Zélandais sont de grands voyageurs – et, sans doute, à leur qualité de vie. Les villes, petites, ne connaissent ni embouteillage ni délinquance, et il est facile de s'échapper vers les splendides espaces naturels environnants.

Jeunes Maoris en promenade

Bien que les réformes rendues nécessaires par la mondialisation des échanges commerciaux aient accru les écarts de revenus entre les plus démunis et les plus riches, la société néo-zélandaise reste fondamentalement égalitariste et solidaire, avec l'un des systèmes de protection sociale les plus efficaces au monde. Quatre-vingt-cinq pour cent des Néo-Zélandais vivent en ville, et les trois quarts d'entre eux habitent l'île du Nord. Après avoir presque failli disparaître, les Maoris représentent aujourd'hui 16 % de la population. Leur nombre continue de croître, mais la plupart ont toujours un niveau de vie inférieur à celui des descendants des colons européens. Cette situation devrait s'améliorer grâce aux mesures antidiscriminatoires prises par le gouvernement pour faciliter leur accès à l'éducation et à l'emploi.

L'ÉCONOMIE

L'agriculture est la principale source de richesse de la Nouvelle-Zélande. Celle-ci joue d'ailleurs un rôle de pionnier en matière d'élevage et de recherche agronomique. Les produits laitiers, la viande ovine et la laine constituent toujours une part importante des échanges extérieurs. Cependant, les exportations se sont diversifiées grâce, notamment, à la viticulture et aux cultures fruitières, de kiwis en particulier. Des ressources énergétiques

Embouteillage sur une route nationale

comme le gaz naturel, le pétrole, le charbon et l'hydroélectricité ont permis le développement d'une industrie de transformation. Le rôle croissant de l'électronique et des technologies de l'information dans les exportations ouvre des perspectives encourageantes. Malgré son rapprochement avec l'Australie dans le cadre de l'accord appelé CER (Closer Economic Relations), la Nouvelle-Zélande reste très sensible aux soubresauts de l'économie mondiale.

Dîner en plein air à Mapua, Nelson

Dans les années 1980, la récession a porté un coup d'arrêt à la politique de l'État providence. Confrontés à une dette extérieure et un taux de chômage élevés, les gouvernements qui se sont succédé, tant de droite (parti national) que de gauche (parti travailliste), ont pris des mesures de libéralisation et de privatisation et ont encouragé l'essor du tourisme.

Cours dans un parc

LE SPORT ET LA CULTURE

La Nouvelle-Zélande est une terre de grands espaces, et ses habitants excellent dans de nombreux sports. L'équipe des All Blacks tient une place prestigieuse dans l'univers du rugby ; quant à la coupe de l'America, elle a été défendue avec succès dans la baie d'Auckland en 2000, prouvant que le voilier néo-zélandais ne devait pas sa victoire de 1995 à la chance. Ce pays de passionnés de chevaux est également réputé pour ses pur-sang. Les grandes figures nationales comprennent bien sûr des sportifs comme sir Edmund Hillary, qui vainquit l'Everest avec le Sherpa Tenzing, mais aussi l'auteur Katherine Mansfield, la chanteuse d'opéra Dame Kiri Te Kanawa et des scientifiques tels sir William Pickering et lord Rutherford. Malgré l'éloignement, de grands artistes internationaux se produisent régulièrement, tandis que le renouveau de la culture maorie offre aux créateurs locaux un riche héritage où puiser pour affirmer leur identité.

Musiciens de rue à Auckland

Les paysages de Nouvelle-Zélande

La Nouvelle-Zélande, quoiqu'une terre ancienne, présente un visage relativement jeune. Une partie de son socle rocheux a 600 millions d'années, mais des plissements, des éruptions volcaniques et des tremblements de terre ont créé et continuent de façonner des paysages beaucoup plus récents. Les Southern Alps, en particulier, ont commencé à se former il y a seulement trois millions d'années. Le climat contribue à la diversité d'un pays qui renferme aussi bien de denses forêts pluviales que des fjords spectaculaires creusés pendant les ères glaciaires.

Le mont Ruapehu *reste très actif dans une zone qui marque le début de la ceinture de feu du Pacifique* (p. 62-63).

Le littoral*, qui abrite une riche faune, s'étire sur 18 200 km. Seul un cinquième est bordé par des eaux abritées, mais il se prête néanmoins à de nombreuses activités nautiques.*

La formation des reliefs

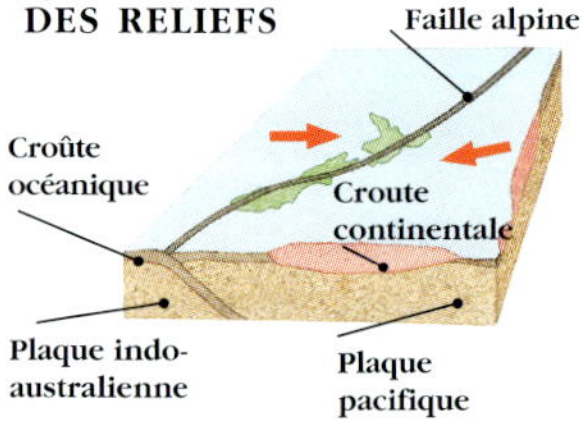

Depuis les derniers 20 ou 25 millions d'années, la Nouvelle-Zélande se trouve au point de contact de deux plaques tectoniques. Au niveau de l'île du Nord, la plaque pacifique s'enfonce sous la plaque indo-australienne et provoque la formation de volcans. La situation inverse a créé par plissement les reliefs de l'île du Sud.

Les contreforts des Southern Alps protègent les plaines du Canterbury des vents dominants.

Sud du Canterbury et Southern Alps
Le développement de l'agriculture et de l'élevage a transformé le visage d'une plaine où dominait jadis la forêt. Au loin, la masse imposante des Southern Alps – ou Alpes méridionales – témoigne de la puissance des forces géologiques qui façonnent le paysage depuis 600 millions d'années.

La lande *couvre environ 10 % du territoire. Elle occupe souvent des endroits où les brûlis des premiers Maoris pour chasser les moas ont fait reculer la forêt.*

La Bay of Islands *renferme 144 îles qui se trouvent à moins de 50 km de la côte. Elles étaient accessibles à pied pendant les périodes glaciaires, où le niveau de la mer baissait.*

Des rivières en réseau charrient des fragments de roche depuis les montagnes *(p. 189)*.

Élevés pour la viande et la laine, les moutons prospèrent dans les collines du sud du Canterbury.

UN FRAGMENT DU GONDWANA

Il y a environ 180 millions d'années, la Nouvelle-Zélande appartenait à un vaste continent, le Gondwana, avec les actuels Antarctique, Australie, Inde, Afrique et Amérique du Sud. Son isolement, dû à la dérive des continents, a permis l'apparition d'espèces végétales et animales qui n'existent nulle part ailleurs.

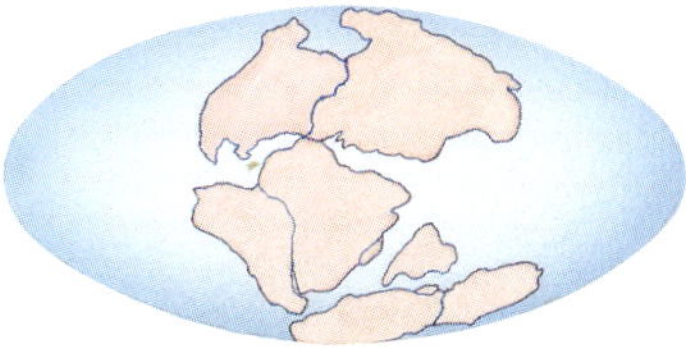

Il y a 180 millions d'années, la Nouvelle-Zélande occupait l'extrémité du Gondwana, l'un des deux continents de la Terre avec la Laurasia.

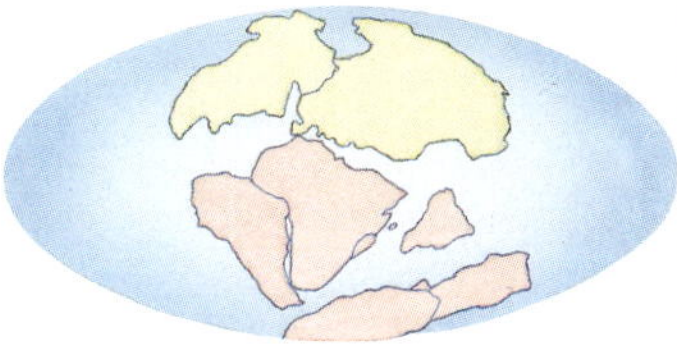

Il y a 135 millions d'années, le Gondwana avait commencé à se diviser, mais la Nouvelle-Zélande restait soudée à l'Australie.

Aujourd'hui, la mer de Tasman sépare l'Australie de la Nouvelle-Zélande, et l'écart entre elles ne cesse de croître. La Nouvelle-Zélande se dirige au nord vers l'équateur à la vitesse moyenne de 30 mm par an, l'Australie de 80 mm.

Les fjords *creusés au sud-ouest du pays pendant les périodes glaciaires sont parmi les plus spectaculaires du monde* (p. 278-279) *; ils entaillent la côte sur 1 000 km. Doubtful Sound est le plus profond (420 m). Dusky Sound, le plus long, s'enfonce de 40 km à l'intérieur des terres.*

La flore et la faune

Manchot pygmée

L'évolution a suivi un cours particulier sur un territoire isolé pendant 80 millions d'années, et la Nouvelle-Zélande abrite des espèces végétales et animales inconnues ailleurs. Hormis les phoques, les dauphins et les baleines abondant dans ses eaux, il n'existait, avant l'arrivée des hommes, que deux espèces de mammifères : des chauves-souris. Oiseaux coureurs, lézards, escargots géants et plantes aussi vieilles que les dinosaures contribuent à la fascination qu'exerce la nature, malgré les atteintes de l'homme depuis quelque mille ans.

Les sphénodons *sont les derniers représentants d'un ordre de reptiles vieux de 220 millions d'années. Un vivarium permet d'en observer de près à Invercargill* (p. 284).

Les forêts de kauris

Les kauris aux troncs rectilignes dominent les forêts du Northland. Leur superficie a été considérablement réduite depuis les années 1790, ces arbres présentant un grand intérêt pour la sculpture et la construction de bateaux et de maisons.

Le maquis

Les plantes arbustives du maquis offrent un abri à de nombreuses espèces animales et permettent aux forêts de se régénérer. Elles occupent de vastes surfaces sur les deux îles, souvent des zones déboisées.

Les kiwis *au long bec fouisseur vivent surtout dans les chaudes forêts du Nord.*

Le **weta**, *sorte de criquet inoffensif quoique aussi large qu'une main, ne vole pas.*

La **ponga**, *emblème national, doit son nom de « fougère argentée » à l'aspect du dessous de ses feuilles.*

Le gecko diurne *chasse dans les buissons pendant la journée. Il n'est pas ovipare, contrairement à d'autres de ses congénères.*

La **kowhai**, *souvent décrite comme la fleur nationale néo-zélandaise, s'épanouit au printemps.*

La **manuka** *est très appréciée des abeilles.*

Les oiseaux de Nouvelle-Zélande

Le pays est réputé pour ses oiseaux étonnants. N'ayant longtemps été menacés par aucun prédateur terrestre comme les rats, les félins et les canidés, beaucoup ont fini par perdre leur aptitude à voler. En outre, certains ont pris des proportions impressionnantes. L'immense moa, chassé par les Maoris jusqu'à l'extinction, faisait plus de 2 m. L'arrivée de l'homme a mis en danger de nombreuses espèces. Des efforts considérables sont aujourd'hui entrepris pour éviter que disparaissent à leur tour des oiseaux aussi particuliers que le kiwi, le strigops kakapo, le talève takahé, le nestor kéa et le glaucope cendré.

***Le strigops kakapo** reste au sol et sort la nuit.*

***Le glaucope cendré** vole mal mais chante bien.*

La montagne

Les paysages prennent un visage alpin vers 1 300 m d'altitude dans l'île du Nord et dès 900 m dans l'île du Sud. Dans beaucoup d'endroits, seules des herbacées et des broussailles réussissent à survivre au vent et aux périodes de chaleur et de froid intenses.

Le littoral

Côtes rocheuses, plages de sable et estuaires marécageux fournissent des habitats variés. Beaucoup de plantes indigènes prospèrent dans cet environnement salé auquel elles se sont adaptées. Certaines ont ainsi des feuilles épaisses retenant l'humidité.

***Les nestors kéa** de l'île du Sud sont réputés pour leur intelligence et leur caractère joueur.*

***L'albatros royal** se reproduit à Taiaroa Head, dans la péninsule de l'Otago (p. 264), quand il revient de ses zones de pêche hivernale.*

***Le pohutukawa** fleurit sur les côtes de l'île du Nord à l'approche de Noël.*

***La** **Raoulia eximia** est appelée « plante mouton » car elle ressemble à de la laine.*

***Les fleurs alpines** hissent leurs corolles pour attirer les insectes pollinisateurs.*

***Des otaries à fourrure** de Nouvelle-Zélande sont souvent visibles sur les rochers.*

Réserves naturelles et parcs nationaux

Geckos

Quatorze parcs nationaux couvrent en Nouvelle-Zélande une superficie de 29 000 km², soit près de 8 % du pays. Des volcans enneigés du Tongariro National Park aux falaises abruptes du Fiordland, ils offrent des paysages d'une diversité exceptionnelle. Sillonnés de superbes sentiers de randonnée, ils abritent des plantes et des animaux qui n'existent nulle part ailleurs. Ils dépendent du Department of Conservation. Celui-ci gère également 20 parcs et 3 500 réserves naturels, ainsi que 18 réserves marines. Le territoire ainsi préservé représente 30 % de la totalité de la Nouvelle-Zélande.

***Dans l'Abel Tasman National Park**, des plages de sable doré frangent les falaises. L'intérieur des terres est calcaire et recèle des grottes et des rivières souterraines* (p. 212-213).

***Le Aoraki/Mount Cook National Park** doit son nom au point culminant d'Australasie, baptisé Aoraki, le « perceur de nuages », par la tribu Ngai Tahu. Il renferme aussi le plus long glacier du pays* (p. 250-251).

***Le Paparoa National Park** est bordé d'une côte où les vagues ont sculpté dans le calcaire les Pancakes Rocks – formations rocheuses – et des trous d'où l'eau de mer jaillit comme d'un évent* (p. 234).

***Le Fiordland National Park** est situé dans une région sauvage creusée de fjords et de vallées glaciaires aux parois couvertes d'une dense forêt tempérée* (p. 278-279).

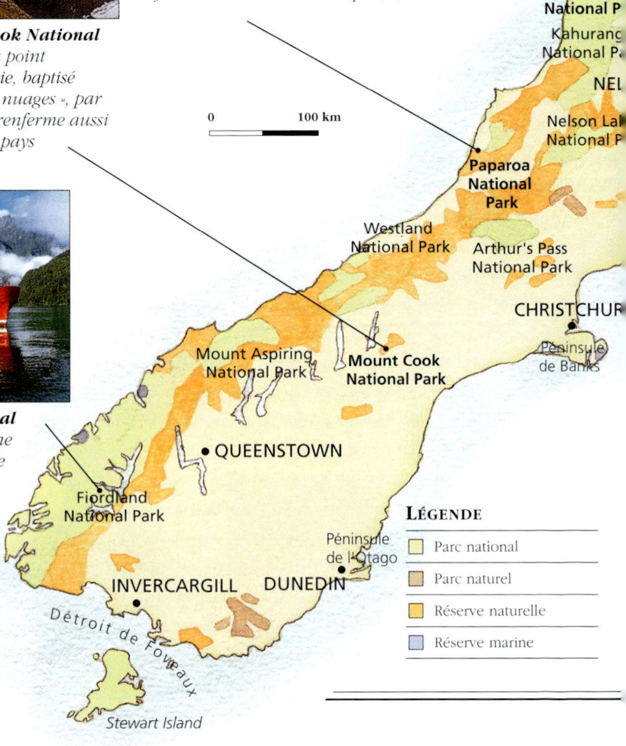

***La forêt de Waipoua**, dans le Northland, abrite les plus beaux kauris du pays. Le climat chaud favorise la croissance de cet arbre, l'un des plus grands du monde* (p. 109).

***Au Miranda Shorebird Centre**, sur la côte ouest du Firth of Thames, de vastes bancs de sable intertidaux attirent des milliers d'échassiers migrateurs* (p. 120).

***Dans le Tongariro National Park**, le cratère du mont Ruapehu, occupé par un lac, évoque un chaudron de sorcière. Le volcan entre régulièrement en éruption* (p. 62-63, 140-141).

***L'Egmont National Park** entoure le mont Taranaki ou Egmont, qui domine avec majesté la ville de New Plymouth, toute proche. Sa dernière éruption remonte à 1775* (p. 180-181).

L'architecture en Nouvelle-Zélande

Les risques de tremblement de terre ont limité en Nouvelle-Zélande la hauteur et les modes de construction des bâtiments, ce qui donne aux villes un aspect quelque peu uniforme. Elles ont toutefois conservé de beaux bâtiments anciens : maisons communes maories, demeures historiques et édifices publics et commerciaux. Les villas en bois dominent dans les quartiers résidentiels. L'architecture moderne s'est inspirée de nombreuses écoles occidentales, mais les créateurs locaux ont aussi développé un style propre qui conjugue les apports européens et maoris.

Tours de verre et de béton à Auckland

Maisons communes maories

Ces lieux de réunion, dont les plus récents utilisent des matériaux modernes *(p. 129)*, jouent un grand rôle dans la vie sociale des tribus. Leur toit à double pente, dont le faîte symbolise la colonne vertébrale tribale et la bordure de pignon les bras des ancêtres, repose sur des poteaux enfoncés dans le sol. Les chevrons représentent les côtes de la lignée familiale.

Des figures d'ancêtres et de chefs ornent les murs et le toit

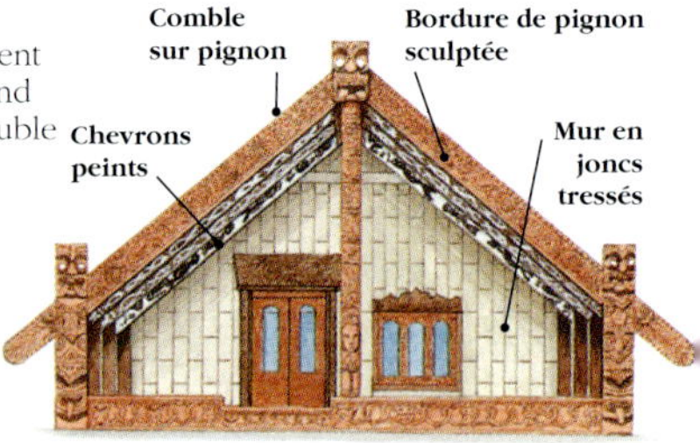

***Te Tokanganui-a-Nobo**, belle maison commune de Te Kuti, date de 1872.*

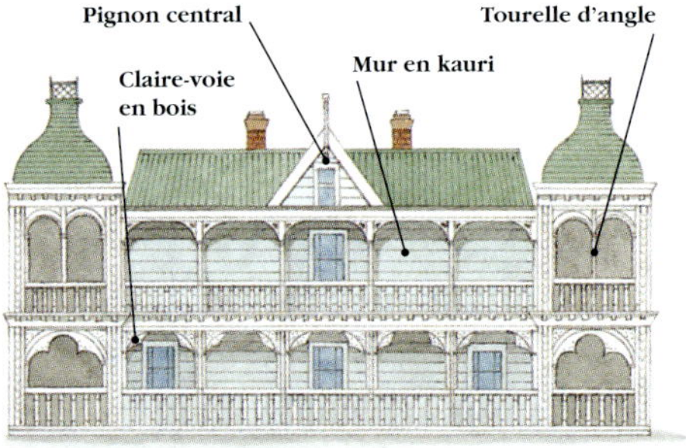

***Alberton**, résidence construite en 1862 pour le fermier Allen Kerr, fait désormais partie d'Auckland.*

Résidences

À partir du milieu du XIXᵉ siècle, les marchands et les éleveurs enrichis affichèrent leur aisance en faisant construire d'élégantes demeures. Ils les agrandissaient au fur et à mesure que leurs moyens augmentaient. Bien qu'elles soient de styles variés, nombre de ces maisons ont un cachet victorien. Certaines sont grandioses. Souvent, des boiseries, des corniches et des moulures animent le décor intérieur et lui donnent de la chaleur *(p. 263)*.

Édifices publics

Mettant en évidence les liens avec la « mère patrie », les édifices des années 1860 reflétaient les styles en vogue en Grande-Bretagne, comme le néo-gothique. Ils sont marqués par la verticalité et la répétition ornementale. Parfois, le bois y remplaçait la traditionnelle pierre.

***L'université de l'Otago** (1878) à Dunedin, de style néo-gothique, inspirée de celle de Glasgow en Écosse (1870).*

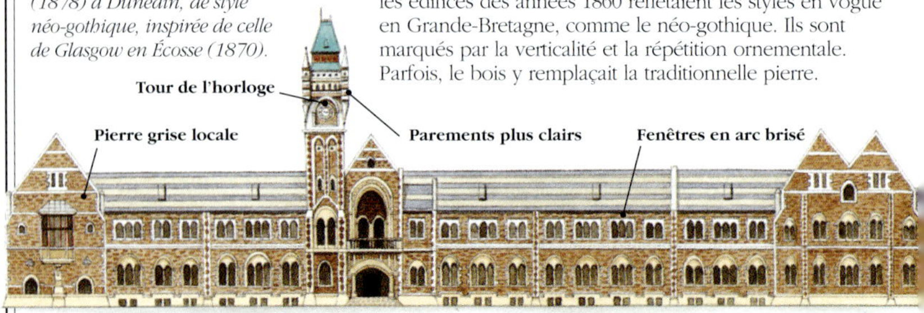

VILLAS

Au tournant du siècle dernier, les villas avec avancée en façade était la demeure d'élection des classes moyennes. Elles étaient souvent construites par rues entières, toutes sur le même modèle. Des toits en tôle ondulée ou en tuiles protégeaient leurs murs en planches. L'élaboration du décor et la présence d'un étage révélaient l'aisance du propriétaire *(p. 159)*.

Bois chantourné

BÂTIMENTS COMMERCIAUX

Grâce à la prospérité dont jouissait la Nouvelle-Zélande au début du XXe siècle, des bâtiments commerciaux ambitieux vinrent remplacer les boutiques et les entrepôts temporaires encore de règle dans ce pays de pionniers. Ils affichent une grande variété de styles – Renaissance, classicisme ou encore baroque édouardien –, marque de réussite commerciale. Les façades, souvent très ouvragées avec, notamment, des colonnes à l'antique, cachent des structures en poutrelles d'acier et en béton armé. Ces techniques modernes offrant une grande liberté de formes, l'architecture commerciale montre peu de cohérence dans les villes.

Détail d'une des colonnes soutenant la tour

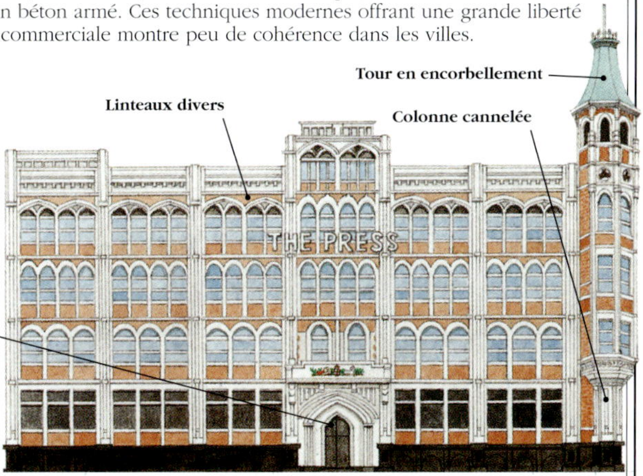

Le Press Building *(1909), à Christchurch, de style néo-gothique, est caractéristique avec sa tour en encorbellement.*

ARCHITECTURE CONTEMPORAINE

Les bâtiments contemporains possèdent en Nouvelle-Zélande la même diversité de styles que dans le reste du monde, mais beaucoup d'architectes locaux s'attachent à utiliser des éléments maoris et à inscrire les édifices dans l'environnement naturel.

Décor abstrait de l'extérieur

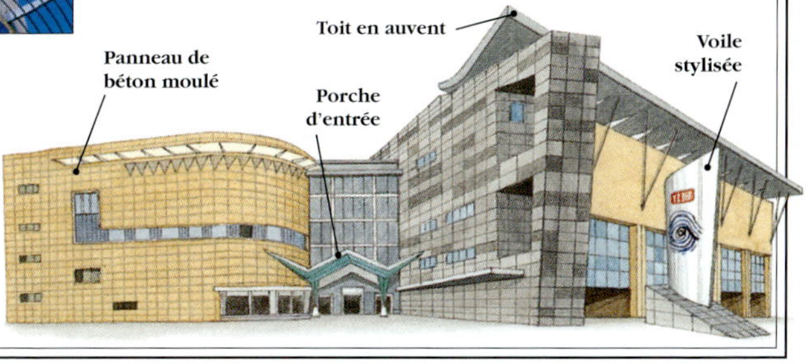

Le Museum of New Zealand Te Papa Tongarewa*, ouvert en 1998, s'inspire des maisons communes maories.*

La culture et l'art maoris

Pendentif en néphrite

La riche et complexe culture des Maoris s'est élaborée à partir de leur héritage polynésien. Les descendants des premiers colons ayant un vaste territoire à se partager, les tribus se développèrent de manière indépendante, ce qui entraîna des variations de langue et de coutumes. Les arts avaient le plus souvent une fonction religieuse. Les Maoris ne connaissaient pas le métal mais excellaient dans la sculpture sur bois, sur os et sur pierre, ainsi que dans la vannerie et le tissage. La déclamation, la mélopée, les chants et les danses restent des moyens privilégiés pour transmettre une tradition que les maisons communes ont beaucoup contribué à sauver.

***Les tatouages, ou* moko**, *effectués en colorant des incisions avec un pigment à base de suie, indiquaient le rang social. Cette pratique est toujours très répandue.*

La sculpture

Les Maoris disposaient en Nouvelle-Zélande d'amples réserves d'arbres au bois résistant et au grain régulier, ainsi que de sources variées de pierres dures permettant de fabriquer des outils. La sculpture occupait une place de choix dans leur culture. Avec l'intérêt croissant pour l'héritage maori, elle connaît depuis peu une véritable renaissance. Au New Zealand Maori Arts and Crafts Institute de Rotorua, notamment, des étudiants viennent apprendre à tailler le bois, l'os et la néphrite pour créer d'élégants pendentifs, des peignes et des objets rituels *(p. 136)*.

***Sculpture** de la Maori Affairs Select Comittee Room au Parlement de Wellington.*

La nacre du *paua*, sorte d'ormeau, donne leur éclat aux yeux

Des arêtes parallèles entourant des lignes pointillées forment un motif maori typique

Taurapa *(figure de poupe d'une pirogue de guerre) décorée au début du XIXe siècle dans le style des tribus Te Arawa de la région de Rotorua.*

Les ornements maoris sont très souvent curvilignes

Chants et danses

Ils jouent un rôle important dans la vie sociale maorie, et tout le monde y participe. Cependant, seules les femmes interprètent la gracieuse danse des *poi*.

***Dans la* haka**, *danse masculine et guerrière, la langue tirée et les yeux exorbités sont des signes de défi.*

***La vannerie et le tissage**, apanage des femmes, tirent parti des fibres naturelles disponibles. Datant des années 1880, ce sac orné, un* kete whakairo, *est en lin.*

***Les manteaux** portés lors des cérémonies peuvent être faits de divers matériaux comme le lin, les plumes et la peau de chien. Cette gravure de Sydney Parkinson (1745-1771) montre un guerrier.*

Les *poi* sont des balles en lin bourrées de jonc.

Les chants mettent en jeu expressions du visage et mouvements du corps, des mains, des bras et des jambes.

La jupe se compose de lanières de lin accrochées à une ceinture. Raclées et mises à sécher, les feuilles vertes se referment pour former des tubes.

***Les armes traditionnelles en bois**, en pierre et en os servaient surtout dans des combats au corps à corps. Cette* wahaika, *ou massue courte, date du début du XIXe siècle.*

Un artiste maori contemporain

Cliff Whiting est l'un des principaux promoteurs du renouveau de l'art maori. Il célèbre ici son héritage ancestral dans une interprétation dynamique du mythe de la création du monde. Son œuvre montre Tane Mahuta, déesse de la Forêt, qui écarte Ranginui, son père le Ciel, et Papatuanuku, sa mère la Terre, pour que la lumière puisse atteindre le monde.

***La Séparation de Ranginui et de Papatuanuku*, peinture murale de Cliff Whiting (1974)**

Artistes et écrivains néo-zélandais

Lithographie (1888) de J.G. Kuelemans

Dues à des botanistes, des navigateurs et des peintres amateurs, les premières descriptions des Maoris, de la flore et de la faune néo-zélandaises remontent à la période d'exploration. À l'instar de *Station Life in New Zealand* (1870) de lady Barker, des journaux intimes ou de bord ainsi que des reportages et des commentaires parus dans la presse britannique offraient une image du pays au début de sa colonisation. La littérature et la peinture restèrent très européennes jusqu'à la fin du XIXe siècle, où commencèrent à émerger des éléments nationaux originaux.

***Portrait d'un chef maori*, par Charles F. Goldie**

Les artistes

L'atmosphère qui régnait en Nouvelle-Zélande au début de la colonisation n'était pas favorable aux arts. Les pionniers issus des classes populaires, occupés à dompter une nature hostile, s'en souciaient peu. Quant aux hommes d'affaires, plus aisés, ils ne voyaient souvent là qu'une distraction pour dames. Des étrangers en visite comme l'Italien Girolamo Pieri Nerli et le Néerlandais Petrus van der Velden, qui partageaient une vision romantique de ces terres sauvages, réalisèrent les seules œuvres un peu consistantes.

Quelques Néo-Zélandais partirent étudier dans les académies européennes, dont Charles Frederick Goldie. Ses portraits de Maoris donnent l'image d'un peuple triste et à l'agonie.

Il existait des écoles et des sociétés artistiques en Nouvelle-Zélande au début du XXe siècle, mais beaucoup de peintres, informés des mouvements qui agitaient l'Europe, comme l'impressionnisme, quittèrent leur pays pour rejoindre ce creuset. Frances Hodgkins partit ainsi en 1901, et c'est en travaillant en Grande-Bretagne et en France qu'elle bâtit sa réputation.

Dans les années 1920, des artistes formés en Angleterre, tels Robert Field et Roland Hipkins, qui enseignaient à l'école d'art de Dunedin, initièrent leurs disciples aux idées modernes en plein développement sur l'Ancien Continent. Des influences expressionnistes, cubistes et abstraites commencèrent à se manifester dans les tableaux de John Weeks, Rhona Haszard et Christopher Perkins. Dans les années 1940, Eric Lee-Johnson, sir Tosswill Woolaston, Russell Clark et William Sutton s'efforcèrent d'insuffler dans leurs tableaux l'esprit de leur pays, plutôt que d'en faire une simple description.

***Dry September* (1949), huile sur toile de William Sutton**

En 1954, la première exposition de peintures abstraites organisée par l'Auckland City Art Gallery provoqua un tollé. Louise Henderson, Colin McCahon, Don Peebles et Rudy Bopas proposèrent malgré tout leurs œuvres à la vente dans les galeries qui avaient ouvert dans les grandes villes.

La sculpture avait pris du retard par rapport à la peinture, bien que Len Lye se fût tourné vers l'art kinétique dès 1950. Même s'il s'installa à New York, la Nouvelle-Zélande a la chance de posséder un bel ensemble de ses créations à la Govett-Brewster Gallery de New Plymouth *(p. 178)*. Dans les années 1960, Jim Allen, Greer Twiss, Marte Szirmay, Terry Stringer, Neil Dawson et Paul Dibble reçurent des commandes de sculptures modernes pour des lieux publics.

Depuis les années 1970, le développement du marché de l'art a permis à de nouvelles personnalités de s'affirmer, notamment des Maoris de grand talent comme Ralph Hotere, Para Matchett, Fred Graham et Shona Rapira Davies.

***Nga Morebu* (*Les Survivants*, 1988), techniques mixtes, groupe sculpté de Shona Rapira Davies**

LES ÉCRIVAINS

Les auteurs néo-zélandais commencèrent à attirer l'attention dans les années 1860, mais leurs œuvres étaient alors principalement publiées en Angleterre par manque d'éditeurs locaux. L'Anglais Samuel Butler, qui avait séjourné dans l'île du Sud, puisa dans ses souvenirs pour écrire *Erewohn* en 1872. *A History of New Zealand Birds* (1873), de sir Walter Buller, reste une référence en raison de la qualité de sa documentation et de ses illustrations. William Pember Reeves publia en 1898 *La Longue Nuée blanche*, une version romanesque de l'histoire de la Nouvelle-Zélande.

Sa description de la vie des colons dans *The Story of a New Zealand River* (1920) valut à Jane Mander une reconnaissance internationale. Dès ses premiers recueils de nouvelles, dont *Sérénité*, Katherine Mansfield imposa son regard profond et original. Envoyée à Londres pour parfaire son éducation, elle passa la majeure partie du reste de sa vie en Angleterre et en France, mais ses livres ont pour base ses souvenirs d'enfance dans son pays natal. Elle fit preuve d'une remarquable acuité dans son observation du comportement humain ; elle mourut en 1923 à 34 ans.

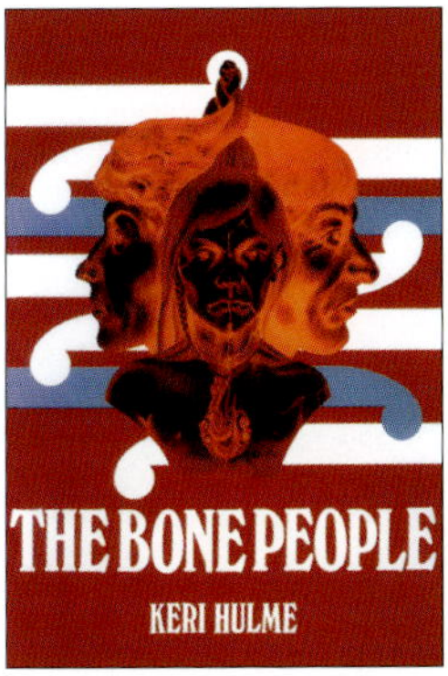

***The Bone People* (*Les Hommes du long nuage blanc*), roman primé**

Dans les années 1930, des romanciers et des poètes néo-zélandais entreprirent de donner naissance à un style propre en utilisant les idiomes locaux et en situant leurs récits dans les paysages sauvages des îles. Le temps passé au loin dans les forces armées pendant la Seconde Guerre mondiale modifia leur perspective de leur pays natal et insuffla une force nouvelle à leurs écrits. Puissante évocation d'un visiteur confronté à une terre étrangère et fascinante, *Landfall in Unknown Seas*, du poète Allen Curnow, offre un bon exemple de cette évolution.

Des auteurs comme Denis Glover, Robin Hyde, Frank Sargeson et Ruth Dallas se montrèrent très productifs dans les années 1950. Des romanciers tels que John Mulgan, Dan Davin et Roberick Finlayson, ainsi que le poète James K. Baxter, jetèrent un regard critique sur ce qu'ils considéraient comme une société conformiste masquant sous des conventions les tensions qui la travaillaient.

Dans *A History of New Zealand* (1961), l'historien et poète Keith Sinclair fut l'un des premiers à remettre en question la vision de la suprématie coloniale sur le primitivisme « indigène ». Dick Scott fournit dans son ouvrage *Ask that Mountain* (1975) une version plus proche des faits des début de la colonisation et des relations avec les Maoris. Aujourd'hui, Maurice Shadbolt, Fiona Kidman, C.K. Stead, Maurice Gee, Janet Frame et Fleur Adcock, entre autres, abordent avec réalisme les enjeux sociaux et raciaux. Des romanciers et des poètes maoris, dont Witi Ihimaera, Patricia Grace et Hone Tuware, défendent désormais le point de vue de leur peuple. En 1985, Keri Hulme, d'ascendance maorie et pakeha (blanche), a obtenu le Booker Prize pour *Les Hommes du long nuage blanc*. *L'Âme des guerriers*, où Alan Duff témoigne des conditions de vie de la minorité maorie, et *Spinster*, de Sylvia Ashton-Warner, une évocation des attitudes provinciales dans une communauté rurale, ont donné lieu à des adaptations cinématographiques, à l'instar de *God Boy* de Ian Cross.

Katherine Mansfield

James K. Baxter

Élevage et agriculture

Boîte aux lettres rurale

Bien que 85 % de la population vive en ville, l'économie de la Nouvelle-Zélande repose en grande partie sur l'agriculture. Celle-ci monopolise plus de 62 % des terres du pays et continue d'assurer plus de la moitié de ses revenus à l'exportation. À l'origine, l'élevage ovin et bovin formait le cœur de cette activité. Aujourd'hui, celui des cerfs, des porcs, des chèvres et des volailles, entre autres, gagne en importance. Si les terres fertiles de l'intérieur et du littoral sont dédiées à la culture, les pentes trop abruptes pour permettre une autre forme d'exploitation sont couvertes de plantations de pins.

***Les kiwis**, surtout cultivés autour de la Bay of Plenty, sont vendus dans plus de 50 pays* (p. 127). *La Nouvelle-Zélande fournit un quart de la production mondiale.*

***Pommes et poires** sont avant tout récoltées à Hawke's Bay et dans le Marlborough et le Nelson. Les exportations annuelles atteignent environ 18 millions de caisses.*

Des feuilles de plastique protègent les fruits les plus fragiles.

Des rangées d'arbres servent de brise-vent entre les vergers.

Les kiwis poussent en treille.

***Les pêches** et autres fruits à noyau proviennent pour la plupart de Hawke's Bay et du centre de l'Otago.*

Culture fruitière

Bien que les espaces réservés à l'élevage prédominent dans l'ensemble du pays, les vergers ont pris une grande importance dans des régions côtières au climat doux et au sol fertile comme la Bay of Plenty, le Gisborne, Hawke's Bay, le Nelson et l'Otago. La production est variée, des traditionnels pommes, poires et abricots aux fruits subtropicaux en passant par les agrumes et les baies.

L'élevage

Les 40 millions de moutons et les 9 millions de têtes de bétail du pays fournissent de la viande, de la laine, des produits laitiers et du cuir. L'élevage de boucherie domine dans le Northland, l'élevage laitier dans le Waikato, le Taranaki et le Manawatu, et celui de moutons partout ailleurs.

***Le romney**, le mouton le plus répandu en Nouvelle-Zélande, fournit laine et viande de qualité.*

***La holstein-frisonne**, à la robe noire et blanche, est la vache laitière la plus appréciée, car très productive.*

Les cultures de plein champ

Blé et ail dans le Marlborough

Des champs de céréales couvrent une grande partie des zones les plus plates de l'île du Sud, en particulier le Canterbury et le Southland. Le blé, l'avoine et l'orge servent non seulement à la consommation humaine, entre autres avec la fabrication de farine ou de bière, mais aussi à l'alimentation animale. Les cultures maraîchères gagnent du terrain dans les fertiles plaines côtières des deux îles, tandis que de nouvelles plantes comme l'ail, la lavande et le tournesol apportent couleurs et diversité aux paysages de la campagne néo-zélandaise.

Champs de tournesols près de Palmerston North

Des hangars abritent le tri et l'emballage.

Les citronniers sont plantés en lignes parallèles.

Les autres fruits *profitent d'une diversité climatique qui permet aussi bien la culture de baies comme les framboises dans l'île du Sud que celle d'agrumes, de pepinos, de kakis et de tamarillos dans des régions plus chaudes comme le Northland, les environs d'Auckland et la Bay of Plenty.*

Pamplemousses

Avocats

Pepino

Kaki

Tamarillos

Framboises

Le raisin *sert presque uniquement à la production de vins* (p. 34-35) *et à la consommation locale. Les grandes régions viticoles sont le Marlborough, le Gisborne et Hawke's Bay.*

***Le cerf**, élevé dans quelque 5 000 fermes pour sa viande, est aussi lucratif par ses bois, très recherchés en Asie.*

***Les chèvres** présentent entre autres avantages celui de tenir les terrains propres en se nourrissant de broussailles.*

***Les autruches** et les émeus font partie des animaux exotiques dont l'élevage est de plus en plus populaire.*

Les vins de Nouvelle-Zélande

Étiquettes de Corbans Longridge

La plantation des premières vignes remonte aux années 1830, mais il a fallu attendre 1980 pour que la Nouvelle-Zélande fasse son apparition sur la scène internationale parmi les meilleurs producteurs de vin. En l'espace de 20 ans, après que les viticulteurs eurent décidé de privilégier les blancs comme le sauvignon et le chardonnay, les progrès en qualité ont été considérables. Ils ont été accompagnés par un intérêt croissant des Néo-Zélandais pour l'œnologie. Le pays a exporté jusqu'à 19,2 millions de litres en 2000, et il compte désormais près de 400 domaines vinicoles. Beaucoup possèdent un restaurant et un point de vente et organisent des visites guidées et des dégustations.

***Une dégustation**, ou un déjeuner, dans un domaine est une des sorties du week-end.*

James Busby

En 1833, James Busby (1800-1871) devint non seulement « résident », c'est-à-dire représentant du gouvernement britannique en Nouvelle-Zélande, mais aussi le premier producteur de vin du pays dont les annales ont gardé la trace. Grand connaisseur des vignobles français, il avait déjà donné à l'Australie sa première région viticole avec Hunter Valley. L'explorateur Dumont d'Urville confirma le potentiel du terroir néo-zélandais en louant le vin blanc de Busby, qu'il goûta lors d'une escale dans la Bay of Islands en 1840.

***Le Marlborough** est la plus importante région viticole de Nouvelle-Zélande* (p. 204-205). *Le meilleur sauvignon blanc du pays est issu de la vaste Wairau Valley, où un climat ensoleillé et sec permet une maturation lente.*

***Au domaine de Gibbston Valley Wines** (p. 276), dans le centre de l'Otago, pinots noirs et gris, chardonnays, sauvignons blancs et rieslings sont conservés dans une cave creusée dans le rocher.*

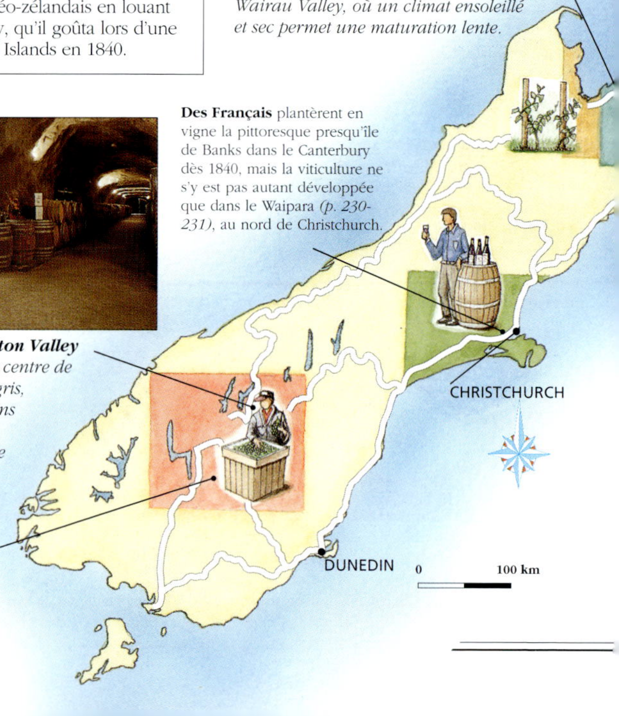

Des Français plantèrent en vigne la pittoresque presqu'île de Banks dans le Canterbury dès 1840, mais la viticulture ne s'y est pas autant développée que dans le Waipara *(p. 230-231)*, au nord de Christchurch.

Dans le centre de l'Otago, la saison de maturation est courte. L'essentiel de la production est vendu aux touristes.

***Des Croates de Dalmatie** de Henderson Valley, près du centre d'Auckland, sont à l'origine de la modernisation de la viticulture néo-zélandaise.*

***Mills Reef Winery**, à Tauranga, dans la Bay of Plenty, possède un restaurant et une boutique de style Art déco.*

Hastings *(p. 148-149)* accueille chaque année une vente aux enchères caritative.

***Te Mata Estate**, le plus ancien domaine viticole de Nouvelle-Zélande, a gardé une taille moyenne et n'utilise que des cépages de Hawke's Bay* (p. 148-149). *Son Coleraine Cabernet Merlot est de classe internationale.*

Le Wairarapa, la plus jeune des régions viticoles de Nouvelle-Zélande, compte aujourd'hui près de 25 caves.

***Martinborough**, pôle viticole du Wairarapa très fréquenté le week-end par les habitants de Wellington, organise en novembre le Martinborough Wine and Food Festival* (p. 170).

Les cépages

Le merlot fournit dans le **Northland** des rouges charpentés, tandis que le cabernet sauvignon l'emporte dans un autre terroir de rouges : les environs d'**Auckland**. Le chardonnay est à la base des meilleurs crus du **Waikato**, de la **Bay of Plenty** et du **Gisborne**. **Hawke's Bay** a fondé sa réputation sur des assemblages de chardonnay et de cabernet. Le pinot noir domine dans le **Wairarapa**. Le **Marlborough** produit des sauvignons blancs de très haute qualité, ainsi que des chardonnays et des mousseux. Les petits vignobles du **Nelson** et du **Canterbury** sont plantés de chardonnay, de pinot noir et de riesling. Le **centre de l'Otago**, la région viticole la plus au sud, se prête à la production de gewurztraminer, riesling et pinot.

Légende

- Northland
- Auckland
- Waikato et Bay of Plenty
- Gisborne
- Hawke's Bay
- Wairarapa
- Marlborough
- Nelson
- Canterbury
- Centre de l'Otago

L'année sportive

Le sport est une passion très ancienne en Nouvelle-Zélande, où les Maoris aimaient se défier à la lutte et à la course à pied ou en pirogue. Issus des classes moyennes et populaires, les colons anglais s'empressèrent de se livrer dans leur nouveau pays à des passe-temps réservés à la bourgeoisie en Grande-Bretagne. Le goût de ses habitants pour les loisirs actifs et le prestige accordé aux champions expliquent que la Nouvelle-Zélande remporte aujourd'hui dans les rencontres internationales des succès d'une ampleur sans commune mesure avec sa faible population.

***Le New Zealand Open Golf Championship** réunit l'élite mondiale sur un terrain différent chaque année.*

***Le Lake Taupo International Trout Fishing Contest** rassemble des pêcheurs de truite du monde entier.*

La New Zealand Winter Cup d'Addington, à Christchurch, est une date majeure du calendrier de trot attelé.

Janvier	Février	Mars	Avril	Mai	Juin

L'Auckland Anniversary Regatta est l'une des régates les plus importantes du monde, avec plus de 600 participants.

***La Wellington Cup**, comme beaucoup de courses de chevaux de premier plan, a lieu en été.*

***Le New Zealand Car Rally**, une épreuve internationale, emprunte des routes particulièrement difficiles.*

***Les International Dragon Boat Championships** ont lieu dans le port de Wellington, Lambton Harbour.*

***Le Provincial Trophy** est le grand championnat national de cricket, le sport le plus populaire en Nouvelle-Zélande après le rugby.*

Le Southern Traverse *oppose des équipes de 3 à 5 personnes, et son parcours change tous les ans. Il associe cyclisme et franchissement de lacs et de rivières en kayak et en radeau.*

Le New Zealand Women's Amateur Golf Championship *se réunit sur un terrain différent chaque année et attire d'excellentes joueuses du monde entier.*

Le National Provincial Championship *est la compétition la plus suivie de la saison nationale de rugby.*

llet	Août	Septembre	Octobre	Novembre	Décembre

Le World Heli-Challenge *de Wanaka témoigne du succès des sports extrêmes dans le pays.*

LÉGENDE DES SAISONS

- Cricket
- Golf
- Courses hippiques
- Boules sur gazon
- Netball
- Rugby
- Ski
- Sauvetage en mer

MAGIE NOIRE

Importé à la fin du XIXe siècle par les colons britanniques, le rugby cessa en Nouvelle-Zélande d'être un « sport de gentlemen » pour s'ouvrir à toutes les couches de la société. Les Maoris, en particulier, l'adoptèrent avec ferveur. L'équipe coloniale qui partit en 1888 livrer un tournoi en Grande-Bretagne portait une tenue noire ornée d'une fougère argentée sur la poitrine. Elle fut le précurseur des célèbres All Blacks, la mythique équipe nationale qui a remporté tant de victoires depuis sa création en 1905. Avant chaque match, elle défie ses adversaires avec la danse maorie de la *haka*. Le noir est devenu une couleur fétiche en Nouvelle-Zélande, adoptée par l'équipe nationale de cricket – les Black Caps –, ou encore celle de basket – les Tall Blacks.

Le All Black Jonah Lomu

La Nouvelle-Zélande au jour le jour

En Nouvelle-Zélande, les saisons sont inversées par rapport à l'hémisphère Nord. Le printemps commence en septembre et l'été en décembre. L'automne dure de mars à mai et l'hiver de juin à août. Il règne dans l'île du Sud des températures légèrement plus basses que dans l'île du Nord.

Festival artistique

Dans la plupart des régions, c'est en hiver que tombent les plus grosses pluies. L'influence océanique entraîne des variations brusques du temps. Les vents dominants soufflent d'ouest en est. Ils peuvent n'être que de simples brises, mais ce n'est pas par hasard que cette latitude porte le surnom de « quarantièmes rugissants ».

Printemps

Le retour des beaux jours annonce la fin de la saison de rugby, tandis que les joueurs de cricket commencent à s'entraîner. Les hippodromes s'animent, et villes et régions organisent des manifestations florales ou gastronomiques.

Septembre

Hastings Blossom Festival *(2e semaine)*. Fête des fleurs dans la région horticole la plus importante du pays avec, entre autres, un défilé de chars et des concerts.
New Zealand Wearable Art Awards *(fin sept.)*, Wellington. Un défilé où l'art est montré en mouvement. À Nelson, où a débuté le concours, s'est ouvert un musée des anciens lauréats.

Défilé du New Zealand Wearable Art Awards

Bétail au Showtime Canterbury

Octobre

Rotorua Trout Festival *(début oct.)*. Un tournoi et une fête célèbrent l'ouverture de la pêche à la truite.
Dunedin Rhododendron Festival *(fin oct.)*. Exposition de rhododendrons se déroulant, entre autres, au Dunedin Botanic Garden.
Air New Zealand Fashion Week *(dernière semaine)*, Auckland. Les plus grands couturieurs du pays se réunissent pour présenter leurs dernières collections aux gens du pays, aux acheteurs étrangers, aux médias et aux invités.
Taranaki Rhododendron Festival *(dernière semaine)*. Plus de cent jardins à découvrir *(p. 178)*.

Novembre

Showtime Canterbury, Christchurch. Concerts, foire agricole et courses de chevaux se succèdent pendant quinze jours.
Southern Traverse *(mi-nov.)*, Nelson. Cette course se déroule à travers un des terrains les plus éprouvants de l'île du Sud.
Toast Martinborough *(mi-nov.)*, Wairarapa. Cette fête animée par des artistes locaux permet de goûter les meilleurs vins de la région.
Ellerslie Flower Show *(dernière semaine)*, Auckland. Les Auckland Regional Botanic Gardens proposent désormais chaque année les plus grandes floralies de l'hémisphère Sud.

Ensoleillement
Ces données concernent Wellington, mais elles diffèrent peu de celles des autres grandes villes. Nelson et Blenheim, dans l'île du Sud, et Tauranga, Napier et Gisborne, dans l'île du Nord, bénéficient de la durée d'ensoleillement la plus longue. La région la moins favorisée est la pointe méridionale de l'île du Sud.

ÉTÉ

Bien que beaucoup de Néo-Zélandais continuent de passer une partie des vacances d'été à la plage, au bord d'un lac ou en montagne, les magasins ne ferment plus que pour Noël et le jour de l'an. D'année en année, il règne une animation grandissante dans les villes.

DÉCEMBRE

Kepler Challenge *(début déc.)*, Te Anau. Cette course d'endurance suit le Kepler Track *(p. 281)*, du sommet des montagnes aux marécages et aux vallées.
Festival of Lights *(fin déc.)*, New Plymouth. Les illuminations des rues et du Pukekura Park *(p. 179)* donnent le soir un autre visage à la ville ; concerts et spectacles de danse ont lieu tous les jours dans le parc.
Nelson Jazz Festival *(fin déc.)* Pendant une semaine, des amateurs du monde entier viennent se produire. La finale a lieu le jour de l'an.

JANVIER

First Light Triathlon *(1re semaine)*, Gisborne. Les concurrents enchaînent des épreuves de natation, de cyclisme et de course à pied.
Instant Kiwi World Buskers Festival *(3e semaine)*, Christchurch. Une semaine de spectacles de rue.
Auckland Anniversary Regatta *(fin janv.)*. Cette régate d'une journée au départ de Waitemata Harbour *(p. 71)* réunit jusqu'à 600 bateaux.
The Great New Zealand Kite Tour *(3e semaine)*. À travers tout le pays, ce festival réunit les plus grands cerf-volistes de Nouvelle-Zélande et d'outre-mer.
New Zealand Paragliding Nationals *(dernière semaine)*, Wanaka. Une compétition de parapente attirant des sportifs du monde entier.

Maoris en tenue traditionnelle lors des célébrations de Waitangi Day

L'Anniversary Day Regatta, à Auckland

FÉVRIER

Waitangi Day *(6 fév.)*, Waitangi National Trust. Commémoration de la signature du traité de Waitangi *(p. 102-103)*.
Harvest Hawkes Bay *(1re semaine)*. Pendant 3 jours, des établissements vinicoles ouvrent leurs portes pour cette fête du vin et du goût.
Aotearoa Traditional Maori Performing Arts Festival *(début fév., années paires)*, Waikato. Les meilleurs groupes du pays participent à ce festival culturel maori.
Wine Marlborough *(2e samedi)*, Blenheim. Une fête du vin dans l'une des plus belles régions viticoles *(p. 206)*.
Garden City Festival of Flowers *(3e semaine)*, Christchurch. De prestigieuses floralies.

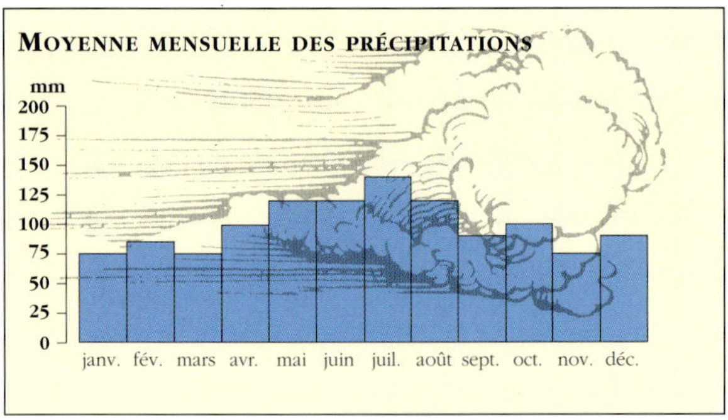

Précipitations
Ces moyennes correspondent à Wellington, mais les précipitations varient d'un bout à l'autre du pays : si la côte ouest est humide, la côte est est moins arrosée. Dans la plupart des régions, l'été et l'automne sont les saisons les plus sèches.

AUTOMNE

C'est souvent la saison la plus agréable, avec un temps doux mais assez chaud pour permettre la plupart des activités d'été. Cette période de récolte, rythmée par des fêtes gastronomiques, est idéale pour les balades, la chasse et la pêche.

MARS

New Zealand International Arts Festival *(mi-mars, années paires)*, Wellington. Cette prestigieuse manifestation culturelle attire parmi les plus grands artistes mondiaux *(p. 154-155)*.
International Dragon Boat Championships *(nouvel an chinois)*, Wellington. Une course spectaculaire dans le port de Lambton.
Golden Shears *(1re semaine)*, Masterton. Un concours de tonte de mouton devenu un véritable événement sportif *(p. 171)*.
Pasifika Festival *(1re semaine)*, Auckland. Exposition culturelle par des îliens du Pacifique *(p. 91)*.

Montgolfières lors du Balloons over Waikato Festival, à Hamilton

Wildfoods Festival *(mi-mars)*, Hokitika. Gastronomie insolite, avec opossum au menu.
Round the Bays Run *(fin mars)*, Auckland. Soixante mille personnes courent ou marchent en front de mer.
Ngaruawahia Regatta *(fin mars)*, Ngaruawahia. Cette course de pirogues sur la Waikato se déroule dans la ville de la reine des Maoris *(p. 114)*.

Spécialités gastronomiques au Wildfoods Festival, à Hokitika

AVRIL

Rally of New Zealand *(mi-juil.)*, agglomération d'Auckland. Ce rallye couru sur de petites routes compte pour le championnat du monde.
Bluff Oyster and Seafood Festival *(mi-avr.)*. Dégustez fruits de mer et bon vin.
Royal Easter Show *(2e semaine)*, Auckland. Cette foire de Pâques donne lieu à des concours de bétail, d'artisanat et de vin. Le plus grand spectacle équestre du pays s'y déroule.
Balloons over Waikato Festival *(mi-avr.)*, Hamilton. Plus de 30 montgolfières planent au-dessus de la ville et de ses environs *(p. 116)*.
Lake Taupo International Trout Fishing Contest *(3e semaine)*. Ce tournoi a lieu dans l'un des meilleurs lieux de pêche du monde *(p. 139)*.
Warbirds Over Wanaka *(week-end de Pâques, années paires)*. De vieux avions de guerre reprennent l'air pour cette manifestation *(p. 268)*.

MAI

Rotorua Marathon *(1re semaine.)*. Ce marathon attire plus de 5 000 coureurs.
Rotorua Tagged Trout Competition *(mai)*. 50 000 $ récompensent le vainqueur de ce tournoi de pêche.

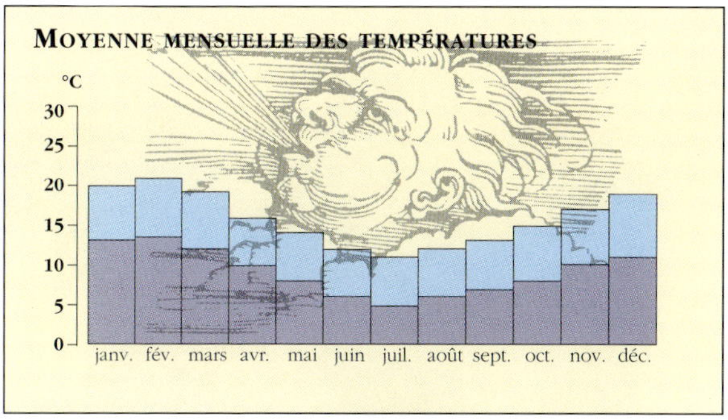

Températures
Ce tableau montre les températures moyennes minimales et maximales à Wellington. L'île du Nord a des hivers doux et des étés humides. L'île du Sud connaît les températures estivales les plus chaudes, mais subit des hivers rudes.

HIVER

L'hiver, saison spectaculaire en Nouvelle-Zélande, permet de profiter de tarifs réduits sur les transports et l'hébergement. C'est la période la moins pluvieuse sur la côte ouest. Les baleines manquent rarement de faire une apparition à Kaikoura.

JUIN

National Agricultural Fieldays *(mi-juin)*, Mystery Creek, Hamilton. Axée sur les technologies novatrices, cette grande foire agricole donne l'occasion de découvrir les produits néo-zélandais *(p. 116)*.

JUILLET

Queenstown Winter Festival *(3ᵉ semaine)*.

Sur le passage du Rally of New Zealand, à Auckland

La station de villégiature de Queenstown *(p. 274-275)* fête l'hiver pendant 10 jours, avec notamment ski nocturne et feux d'artifice.
World Heli-Challenge *(fin juil.)*, Wanaka. Cette compétition de ski héliporté attire de nombreux skieurs et surfeurs des neiges.
Christchurch Arts Festival *(dernière semaine, années impaires)*. Musique, théâtre, danse et cinéma sont au programme.

AOÛT

Bay of Islands Jazz and Blues Festival *(mi-août)*, Northland. Plus de 50 orchestres néo-zélandais et étrangers participent à cette manifestation très populaire.
Crater to Lake Challenge *(fin août)*, Taupo. Entre les monts Ruapehu et Taupo, ce défi met en jeu ski, vélo, kayak, ski nautique et course à pied.

JOURS FÉRIÉS

Nouvel an (1er janv.)
Waitangi Day (6 fév.)
Vendredi saint (variable)
Lundi de Pâques (variable)
Anzac Day (25 avr.)
Queen's Birthday (2e lun. de juin)
Labour Day (oct., variable)
Noël (25 déc.)
Boxing Day (26 déc.)

Chariots tirés par des chevaux aux National Agricultural Fieldays, foire agricole à Hamilton

HISTOIRE DE LA NOUVELLE-ZÉLANDE

La Nouvelle-Zélande est une nation d'immigrants et la dernière grande terre à avoir été peuplée par l'homme. Les Maoris s'y installèrent il y a moins de 1 000 ans, et les premiers Européens arrivèrent il y a à peine 350 ans. Ces deux peuples ont construit ensemble un pays à l'identité profondément marquée par l'océan Pacifique qui l'entoure et l'isole.

La date de la découverte initiale de la Nouvelle-Zélande reste un mystère. Selon la tradition, le Polynésien Kupe l'atteignit vers l'an 950, puis il retourna vers Hawaiki, la légendaire terre des origines. Quatre siècles plus tard, munie des indications qu'il avait laissées, une flotte de pirogues partit à son tour vers les grandes îles australes.

Armoiries de la Nouvelle-Zélande

En se fondant sur la datation au carbone 14 de déchets domestiques, les archéologues pensent que la première colonie s'établit vers 1300. Certains scientifiques, cependant, estiment qu'un groupe arriva bien plus tôt, il y a 2 000 ans, mais que ces pionniers ne survécurent pas longtemps. Quoi qu'il en soit, les rats qui les accompagnaient décimèrent les populations d'oiseaux, de lézards et de grenouilles indigènes.

Les Maoris introduisirent le rat polynésien, ou *kiore*, un animal principalement végétarien qu'ils considéraient comme un mets de choix lorsqu'il était engraissé aux baies, ainsi que leur chien, le *kuri*. La race disparut après l'arrivée des Européens. Leurs pirogues contenaient également des plants de tubercules dont ils avaient l'habitude de se nourrir : l'igname, le taro et la patate douce *(kumara)*. Cette dernière, qui s'adapta mieux que les deux autres au climat plus froid, joua un rôle important dans l'évolution de la culture maorie en favorisant la sédentarisation des tribus.

ABEL TASMAN

En Europe, l'existence d'un continent inconnu au sud de l'équateur fit l'objet de débats dès l'Antiquité. Il devait exister une *Terra australis* contrebalançant le poids du continent nord pour que la Terre restât sur son axe. Pythagore s'interrogeait à ce sujet au Ve siècle av. J.-C., mais il fallut attendre le début du XVIIe siècle pour que des marins hollandais découvrissent les côtes de l'Australie. En 1642, la Compagnie hollandaise des Indes orientales cherchait à étendre ses activités dans la région indonésienne. Sur les ordres du gouverneur Anthony van Diemen, Abel Tasman partit explorer la zone au sud de Java.

CHRONOLOGIE

Squelette de moa

1400-1500 Les Maoris chassent le moa jusqu'à l'extinction

1500 Les Maoris construisent des sites fortifiés *(pa)*

Double pirogue

1300	1400	1500	1600

1300 Premiers arrivants venus des îles Cook et de la Société

1400 Des incendies ravagent la forêt de la côte est de l'île du Sud

1531 Carte comportant la *Terra australis*

1642 Abel Tasman aperçoit la Nouvelle-Zélande

◁ ***La Signature du traité de Waitangi* (détail), par Marcus King (1939)**

Le voyage des Maoris

Poupe de pirogue

Savoir si les ancêtres polynésiens des Maoris se dirigèrent délibérément vers la Nouvelle-Zélande où s'ils dérivèrent par hasard jusque-là reste un sujet de débat. Ils étaient en tout cas d'excellents marins, qui parcouraient de très longues distances sur des pirogues à double coque. Chassés par la famine ou des guerres entre tribus, certains groupes seraient partis à la recherche d'une terre lointaine, peut-être munis des indications de Kupe *(p. 43)*. Sur leurs embarcations chargées de plantes cultivables et d'animaux domestiques, ils se repéraient grâce au vol d'oiseaux migrateurs et aux formations nuageuses.

Pierre d'ancre de Kupe
Cette photo de 1912 montre un vieux Maori près de la pierre qui aurait servi d'ancre à Kupe.

Proue de pirogue
Des motifs élaborés inspirés de la mythologie ornaient l'étrave des waka *(pirogues).*

La pêche
Ressource alimentaire importante, elle se faisait grâce à différents types de filets. Cette gravure (1840) de Joel Pollak montre une épuisette.

La colonisation polynésienne

Des découvertes archéologiques ont révélé que les Polynésiens qui peuplèrent les îles du Pacifique oriental, de Hawaii à l'île de Pâques, venaient d'Asie du Sud-Est. Il y a environ 1 000 ans, ils atteignirent la Nouvelle-Zélande et s'établirent au départ le long de ses côtes.

Le *kuri*
Arrivé avec les Maoris, ce chien ne survécut pas à la colonisation européenne.

Périodes de colonisation

- Il y a 30 000 ans
- Il y a 3 000 ans
- Il y a 1 500-2 000 ans
- Il y a 1 000 ans
- Il y a 500 ans

Pirogue simple
Ces embarcations servaient à la navigation côtière. De longues cannes formaient un pont. Des traverses servaient de sièges.

Pirogues à double coque
Les plus grands de ces bateaux pouvaient embarquer jusqu'à 200 passagers. William Hodges, parti avec Cook, fit ce dessin en 1773.

Plant de taro
Peu de plantes survécurent au voyage. Le taro s'adapta, mais, peu productif, il devint un aliment de luxe.

Le *kiore*
Ce rat de Polynésie fut introduit par les Maoris qui le consommaient.

La légende de Maui
Wilhelm Dittmer illustra en 1907 la légende du demi-dieu qui pêcha l'île du Nord dans l'Océan.

La Ngaruawahia Regatta
Les Maoris commémorent chaque année leurs tribulations maritimes lors de cette course de pirogues sur la Waikato (p. 114).

L'*Heemskerck* et le *Zeebaen*, bateaux de Tasman

Tasman suivit une route qui mit d'abord sur son chemin la Terre de Van Diemen (la Tasmanie), puis, le 13 décembre 1642, il arriva au large de l'actuel Hokitika et aperçut une « grande terre très élevée » : les Southern Alps. La houle l'empêchant d'accoster, il poursuivit vers le nord. Il trouva un mouillage dans ce qui est aujourd'hui Golden Bay. Les nouveaux arrivants donnèrent toutefois un autre nom à cette « baie dorée ». Ils l'appelèrent Murderer's Bay, la baie des Assassins, après qu'un incident avec des Maoris eut coûté la vie à quatre marins. Tasman leva immédiatement l'ancre sans chercher à mieux connaître les lieux, et ses deux navires, l'*Heemskerck* et le *Zeebaen*, quittèrent les eaux néo-zélandaises le 6 janvier 1643.

Abel Tasman

Le capitaine James Cook

Les Européens oublièrent la Nouvelle-Zélande pendant plus d'un siècle. Aucune bonne raison commerciale ne justifiait un voyage dont dissuadait la réputation d'hostilité des Maoris. C'est alors qu'en 1768, l'Anglais James Cook entreprit une expédition scientifique dans le Pacifique sud pour observer le passage de Vénus devant le Soleil. Parti de Plymouth à bord de l'*Endeavour*, il assista au phénomène à Tahiti, puis poussa plus au sud. Le 9 octobre 1769, les côtes de la Nouvelle-Zélande étaient en vue. Marin expérimenté, il en fit le tour complet, dressant un relevé des côtes d'une très grande précision.

Avec Cook avaient embarqué des botanistes et des artistes, qui rassemblèrent une précieuse documentation. Mais l'explorateur avait aussi pour mission d'évaluer la possibilité de faire une colonie de cette nouvelle terre. Lors de son premier voyage – deux autres suivirent –, il revendiqua le territoire au nom de la couronne britannique, sans savoir qu'à quelques encablures croisait une expédition française commandée par Jean de Surville.

Les Européens ne se précipitèrent pas dans le sillage de Cook. Le pays attira surtout des baleiniers, des chasseurs de phoques et des marchands de bois. Cherchant un profit immédiat, ils furent peu à s'installer : la plupart disparurent en même temps que les ressources naturelles qu'ils exploitaient. Au début du XIXe siècle, il n'était plus rentable d'organiser des expéditions vers la Nouvelle-Zélande, dont les richesses les plus accessibles étaient épuisées.

Le traité de Waitangi

L'impact de ces visiteurs sur la société maorie fut considérable. Des maladies comme la rougeole et la variole causèrent des ravages, tandis que les armes à feu échangées contre des produits locaux donnèrent une ampleur nouvelle aux conflits tribaux. Au cours des années 1820, les « guerres

Chronologie

L'Endeavour

1750 **1800** **1820** **1830** **1840**

1769 Première des 3 visites de Cook

1791 Premier baleinier mouillant à Doubtless Bay, Northland

1814 Samuel Marsden fonde la première mission anglicane

1815 Naissance du premier enfant pakeha

1821 Début des « guerres du mousquet » entre tribus maories

1831 Création de stations baleiniè autour du détroit de Cook

1833 James Busby nommé résident britannique

1835 Déclaration d'indépendance signée par 34 chefs du Nord

1840 Souveraineté du Royaume-Uni suite au traité de Waitangi, signé par 50 chefs

Chef maori

Treaty House, à Waitangi

du mousquet » firent au moins 20 000 victimes et modifièrent profondément les équilibres de pouvoir au sein de la population maorie.

L'évangélisation fut un autre facteur important de changement. En 1814, Samuel Marsden établit la première mission anglicane dans la Bay of Islands. En 1840, elle avait donné naissance à une petite congrégation.

À cette époque, la population néo-zélandaise comptait 2 000 immigrants occidentaux pour environ 115 000 Maoris. Ces derniers profitaient du commerce avec ceux qu'ils appelaient les Pakehas et bénéficiaient d'innovations comme la culture des céréales, l'introduction du bétail ou l'usage de la charrue. Il manquait toutefois une autorité pour assurer le maintien de l'ordre et régler les litiges à l'intérieur des communautés et entre elles. En 1840, le gouvernement britannique, craignant en outre que les Américains ou les Français revendiquent le pays, signa avec les principaux chefs maoris le traité de Waitangi. Celui-ci faisait officiellement de la Nouvelle-Zélande une colonie de l'empire. Les écarts entre l'original en anglais et la traduction en maori permettaient malheureusement des interprétations différentes de l'accord.

Le traité de Waitangi

Document fondateur de la Nouvelle-Zélande, le traité de Waitangi, conclu entre des représentants du gouvernement britannique et des chefs maoris, reste la référence pour régir les relations ethniques dans le pays. Se fiant aux missionnaires qui les conseillaient, les 50 chefs de tribus qui le signèrent ne comprirent apparemment pas toutes ses implications.

En échange du droit d'acheter des terres, les Maoris se virent accorder les mêmes privilèges que tout citoyen britannique. Une clause leur assurait aussi la « possession pleine, exclusive et paisible de leurs terres, domaines forestiers, pêcheries et autres propriétés ». Des divergences entre les versions anglaise et maorie du texte entraînèrent des controverses toujours d'actualité.

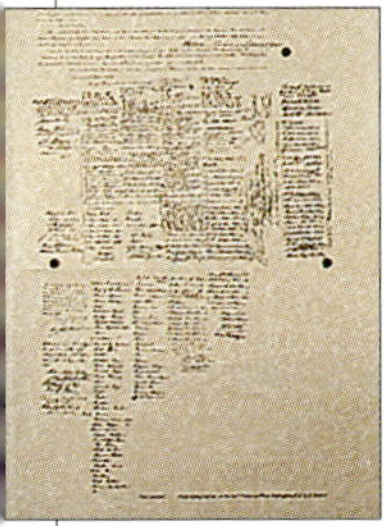

Signatures sur le traité

Les guerres territoriales

Contrairement à l'Australie, où l'on envoya des condamnés, la Nouvelle-Zélande accueillit des immigrants issus des classes populaires et moyennes. Fondée en 1837 par Edward Gibbon Wakefield, la New Zealand Company visait à transplanter le modèle britannique aux antipodes. Les pionniers qui arrivaient par milliers s'installèrent dans les établissements planifiés qu'étaient Wellington, Wanganui, Nelson, New Plymouth, Christchurch et Dunedin. Suite à la signature du traité de Waitangi, des tensions apparurent entre Maoris et Pakehas en raison de contestations sur la propriété des terres. L'ordre fut rétabli après 1845, mais seulement pour un temps : en 1860, un véritable conflit

1844 Hono Heke abat la hampe du drapeau britannique et ouvre la « guerre du Nord »

1850 Fondation du Canterbury par des colons anglais

1860 Début des guerres territoriales entre Maoris et Européens

Te Kooti

1867 Les Maoris obtiennent 4 sièges au parlement

1845 | **1850** | **1855** | **1860** | **1865**

1845 Fondation de Dunedin par des colons écossais

1854 Première séance de la General Assembly (parlement)

Pépite d'or

1861 Découverte d'or à Tuapeka, dans le centre de l'Otago, et première ruée

Transfert de la capitale d'Auckland à Wellington

Passagers du **Cressy** *à Port Lyttelton*, **par William Fox (1851)**

éclata. Celui-ci débuta à Waitara, quand le gouvernement acheta un terrain à un chef des Te Ati Awa contre l'avis de la tribu. Or la propriété était communautaire chez les Maoris. La tribu ayant dénoncé le marché, les autorités ripostèrent par l'envoi de troupes qui s'emparèrent du terrain.

La plupart des tribus du centre de l'île du Nord soutinrent les Te Ati Awa, aggravant la rébellion. Au plus fort du conflit, vers 1865, les troupes britanniques comptaient 20 000 hommes, contre 5 000 pour les Maoris. Parmis ces derniers, toutefois, certains avaient rejoint les rangs ennemis, par opportunisme ou pour assouvir de vieilles vengeances.

Unis, les Maoris auraient pu tenir tête aux envahisseurs. Malgré leurs divisions, ils faillirent obtenir le départ de nombreux colons. Deux chefs, Titikowarau à l'ouest et Te Kooti à l'est, remportèrent une série de victoires décisives en 1868, mais des querelles intestines leur firent perdre le soutien de la population. L'opposition armée s'effondra en 1869, et les ventes de terres, souvent forcées, s'accélérèrent. Le gouvernement confisqua 12 000 km² au profit de tribus « amies » ou de colons. Les litiges nés de ces mesures revinrent hanter le pays plus d'un siècle plus tard, quand les descendants des Maoris lésés vinrent demander justice devant le Waitangi Tribunal.

***Sur les bords du lac Taupo*, par George F. Angas (1847)**

L'expansion économique

Depuis le début de la colonisation, l'île du Nord dominait largement sa voisine du sud sur les plans économique et démographique. La découverte d'or dans l'Otago en 1861, puis de nouveaux filons sur la côte ouest, bouleversa la situation et ouvrit l'île du Sud à l'industrialisation. Elle resta la plus peuplée jusqu'en 1896.

À la fin du XIXe siècle, le gouvernement finança le développement du pays par une politique de grands emprunts. Les réseaux routier, ferroviaire et télégraphique virent le jour, et l'immigration fut encouragée. Entre 1870 et 1880, la population doubla. Les exportations de laine soutenaient la croissance. Les progrès techniques engendrèrent de nouveaux débouchés : la première cargaison de viande de mouton congelée à destination de l'Angleterre partit de Dunedin en 1882. Le beurre suivit peu après. Pendant près d'un siècle, les exportations de produits agricoles vers

Chronologie

1869 La désunion des Maoris entraîne la fin des guerres territoriales

1879 Droit de vote pour les hommes de plus de 21 ans

1882 Premier bateau réfrigéré pour le Royaume-Uni

1887 Premier parc national : le Tongariro National Park

1893 Droit de vote donné aux femmes pour la première fois au monde

1907 La Nouvelle-Zélande devient un dominion

1870 | 1880 | 1890 | 1900 | 1910

Arme maorie

Premiers transports publics

les îles britanniques assurèrent la prospérité du pays.

Parallèlement, la Nouvelle-Zélande se distinguait par ses innovations dans le domaine social : en 1893, le gouvernement, libéral, accorda le droit de vote aux femmes, et en 1898, il institua une pension de retraite pour les travailleurs. Dans les deux cas, il joua un rôle de pionnier.

Les années de guerre

En 1907, alors que le pays atteignait le cap du million d'habitants, il changea de statut pour devenir un dominion, c'est-à-dire un État indépendant au sein du Commonwealth. Il continua cependant de laisser le Royaume-Uni décider de sa politique étrangère.

Affiche de la Première Guerre mondiale

En 1912, le pouvoir passa au parti de la Réforme, soutenu par les petits fermiers et les milieux d'affaires, au détriment du parti libéral à l'origine des réformes sociales qui avaient valu à la Nouvelle-Zélande le titre de « berceau du XXe siècle ». La formation politique vaincue eut néanmoins un bel avenir, dans la mesure où le parti travailliste et le parti national, qui dominent aujourd'hui la vie politique néo-zélandaise, en sont issus.

La Première Guerre mondiale contribua fortement à forger l'identité de la jeune nation. En 1915, elle s'associa à l'Australie pour former l'Australian and New Zealand Army Corps (ANZAC). Sur ordre des Britanniques, ces troupes participèrent à l'attaque de la péninsule de Gallipoli, qui devait permettre aux Alliés de prendre le contrôle du détroit des Dardanelles. L'offensive contre les Turcs fit des milliers de victimes et s'enlisa en une guerre de tranchées pendant 8 mois. Le 25 avril, jour anniversaire du premier assaut, dit Anzac Day, commémore le sacrifice de ces soldats. Il est souvent considéré comme la fête nationale de la Nouvelle-Zélande. Vu sa faible population, cette dernière subit de terribles pertes pendant la Grande Guerre : sur un total de 110 000 hommes, 16 697 perdirent la vie et 41 262 furent blessés.

Dans l'entre-deux-guerres, la Nouvelle-Zélande connut des hauts et des bas. Encore prospère au début des

Corps expéditionnaire néo-zélandais dans Hutt Road, près de Petone, Wellington, 1914

1915 L'ANZAC subit de lourdes pertes dans la péninsule de Gallipoli

1920 Première célébration de l'Anzac Day

Elizabeth McCombs

1933 Elizabeth McCombs, première femme député

1936 La Néo-Zélandaise Jean Batten effectue le premier vol Angleterre-Nouvelle-Zélande

1915 | 1920 | 1930 | 1935 | 1938

1914 La Nouvelle-Zélande entre dans la guerre au côté des Alliés

1918 Fin de la Première Guerre mondiale

1935 Premier gouvernement travailliste

1936 Instauration de la semaine de 40 heures

Ouvrières

Camp d'accueil de sans-emploi à Akatarawa, Hutt Valley, dans les années 1930

années 1920, elle n'échappa pas aux conséquences de la crise de 1929 et dut faire face à de violentes émeutes en 1932. Porté au pouvoir en 1935, le parti travailliste rétablit la confiance. Il améliora par ailleurs le système de retraite et instaura un régime d'assurance maladie qui maintint le pays à l'avant-garde de la protection sociale.

En 1939, la Nouvelle-Zélande se trouva de nouveau engagée dans un conflit au départ européen. Le Premier ministre Joseph Savage n'avait eu aucune hésitation : « Où va la Grande-Bretagne, nous allons, et ce qu'elle défend, nous le défendons. » Alors que la principale menace pour leurs foyers venait du Japon, les soldats néo-zélandais se battirent en Crète, au Moyen-Orient et en Italie. Leur déploiement croissant dans le Pacifique à la fin de la guerre resserra les liens avec les États-Unis, d'autant plus que de nombreux militaires américains en stationnement en Nouvelle-Zélande y rencontrèrent leur future épouse. Ces nouveaux rapports aboutirent en 1951 à la signature de l'ANZUS, un traité de sécurité entre les États-Unis, l'Australie et la Nouvelle-Zélande.

Vers l'émancipation

Alors que la Nouvelle-Zélande se tournait vers de nouveaux associés pour assurer sa défense, elle restait terriblement dépendante du Royaume-Uni sur le plan économique. La « ferme du Pacifique sud » avait toujours joui d'un accès privilégié au marché britannique. En 1960 encore, la « vieille patrie » absorbait 55 % de ses exportations. Mais l'entrée de la Grande-Bretagne dans la Communauté européenne en 1973 mit un terme à l'expansion.

Vingt ans plus tard, la Nouvelle-Zélande avait recentré son économie sur ses voisins du Pacifique et trouvé de nouveaux débouchés. Le Japon, la Chine, Taiwan et la Corée du Sud comptaient désormais parmi ses 10 principaux partenaires commerciaux. Comme en Occident, la société évolua profondément dans les années 1960 et 1970. La génération du baby boom, arrivée à l'âge adulte, rejeta le conservatisme de ses aînés. Le soutien apporté aux États-Unis par l'envoi d'une force symbolique au Viêt-nam suscita

Atelier de confection à Wellington dans les années 1940

Chronologie

Sir Edmund Hillary

1939 La Nouvelle-Zélande entre dans la Seconde Guerre mondiale

1940

1947 Le parlement adopte le statut de Westminster

1948 Protestation contre l'exclusion de joueurs maoris des All Blacks en Afrique du Sud

1950

1953 Sir Edmund Hillary et le Sherpa Tenzing vainquent l'Everest

1955

1961 Abolition de la peine capitale

1960

1965 Envoi de troupes au Viêt-nam

1970

1973 Envoi d'une frégate contre les essais nucléaires français

1975 Création du Waitangi Tribunal, commission d'enquête sur les revendications foncières des Maoris

Sculpture du marae de Waitangi Marae

une opposition si vigoureuse que le gouvernement travailliste supprima la conscription en 1972. L'année suivante, il envoyait une frégate en Polynésie française pour protester contre les essais nucléaires.

Au milieu des années 1970, souffrant de l'envol des prix du pétrole, les Néo-Zélandais se réfugièrent dans les valeurs conservatrices. Le parti national du bouillonnant Robert Muldoon garda le pouvoir jusqu'en 1984. Lassée de son interventionnisme, la population vota alors pour un gouvernement travailliste mené par David Lange.

S'ensuivit une série de réformes : dévaluation, privatisations, ouverture des frontières, licenciements massifs dans la fonction publique par souci d'efficacité. Le pays fut aussi secoué sur le plan extérieur. En 1985, son farouche sentiment antinucléaire conduisit la Nouvelle-Zélande à interdire ses ports aux navires américains à propulsion ou armement nucléaire. Les États-Unis répondirent en suspendant l'ANZUS. Le 10 juillet de la même année, des agents secrets français coulaient un bateau de Greenpeace, le *Rainbow Warrior*, dans le port d'Auckland. Les relations avec la France restèrent très tendues jusqu'à la visite de Michel Rocard en 1991.

Signature d'un accord territorial entre représentants de la tribu Ngai Tahu et du gouvernement en 1997

Le *Rainbow Warrior*, coulé dans le port d'Auckland en 1985

Le gouvernement conservateur élu en 1990 et dirigé par Jim Bolger, le chef du parti national, continua les réformes économiques, mais à un rythme plus lent. En 1993, un référendum modifia le mode de scrutin uninominal à un tour pour introduire une part de proportionnelle. Le nouveau système, appliqué pour la première fois en 1996, donna le jour à un parlement beaucoup plus représentatif, mais aussi plus éclaté, qui imposait des alliances. Jim Bolger dut céder sa place en 1997 à Jenny Shipley, son ancien ministre des Transports. En 1999, ce fut encore une femme qui accéda au pouvoir : la travailliste Helen Clark. La société néo-zélandaise continue à changer de visage. Si les descendants des colons européens restent très majoritaires, Auckland, où ont afflué des immigrants d'autres îles de la région, est devenue la plus grande ville polynésienne du monde. Quant aux citoyens d'origine asiatique, leur nombre ne cesse de croître. Après un long déclin, la communauté maorie connaît un regain démographique et représente aujourd'hui 16 % de la population totale. Sa reconnaissance culturelle a grandement contribué à façonner l'identité actuelle d'un pays qui, sans rejeter ses attaches occidentales, s'inscrit résolument dans le Pacifique sud.

1981 Ouverture de la première maternelle de langue maorie ; un tournoi de rugby en Afrique du Sud divise le pays

1987 La Nouvelle-Zélande remporte la coupe du monde de rugby ; le maori devient langue officielle

1995 Victoire dans la coupe de l'America

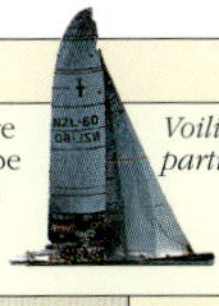

Voilier participant

2004 *Le Seigneur des anneaux*, de Peter Jackson, remporte 11 Oscars

1980 | **1985** | **1990** | **1995** | **2000** | **2005**

1984 Gouvernement Lange

1985 Sabotage du *Rainbow Warrior*

1990 Dame Catherine Tizard gouverneur général

Jenny Shipley

1997 Élection du 1er parlement MMP; Jenny Shipley devient la première femme Premier ministre

2000 La Nouvelle-Zélande garde la coupe

1997 Le gouvernement indemnise la tribu Ngai Tahu pour des spoliations de terres

La Nouvelle-Zélande région par région

La Nouvelle-Zélande d'un coup d'œil

Subtropicale au nord, tempérée, voire fraîche, à sa pointe sud, très arrosée à l'ouest et plus sèche à l'est, la Nouvelle-Zélande est une terre de contrastes. Les volcans du centre de l'île du Nord et la chaîne qui s'élève tout le long de l'île du Sud témoignent des puissantes forces géologiques qui ont façonné ses paysages. Avant tout montagneux et vallonnés, parsemés de lacs et de cours d'eau, ils font du pays un paradis pour les amoureux de la nature. Les espaces ruraux sont largement dévolus à l'élevage, surtout de moutons, mais vignobles, vergers et cultures de plein champ leur donnent une physionomie de plus en plus diversifiée. Le nord, plus peuplé, est le creuset de la culture maorie et polynésienne.

Un des nombreux vignobles du Marlborough *(p. 204-205)*

La côte à Punakaiki, dans le Paparoa National Park, avec les Pancake Rocks *(p. 234)*

Christ Church, la cathédrale de Christchurch *(p. 220)*

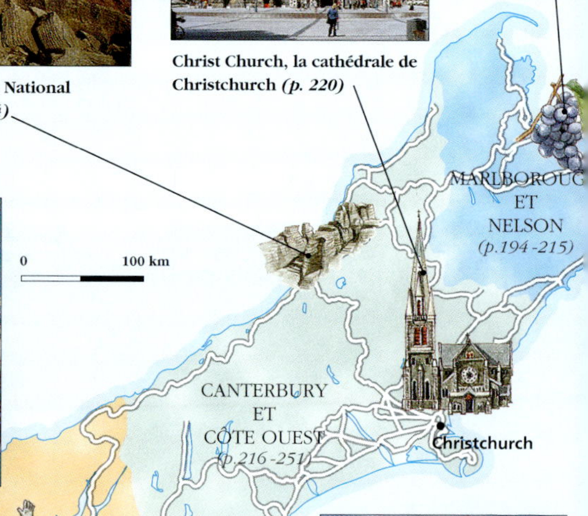

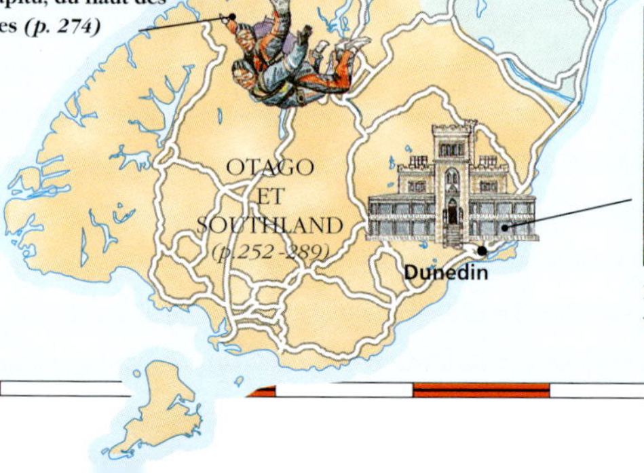

Le lac Wakapitu, du haut des Remarkables *(p. 274)*

Larnach Castle, un manoir vieux d'un siècle *(p. 264)*

Intérieur sculpté de la maison commune maorie du site de Treaty House *(p. 102-103)*

Bateaux au mouillage à Westhaven Marina, Auckland *(p. 70)*

Le geyser Lady Knox jaillissant à Waiotapu Thermal Wonderland *(p. 138)*

Maison commune maorie au Museum of New Zealand Te Papa Tongarewa *(p. 164-165)*

L'île du Nord

Présentation de l'île du Nord

Elle bénéficie d'une grande variété de paysages et de climats, depuis le nord qui ne connaît pas l'hiver jusqu'au sud venteux, en passant par le centre et ses sommets enneigés. Entre la pointe du Northland et le Taranaki à l'ouest, Hawke's Bay à l'est, les côtes ont un caractère bien distinct. Surtout connue pour son plateau volcanique et les phénomènes géothermiques des alentours de Rotorua, l'île du Nord a aussi comme attraits de grasses prairies, des vergers très productifs et de douces collines livrées aux moutons. Elle abrite la plus grande ville du pays, Auckland, et sa capitale, Wellington.

La Bay of Islands (p. 100-101), *cadre de nombreux événements historiques, est l'une des plus belles régions de Nouvelle-Zélande. Une eau tiède, du soleil toute l'année, des plages de sable et des criques paisibles en font un paradis pour les amateurs de pêche, de plongée sous-marine, de baignade et de voile.*

Le mont Taranaki ou Egmont (p. 180-181), *volcan assoupi au cœur de l'Egmont National Park, domine la riche région agricole du Taranaki.*

***Le Parlement** de Wellington* (p. 156) *présente des styles variés. Le bâtiment rectangulaire en marbre où siège la Chambre des représentants tranche sur les formes circulaires de la « Ruche » à dôme de cuivre qu'occupent plusieurs ministères.*

La Sky Tower (p. 73) *d'Auckland, la plus haute tour de l'hémisphère Sud, ménage depuis sa plate-forme d'observation une vue à 360° sur le centre-ville, les ports, les vastes banlieues et les îles du golfe de Hauraki.*

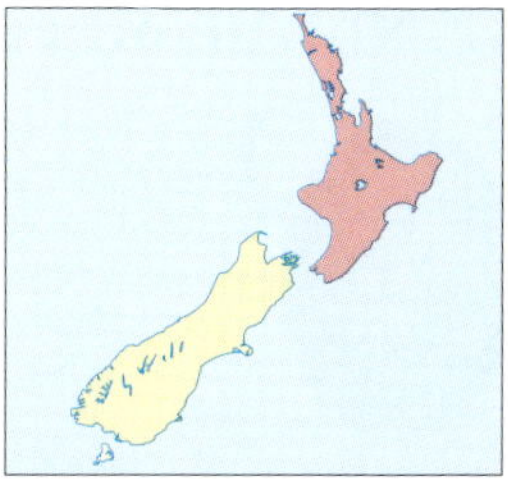

CARTE DE SITUATION

Bath House*, à Rotorua* (p. 132)*, élégant bâtiment de style Tudor entouré par le parc à l'anglaise des Government Gardens, date de 1908. Ancien établissement thermal, elle abrite désormais un musée consacré à la région : le Rotorua Museum of Art and History.*

Les édifices Art déco de Napier (p. 144-145)*, tel le Rothmans Building, furent élevés après le séisme dévastateur de 1931.*

Martinborough (p. 170)*, pôle viticole du Wairarapa, a fondé sa réputation sur les vins rouges. De nombreuses visites organisées au départ de Wellington permettent de découvrir ses chais.*

Le Northland et l'histoire

Samuel Marsden

Il y a de cela 700 à 1 000 ans, les premiers Polynésiens qui atteignirent la Nouvelle-Zélande accostèrent presque certainement dans la partie septentrionale de l'île du Nord. Cette région, le Northland, est quelquefois qualifiée de « berceau » de la nation, car c'est à Rangihoua que le pasteur Samuel Marsden établit la première mission chrétienne en 1814, à Waitangi que fut signé en 1840 le traité proclamant la souveraineté du Royaume-Uni *(p. 46-47)*, et à Russel que l'administration coloniale installa sa première capitale. C'est aussi là que les Maoris commencèrent à se révolter.

Kemp House
Plus ancien bâtiment du pays, la mission de Kerikeri fut achevée en 1822. La famille Kemp l'habita pendant 142 ans (p. 104).

Waipoa Bay, Moturoa Island
Cook (en 1769) et l'explorateur français Marion-Dufresne (en 1772) s'y approvisionnèrent en eau. Marion-Dufresne enterra une bouteille contenant un document qui revendiquait la Nouvelle-Zélande pour la France.

La forêt de kauris, symbole du Northland, a en grande partie disparu. L'abattage atteignit son paroxysme entre 1870 et 1910.

L'EXPLOITATION FORESTIÈRE
Peinte en 1839 par Charles Heaphy, la *Vue de Kahu-Kahu sur la rivière Hokianga* montre l'intérêt commercial des troncs de kauri. Ces arbres immenses étaient parfaits pour la fabrication de mâts et de poutres.

Depuis Hokianga Harbour, site d'une des premières colonies maories, Kupe serait parti rejoindre Hawaiki *(p. 43)*.

Russell, Bay of Islands
Au début du XIXe siècle, où n'existait aucune loi, cette ville de chasseurs de baleines et phoques fut surnommée le bouge du Pacifique (p. 100).

Hongi Hika
Après avoir rencontré Georges IV lors d'un voyage en Angleterre en 1820, ce chef maori rentra chez lui décidé à devenir roi de Nouvelle-Zélande. Avec sa tribu, les Ngapuhi, il étendit son pouvoir sur de nombreuses autres.

La résine de kauri
Utilisée dans des peintures et des vernis, elle resta un important produit d'exportation jusqu'à la dernière guerre.

Le *pohutukawa*
Cet arbre tient une place de premier plan dans la mythologie des Maoris : les âmes des morts descendraient le long des racines d'un pohutukawa *du cap Reinga pour rejoindre la terre ancestrale légendaire de Hawaiki.*

Troncs de kauri halés vers le navire.

Chefs de guerre
Entouré ici de sa femme Harriet et d'un autre chef, Kawiti, Hono Heke fut l'un des premiers à se rebeller contre les Britanniques après la signature du traité de Waitangi.

Site du *pa* de Ruapekapeka
Ce pa *(camp fortifié) était l'un des plus complexes jamais construits. Il ne résista pourtant pas à l'attaque surprise des Britanniques un dimanche matin de 1846. En effet, les Maoris ne s'attendaient pas à ce que leurs ennemis combattissent le jour du Seigneur.*

Le centre volcanique

Skieur sur le mont Ruapehu

Entre White Island, dans la Bay of Plenty, et le mont Ruapehu, au centre de l'île du Nord, se trouve la zone volcanique de Taupo. Là se manifestent, entre autres, les phénomènes géothermiques de Rotorua. Au point de départ de la ceinture de feu du Pacifique, la collision entre la plaque continentale pacifique et l'indo-australienne entretient une intense activité volcanique. De grands pans de croûte terrestre s'enfoncent dans le manteau et se transforment en magma rhyolitique. Celui-ci monte à la surface au bout de plusieurs milliers d'années, provoquant des éruptions. C'est ainsi que le lac Taupo fut créé en 186 apr. J.-C. ; de la pierre ponce fut alors projetée jusqu'à 50 km de haut.

Mont Ruapehu
Des neiges éternelles et huit glaciers couvrent la plus haute montagne de l'île du Nord. Des éruptions, en 1995 et 1996, vidèrent le cratère de son lac. L'accès en fut interdit aux skieurs.

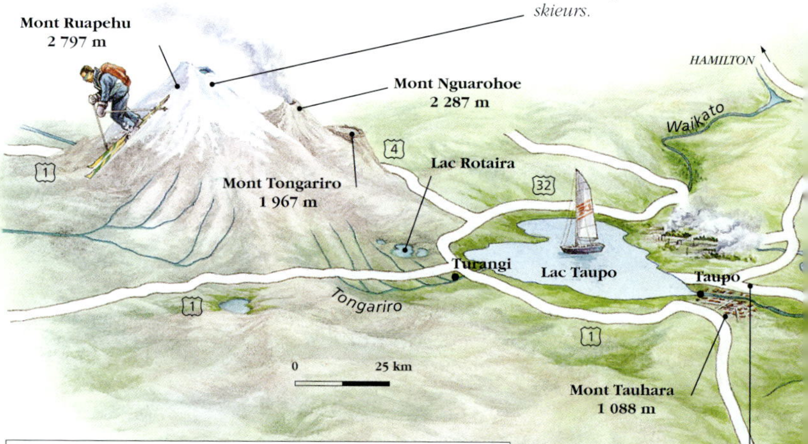

Les volcans de Nouvelle-Zélande

Il existe trois grands types de paysages volcaniques en Nouvelle-Zélande : de vastes zones, comme à Auckland, où chaque éruption donne naissance à un nouveau petit volcan ; des cônes de scories formés autour d'une cheminée centrale par des éruptions successives ; des caldeiras, vastes cratères créés par des éruptions si violentes qu'elles vident la poche magmatique et que le sol s'effondre. La zone volcanique de Taupo renferme 3 cônes de scories à forte activité (le Ruapehu, le Ngauruhoe et White Island) et les 2 caldeiras les plus productives du monde, celles de Taupo et de Tarawera. Quant au mont Ngauruhoe, il s'agit d'une cheminée du mont Tongariro.

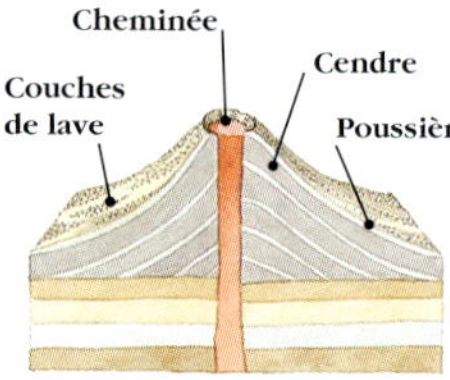

Cône de scories

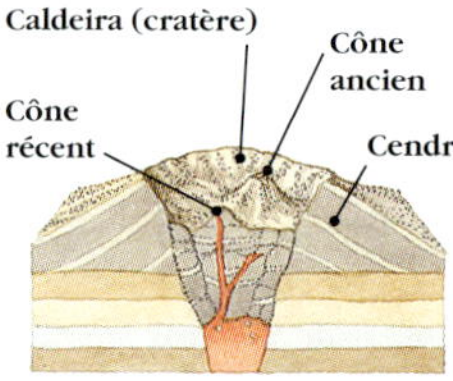

Caldeira

Centrale géothermique de Wairakei
Près de 60 forages captent une eau chauffée par l'activité tellurique. Sous forme de vapeur, elle actionne les turbines électriques.

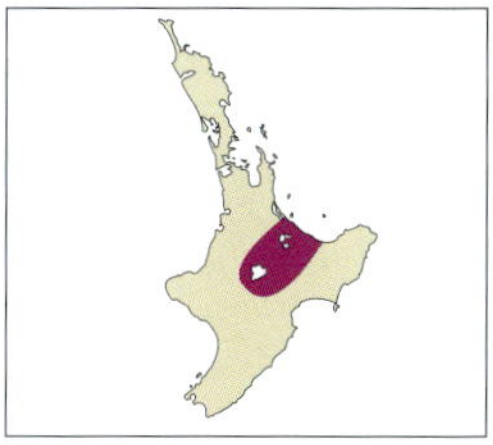

Carte de situation

Pohutu
Pohutu, l'un des 12 geysers de Nouvelle-Zélande, projette de l'eau à plus de 30 m de hauteur (p. 136-137).

White Island
L'activité de cette île volcanique rend sa visite particulièrement intéressante (p. 128).

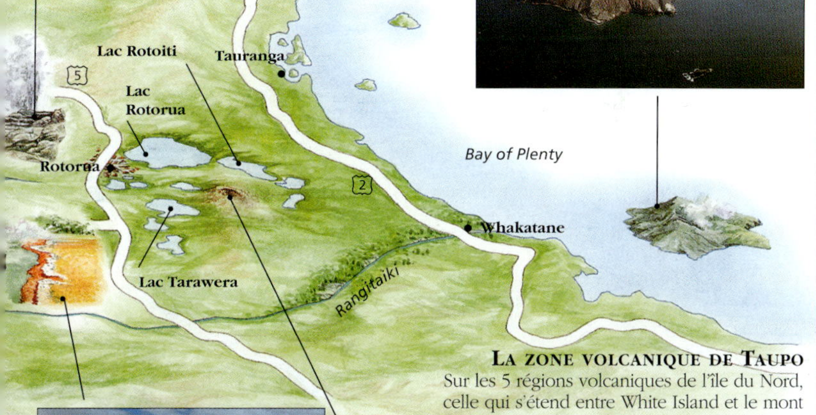

La zone volcanique de Taupo

Sur les 5 régions volcaniques de l'île du Nord, celle qui s'étend entre White Island et le mont Ruapehu connaît de loin l'activité la plus intense. Ses volcans, ses geysers, ses bassins de boue ou d'eau bouillonnante, ses terrasses de silice ainsi que ses lacs, ses rivières et ses cascades en font une des destinations touristiques les plus fascinantes de Nouvelle-Zélande.

Waiotapu
Le site compte de nombreuses attractions, dont le bouillonnant Champagne Pool, bassin entouré de concrétions rocheuses d'une belle couleur ocre (p. 138).

Mont Tarawera
L'explosion qui ouvrit en 1886 une faille longue de 6 km et profonde de 250 m enterra les Pink and White Terraces, terrasses de silice voisines (p. 135).

AUCKLAND

Près d'un Néo-Zélandais sur trois habite Auckland ou sa périphérie, et l'agglomération, qui a dépassé 1,1 million d'habitants, connaît une croissance supérieure à celle du reste du pays. Sa population a augmenté de 13 % depuis 1991, presque le double de la moyenne nationale. Le centre des affaires de ce pôle urbain n'est malgré tout qu'à une heure de voiture d'une plage déserte ou d'un sentier de randonnée.

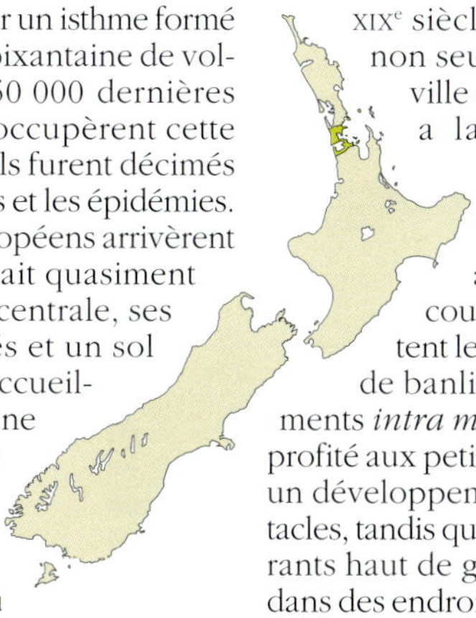

Auckland est située sur un isthme formé par les rejets d'une soixantaine de volcans au cours des 50 000 dernières années. Les Maoris occupèrent cette zone dès 1350, mais ils furent décimés par les guerres tribales et les épidémies. Quand les colons européens arrivèrent en 1840, la région était quasiment déserte. Sa position centrale, ses ports naturels abrités et un sol riche lui valurent d'accueillir la capitale de la jeune colonie officiellement instaurée par le traité de Waitangi *(p. 46-47)* au détriment de Russell, au nord, simple escale de chasseurs de baleines et de phoques. Plus proche de l'île du Sud, Wellington lui ravit à son tour ce statut en 1865.

Établissement peu prospère à ses débuts, Auckland prit son essor grâce à une ruée vers l'or et à la hausse de la production agricole à la fin du XIXe siècle. Elle est aujourd'hui non seulement la plus grande ville du pays, mais celle qui a la croissance la plus soutenue. Elle est d'autant plus dynamique depuis le milieu des années 1990 que beaucoup de ses habitants quittent leurs traditionnelles villas de banlieue pour des appartements *intra muros*. Cette tendance a profité aux petits commerces et suscité un développement de l'offre en spectacles, tandis que cafés, bistros et restaurants haut de gamme se multipliaient dans des endroits comme Vulcan Lane, Viaduct Basin, Parnell et Ponsonby.

À Auckland, qui attire des immigrants des îles voisines, vit la communauté polynésienne la plus importante du monde. Cultures maorie, polynésienne, asiatique et européenne créent une atmosphère cosmopolite sensible sur les marchés d'Otara ou d'Avondale.

Surf à Piha, à l'ouest d'Auckland

◁ La Sky Tower vue de Waitemata Harbour, à Auckland

À la découverte d'Auckland

L'agglomération d'Auckland s'étend sur plus de 1 000 km², mais beaucoup de ses sites les plus intéressants sont regroupés près du front de mer et autour de ses parcs les plus anciens. Les plates-formes panoramiques, les restaurants de la Sky Tower, point de repère emblématique *(p. 73)*, ou encore les sommets de plusieurs volcans éteints comme One Tree Hill *(p. 82)* ménagent une vue splendide sur la ville, le port et les îles du large. Le pouls d'Auckland bat dans Queen Street. Cette grande artère commerçante, longtemps surnommée le « mile d'or », est relayée à la périphérie par les quartiers de Parnell et Newmarket. L'omniprésence de l'eau ajoute à la magie de la ville, où une traversée jusqu'à Rangitoto ou l'une des autres îles du golfe de Hauraki *(p. 86-87)* s'impose.

Bateaux au mouillage à Westhaven Marina *(p. 70)*

AUCKLAND D'UN COUP D'ŒIL

Ancien Parlement 13
Ancienne douane 8
Aotea Square et Aotea Centre at THE EDGE ® 10
Auckland Art Gallery 15
Auckland Domain et Winter Gardens 16
Auckland Harbour Bridge 2
Auckland War Memorial Museum (p. 76-77) 17
Britomart Transport Centre 7
Ferry Building 6
Hôtel de ville 11
New Zealand National Maritime Museum 5
Old Arts Building et tour de l'horloge 14
Sky Tower (p. 73) 12
SKYCITY Auckland 9
Viaduct Basin 4
Waitemata Harbour 1
Westhaven Marina 3

VOIR AUSSI

- ***Hébergement*** p. 296-298
- ***Restaurants, bars et cafés*** p. 316-318

LÉGENDE

- Auckland pas à pas, *p.68-69*
- Embarcadère
- Vers l'aéroport international
- Gare ferroviaire
- Gare routière
- Information touristique
- Parc de stationnement
- Parc
- Hôpital
- Sens unique

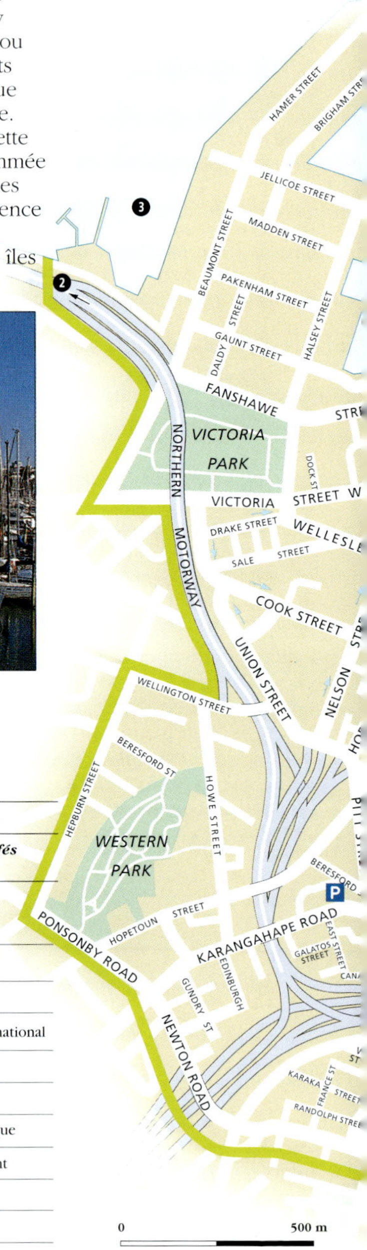

Circuler

Dans le centre-ville, ramassé, la plupart des centres d'intérêt peuvent être rejoints à pied. À partir de 9 h, l'Auckland Explorer Bus part toutes les demi-heures du Ferry Building. Il dessert 15 arrêts touristiques et diffuse un commentaire enregistré en plusieurs langues. Un bon réseau routier et autoroutier permet de se rendre en voiture ou en bus dans les banlieues nord, sud et ouest. Des ferries assurent des liaisons régulières avec les îles du golfe de Hauraki.

En patins à roulettes dans Tamaki Drive ***(p. 80)***

Le front de mer pas à pas

Affiche de musée

De belles boutiques, des édifices historiques, d'excellents restaurants et bars, une superbe vue… il y en a pour tous les goûts dans ce quartier. Encore récemment, pourtant, les habitants comme les visiteurs ne lui portaient que peu d'intérêt. Traditionnellement réservé aux bureaux, le centre-ville était presque mort la nuit tombée. Les choses ont beaucoup changé. La construction de logements au bord de l'eau ou au milieu de la verdure jointe à l'ouverture de quantité d'établissements à la mode ont fait du front de mer une véritable ruche où il fait bon vivre et se distraire.

L'ancienne douane
Datant de 1889, elle abrite aujourd'hui une boutique hors taxe (p. 71, 88).

Britomart Transport Centre
La plaque tournante des transports publics d'Auckland est située dans le bâtiment restauré de l'ancienne poste centrale.

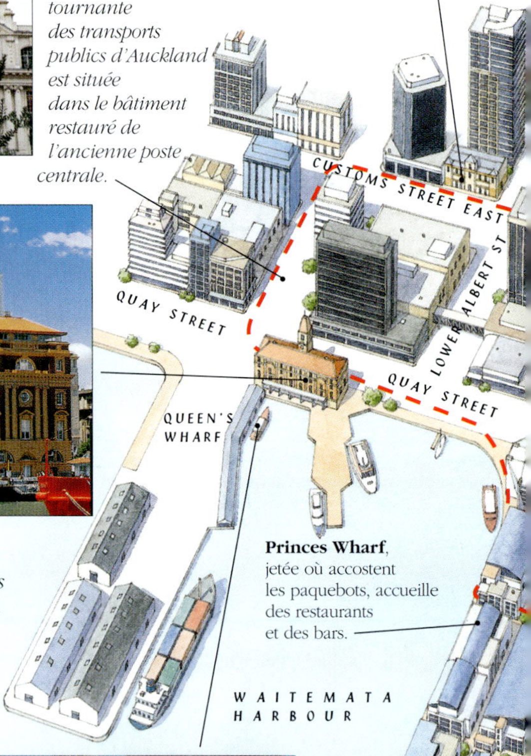

★ Le Ferry Building
On vient à cet embarcadère pour acheter des billets de bateau, mais aussi pour manger au Cin Cin on Quay (p. 71).

LÉGENDE

– – – Itinéraire conseillé

Princes Wharf, jetée où accostent les paquebots, accueille des restaurants et des bars.

Liaisons maritimes
Les bateaux pour des mini-croisières et les navettes pour Devonport et le golfe de Hauraki partent de l'arrière du Ferry Building.

La coupe de l'America

Les voiliers qui participèrent à la compétition en 1999-2000 avaient pour base Viaduct Basin. Opposés en finale aux Italiens, les Néo-Zélandais conservèrent le trophée conquis en 1995 sur Young America, l'équipage dirigé par Dennis Connor. En 2002-2003, les régates opposèrent neuf concurrents du monde entier à Team New Zealand, parmi eux des équipages français, italiens, suédois, anglais et américains. Créée en 1851, la coupe de l'America suscite toujours autant d'émotion.

***New Zealand* prenant l'avantage sur *Luna Rossa*, le défi italien, lors de la finale en 2000**

Tepid Baths
Cet établissement de bains construit en 1914 et rénové en 1997 possède des équipements sportifs de pointe.

Viaduct Basin
Ce pôle de loisirs a été créé pour la coupe de l'America de 2000 (p. 70).

Les hangars portent les couleurs nationales des participants à la coupe de l'America

★ Le New Zealand National Maritime Museum
Outre des objets fascinants, ce musée possède d'anciens bateaux sur lesquels les visiteurs font le tour du port (p. 71).

À ne pas manquer

★ Le Ferry Building

★ Le New Zealand National Maritime Museum

Westhaven Marina vue de l'Auckland Harbour Bridge : une forêt de mâts

Waitemata Harbour ❶

Avec ses eaux miroitantes et le cône volcanique vert de Rangitoto Island en toile de fond, ce port offre l'un des plus beaux panoramas d'Auckland. Barrière naturelle entre le quartier central des affaires et la rive nord, densément peuplée, il est traversé tous les jours par des navires marchands, des ferries et des bateaux touristiques.

Auckland Harbour Bridge ❷

Nationale 1.

À la fin du XIXe siècle, des bacs commencèrent à assurer la traversée entre Auckland et le nord de la baie. En 1959, l'Auckland Harbour Bridge, pont en fer de 43 m de haut et 1 020 de long, vit le jour. Dix ans plus tard, il fallut élargir son tablier, et son nombre de voies passa de 4 aux 8 actuelles.

Une machine déplace deux fois par jour les barrières en béton qui délimitent les sens de circulation afin de faciliter, le matin, l'arrivée des employés venant travailler en ville et, le soir, leur retour vers les banlieues. Des feux de signalisation à chaque extrémité indiquent clairement quelle voie prendre. Ce système n'empêche toutefois pas les ralentissements aux heures de pointe. En effet, non seulement le pont relie deux secteurs importants de la ville, mais la Nationale 1 qui l'emprunte est le principal axe routier vers le nord. Les embouteillages présentent au moins l'avantage de laisser le temps de profiter de la vue. En se dirigeant vers le sud, on remarquera une forêt de mâts sur la gauche.

Café de Viaduct Basin

Westhaven Marina ❸

Westhaven Drive.

Ce port de plaisance, l'un des plus grands de l'hémisphère Sud – il compte près de 2 000 places –, existe depuis plus de 70 ans. Il témoigne de la passion des habitants d'Auckland pour le nautisme. Pier Z est un quai doté de différents équipements, en particulier une cale de halage ; plusieurs grandes compagnies de location y ont leur siège. Les locaux de yacht-clubs prestigieux se trouvent du côté nord de la marina.

Viaduct Basin ❹

À l'angle de Halsey St et Viaduct Harbour.

La transformation d'un ancien quartier d'entrepôts en un site capable d'accueillir les concurrents de la coupe de l'America 1999-2000 s'est inscrite dans le cadre d'une réhabilitation générale du front de mer, suivant l'exemple de Londres, Sydney ou San Francisco.

Appartements de standing, boutiques et restaurants, dont les très courus *Loaded Hog* et *Kermadec*, ce dernier spécialisé dans les produits de l'Océan *(p. 318)*, entourent aujourd'hui les bateaux au mouillage.

New Zealand National Maritime Museum ❺

À l'angle de Quay St et Hobson St. ☎ *(09) 373 0800 ou 0800 7258 9726.* ○ *t.l.j.* ● *25 déc.* ♿ 🍴 ☕ 🛍 W *www.nzmaritime.org*

La Nouvelle-Zélande ne serait jamais devenue ce qu'elle est sans les pirogues sur lesquelles les Polynésiens franchirent des milliers de kilomètres *(p. 44-45)*, les baleiniers qui vinrent mouiller à Russell *(p. 100)* et les navires en tout genre qui transportèrent des milliers d'immigrants. Le Maritime Museum, appelé en maori Huiteananui-a-Tangaroa, « la maison légendaire de Tangaroa [le dieu de la mer] », rend hommage à cet héritage naval.

Nul besoin d'être fou de navigation pour apprécier les lieux qui comprennent, par exemple, une salle aménagée comme un intérieur de bateau où ne manquent ni le tangage, ni les craquements.

La collection inclut des embarcations historiques amarrées à l'extérieur du bâtiment. Plusieurs servent pour des promenades dans le port.

Baleinière exposée au National Maritime Museum

Ferry Building ❻

Quay St. ⛴ ○ *t.l.j.* 🍴 ☕

Alex Wiseman conçut ce bâtiment de style baroque édouardien datant de 1912. Ses murs en grès et en brique reposent sur une assise en granit de Coromandel. Il est le point de ralliement des navettes pour la banlieue – un ferry mène en

Le Ferry Building, un embarcadère très fréquenté

10 minutes à Devonport – et des bateaux pour Waiheke Island *(p. 86)*. Sa réputation vient aussi de *Cin Cin on Quay (p. 317)*, une brasserie au rez-de-chaussée, où il est de bon ton d'aller dîner.

Britomart Transport Centre ❼

Queen St.

Le Britomart Transport Centre rassemble en un lieu unique tous les services concernant les transports publics ferroviaire, routier et maritime pour la ville d'Auckland. C'est la première phase d'une reconversion qui comportera notamment boutiques, cafés, appartements et bureaux.

Ancienne douane ❽

À l'angle d'Albert St et de Customs St. ☎ *0800 388 937.* ○ *t.l.j.* 🛍 W *www.aworldofshopping.co.nz*

Thomas Mahoney se serait inspiré du magasin Selfridge d'Oxford Street, à Londres, pour dessiner l'ancienne douane. Elle fut bâtie en 1889 dans le style de la Renaissance française sur le site d'un édifice détruit par un incendie.

Occupée aujourd'hui par la plus grande boutique hors taxe de la ville *(p. 88)*, elle abritait à l'origine le service des douanes, celui du contrôleur des comptes, du contrôleur des moutons et le tribunal des terres indigènes.

La cité des voiles

Auckland prétend être la ville comptant le plus de voiliers par habitant au monde. En raison de la douceur du climat, ceux-ci sortiraient en moyenne plus souvent que les bateaux européens ou de la côte est des État-Unis. Depuis les années 1870 et les premières régates dans Waitemata Harbour, la plaisance est l'un des passe-temps favoris des habitants d'Auckland.

L'Auckland Anniversary Regatta *(p. 39)*, qui réunit des centaines de participants, en apporte la preuve chaque année.

Les baies abritées et les îles d'Auckland séduisent aussi les visiteurs. Les tarifs des agences de location dépendent du bateau, de la période de l'année et de la mise à disposition ou non d'un équipage.

Voilier lors d'une régate dans Waitemata Harbour

Dans l'enfer du jeu de l'un des casinos de SKYCITY

SKYCITY Auckland ❾

À l'angle de Victoria St et Federal St.
0800 759 2489. *t.l.j.* *www.skycity.co.nz*

À SKYCITY Auckland, le plus grand casino de Nouvelle-Zélande, les parieurs chanceux peuvent même gagner des voitures de luxe ! Ouvert 24 heures sur 24 et 7 jours sur 7, le complexe offre une grande variété de divertissements. Plus de 1 600 machines à sous sont à votre disposition. Avec quatre casinos, on peut tenter sa chance à plus de 100 tables. On y trouve les jeux classiques, tels que le poker, la passe anglaise, le blackjack, le baccarat ou la roulette. Les jeux chinois sont également représentés : le *tai sai* se joue avec 3 dés sous une coupole transparente, et le *pai gow*, avec 32 dominos.

Pourtant, plus qu'à ses salles de jeu, c'est à la Sky Tower, la plus haute construction du pays *(p. 73)*, que SKYCITY doit sa renommée. Le complexe comprend deux hôtels, le SKYCITY Hotel, un quatre étoiles de 306 chambres et 38 suites, et un tout nouveau cinq étoiles, le Grand Hotel. Le centre dispose également de nombreux bars, cafés et restaurants, ainsi que de salles de conférences et d'un auditorium de 700 places.

Sculpture d'Aotea Square

Aotea Square et Aotea Centre at THE EDGE® ❿

Queen St. *(09) 979 2333.*

À la fin des années 1980, une carte postale entièrement noire à l'exception de l'intitulé « vie nocturne en Nouvelle-Zélande » se détachait sur les présentoirs des boutiques de souvenirs. La situation a bien évolué depuis la construction en 1990 de l'Aota Centre, dû à l'architecte Ewen Wainscott. La célèbre diva Dame Kiti Te Kanawa chanta lors de la soirée d'ouverture de ce foyer de l'animation nocturne. Concerts, ballets, opéras et pièces de théâtre, ainsi que des festivals comme le World of Music Arts and Dance, ou WOMAD, rythment la saison.

Devant le centre, Aotea Square est souvent envahi par les adeptes de planche à roulettes. Un *waharoa* (portail) en bois de l'artiste maori Selwyn Muru marque l'entrée de la place. D'un côté s'élève l'hôtel de ville, de l'autre le Force Entertainment Centre. Il renferme un cinéma Imax à écran géant de 460 places *(p. 91)*, une arcade de jeux, des cafés et des boutiques.

L'ensemble formé par l'hôtel de ville, l'Aotea Centre et le Force Entertainment Centre est surnommé THE EDGE® (la limite), car tous trois bordent Aotea Square.

Hôtel de ville ⓫

Queen St. *(09) 309 2677.*
t.l.j. *jours fériés.*

Élevé en 1911 dans le style édouardien, il est l'édifice historique le plus important d'Auckland. Lors de travaux visant à lui rendre son aspect d'origine, il a été débarrassé d'éléments hétérogènes accumulés au fil des ans, et sa structure a été renforcée.

Les restaurateurs ont poussé la méticulosité jusqu'à utiliser du verre ancien pour reconstituer les fenêtres disparues dans la Concert Chamber, la Council Chamber et le principal vestibule sur rue. L'hôtel de ville n'a pas qu'une fonction administrative et politique. Il possède une excellente salle de concerts, le Great Hall, réplique de la Neues Gewandhaus de Leipzig détruite par les bombardements alliés pendant la Seconde Guerre mondiale.

L'hôtel de ville

Sky Tower ⓬

À son inauguration en août 1997, la Sky Tower, réémetteur et attraction touristique de 328 m, a ravi à l'AMP Tower de Sydney le titre de plus haut bâtiment de l'hémisphère Sud. Faisant partie de SKYCITY Auckland, la tour accueille chaque année près d'un million de visiteurs. De ses 4 plates-formes panoramiques, le regard porte jusqu'à 82 km et les parties de la tour connues sous les noms de Vertigo Climb et Sky Jump vous donneront des frissons.

MODE D'EMPLOI

À l'angle de Victoria St et Federal St. *0800 759 2489.* *de 8h30 jusque tard t.l.j.* *www.skycity.co.nz*

Plates-formes panoramiques
Elles permettent de découvrir, en plein air comme à l'intérieur, une vue exceptionnelle d'Auckland et de sa région.

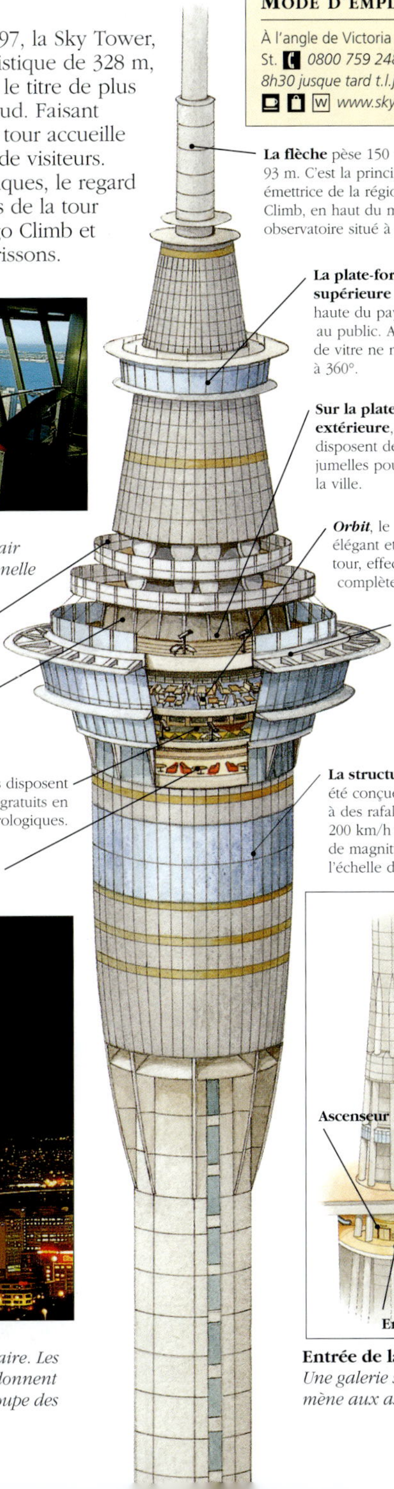

La flèche pèse 150 t et mesure 93 m. C'est la principale antenne émettrice de la région. Le Vertigo Climb, en haut du mât, mène à un observatoire situé à 300 m de haut.

La plate-forme supérieure est la plus haute du pays ouverte au public. Aucun montant de vitre ne nuit à la vue à 360°.

Sur la plate-forme extérieure, les visiteurs disposent de puissantes jumelles pour observer la ville.

Orbit, le restaurant élégant et tournant de la tour, effectue une rotation complète par heure.

Des systèmes de télécommunication occupent les étages encadrant la plate-forme principale.

Sky Jump : pour expérimenter le saut à l'élastique d'une hauteur de 192 m.

The Observatory, un self-service au décor de brasserie, est le restaurant le plus haut de Nouvelle-Zélande.

Sur la plate-forme principale, les visiteurs disposent de bornes informatiques, d'audioguides gratuits en plusieurs langues et de bulletins météorologiques.

La structure de la tour a été conçue pour résister à des rafales de 200 km/h et un séisme de magnitude 7 sur l'échelle de Richter.

Le *Sky Lounge Café* est situé sur la plate-forme inférieure.

Vue de nuit
La Sky Tower est encore plus spectaculaire. Les illuminations de Noël, en particulier, donnent l'aspect d'une soucoupe volante au groupe des plates-formes panoramiques.

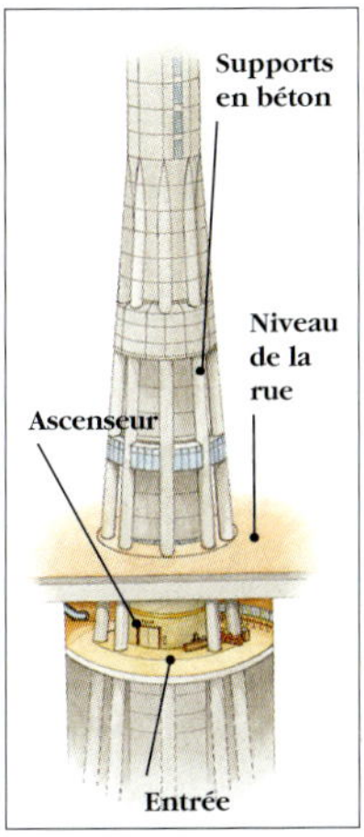

Entrée de la tour
Une galerie souterraine mène aux ascenseurs.

L'ancien Parlement, premier manoir en bois de Nouvelle-Zélande

Ancien Parlement ⓭

À l'angle de Waterloo Quadrant et Princes St. *au public.*

De style néo-classique, l'ancien siège du gouvernement achevé en 1856 par William Mason semble construit en pierre vu de loin, mais, comme son prédécesseur expédié de Grande-Bretagne sous forme d'éléments préfabriqués, il est en réalité en bois. Le grand pignon et le pin de Norfolk au sud de la pelouse auraient été plantés par le gouverneur sir George Grey pendant son deuxième mandat, de 1861 à 1867.

L'édifice perdit sa fonction première en 1865, quand Wellington devint capitale à la place d'Auckland. Jusqu'en 1969, il resta néanmoins la résidence du gouverneur-général et un lieu de séjour pour les membres de la famille royale britannique. Élisabeth II y enregistra son discours de Noël en 1953. Le bâtiment fait aujourd'hui partie de l'université. Il abrite des salles de réunion et des appartements servant à l'accueil de professeurs de passage.

Old Arts Building et tour de l'horloge ⓮

Princes St. *au public.*

Appartenant également à l'université, ces deux bâtiments font face à Albert Park, où les étudiants aiment se retrouver en été. Ils furent achevés en 1926 sur des plans de R.A. Lippincott, un architecte formé à Chicago et dont le beau-frère était Walter Burley Griffin, l'urbaniste de Canberra, la capitale australienne. Lippincott s'inspira de la Tom Tower de Christ Church, à Oxford, pour la tour de l'horloge, devenue un emblème de l'université. L'édifice a connu une importante reconstruction entre 1985 et 1988 qui a valu à ses maîtres d'œuvre un prix de l'Institute of Architects.

Depuis l'arrière de l'Old Arts Building, un mur court sur une longueur de 85 m jusqu'à l'Old Choral Hall. Il constitue le dernier vestige du rempart élevé en 1847 autour d'une caserne dont une partie couvrait le site d'Albert Park. Les troupes britanniques y furent cantonnées jusqu'en 1870. Le basalte utilisé pour sa construction provenait des pentes du mont Eden, l'actuel Eden Garden.

L'Old Arts Building et la tour de l'horloge, dans l'université

Auckland Art Gallery ⓯

À l'angle de Wellesley St et Kitchener St. *(09) 307 7700.* *t.l.j.* *ven. saint et 25 déc.* *certaines expositions.* *www.aucklandcity.govt.nz*

Les amateurs d'art ne manqueront pas cette visite. L'Art Gallery est installée dans un édifice de style néo-Renaissance française bâti en 1887. Il s'élève sur un terrain en pente et en angle, défi que surmontèrent ses concepteurs, la firme Grainger and D'Ebro. L'espace, autrefois partagé avec la bibliothèque municipale et des services administratifs, est entièrement dévolu aux collections. Leurs 12 500 pièces montrent avant tout l'évolution de l'art néo-zélandais. Les plus grands noms nationaux, comme Frances Hodgkins, Colin McCahon et Ralph Hotere, sont représentés. Cependant, le musée recèle aussi des œuvres d'artistes étrangers. C'est notamment le cas dans la Mackelvie Collection, du nom d'un homme d'affaires d'origine écossaise qui vécut à Auckland entre 1865 et 1871, et dans la Grey Collection.

Entrée de la New Gallery, annexe de l'Auckland Art Gallery

Juste à côté de l'Auckland Art Gallery et installée dans un ancien central téléphonique réhabilité par David Mitchell, la New Gallery offre un vaste espace d'exposition supplémentaire dédié pour l'essentiel au contemporain. La Gow Langsford Gallery, une galerie privée, est blottie entre les deux bâtiments.

Auckland Domain et Winter Gardens

16

Auckland Domain ◯ *t.l.j.*
Winter Gardens ◯ *t.l.j.* ☐ *(War Memorial Museum).*

Concert à Auckland Domain du Sky City Starlight Symphony

Le centre d'Auckland enserre plusieurs volcans éteints, dont 14 cônes de scorie transformés pour la plupart en espaces verts. À courte distance à pied à la fois du centre-ville et du quartier historique de Parnell, Auckland Domain est le plus ancien parc de la cité. Son relief est marqué par des anneaux de tuf créés il y a des milliers d'années par l'activité tellurique.

Dès les débuts de la colonisation, en 1840, 135 ha avaient été réservés à sa création. En 1940, une palissade sculptée a été élevée sur le tertre de Pukekarao autour d'un *totara*, arbre indigène, en hommage au chef maori Potatu Te Whero Whero ; il y a un siècle, il conclut là un accord de paix avec des tribus voisines.

À côté, un terrain de sport s'inscrit dans un amphithéâtre naturel formé par les anneaux de tuf. Les foules s'y pressent l'été pour des concerts gratuits. Certains des grands arbres d'Auckland Domain, à l'ombre desquels on se promène et on pique-nique, proviennent d'une pépinière fondée en 1841 pour promouvoir l'introduction de plantes et d'essences européennes. De nombreuses sculptures ornent les jardins classiques. Un bassin au contour irrégulier entoure les plus connues, en bronze : un homme représentant Auckland entouré de deux femmes qui symbolisent la sagesse et la fertilité.

Statue des Winter Gardens

Les Winter Gardens, legs de l'Auckland Exhibition de 1913, se composent d'une cour agrémentée d'un grand bassin rempli de lotus et nénuphars reliant deux serres. Celles-ci abritent une riche collection de plantes exotiques. Il y a peu, une ancienne carrière de scorie derrière a été transformée en une pépinière à fougères, une plante dont il existe plus de cent variétés en Nouvelle-Zélande. Il est fréquent de voir des couples de jeunes mariés se faire phototgraphier dans ce cadre.

Le monument le plus célèbre du parc est l'Auckland War Memorial Museum *(p. 76-77)*. En béton armé paré de pierre de Portland, il présente en façade des plaques de bronze énumérant les combats livrés pendant la Première Guerre mondiale. L'arrière du bâtiment, œuvre en 1960 de R.F. et M.K. Draffin, porte la liste des batailles de la Seconde Guerre mondiale.

Dans l'une des deux serres des Winter Gardens

Auckland War Memorial Museum ⑰

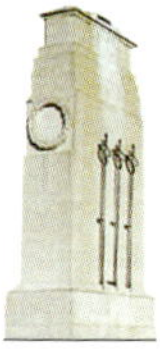

Cénotaphe du musée

Il a été construit en 1929 pour commémorer la Première Guerre mondiale, où périrent 16 697 soldats néo-zélandais. Sa façade néo-classique évoque les temples grecs que de nombreux engagés aperçurent depuis leur navire en Méditerranée. Des actualités cinématographiques des années 1920 montrant la tombe du soldat inconnu de Londres ont inspiré l'allure du cénotaphe élevé devant le bâtiment. Le musée abrite, entre autres, une présentation des origines de la Nouvelle-Zélande et de son peuple, ainsi qu'une magnifique collection d'objets maoris. Il accueille des spectacles traditionnels maoris.

Vue aérienne montrant le musée au sein d'Auckland Domain

Hall d'entrée
Une verrière éclaire ses hautes colonnes qui évoquent le Parthénon.

Origins est une salle renfermant des squelettes d'animaux disparus comme les dinosaures et le moa, souvent trouvés dans des grottes.

L'entrée du musée rappelle les temples grecs.

★ Les trésors maoris
Exceptionnels comme l'atteste la waka *(pirogue) ci-contre, ils sont exposés dans une galerie où une maison commune a été reconstituée.*

À NE PAS MANQUER

★ Les trésors maoris

★ Le sanctuaire de la Première Guerre

Centres de découverte
Ils consistent en deux expositions pédagogiques interactives, Weird and Wonderful (« étrange et merveilleux ») et Treasures and Tales (« trésors et histoires »), s'adressant aux enfants.

MODE D'EMPLOI

The Domain. (09) 306 7067. Explorer bus, Satellite Link bus. de 10h à 17h t.l.j. 25 déc., 25 avr. (le matin). participation libre (sauf pour les mémoriaux) ; spectacle maori. www.akmuseum.org.nz

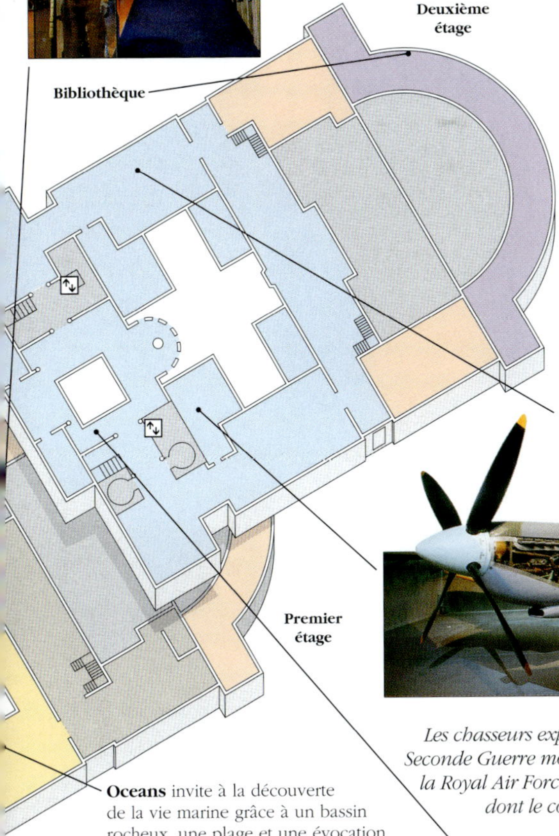

SUIVEZ LE GUIDE !

L'exposition s'étend sur 3 niveaux. Le rez-de-chaussée est consacré aux peuples de Nouvelle-Zélande et des îles du Pacifique, et le premier étage à l'histoire naturelle du pays. Le dernier évoque les deux conflits mondiaux et montre comment ils ont contribué à forger l'identité nationale. La bibliothèque est ouverte au public en semaine 13 h à 17 h et des travaux ont débuté dans un nouveau bâtiment qui abritera lieux d'exposition, équipements pédagogiques et boutiques.

Scars on the Heart (« cicatrices au cœur »), section consacrée aux deux conflits mondiaux, comprend la reconstitution d'une tranchée.

Spitfire Gallery
Les chasseurs exposés rappellent que, pendant la Seconde Guerre mondiale, de nombreux pilotes de la Royal Air Force venaient de Nouvelle-Zélande, dont le commandant en chef Keith Park.

Oceans invite à la découverte de la vie marine grâce à un bassin rocheux, une plage et une évocation de la réserve des Poor Knights Islands.

LÉGENDE

- Administration
- Histoire d'Auckland
- Centres de découverte
- Bibliothèque
- Maoris et Pacifique
- Histoire naturelle
- Autres expositions
- Expositions temporaires
- Guerres mondiales

★ Sanctuaire de la Première Guerre
Le vitrail au-dessus de l'entrée montre les armoiries des dominions et des colonies britanniques au moment de la Première Guerre mondiale. Les insignes des unités, régiments et corps d'armée où servirent des Néo-Zélandais ornent le balcon.

Le centre d'Auckland, entouré de quartiers résidentiels ▷

En dehors du centre

Vaste cité étalée entre deux baies, Auckland offre plus aux visiteurs que ses quartiers centraux. Les plages et les îles constituent les premiers attraits de la périphérie. Au plaisir de contempler les paysages s'ajoute celui de pratiquer des activités comme la baignade, le kayak, le surf ou la voile. La ville est réputée pour ses espaces verts. Certains permettent de se promener dans une nature restée sauvage. Les familles avec de jeunes enfants apprécieront le jardin zoologique et les deux parcs d'attractions de l'agglomération : Rainbow's End Adventure Park et Kelly Tarlton's Underwater World et Antarctic Encounter. De l'autre côté de la baie, Devonport abonde en restaurants et boutiques d'artisanat.

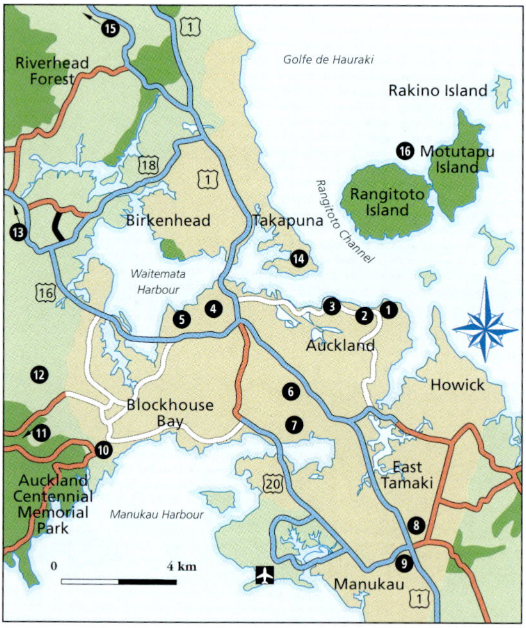

La région d'un coup d'œil

Légende

- Auckland
- Parc, forêt ou réserve
- Autoroute
- Route nationale
- Autre route
- Aéroport international

Auckland vue de Tamaki Drive

Tamaki Drive 1

De cette route à l'est d'Auckland, la cité se montre sous son meilleur jour. Elle traverse Hobson Bay et, longeant la mer, passe par Okahu Bay, Mission Bay et St Heliers Bay. Le paysage, avec Waitemata Harbour au premier plan et Rangitoto Island et Devonport au loin, est de toute beauté.

Nombre des demeures les plus prestigieuses de la ville bordent Tamaki Drive, et les cars de visites organisées font souvent un détour par Paritai Drive, le lotissement le plus cher d'Auckland. La route est aussi réputée pour les petites plages de sable fin qui s'égrènent en chemin. Les familles s'y mêlent aux amateurs de bains de mer et de soleil, comme à Mission Bay.

Ce quartier fut ainsi nommé quand il prit forme dans les années 1920, en raison de la présence d'une mission depuis 1859. Elle faisait partie de la Melanesian Mission School de l'évêque Selwyn, qui déménagea à Norfolk Island en 1867. Le bâtiment remplit alors plusieurs fonctions avant de finir en restaurant haut de gamme.

Promenade en famille et au soleil sur Tamaki Drive

L'île de Rangitoto se profile à l'horizon dans le golfe de Hauraki

Tamaki Drive aboutit au centre commercial de St Heliers. Au lieu de tourner à droite dans St Heliers Bay Road, mieux vaut continuer sur Cliff Road en direction de Ladies Bay. Au sommet de la falaise, une plate-forme panoramique réserve une vue splendide du golfe de Hauraki. Juste en dessous, mais assez loin pour être à l'abri des voyeurs, se trouve une des rares plages naturistes de Nouvelle-Zélande et la seule de Tamaki Drive où le nudisme est autorisé.

Véliplanchiste débutant

Savage Memorial Park ❷

Accessible par Tamaki Drive, ce parc rend hommage au travailliste Michael Joseph Savage (1871-1940), Premier ministre au moment où le pays entra dans la Seconde Guerre mondiale. Des fortifications en béton de cette époque parsèment ses jardins à la française.

Ceux-ci occupent le site d'un *pa* (camp fortifié) maori établi au bord d'une côte réputée pour ses moules, d'où son ancien nom de Tokapurewha, « rocher aux moules ».

Rebaptisé Bastion Point, l'endroit passa à la postérité en 1979, quand des Maoris s'insurgèrent après que le gouvernement eut rasé un de leurs villages pour créer une zone résidentielle. Suite à une occupation de 506 jours et 10 ans de procédure judiciaire, la tribu Nagati Whatua put récupérer le terrain. Sa maison commune, Orakei Marae, s'élève non loin. Elle couvre 900 m². D'autres, plus petites, se trouvent autour de Kaipara Harbour et à Helensville, au nord.

Promenade sous-marine dans le tunnel de Kelly Tarlton's Underwater World

Kelly Tarlton's Underwater World et Antarctic Encounter ❸

23 Tamaki Drive. *(09) 528 0603 ou 0800 805 050.* *du centre-ville, 74, 75, 76.* *t.l.j.* *flash interdit.* *Antartic Encounter.*

L'attraction touristique la plus connue de Tamaki Drive comprend deux parties. Dans Kelly Tarlton's Underwater World, les visiteurs avancent sur un tapis roulant au milieu de poissons dont ne les sépare qu'un tunnel de Plexiglas. Ils longent deux aquariums consacrés respectivement à la faune des récifs de corail et aux requins et aux raies. Antarctic Encounter, qui les emmène dans l'Antarctique, renferme la réplique du refuge de l'explorateur Robert F. Scott (1868-1912) au cap Evans, lors de son expédition vers le pôle Sud en 1911. Le clou de la visite reste une promenade en chenillette chauffée à travers un paysage de banquise où vit une colonie de manchots.

Museum of Transport and Technology ❹

805 Great North Rd, Western Springs. Customs St, 45. (09) 846 7020. t.l.j. 25 déc. www.motat.org.nz

Son fonds s'élève à environ 300 000 objets, mais seuls 20 % sont présentés dans ses divers bâtiments répartis sur deux sites accessibles à pied depuis les Zoological Gardens. L'éventail des pièces exposées va des sous-vêtements aux maisons du XIXe siècle en passant par du matériel dentaire.

La principale attraction du musée est constituée par 30 aéroplanes, dont la réplique d'un prototype fabriqué par Richard Pearse. De nombreux Néo-Zélandais pensent que cet enfant du pays fut le premier homme à voler, avant même les frères Wright *(p. 246)*. Le ZK-AMO *Aranui*, un luxueux hydravion en service dans le Pacifique sud de 1949 à 1960, est tout aussi fascinant. Un tramway part toutes les 20 minutes environ du musée pour rejoindre l'entrée des Zoological Gardens.

Aéroplane au Museum of Transport and Technology

Auckland Zoological Gardens ❺

Motions Rd, Western Springs. Customs St, 45. (09) 360 3800. t.l.j. 25 déc. www.aucklandzoo.co.nz

Le visiteur y trouvera le cadre idéal pour se familiariser avec la faune unique au monde qui s'est développée sur les îles isolées de Nouvelle-Zélande. Elle se distingue en particulier par les nombreux oiseaux ratites dont l'absence de prédateurs terrestres a favorisé l'apparition. Les plus célèbres, les kiwis, côtoient des créadions nounoir, des tuis cravate-frisée, des nestors et des *kakariki*.

Statue d'éléphant gardant le zoo

Le zoo ne se limite pas aux espèces indigènes. Grâce à la reconstitution d'une forêt pluviale, il est possible d'observer de près des macaques et des sapajous, entre autres primates. Des zèbres et des girafes se promènent dans une savane où se dressent des huttes zouloues, tandis qu'un marécage offre l'habitat approprié tant à des babouins qu'à des hippopotames.

One Tree Hill ❻

Manukau Rd.

Ancien site du plus grand établissement maori de la région, ce cône volcanique éteint doit son nom à l'arbre isolé planté à son sommet en 1640. Plusieurs arbres solitaires lui ont succédé depuis. La plupart sont

Un grand camp fortifié maori s'étendait jadis sur One Tree Hill

tombés sous les coups de hache de divers groupes cherchant à attirer l'attention sur leur cause. Toutefois, en octobre 2000, ce sont des employés municipaux qui ont sacrifié le dernier, un pin de Monterey menaçant de tomber. Son illustre prédécesseur, un *totara*, avait été abattu en 1852 par des ouvriers furieux que leurs rations n'arrivent pas.

Autour de la colline s'étend Cornwall Park. Son terrain fut donné à la ville par sir John Campbell, qui y possédait une ferme, en 1901, année de la visite du duc et de la duchesse de Cornouailles auxquels il doit son nom.

Acacia Cottage, la plus ancienne demeure en bois d'Auckland, que Campbell avait construite en 1841 dans Shortland Street, s'y dresse

Acacia Cottage, maison de pionnier à Cornwall Park

désormais. Elle fut transférée dans les années 1920.

Le **Stardome Observatory** et le Stardome Planetarium, aux télescopes accessibles au public, se trouvent près de l'entrée du parc.

Acacia Cottage
Cornwall Park. *(09) 630 8485.* *t.l.j.* *jours fériés.* *302, 304, 305.*

Stardome Observatory
One Tree Hill Domain. *(09) 624 1246.* *t.l.j.* *jours fériés.* *Stardome et télescopes.*

Highwic ❼

40 Gillies Ave, Epsom. *correspondance.* *(09) 524 5729.* *du mer. au dim.* *ven. saint, 25 déc.*

Highwic était la demeure d'un éleveur, Alfred Buckland. Construite par étapes en 1862, elle présente

Attraction aquatique du Rainbow's End Adventure Park

une façade plus travaillée que le reste du bâtiment. Bon exemple du style Carpenter Gothic Revival, avec son décor élaboré et ses vitres aux carreaux biseautés, elle vaut aussi la visite pour son vaste jardin.

Auckland Regional Botanic Gardens ❽

Hill Rd, Manukau City. *(09) 267 1457.* *t.l.j.*

D'une superficie de 640 km^2, ces jardins renferment plus de 10 000 espèces végétales, tant indigènes qu'importées, ainsi qu'une riche sélection de plantes ornementales dans laquelle les habitants de la région viennent puiser l'inspiration pour leur jardin. Des visites guidées ont lieu le premier dimanche du mois.

Rainbow's End Adventure Park ❾

À l'angle de Great South Rd et Wiri Station Rd, Manukau. *centre d'Auckland, 47.* *(09) 262 2030.* *t.l.j.* *25 déc.* *www.rainbowsend.co.nz*

Ce grand parc de loisirs propose quantité d'attractions dont des montagnes russes, où les amateurs de sensations fortes, emmenés à plus de 30 m de haut, font un looping puis une double vrille. Au Goldrush, les visiteurs prennent place dans un chariot de mine pour foncer à travers des galeries aurifères abandonnées. Place à plus de tranquillité avec les dinosaures du Motion Master Virtual Theatre, le minigolf, les attractions aquatiques ou la traversée d'une forêt enchantée.

Sir John Logan Campbell

Le 21 décembre 1840, un immigrant originaire d'Édimbourg, John Logan Campbell (1817-1912), ouvrit le premier magasin d'Auckland sous une tente au bas de Shortland Street. Lorsqu'il mourut à l'âge de 95 ans, il était l'homme d'affaires le plus célèbre de la ville, après s'être notamment investi dans l'élevage, le commerce maritime, la brasserie, l'exploitation forestière, la presse, la banque et l'exportation de résine de kauri, de lin et de manganèse. Il avait siégé au Parlement, dirigé la milice et participé à la fondation du Mechanics Institute et du Northern Club. Le « père d'Auckland » est surtout resté dans les mémoires pour avoir donné à la ville le terrain de Cornwall Park (ci-contre), au pied de One Tree Hill.

Totem à l'entrée de l'Arataki Visitors Centre

Titirangi ⑩

Carte routière E2. *3 400.*

À l'ouest d'Auckland, Titirangi réserve de superbes vues sur la chaîne des Waitakere et, au sud, sur Manukau Harbour, une baie de 390 km². Ce village doit aux artistes et aux écrivains qui l'habitent la réputation d'être « branché ». Des cafés et des restaurants bordent la rue principale. Une galerie d'art, un petit théâtre et un restaurant occupent l'édifice le plus remarquable : Lopdell House (1930), de style espagnol. Le dernier dimanche du mois, de 9 h à midi, un marché d'artisanat s'installe sur la place devant la bibliothèque voisine.

Titirangi donne accès à l'Auckland Centennial Memorial Park, dans la chaîne volcanique des Waitakere, formée il y a 1,7 million d'années. Plus de 2 millions de visiteurs parcourent chaque année ses 250 km de sentiers, ouverts aux marcheurs de tous niveaux.

Cinq kilomètres après Titirangi est situé l'**Arataki Visitors Centre**, entouré d'une plate-forme panoramique en bois. Ce centre d'information abrite une exposition sur les sites de la région et son histoire, marquée par l'exploitation forestière. Il propose un bon choix de cartes de la chaîne des Waitakere, de livres, de cassettes audio et d'affiches. L'Arataki Nature Trail, un sentier botanique fléché, part de l'autre côté de la route.

Arataki Visitors Centre
Scenic Drive. *(09) 817 0089.*
t.l.j. *25 déc.*

Piha ⑪

Carte routière E2. *2 500.*

Appréciées des habitants d'Auckland, mais peu connues des touristes, les plages qui jalonnent la venteuse côte ouest, à courte distance de la ville, méritent une visite. Comme elles bordent la mer de Tasman, les nageurs et les surfeurs doivent se montrer prudents en raison des courants et des brusques changements de temps.

Ses rouleaux valent à Piha d'être la plus populaire de ces plages. C'est aussi celle qui s'est le plus embourgeoisée, et de nombreux *baches*, cabanons à la mode néo-zélandaise, ont cédé la place aux villas d'architecte. Le Piha Surf Life Saving Club sert de point de ralliement en été.

Fou austral à Muriwai

Aux environs
La portion de côte la plus désolée, mais peut-être la plus grandiose, se trouve à **Whatipu**, au sud de Piha et à l'entrée de Manukau Harbour. Un banc de sable visible depuis la plage barre en partie la baie. Le 7 février 1863, il causa le naufrage de l'*Orpheus*, une corvette. Des 259 membres de son équipage, 70 seulement survécurent.

Juste au sud de Piha, **Karekare** possède des aires de pique-nique idylliques et une piscine au pied d'une cascade. Sa plage a accueilli le tournage de *La Leçon de piano*. Au nord de Piha, **Bethells Beach** fut habitée par les Maoris pendant plusieurs siècles. Les archéologues y ont recensé quelque 75 sites d'occupation, mais le *pa* le mieux conservé de la région est au large, sur Ihumoana Island. Au-delà de Bethells, à **Muriwai Beach**, une colonie d'environ 2 000 fous austraux a élu domicile sur un promontoire rocheux. Les oiseaux nichaient auparavant sur Motutara Island. Des barrières les protègent, mais des plates-formes permettent de les observer sans les déranger, la meilleure période étant de juillet à décembre. Le spectacle n'est toutefois pas aussi impressionnant qu'au cap Kidnappers *(p. 147)*.

Vue plongeante sur Piha depuis le parking en bord de route

Henderson ⓬

Carte routière E2. *4 600.*

À une heure de voiture du centre d'Auckland, les vignobles de Henderson sont devenus une destination de week-end privilégiée. De nombreux chais proposent des dégustations gratuites et permettent de se restaurer, d'un simple en-cas comme d'un repas complet.

À Babich Wines, une aire de pique-nique et un terrain de pétanque dominent les vignes. Réputée pour ses crus primés comme le Babich Patriarch, cette entreprise familiale vend aussi des vins bon marché. Montana Wines, qui fournit près de la moitié de la production nationale, a plus de 150 vins à son catalogue. Son Deutz Marlborough Cuvée, fabriqué en association avec les Champagnes Deutz, a remporté en 1998 le titre de Mousseux de l'Année au concours international de Londres. L'entreprise vient d'acheter Corbans Wines, un domaine fondé par des immigrants libanais en 1902. D'autres renseignements sur les vignobles de Henderson sont disponibles à l'office de tourisme d'Auckland.

Repas en plein air à Babich Wines, un chais de Henderson

Kumeu ⓭

Carte routière E2. *1 800.*

Une autre sortie du week-end appréciée des habitants d'Auckland consiste à déjeuner dans le restaurant d'un domaine viticole, puis à faire provision de légumes et de fruits frais sur le chemin du retour. District réputé pour ses vignes et ses vergers, où beaucoup d'ouvriers viennent de l'ancienne Yougoslavie, Kumeu offre l'embarras du choix. Une visite des caves se doit d'inclure Kumeu River Wines, dont le chardonnay a figuré 5 fois sur la liste des 100 meilleurs vins du monde dressée par le magazine américain *Wine Spectator*. The House of Nobilo, le quatrième producteur du pays, a vinifié 4 000 tonnes de raisin en 1998, l'année où il a acheté Selaks Wines, dont il vend aussi la production dans sa boutique.

Soljans Estate Winery, dont le chardonnay est l'une des spécialités, organise des visites guidées ; son aire de pique-nique est très agréable.

Matua Valley Wines propose un large éventail de crus de qualité. L'établissement vinicole possède un parc agréable doté de tables de pique-nique et s'enorgueillit de posséder un des meilleurs restaurant de chais de la région : le *Hunting Lodge* *(p. 318)*.

Fruits et légumes de la région en vente à Kumeu

La Nouvelle-Zélande à l'écran

La beauté et la majesté du littoral néo-zélandais n'ont pas échappé aux professionnels de l'industrie cinématographique. Jane Campion a choisi Karekare pour les scènes de plage de *La Leçon de piano*, qui obtint la Palme d'or à Cannes en 1993 et les oscars du scénario le plus original et de la meilleure actrice. Bethells Beach apparaît dans les feuilletons télévisés *Xena la Guerrière* et *Hercule*. D'autres séries comme *Black Beauty* et de nombreux spots publicitaires ont aussi tiré parti des côtes de Nouvelle-Zélande. Cet intérêt a favorisé l'émergence d'une production nationale et la réalisation de plus de 120 films depuis 1940. *Nous étions guerriers*, de Lee Tamahori, a connu une diffusion mondiale en 1994. En termes d'échelle et de budget, la trilogie du *Seigneur des anneaux* – qui a remporté plusieurs oscars –, confiée au metteur en scène local Peter Jackson, a dépassé toutes les précédentes réalisations.

Tournage sur une plage de Nouvelle-Zélande

Édifice victorien du front de mer de Devonport

Devonport 14

Carte routière E2. *18 000.*

Beaucoup d'habitants d'Auckland considèrent que leur ville est divisée entre une partie sud et ouest défavorisée, à l'exception de Titirangi, et une partie nord et est, aisée. Bien qu'elle soit simpliste, l'image n'est pas complètement fausse. La population de la zone résidentielle au nord de l'Auckland Harbour Bridge est relativement riche, et les plages qui la jalonnent servent souvent à la mise à l'eau de dériveurs et de canots à moteur.

À 10 minutes en bac du Ferry Building d'Auckland *(p. 71)*, Devonport reste la seule banlieue de la rive nord à l'atmosphère imprégnée d'histoire. Nombre de ses villas s'alignent sur le front de mer. Une promenade dans King Edward Parade offre un aperçu de son architecture victorienne et des ouvertures sur le quartier des affaires d'Auckland, de l'autre côté de Waitemata Harbour. Les ferries accostent à Victoria Wharf. De là, 5 minutes de marche suffisent pour rejoindre les cafés, les restaurants et les librairies de Victoria Road. Le mont Victoria et North Head, deux volcans éteints, ménagent de beaux panoramas.

La Royal New Zealand Navy mouille à Devonport depuis 1841. La base actuelle de la marine néo-zélandaise a un effectif de 2 200 personnes. Le Navy Museum présente une collection de souvenirs, armes, uniformes et photographies notamment.

Plus au nord, Takapuna est fréquentée pour sa plage et ses restaurants, cafés et boutiques bordant Hurstmere Road.

Navy Museum

Spring St. *(09) 445 5186.* *t.l.j.* *ven. de Pâques, 25 et 26 déc.* *participation libre.* *sur demande.*

Orewa 15

Carte routière E2. *(y compris Hibiscus Coast) 28 000.* *214A Hibiscus Coast Hwy, (09) 426 0076 (ouv. t.l.j.).*

Résidences secondaires et motels se succèdent dans la rue principale de cette petite ville côtière à 40 minutes de voiture au nord d'Auckland. Principal attrait : sa plage de sable longue de 3 km, qui attire baigneurs, surfeurs, plaisanciers et véliplanchistes, séduits par les vents d'est.

Aux environs

À la sortie nord d'Orewa, une petite route part de la Nationale 1 vers Puhoi où s'installèrent les premiers bohémiens du pays, ce que rappelle un petit autel élevé au bord de la chaussée. Le patron du pub local a transformé son bar en musée à la mémoire des pionniers de la région. Une peinture gitane décore l'église voisine, St Peter and St Paul (1881).

À environ 48 km au nord d'Auckland, Waivera doit sa renommée à son établissement thermal : **Waivera Hot Pools**. Il compte neuf piscines aux températures variées, couvertes et de plein air, ainsi que des bains privés, des toboggans, des soins esthétiques et des aires de pique-nique. Les sources naturelles qui l'alimentent ont un débit pouvant atteindre un million de litres par jour.

Waiwera Hot Pools

Nationale 1. *0800 924 937.* *t.l.j.* *www.waiwera.co.nz*

Îles du golfe de Hauraki 16

Carte routière E2. *Department of Conservation, Ferry Building, Quay St, Auckland, (09) 379 6476.* *www.doc.govt.nz*

Au nombre de 65, elles sont parmi les plus belles du monde. Certaines sont dévolues aux loisirs, d'autres, véritables sanctuaires pour les oiseaux et les plantes indigènes, à la protection de la nature. Trois sont habitées toute l'année et disposent d'équipements publics :

La plage d'Orewa, appréciée des nageurs et des véliplanchistes

Mansion House, résidence de sir George Grey sur Kawau Island, dans le golfe de Hauraki

Waikehe, Great Barrier et Kawau.

Waikehe Island doit à ses agriculteurs biologiques et ses artisans une réputation de marginalité. Outre ses plages de sable blanc, les visiteurs apprécient ses vignobles et ses oliveraies.

Les habitants de **Great Barrier Island**, la plus éloignée des îles du golfe, dépendent, pour leur électricité, d'éoliennes et de groupes électrogènes. L'eau provient de citernes qui recueillent la pluie ruisselant des toits. Les monts Hobson (620 m) et Ruahine (410 m) dominent l'île. Lors d'une randonnée, les plus chanceux apercevront un nestor superbe, le perroquet local, ou une sarcelle de Nouvelle-Zélande.

Des bateaux assurent des liaisons régulières entre **Kawau Island** et Sandspit, à Warkworth. L'île est surtout connue pour Mansion House, résidence construite en 1846 pour le gouverneur, sir George Grey. Celui-ci introduisit divers animaux dont le martin-chasseur, le paon et une espèce de wallaby *(Macropus parma)* que l'on a longtemps cru éteinte en Australie, son pays d'origine.

Née d'une éruption volcanique survenue il y a entre 600 et 700 ans, Rangitoto, aujourd'hui éteint, se distingue par sa silhouette massive. Des arbres et des broussailles couvrent ses flancs de lave qui atteignent 260 m d'altitude. Mousses, palétuviers, fougères, orchidées, *manuka* – arbres aux vertus thérapeutiques –, ou encore *rewa* forment une abondante végétation. Des sentiers s'y enfoncent. L'un mène au sommet, que rejoint également un petit train.

Kiwi austral couvant

Ses plages propices à la baignade font de Rakino une destination de week-end où les plaisanciers aiment à faire escale.

Il est interdit d'accoster à Little Barrier Island, mais l'île se visite sur autorisation. C'est une réserve naturelle où se reproduisent 30 espèces aborigènes d'oiseaux et 19 introduites, dont le kiwi austral, le nestor superbe et le méliphage carillonneur. La flore comprend 370 espèces indigènes, dont 90 fougères. La Goat Island Marine Reserve (ou Leigh Marine Reserve) existe depuis 1975. Profond de 2 à 5 m, le bras de mer entre Goat Island et le continent offre l'occasion d'apercevoir des murènes, des vivaneaux et des morues bleues. Il abonde également en langoustes, présentes au menu des restaurants chic des environs. Les plongeurs peuvent l'atteindre de la plage. La visibilité, qui varie de 2 à 15 m, est meilleure entre janvier et juin.

Waiheke Island
8 000. Artworks, Korora Rd, Oneroa, (09) 372 1234.
www.waiheke.com

Great Barrier Island
1 000. aéroport de Claris, (09) 429 0033.

Kawau Island
200.

Observation d'oiseaux à la Goat Island Marine Reserve

BOUTIQUES ET MARCHÉS

Chacun devrait trouver son bonheur dans les boutiques d'Auckland. Mais vu l'étendue de la ville, mieux vaut faire un tour d'horizon avant de se lancer dans les achats. Si les boutiques du centre diffèrent peu de celles d'Occident, dans d'autres quartiers, elles ont un caractère polynésien ou asiatique marqué. Les spécialités locales sont les vêtements en pure laine vierge ou en peau de mouton et les peluches en opossum. Il existe aussi en Nouvelle-Zélande un milieu de la mode dynamique, et des stylistes comme Zambesi, Karen Walker, Anne Mardell et Trelise Cooper ont des points de vente dans les quartiers chic. Bijoux, poteries, verrerie et autres objets artisanaux seront autant d'idées de cadeaux. Nombre de détaillants se chargent des envois à l'étranger.

Pendentif en néphrite

HEURES D'OUVERTURE

Beaucoup de magasins ouvrent de 9 h à 18 h, ainsi que le samedi et le dimanche. La plupart des grands supermarchés ne ferment qu'à 21 h. Les *dairies*, supérettes présentes en banlieue, ont un bon choix de produits de base, comme les stations-service.

ACHATS HORS TAXES

Les étrangers peuvent éviter le paiement des taxes prélevées par le gouvernement néo-zélandais, dont la Goods and Service Tax (GST) de 12,5 %. Pour cela, ils doivent se rendre dans les boutiques hors taxes de l'aéroport ou à **DFS Galleria**, en ville. Cependant, les achats qui y sont effectués doivent être récupérés à l'aéroport, y compris les cigarettes et les alcools. L'économie réalisée est en moyenne de 30 %. Les articles en peau de mouton, les bijoux en nacre de *paua*, les perles noires ovales et les objets en bois sculpté comptent parmi les souvenirs les plus appréciés.

LES QUARTIERS COMMERÇANTS

Queen Street reste le principal pôle commerçant et bancaire du centre, mais la restauration du Charles Bohringer's Civic Theatre (1929) et l'ouverture du Force Entertainment Centre et de galeries marchandes comme **Atrium on Elliot**, le **BNZ Tower Shopping Centre** et le **Downtown Shopping Centre** ont donné un nouveau dynamisme au quartier des affaires. Celui-ci abrite également des librairies comme **Whitcoulls** et **Dymocks**, des magasins de disques tels que **Marbecks Record Shop** et de nombreuses boutiques de prêt-à-porter et de souvenirs. Les vêtements et les objets

Point de vente d'Outdoor Heritage à Auckland

La plus grande boutique hors taxes de Nouvelle-Zélande, DFS Galleria, occupe l'ancienne douane

vendus à la National Maritime Museum Shop ont connu un grand succès pendant la coupe de l'America.

Newmarket est le plus important quartier commerçant d'Auckland. Les enseignes de Broadway comprennent **Country Road**, **Outdoor Heritage** et **Living and Giving**. Les détaillants de Parnell et Ponsonby sont spécialisés dans les produits de luxe, de l'épicerie fine à l'artisanat et à la mode.

Étal de fruits sur l'un des marchés d'Auckland

Les marchés

Installé dans une ancienne déchetterie construite en 1905, le Victoria Park Market intéressera tous ceux qui recherchent des articles typiquement néo-zélandais et bon marché. On y trouve de tout, des souvenirs aux crèmes glacées, sans compter 3 restaurants et une aire de restauration.

L'Otara Market, un grand marché polynésien, se tient le samedi matin de 6 h à midi. Denrées locales et plats maoris comme le *hangi* (les mets sont cuits sur des pierres) sont proposés.

Carnet d'adresses

Centres commerciaux

Atrium on Elliot
Elliot St.
☎ *(09) 300 3290.*
W *www.atriumonelliot.co.nz*

BNZ Tower Shopping Centre
127 Queen St.
☎ *(09) 309 6949.*

DFS Galleria
Ancienne douane, à l'angle d'Albert St et Customs St.
☎ *0800 388 937.*

Downtown Shopping Centre
11-19 Customs St West.
☎ *(09) 978 5265.*

Dress-Smart Factory Outlet
151 Arthur St, Ohehunga.
☎ *(09) 622 2400.*

Queen's Arcade
30-40 Queen St
☎ *(09) 358 1777.*

Marchés

Otara Market
Newbury St & Te Puke o Tara Community Hall.
☎ *(09) 274 0830.*

Victoria Park Market
210 Victoria St West.
☎ *(09) 309 6911.*
W *www.victoria-park-market.co.nz*

Alimentation et vins

Accent on Wine
347 Parnell Rd, Parnell.
☎ *(09) 358 2552.*

Smith and Caughey
253 Queen St.
☎ *(09) 377 4770.*

Lovrich Wines and Spirits
346 Dominion Rd, Mt Eden.
☎ *(09) 630 7853.*

Pandoro Italian Bakery
427 Parnell Rd, Parmell.
☎ *(09) 358 1962.*

Pasta Italia
56 Brighton Rd, Parnell.
☎ *(09) 373 3735.*

Prêt-à-porter

Country Road
246 Queen St.
☎ *(09) 309 6862.*
157 Broadway, Newmarket.
☎ *(09) 524 9685.*

Karen Walker
15 O'Connell St.
☎ *(09) 309 6299.*
6 Balm St, Newmarket.
☎ *(09) 522 4286.*

Living and Giving
277 Broadway, Newmarket.
☎ *(09) 522 1270.*

National Maritime Museum Shop
Viaduct Basin.
☎ *(09) 373 0800.*

Outdoor Heritage
75 Queen St.
☎ *(09) 309 6571.*
217 Broadway, Newmarket.
☎ *(09) 522 0607.*

Workshop
À l'angle de Vulcan Lane et High St.
☎ *(09) 303 3735.*
4 Teed St, Newmarket.
☎ *(09) 524 6844.*

Livres et disques

Borders
291-297 Queen St.
☎ *(09) 309 3377.*

Dymocks
246 Queen St.
☎ *(09) 379 9919.*

Magazzino
123 Ponsonby Rd, Ponsonby.
☎ *(09) 376 6933.*
W *www.magazzino.co.nz*

Marbecks Record Shop
15 Queen's Arcade.
☎ *(09) 379 0444.*
W *www.marbecks.co.nz*

Real Groovy Records
438 Queen St.
☎ *(09) 302 3940.*

Whitcoulls
210 Queen St.
☎ *(09) 356 5400.*

Women's Bookshop
105 Ponsonby Rd.
☎ *(09) 376 4399.* W *www.womensbookshop.co.nz*

Cadeaux et souvenirs

Breen's Sheepskin Specialists
Tower Centre, 6 Customs St.
☎ *(09) 373 2788.*

Höglund Art Glass Gallery
285 Parnell Rd, Parnell.
☎ *(09) 300 6238.*
W *www.hoglund.co.nz*

OK Gift Shop
Downtown Shopping Centre, à l'angle d'Albert St et Customs St.
☎ *(09) 303 1951.*

SE DISTRAIRE À AUCKLAND

Entre un opéra de Puccini et une danse maorie, les spectacles à l'affiche reflètent toute la diversité ethnique d'Auckland. Beaucoup ont lieu dans des salles du quartier des affaires. L'Aotea Centre, l'hôtel de ville et plusieurs cinémas, sont situés dans Queen Street. Son intérêt architectural justifie à lui seul une visite du Civic Theatre Centre récemment restauré. Fort Street et Karangahape Road (ou K-Road), qui partent toutes deux de Queen Street, offrent d'autres distractions avec leurs boîtes de strip-tease et leurs salons de massage. K-Road est aussi réputée pour ses night-clubs. Auckland SKYCITY Casino renferme plus de cent tables de jeu. En banlieue, les loisirs se concentrent autour des cinémas multisalles, des boîtes de nuit et des complexes sportifs.

Musicien dans Queen Street

L'intérieur du Civic Theatre Centre, rénové

S'INFORMER

La section loisirs du *New Zealand Herald* contient les programmes des cinémas et annonce les concerts, les ballets et les représentations théâtrales. Plusieurs publications faisant le compte-rendu de ce qu'il se passe à Auckland sont disponibles dans les centres d'information situés un peu partout en ville. **Ticketek**, la principale agence de location néo-zélandaise, répertorie les événements sur son site Internet. On peut réserver en ligne ou par téléphone.

THÉÂTRES

L'**Aotea Centre** et l'**hôtel de ville**, qui font tous les deux partie du complexe THE EDGE® *(p. 72)*, accueillent les grandes pièces de théâtre et les comédies musicales. Ils ont souvent au programme des artistes internationaux. Récemment rénové, le Great Hall de la mairie est réputé pour son acoustique.

DANSE

La Nouvelle-Zélande possède une communauté de danseurs réduite. Quelques chorégraphes contemporains sont sortis de l'anonymat, tels Mary Jane O'Reilly, Michael Parmenter et Douglas Wright. À l'heure actuelle, la Footnote Dance Company est toutefois la seule compagnie permanente de danse contemporaine. Comme le corps de ballet classique du Royal New Zealand Ballet, elle a son siège à Wellington, mais se produit régulièrement à Auckland, où est basée la Black Grace Dance Company.

Des troupes étrangères en tournée animent également la saison.

Feu d'artifice lors d'un concert classique dans Auckland Domain

Annabel Reid, du Royal New Zealand Ballet, dans *Raymonda*

MUSIQUE

Le New Zealand Symphony Orchestra (NZSO) et l'Auckland Philharmonia Orchestra (APO) jouissent d'un bonne réputation. L'APO a pour particularité d'appartenir à ses 33 musiciens. La majorité des concerts a lieu à l'Aotea Centre et à l'hôtel de ville, mais le NZSO et l'APO participent aussi à Symphony under the Stars et Opera in the Park, des manifestations gratuites. Elles réunissent plus de 100 000 spectateurs à Auckland Domain *(p. 75)*.

Des groupes jouent presque tous les soirs dans beaucoup de pubs de la ville, dont Powerstation, le Judder Bar et Dogs Bollix, un établissement de style irlandais très fréquenté.

Spectacle traditionnel du Manaia Cultural Performance Group

Manifestations culturelles

À l'Auckland War Memorial Museum *(p. 76-77)* se tiennent d'authentiques danses et cérémonies maories. Les représentations ont lieu trois ou quatre fois par jour et durent environ 45 minutes. Les talentueux chanteurs et danseurs du Manaia Cultural Performance Group interprètent, entre autres, la danse guerrière masculine de la *haka* et la gracieuse danse féminine des *poi (p. 28-29)*.

La culture et les arts traditionnels des diverses communautés des îles du Pacifique sont à l'honneur lors du Pasifika Festival *(p. 40)*, organisé chaque année en mars à Western Springs, à la périphérie d'Auckland.

Clubs

Bien que dans tout le pays des théâtres et cafés-théâtres accueillent les one-man shows de comédiens locaux ou étrangers, à Auckland, le **Classic Comedy & Bar** prétend être la seule salle du pays spécialisée dans ce genre.

Karangahape Road est le haut lieu de la vie nocturne. Ses établissements les plus populaires sont **Sinners Nightclub**, où se pressent parfois jusqu'à 1 000 personnes, **Calibre**, une boîte huppée au public élégant et qui fait venir des DJ étrangers le vendredi soir, et le **Kiss Club and Bar**, une discothèque appréciée des amateurs de house music. **Surrender Dorothy**, sur Ponsonby Road et **Flesh Nightclub and Lounge Bar**, sur O'Connell Street, sont des clubs gay qui proposent des spectacles de travestis et d'autres types de soirées.

Cinéma

Il existe partout dans Auckland des complexes multisalles. Les plus grands, comme **Village Skycity Cinemas**, présentent souvent les superproductions hollywoodiennes avant qu'elles n'atteignent l'Europe. Le **Rialto Cinema** de Newmarket projette des films étrangers destinés à un public plus averti.

En juillet, le New Zealand Film Festival offre l'occasion de découvrir pendant plusieurs jours une importante sélection de films locaux et internationaux.

Façade des complexes multisalles Village Skycity Cinemas

Carnet d'adresses

Réservations

Ticketek
☎ *(09) 307 5000.*
W *www.ticketek.com*

Théâtres

Aotea Centre
Queen St.
☎ *(09) 309 2677.*

Civic Theatre Centre
À l'angle de Queen St et Wellesley St.
(fermé pour rénovation).

Hôtel de ville
Queen St.
☎ *(09) 309 2677.*

Clubs

Calibre
179 Karangahape Rd.
☎ *(09) 303 1673.*

Classic Comedy & Bar
321 Queen St.
☎ *(09) 373 4321.*

Flesh Nightclub & Lounge Bar
15-17 Connell St.
☎ *(09) 336 1616.*

Kiss Club & Bar
309 Karangahape Rd.
☎ *(09) 303 2726.*

Sinners Nightclub
373 Karangahape Rd.
☎ *(09) 303 9985.*

SPQR
150 Ponsonby Rd.
☎ *(09) 360 1710.*

Spy Bar
204, Quay St., Viaduc Basin.
☎ *(09) 377 7811.*

Surrender Dorothy
3/175 Ponsonby Rd.
☎ *(09) 376 4460.*

Cinémas

Rialto Cinema
169 Broadway, Newmarket.
☎ *(09) 529 2218.*

Sky City Theatre
À l'angle de Wellesley St et Hobson St.
☎ *0800 759 2489.*

Village Skycity Cinemas
☎ *(09) 972 2800.*

NORTHLAND

Berceau de la nation, la première région où s'imposèrent les Européens, malgré une forte présence maorie, a connu une histoire marquée par les bains de sang et le dur labeur des pionniers. Aujourd'hui, ses paysages enchanteurs et son climat subtropical propices à la détente en font l'une des premières destinations de vacances de leurs descendants.

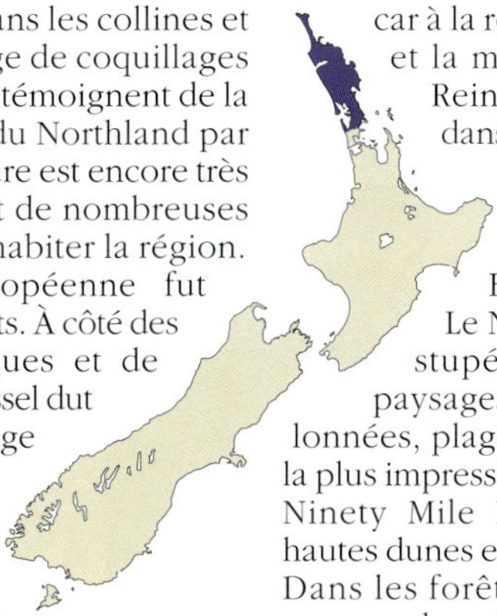

Les vestiges de *pa* dans les collines et les sites de ramassage de coquillages qui jalonnent la côte témoignent de la longue occupation du Northland par les Maoris. Leur culture est encore très vivace *(p. 28-29)*, et de nombreuses tribus continuent à habiter la région.

La présence européenne fut contrastée à ses débuts. À côté des chasseurs de phoques et de baleines auxquels Russel dut son surnom de « bouge du Pacifique » *(p. 100)*, des missionnaires prêchaient la bonne parole. Les bordels et les tavernes ont disparu. En revanche, des édifices comme Pompallier House, rappels de l'introduction du christianisme, sont encore debout.

Waitangi House est chargée d'histoire en raison du traité qui y fut signé *(p. 46-47, 102-103)*. Autre haut lieu, car à la rencontre entre l'Océan et la mer de Tasman, le cap Reinga *(p. 106)* est crucial dans la mythologie maorie : il serait le point de départ des esprits des morts vers la terre de Hawaiki.

Le Northland séduit par la stupéfiante beauté de ses paysages : terres agricoles vallonnées, plages de sable blanc dont la plus impressionnante est sans doute Ninety Mile Beach *(p. 106-107)*, hautes dunes et formations rocheuses. Dans les forêts où subsistent d'immenses kauris millénaires, il est encore possible de marcher pendant des heures sans rencontrer âme qui vive. Outre la randonnée, la région se prête à quantité d'activités comme la pêche, au gros notamment, la plongée sous-marine, le kayak et la promenade à cheval.

Plongeur près de l'épave du *Rainbow Warrior (p. 51)*, au large de Matauri Bay

◁ Les paisibles paysages du Northland, aux collines fleuries

À la découverte du Northland

La région, où deux côtes très différentes offrent d'infinies possibilités de loisirs, doit beaucoup de son charme à son authenticité. Plusieurs sites historiques bien conservés rappellent que le Northland fut le théâtre des premières relations durables entre Maoris et Européens. Les visiteurs disposent de trois bases principales pour le découvrir : Paihia, intéressante en elle-même et à proximité de la splendide Bay of Islands ainsi que des localités historiques de Russell, Waitangi et Kerikeri ; Kaitaia, bon point de départ pour des excursions d'une journée dans la péninsule d'Aupori et à Mangonui et Ahipara ; Opononi et Omapere enfin, aux plages de rêve, situées à courte distance du vieux village de Rawene.

Baie près de Whangarei Heads à travers les branches de *pohutukawa*

Les meilleurs sites de loisir

Ils ont été sélectionnés en fonction du nombre d'activités de plein air qu'ils permettent. Les conditions de sécurité varient suivant le climat et la période de l'année. En cas de doute, se renseigner sur place.

	Promenades en mer	Pêche au gros	Kayak	Voile	Plongée avec bouteilles	Plongée avec tuba	Baignade	Randonnée
Cape Reinga								■
Kai-Iwi (lacs)			●	■			●	
Kaitaia								■
Ninety Mile Beach							●	■
Omapere	●		●	■		■	●	
Opononi	●		●	■		■	●	
Paihia	●	■	●	■	●	■	●	
Russell	●	■	●	■	●	■	●	■
Tutukaka	●	■	●	■	●	■	●	
Waipoua Forest								■
Whangarei	●	■	●	■	●	■	●	■

Voir aussi

• ***Hébergement*** p. 299

• ***Restaurants, bars et cafés*** p. 319

Peinture d'une statue de la maison commune de Waitangi

Autocar touristique sur Ninety Mile Beach

Le Northland d'un coup d'œil

Circuler

La voiture est le meilleur moyen pour explorer le Northland, hormis peut-être la péninsule d'Aupori, où les 21 derniers kilomètres de la route menant au phare du cap Reinga ne sont pas bitumés. En général, les cars de visites organisées passent au retour par Ninety Mile Beach. La plupart des visiteurs venant d'Auckland suivent la côte est à l'allée et rentrent par l'ouest.

Légende

- Route nationale
- Route principale
- Route pittoresque
- Cours d'eau
- Point de vue

Le Town Basin, à Whangarei

Whangarei ❶

Carte routière E1. 47 000. Tawera Park, 92 Otaika Rd, (09) 438 1079. *www.whangareinz.org.nz*

À deux heures de voiture d'Auckland, la seule ville du Northland et la plus septentrionale de Nouvelle-Zélande s'étend entre des collines boisées et une baie profonde. La luxuriance de ses jardins et des prairies et vergers des alentours témoigne de la clémence du climat et de la richesse du sol.

En plein centre, le vieux Town Basin a été réhabilité dans l'esprit colonial. Habitants de la ville et visiteurs se côtoient dans ses cafés, ses restaurants, ses galeries d'art, ses musées et ses boutiques spécialisées. Le bassin est aussi une escale habituelle des navigateurs qui font le tour du monde. Ils viennent s'y mettre à l'abri des tempêtes cycloniques, fréquentes l'été dans le Pacifique sud ; les voiliers en réparation sont souvent légion dans le Town Basin et les marinas des environs.

Un cadran solaire géant signale l'emplacement du **Clapham Clock Museum**. Il recèle plus de 1 600 pièces d'horlogerie offertes par A. Clapham, qui en fabriqua beaucoup de ses propres mains. La plus ancienne, une pendule lanterne anglaise, date de 1720. La collection comprend aussi des pendules murales Biedermeier, des horloges de parquet, des coucous et une *staartklok* (horloge à queue) du Friesland, aux Pays-Bas. Son nom fait référence à son système d'entraînement. Pour éviter tout vacarme, les objets exposés ont été réglés pour sonner à des heures différentes.

Les Whangarei Falls, chutes spectaculaires

Un peu à l'ouest, dans une carrière enfouie sous les buissons, se trouve le **Northland Craft Trust**. Des artistes vivant sur place dans des maisons en adobe, vendent leurs créations artisanales. Le **Whangarei Museum, Clarke Homestead** et la **Kiwi House** sont situés un peu plus loin. Le musée expose un bel échantillon d'objets maoris, tandis que la propriété Clarke n'a pas changée depuis sa construction en 1885. La Kiwi House, quant à elle, permet d'observer certains oiseaux en voie de disparition du pays.

La région offre de nombreuses possibilités aux amateurs de marche. À la Parahaki Scenic Reserve, à l'est de Whangarei, ils profiteront de bons chemins de randonnée que jalonnent des vestiges d'implantations maories et des sites de ramassage de résine de kauri. L'un d'eux mène au site d'un ancien *pa*. Accessible par Memorial Drive ou à pied depuis Mair Park et Dundas Road, le sommet du mont Parahaki, où s'élève un monument aux morts, ménage une vue superbe de la ville et de sa baie.

Pendule du Clapham Clock Museum

Hautes de 26 m, les Whangarei Falls, la cascade la plus photogénique de Nouvelle-Zélande, se trouvent au nord-est de la Parahaki Scenic Reserve, dans la banlieue de Tikipunga, à 5 km au nord du centre-ville. Les visiteurs y disposent de piscines naturelles, d'aires de pique-nique et de deux plates-formes panoramiques.

Clapham Clock Museum
Town Basin, Quayside. (09) 438 3993. t.l.j.

Whangarei Museum, Clarke Homestead et **Kiwi House** Heritage Park, Maunu. (09) 438 9630. t.l.j.

Tutukaka ❷

Carte routière E1. 520. *Dive ! Tutukaka, Marina Rd, (09) 434 3867.*

Sur la sinueuse route côtière, à l'est de Whangarei, Tutukaka est connue comme point de départ de sorties de pêche au gros et d'expéditions de plongée aux Poor Knights Island. Plusieurs clubs de

Bateaux de plaisance dans le port abrité de Tutukaka

plongée y sont installés et son port naturel abrité est animé par le ballet des yachts et des bateaux de pêche.

Le récif artificiel formé par les épaves de deux navires, le *Tui* et le *Waikato*. Plusieurs clubs professionnels de plongée proposent des guides pour découvrir ces tombes sous-marines. Pour obtenir plus d'informations sur la plongée dans la région, on peut consulter le site www.diving.co.nz

Poor Knights Islands ❸

Carte routière E1. *Tarewa Park, 92 Otaika Rd, Whangarei, (09) 438 1079.* W *www.whangareinz.org.nz*

À environ 24 km au large de Tutukaka, les deux « îles des Pauvres Chevaliers » faisaient le bonheur des pêcheurs avant qu'une réserve marine créée en 1981 ne protège les fonds qui les entourent. Ils sont accessibles aux plongeurs, à l'inverse des îles mêmes, sur lesquelles on ne peut débarquer qu'avec une autorisation spéciale du Department of Conservation. Le site sous-marin, exceptionnel par la transparence de l'eau et la diversité de sa faune, était considéré par Jacques Cousteau comme l'un des plus beaux du monde. Il bénéficie d'un courant subtropical plus chaud que les eaux côtières, et des espèces de milieux tempéré et tropical y voisinent. Des roches volcaniques érodées forment des tunnels, des arches et des cavernes peuplés de poissons et d'éponges. On peut les observer, y compris simplement au tuba, pendant toute l'année. Des bateaux partent tous les jours de Tutukaka Marina.

Geckos et sphénodons, entre autres reptiles, vivent sur les îles. Elles seraient l'unique lieu de reproduction du puffin de Buller.

Matapouri ❹

Carte routière E1.

Non loin au nord de Tutukaka sur la route côtière, Matapouri possède l'une des plus belles plages du Northland. Son sable blanc et ses eaux calmes, dans une anse où sont éparpillés des îlots, ont forgé sa réputation auprès des baigneurs et des plongeurs avec tuba.

Un sentier pédestre relie la plage à Whale Bay, à 2 km au nord. Des points de vue le jalonnent, permettant de jouir de superbes panoramas de la côte et de l'Océan.

En plongée dans la réserve marine des Poor Knights Islands

Vue à vol d'oiseau de la Bay of Islands ▷

Christ Church, à Russell

Russell 5

Carte routière E1. *1 000.*
The Wharf, (09) 403 7596.

Au début du XIXe siècle, Russell, alors appelée Kororaneka, était une station baleinière de la Bay of Islands. L'anarchie qui y régnait lui valut le titre de « bouge du Pacifique ». Elle prit le nom de Russell en 1844 en l'honneur du secrétaire colonial britannique de l'époque, et vit aujourd'hui paisiblement du tourisme, de la pêche, de l'ostréiculture et de l'artisanat.

L'ancien Captain Cook Memorial Museum, rebaptisé **Russell Museum**, abrite une maquette de l'*Endeavour* *(p. 46)*, des objets ayant appartenu aux premiers colons et des souvenirs de l'auteur américain Zane Grey. Dans les années 1920, il contribua à faire de la Bay of Islands un grand centre de pêche au gros.

Christ Church, la plus ancienne église conservée de Nouvelle-Zélande, date de 1836. Sa construction fut notamment financée par Charles Darwin, l'auteur de *L'Origine des espèces*, de passage en 1835. Élevée sur le front de mer entre 1841 et 1842 pour accueillir la presse d'imprimerie Gaveaux de la mission mariste, l'élégante **Pompallier Mission** était tombée en décrépitude quand le New Zealand Historic Places Trust l'acquit en 1968. Sa restauration date de 1993. C'est le plus ancien bâtiment industriel néo-zélandais encore debout. Un imprimeur-relieur, qui utilise toujours la presse d'origine, y est installé.

Flagstaff Hill est un rappel de l'agitation d'antan : c'est là que le chef Hone Heke (1810-1850) abattit en 1844 la hampe du drapeau britannique *(p. 61)*, geste qui marqua le début de la « guerre du Nord ».

Enseigne de restaurant (Pahia)

Russell Museum
2 York St. *(09) 403 7701.*
t.l.j. *25 déc.*

Christ Church
Church Rd. *(09) 403 7707.*
11h le dim.

Pompallier Mission
The Strand. *(09) 403 9015.*
t.l.j. *ven. saint, 25 déc.*
jardin seulement.

Paihia 6

Carte routière E1. *1 850.*
Marsden Rd, (09) 402 7345.

Devenue, comme Russell et Tutukaka, un port de pêche au gros, cette localité a pour origine une mission fondée en 1823. Le **Lily Pond Farm Park** se trouve sur la route vers Kerikeri, au nord de Pahia. Cette ferme en état de marche se visite et plaira surtout aux familles accompagnées de jeunes enfants. En effet, on peut approcher et toucher toutes sortes d'animaux de ferme, comme des moutons, des cochons et des chèvres. Des espèces plus rares, telles qu'anguilles, alpagas ou émeus sont aussi à découvrir.

À 3 km de Paihia, sur la Waitangi *(p. 102-103)*, se trouvent les Haruru Falls. On atteint les chutes par une piste qui sillone à travers des arbres indigènes. La route passe entre autres, par une mangrove où l'on peut voir des hérons en train de se nourrir et des cormorans huppés faire leur nid. On peut aussi arriver aux chutes en kayak, par la rivière. Les kayaks se louent à la journée auprès de Coastal Kayakers.

Lily Pond Farm Park
RDI Puketona Rd. *(09) 402 6099.*
jeu.-mar. *25 déc.*

Haruru Falls
Waitangi Treaty Grounds. *(09) 402 7437.* *de 9 h à 17 t.l.j.* *25 déc.*
Coastal Kayakers Te Karuwha Pde, Waitangi. *(09) 402 8105.* *kayak@coastalkayakers.co.nz*

Les loisirs dans la Bay of Islands

Un climat agréable, une splendide côte découpée et quelque 150 îles éparpillées sur une eau bleu-vert ont fait de la Bay of Islands l'une des premières régions de loisirs de Nouvelle-Zélande. Sa vocation touristique remonte à la construction d'une route reliant le Northland à Auckland dans les années 1930. La réputation de la baie repose en grande partie sur la pêche en haute mer, mais l'éventail des activités s'est désormais élargi à la baignade, au kayak, à la voile, à la plongée et au ski nautique. Les voyagistes complètent en outre leurs offres avec des attractions comme le parapente et des sorties en avion ou des randonnées à cheval.

Insigne de club de pêche

***La famille Rowe**, du Bay of Islands Swordfish Club, et sa plus belle prise.*

La pêche au gros

La pêche au large ne nécessite pas de permis et se pratique toute l'année dans la Bay of Islands. Le poisson le plus commun est le marlin rayé, qui peut peser jusqu'à 120 kilos. Bien d'autres espèces abondent dans la baie, qui s'attrapent avec tous les types de ligne. Le prix d'une expédition comprend en général le gîte, la nourriture, le matériel et les appâts.

***Les pêcheurs** relâchent de plus en plus souvent les poissons qu'ils attrapent – ici, un marlin rayé.*

***Nager avec des dauphins** dans les eaux tièdes de la baie, une activité organisée dans le respect des cétacés, connaît une grande popularité.*

***Le kayak** avec guide se pratique sur des eaux abritées ou au large.*

***Le parapente**, entre autres sports aériens possibles dans la Bay of Islands, est un excellent moyen d'en apprécier la beauté.*

***Lors du Paihia's Cream Trip**, l'une des croisières proposées, les visiteurs embarquent sur le bateau qui collectait la crème dans les exploitations isolées.*

Waitangi Treaty Grounds ❼

Sculpture de la maison commune

Le traité *(p. 16, 46-47)* signé le 6 février 1840 devant la résidence de James Busby (1800-1871), le représentant de la couronne britannique, a placé Waitangi au cœur de l'histoire de la Nouvelle-Zélande. Rebaptisée Treaty House, sa demeure est devenue un monument national en 1932. Le 6 février de chaque année, des Maoris et des membres du gouvernement s'y retrouvent pour Waitangi Day.

Vue aérienne du site
Un estuaire, une mangrove, une forêt et le bush primitif enserrent le parc.

Visitor Centre
Toutes les demi-heures, une présentation audiovisuelle retrace les circonstances de la signature du traité. Une exposition évoque les principales personnalités impliquées. Une boutique vend des souvenirs, des sculptures maories et des livres.

Un sentier côtier passe près de dépôts de lave marqués de fissures hexagonales. Elles se sont formées quand la coulée a touché l'eau.

★ Pirogue de guerre
Taillée dans trois troncs de kauri, cette pirogue maorie de 35 m de long, baptisée Ngatokimatawhaorua, comme celle de Kupe (p. 43), *peut accueillir 120 guerriers. Elle prend la mer chaque année pour Waitangi Day.*

À NE PAS MANQUER

- ★ La maison commune
- ★ La pirogue de guerre
- ★ Treaty House

MODE D'EMPLOI

Carte routière E1. *de Kerikeri.* *1 Tau Henare Drive, Waitangi, (09) 402 7437.*
de 9h à 17h t.l.j. *25 déc.*
www.waitangi.net.nz

Mangrove Forest Boardwalk
Cette passerelle traverse une mangrove et aboutit aux Haruru Falls, une chute d'eau au fond de l'estuaire.

★ Treaty House
Elle fut construite pour le premier résident britannique en Nouvelle-Zélande à partir d'éléments importés d'Australie. Jusqu'en 1840, elle fut le cadre d'événements historiques.

★ Maison commune
Inaugurée le 6 février 1940 pour le centenaire de la signature du traité, Te Whare Runanga, maison commune maorie, abrite de magnifiques sculptures.

La propriété
Tous les ans, membres du gouvernement et Maoris commémorent la signature du traité de Waitangi sur la pelouse devant Treaty House.

Stone Store, l'église St James et Kemp House

Kerikeri 8

Carte routière E1. 4 200.

La douceur de son climat, des vergers d'agrumes et de kiwis, des bâtiments anciens et un « sentier artisanal » *(p. 105)* contribuent au charme de ce village.

À Kerekeri Basin s'élèvent les plus anciens bâtiments de Nouvelle-Zélande : **Kerikeri Mission House**, en bois, l'ancienne mission, et **Stone Store**, construit en pierre en 1835, à laquelle il servait d'entrepôt. Transformé ensuite en bazar, il devint une boutique de souvenirs dans les années 1960. Les articles en vente, tels que des clous faits main, sont en rapport avec son histoire. Deuxième mission fondée en Nouvelle-Zélande cinq ans après celle établie en 1814 près de l'entrée de la Bay of Islands, Kerikeri était sous la protection du chef maori Hongi Hika *(p. 61)*. Bâtie en 1821 et propriété de la famille Kemp de 1832 jusqu'à sa donation en 1974 au New Zealand Historic Trust, Kemp House a retrouvé pour l'essentiel son aspect des années 1840. Derrière, à flanc de colline, se dresse l'**église St James**, édifiée en 1878 avec des bois indigènes comme le kauri et le *puriri*.

Au-dessus de Kerikeri Basin subsistent les vestiges du *pa* de Kororipo. Cet avant-poste fortifié de Hongi Hika servit de lieu d'assemblée pour les différentes parties en guerre dans les années 1820. De l'autre côté de la rivière, **Rewa's Village** est la reconstitution d'un village de pêcheurs maori avec les matériaux locaux utilisés avant l'arrivée des missionnaires. Outre des édifices traditionnels comme un *marae* (lieu de réunion) et un *pataka* (entrepôt communautaire sur pilotis), on y verra deux pirogues anciennes et un grand jardin traditionnel.

Stone Store
Basin. (09) 407 9236. t.l.j. sur demande.

Kerikeri Mission House
Basin. t.l.j. sur demande.

Église St James
Basin. t.l.j.

Rewa's Village
1 Landing Rd. (09) 407 6454. t.l.j. ven. saint, 25 déc. sur demande.

Waimate North 9

Carte routière E1. 700.

Non loin de Kerikeri, Waimate North, site de la première grande ferme à l'anglaise, abritait une communauté missionnaire dans les années 1830. On s'y rend aujourd'hui pour **Te Waimate Mission**, le seul des trois bâtiments de la mission construits en 1832 encore debout. Il recèle des meubles et des outils de l'époque.

Te Waimate Mission
Te Ahu Ahu Rd. (09) 405 9734. jan.-avr. : t.l.j. ; mai-oct. : sam. et dim. ; nov.-déc. : sam.-mer. 25 déc.

Whangaroa 10

Carte routière E1. 530.

Cette petite localité au fond d'une baie splendide offre un spectacle particulièrement pittoresque depuis le sommet de St Paul, la formation rocheuse qui la domine. Les immenses kauris qui couvraient les collines environnantes ont depuis longtemps disparu sous les coups des bûcherons. À la fin du XIXe siècle, des immigrants yougoslaves exploitèrent les poches de résine qu'ils avaient laissées dans le sol *(p. 108)*.

Whangaroa attire les amateurs de pêche au gros, de promenades en bateau et de plongée sous-marine.

Doubtless Bay 11

Carte routière D1.

Lieu où Kupe aurait débarqué *(p. 43-44)*, Doubtless Bay devint une base importante pour les baleiniers au début de la colonisation européenne. La baie est bordée de superbes plages, dont Cable Bay et Cooper Beach, appréciées. Le village de pêcheurs de Mangonui, au fond de la baie, vaut pour ses bâtiments anciens.

Te Waimate Mission, l'un des plus vieux édifices en bois du pays

Art et artisanat

L'art et l'artisanat sont une tradition dans le Northland, dont les œuvres se reconnaissent à des couleurs et des motifs typiques. Paradoxalement, l'artiste le plus connu de la région était étranger : Hundertwasser, architecte et peintre autrichien mort en mars 2000, passa en Nouvelle-Zélande la majeure partie de ses dernières années. À Kawakawa, au sud de Paihia et de Russell, est exposée l'une de ses œuvres : des toilettes publiques au toit de chaume. L'artiste local Chris Booth a bâti sa réputation sur des assemblages de grandes pierres. De nombreux commerces vendent des objets plus aisés à transporter tels que peintures, gravures et sculptures traditionnelles sur bois, sur os et sur néphrite. À Kerikeri, un itinéraire relie plusieurs boutiques proposant un large éventail d'articles faits main de grande qualité.

Poterie du Northland

Le kauri de marais
Il y a de 30 000 à 50 000 ans, des kauris se sont effondrés dans des marais. À l'abri de l'air, leur bois s'est conservé. Il est aujourd'hui sculpté en divers objets par des artisans locaux.

Cet escalier en kauri *à Awanui, au nord de Kaitaia, a été taillé dans un arbre de 11 m de circonférence et vieux de 1 087 ans quand il tomba il y a 50 000 ans.*

Détail d'une sculpture *de Chris Booth se dressant à l'entrée d'Albert Park, à Auckland.*

Des sculpteurs *comme Hohepa Renata façonnent le bois, l'os ou la néphrite en des formes tant modernes que traditionnelles.*

La vannerie en lin*, plante cueillie dans les marais, est un artisanat traditionnel des Maoris. Ils fabriquent notamment des nattes, des paniers et des chapeaux.*

Masque en bois sculpté

Les potiers *tirent parti de nombreuses techniques, y compris de méthodes d'émaillage japonaises.*

Kaitaia ⓬

Carte routière D1. 5 300. Jaycee Park, South Rd, (09) 408 0879.

Le plus gros bourg de l'extrémité nord du pays constitue la base idéale pour des excursions d'une journée dans la région. C'est là, au **Far North Regional Museum**, qu'est conservé le plus ancien objet laissé par des Européens en Nouvelle-Zélande : une ancre en fer forgé de 1 500 kilos perdue en 1769 par l'explorateur français Jean-François de Surville lors d'une tempête à Doubtless Bay.

Far North Regional Museum
6 South Rd. *(09) 408 1403.*
du lun. au sam. *jours fériés.*
sur demande.

Cap Reinga ⓭

Carte routière D1.

Reinga signifie « monde d'en dessous ». En effet, pour les Maoris, le cap est le lieu d'où les esprits des morts partent vers Hawaiki. Ils descendraient le long des racines d'un vieux *pohutukawa* pendant du haut de la falaise.

Vers le large, le regard porte sur la zone tumultueuse où les eaux de la mer de Tasman rencontrent celles de l'océan Pacifique. Le cap est souvent dit être le point le plus septentrional du pays, mais ce titre revient au cap Nord.

Ninety Mile Beach ⓮

Carte routière D1.

En réalité, la plus longue plage de Nouvelle-Zélande, presque semblable à un désert, s'étire sur 60 miles (96 km), et non 90 comme son nom l'indique. Les pêcheurs à pied y sont légion. Autrefois, cette zone était boisée, mais les kauris n'ont pas résisté aux inondations survenues pendant les ères glaciaires. Des pins, plantés pour fixer les dunes qui peuvent atteindre 143 m de haut, commencent à les remplacer.

La péninsule d'Aupori ⓯

Enseigne de station-service

Appelée « la queue du poisson » par les Maoris, la péninsule d'Aupori est une longue bande de terre qui ne dépasse pas 12 km de large entre Ninety Mile Beach à l'ouest et les plages et les baies de la côte est. Un littoral intact et des températures clémentes tout au long de l'année en font une destination de vacances privilégiée, d'autant qu'elle offre de multiples activités : nage, marche, glissades sur le sable et pêche.

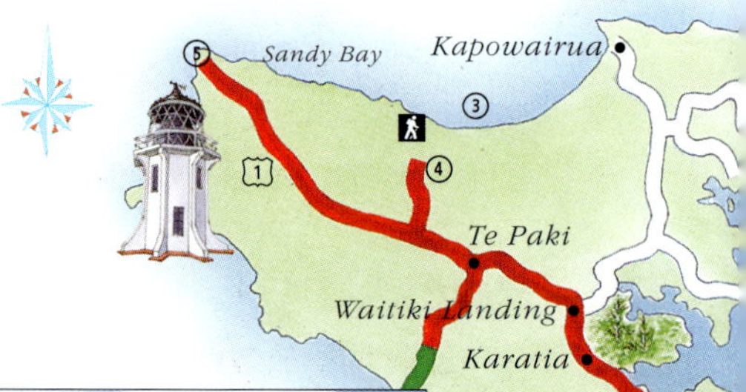

Ninety Mile Beach ⑥
Son sable ferme fait de la plage une piste réputée pour le VTT, le cyclisme traditionnel et la course à pied.

Phare du cap Reinga ⑤
Visible d'une distance de 48 km au large, le phare du cap Reinga est le plus septentrional de Nouvelle-Zélande.

Légende

- Itinéraire conseillé
- Route pittoresque
- Autre route
- Sentier pédestre

Wagener Park ①
Un portail sculpté en marque l'entrée de Wagener Park. À côté, Subritzky Homestead, une maison de pionniers de 1860, est ouverte au public.

La pêche à pied

Partir en quête de *kai moana* (fruits de mer) n'est pas réservé aux Maoris. De nombreux autres Néo-Zélandais, pour garnir leur assiette, jettent leurs lignes depuis des bateaux ou le littoral, plongent avec un fusil sous-marin ou creusent le sable en quête de coquillages. Le *tuatua* est l'un des plus répandus dans la région. Malgré tout, ceux qui tentent leur chance à Ninety Mile Beach n'ont droit qu'à 150 par jour, d'une taille minimale de 125 mm. Cette limite descend à 10 pour les *paua* (ormeaux), plus difficiles à trouver.

À la recherche de *tuatua* à Ninety Mile Beach

Rarawa Beach ②
Cette plage au sable siliceux d'un blanc étincelant est l'une des plus agréables de la côte est.

Spirits Bay ③
De ce lieu sacré pour les Maoris, un sentier pédestre de 28 km rejoint le cap Reinga.

Te Paki Reserve ④
Dévaler de hautes dunes est la principale attraction de cette zone de loisirs, qui réserve aussi une belle promenade de 40 minutes.

Carnet de route

Itinéraire : *210 km.*
Où faire une pause ? *Vous trouverez gîte et couvert entre Kaitaia et Waitaki Landing. Les 21 derniers kilomètres de la route du phare ne sont pas bitumés. Au retour, plutôt que de reprendre la Nationale 1, les 4X4 peuvent rejoindre Ninety Mile Beach à Te Paki, à 16 km au sud du phare, et la quitter près de Waipapakauri Beach. Le trajet doit être effectué 2 heures avant ou après la marée haute. Mieux vaut souvent profiter d'une excursion en car, les loueurs de voitures interdisant cet itinéraire.*

Le Boatshed Café and Gallery, à Rawene

Kaikohe ⑯

Carte routière E1. 4 100.

Au cœur d'une région agricole, Kaikohe est surtout connue pour les **Ngawha Hot Springs**, aussi appelées Waiaraki Pools. Si la plupart des sources d'eau chaude sont devenues des attractions touristiques très fréquentées, comme à Rotorua *(p. 134-135)*, ces bains de 32 à 42 °C font exception : presque tous les clients sont des habitués. Les visiteurs que ne rebute pas la simplicité des installations recevront cependant un bon accueil.

Les bâtiments et les objets rassemblés à **Pioneer Village** font revivre les premiers temps de la colonisation européenne. Présentés dans le cadre d'une visite guidée, les fleurons de ce musée comprennent un tribunal de 1862, Maioha Cottage – une maison de 1875 entièrement meublée –, une prison de 1890, la Utakura Hall and School de 1901 et une scierie de 1919, sans compter une caserne de pompiers, une petite gare, une locomotive à vapeur de 1907 et du matériel agricole. Un monument au chef Hone Heke offre à flanc de colline une belle vue des deux côtés.

Ngawha Hot Springs
Près de la Nationale 12. *(09) 401 0116.* *t.l.j.* *jours fériés.*

Pioneer Village Recreation Rd. *(09) 401 0816.* *t.l.j.* *ven. saint, 25 déc.*

Rawene ⑰

Carte routière D1. *520.*
Boatshed Café and Gallery, Esplanade, (09) 405 7728.

Ce curieux village où des commerces sont perchés au-dessus de l'eau eut comme habitant de marque James Reddy Clendon (1800-1872), le premier consul des États-Unis. **Clendon House**, qui appartient aujourd'hui au New Zealand Historic Places Trust, date probablement de 1866. Le ferry traversant Hokianga Harbour permet de prendre une route secondaire pour Kaitaia, *via* Broadwood et Herekino.

Clendon House
Esplanade. *(09) 405 7874.*
du sam. au lun. *de mai à oct. et jours fériés.*

Opononi ⑱

Carte routière D1. *600.*
Hokianga Information Centre, Nationale 12, (09) 405 8869.

Dans l'esprit de nombreux Néo-Zélandais, le nom de cette petite station balnéaire reste intimement lié au souvenir de son plus célèbre visiteur : Opo. Ce dauphin devint une gloire nationale en 1955, quand il passa l'été à jouer avec les enfants et à jongler avec des ballons. Au Hokianga Information Centre, une vidéo lui est consacrée. Il fut tué à la dynamite par des pêcheurs restés inconnus. Sa tombe, devant le pub, est ornée d'une sculpture de Russell Clark, un artiste de Christchurch.

En face, la jetée sert de point de départ à une courte promenade en bateau jusqu'aux dunes géantes qui s'élèvent sur la rive la plus éloignée de Hokianga Harbour.

Statue d'Opo le dauphin, à Opononi

L'industrie de la résine de kauri

Le déboisement entrepris dans le Northland par les immigrants du XIXe siècle ouvrit la voie à une nouvelle activité : le ramassage de la résine que les kauris abattus laissaient dans le sol sous forme de poches. Leur recherche exigeait de sonder le sol avec de longues perches. La résine entrait dans la composition de vernis. Cette industrie employait 2 000 personnes en 1885, dont une majorité de nouveaux arrivants originaires de Yougoslavie. Quand elle périclita, beaucoup s'installèrent près d'Auckland comme maraîchers ou comme viticulteurs. Sculptée et polie, cette sorte d'ambre sert à la fabrication de nombreux petits souvenirs comme des pendentifs. Certains contiennent des insectes ou des morceaux de fougères restés englués dans la résine.

Résine de kauri polie

Tane Mahuta, le plus grand kauri de Nouvelle-Zélande

Waipoua Forest Park ⓳

Carte routière D1. *Waipoua Forest, (09) 439 3011.*

Peuplé de nombreux oiseaux, notamment des kiwis, ce parc mérite d'abord la visite pour ses kauris. La plus belle des photographies ne pourra en donner qu'une vague idée. En effet, ces arbres impressionnent tant par leur majesté que leur longévité – ils peuvent atteindre 2 000 ans. Le plus grand de Nouvelle-Zélande ne se trouve qu'à 5 minutes à pied de la route. Les Maoris l'ont nommé Tane Mahuta, le « seigneur de la forêt ». Haut de 51 m, il fait 14 m de circonférence et occupe un volume de 244,5 m³. Les experts du Department of Conservation estiment son âge à 1 500 ans. Le parc renferme au moins 4 autres géants qui ont dépassé le millénaire, ainsi qu'environ 300 espèces d'arbres et de fougères.

Dargaville ⓴

Carte routière E1. *4 900.* *Normanby St, (09) 439 8360.* *www.kauricoast.co.nz*

Comme le révèlent les nombreux étals dressés en bord de route, Dargaville est la capitale néo-zélandaise de la *kumara* (patate douce).

Malgré son nom, le **Dargaville Museum** n'est pas réservé aux passionnés de nautisme. Outre des pirogues maories et des maquettes de bateaux, il possède des pièces aussi variées que de vieilles photos du Yugoslav Social Club et des souvenirs de la Northern Wairoa Scottish Society.

Dargaville Museum
Harding Park. *(09) 439 7555.*
t.l.j. *25 déc.*

Aux environs
À 45 km au sud de Dargaville, le **Kauri Museum** de Matakohe revêt un intérêt tout particulier après une visite du Waipoua Forest Park. Le musée est consacré aux kauris et au rôle joué par ces arbres gigantesques dans l'histoire de la colonisation du pays. Une scierie à vapeur, avec des mannequins en lieu et place d'ouvriers, montre comment les troncs étaient débités.

Le bâtiment principal renferme également des meubles, des sculptures et des panneaux préfabriqués, ainsi qu'une riche collection d'objets taillés dans de la résine. À l'extérieur se dressent un bureau de poste de 1906, une maison de 6 pièces entièrement meublée du début du XXe siècle et une église de 1867.

Les trois **lacs Kai-Iwi** (Waikere, Taharoa et Kai-Iwi), sont à 34 km au nord de Dargaville. Si la fréquentation est moindre que sur la côte, leurs eaux bleues sont très appréciées pour se baigner, pêcher, faire du ski nautique, pique-niquer et camper.

Kauri Museum
Church Rd, Matakohe. *(09) 431 7417.* *t.l.j.* *25 déc.*
sur demande.
www.kauri-museum.com

À l'intérieur du Dargaville Museum

CENTRE DE L'ÎLE DU NORD

D'Auckland, au nord, aux Taranaki, Manawatu et Wairarapa, au sud, cette région décline une infinité de paysages, naturels ou modelés par l'homme : volcans enneigés, sites géothermiques, lacs et rivières abondant en truites, chaînes montagneuses, plages de sable, fertiles terres agricoles, vergers et vignobles ou encore forêts profondes. C'est aussi un important pôle historique et culturel maori.

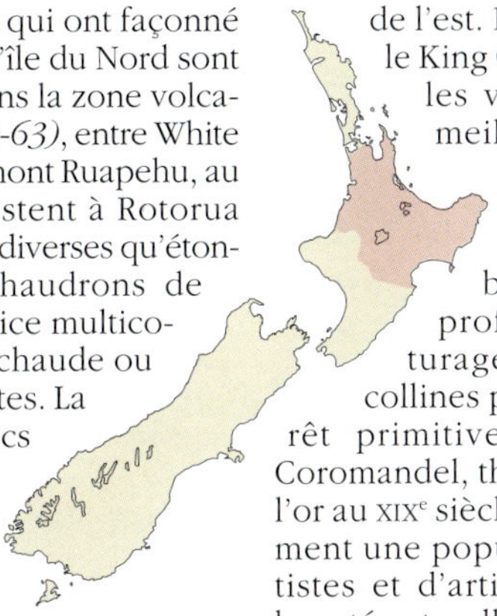

Les forces telluriques qui ont façonné le plateau central de l'île du Nord sont toujours à l'œuvre dans la zone volcanique de Taupo *(p. 62-63)*, entre White Island, au nord, et le mont Ruapehu, au sud. Elles se manifestent à Rotorua sous des formes aussi diverses qu'étonnantes : geysers, chaudrons de boue, terrasses de silice multicolores, sources d'eau chaude ou piscines bouillonnantes. La région fourmille de lacs riches en truites. Ils alimentent des rivières qui se prêtent au rafting et à des promenades en *jet-boat (p. 192)*. En hiver, les skieurs dévalent les pentes du mont Ruapehu dans le Tongariro National Park.

Du plateau volcanique au cap Est, d'abruptes chaînes montagneuses boisées s'étirent sur 300 km. Elles séparent le littoral occidental tempéré des régions agricoles sèches et chaudes de l'est. Dans la Bay of Plenty, le King Country et le Waikato, les vergers disputent les meilleures terres aux exploitations laitières, tandis que les moutons, les cerfs et les bœufs de boucherie profitent des vastes pâturages dégagés sur les collines par l'abattage de la forêt primitive. La péninsule de Coromandel, théâtre d'une ruée vers l'or au XIXe siècle, a attiré plus récemment une population bohème d'artistes et d'artisans, séduits par sa beauté naturelle. Baignade, pêche et surf se pratiquent dans l'immense anse formée par la Bay of Plenty, au pittoresque cap Est et le long des plages du Gisborne.

La culture maorie, dont Rotorua est la vitrine, est fortement implantée dans une contrée où naquit le mouvement pour un souverain maori *(p. 115)*.

Spectacle maori à Rotorua

◁ **Verger de kiwis à Te Puke**

À la découverte du centre de l'île du Nord

Au cœur d'une fertile plaine agricole, Hamilton, la principale ville de la région, est toute proche des mystérieuses grottes de Waitomo et de la côte ouest, où les plages de Raglan attirent les surfeurs. Au nord, les reliefs de la péninsule de Coromandel s'abaissent vers les plages immaculées de la Bay of Plenty, du cap Est et du littoral oriental. Hawke's Bay est réputée pour ses bâtiments Art déco, ses vergers et ses vignobles. Les phénomènes géothermiques se concentrent entre White Island et le Ruapehu, excellent domaine skiable. Tout au sud, le Tongariro National Park est un sanctuaire de la vie sauvage.

Vignobles autour de Hawke's Bay

Légende

- Route nationale
- Route principale
- Route pittoresque
- Cours d'eau
- Point de vue

Les meilleurs sites de loisir

Ils ont été sélectionnés en fonction du nombre d'activités de plein air qu'ils permettent. Les conditions de sécurité varient suivant le climat et la période de l'année. En cas de doute, se renseigner sur place.

	Pêche au gros	Golf	Plongée	Ski	Surf	Baignade	Randonnée	Pêche à la truite
Coromandel		●	●		●	●	●	
Gisborne	●	●	●		●	●		●
Mayor Island	●		●			●	●	
Mount Maunganui/Tauranga	●	●			●	●	●	
Opotiki		●			●	●	●	●
Raglan		●	●		●	●	●	
Rotorua		●				●	●	●
Taupo		●				●		●
Te Urewera National Park						●	●	●
Tongariro National Park		●		●		●	●	●
Turangi		●				●	●	●
Whitianga	●	●	●		●	●	●	

La région d'un coup d'œil

Cambridge 6
Cap Kidnappers 38
Coromandel 11
Coromandel Forest Park 10
Gisborne 27
Grottes de Waitomo p. 118-119 8
Hahei 14
Hamilton 5
Hastings 37
Katikati 17
Kawhia 4
Mayor Island 20
Mount Maunganui 19
Napier p. 144-147 36
Ngaruawahia 1
Opotiki 24
Orakei Korako Geyserland 31
Otorohanga 7
Pirongia Forest Park 3
Port Jackson 12
Raglan 2
Rotorua p. 132-137 28
Taupo 33
Tauranga 18
Te Puke 21
Te Urewera National Park 26
Thames 9
Tongariro National Park p. 140-141 35
Turangi 34
Waihi 16
Waimangu Valley 29
Waiotapu Thermal Wonderland 30
Wairakei Park 32
Whakatane 22
Whangamata 15
White Island 23
Whitianga 13

Excursions

Cap Est 25
Vignobles de Hawke's Bay 39

Maison commune maorie à Te Kaha, dans la Bay of Plenty

Circuler

La voiture est idéale pour se déplacer dans le centre de l'île du Nord. La Nationale 1 passe par l'intérieur des terres, tandis que la pittoresque Pacific Coast Highway (Nationales 2 et 35) suit la côte du cap Est, de la Bay of Plenty et de la péninsule de Coromandel. Les revêtements sont bons, mais les routes sont parfois bloquées par la neige en hiver près du Tongariro National Park. Les trains entre Auckland et Wellington s'arrêtent dans les grandes villes. Les bus et les excursions des agences locales sont un autre moyen de d'explorer la région.

Voir aussi

• ***Hébergement*** p. 300-303

• ***Restaurants, bars et cafés*** p. 320-322

Ngaruawahia ❶

Carte routière E2. *6 500.* *160 Great South Rd, Huntly, (07) 828 6406.* *Ngaruawahia Regatta (sam. le plus proche de la Saint-Patrick, le 17 mars).*

En lisière de la partie centrale du fertile bassin de la Waikato, là où elle conflue avec la Waipa, Ngaruawahia est l'un des établissements maoris les plus anciens et les plus chargés de symboles. Sur la rive nord-est de la rivière, River Road mène à un haut lieu maori : le *marae* (lieu de réunion) de Turangawaewae, le « marchepied », le foyer de la tribu Waikato Tainui. Il abrite Turongo House, la résidence officielle de la reine Te Arikinui Dame Te Atairangikaahu. Le *marae* est tellement sacré que les visiteurs passionnés par la culture maorie se verront en général déviés vers Rotorua, où elle s'affiche partout. Cependant, une fois par an, le site est ouvert au public, à l'occasion de la Ngaruawahia Regatta. Cette manifestation est marquée, entre autres, par une course de *waka* (pirogues) et des concours de danses traditionnelles *(p. 40)*.

Le sentier en boucle qui mène au sommet du mont Taupiri, à 6 km au nord de Ngaruawahia, permet de jouir de superbes vues du bassin de la Waikato. Toutefois, les promeneurs prendront garde d'éviter le vaste site funéraire ancestral qui s'étend sur le flanc de la colline, en face de la Nationale 1.

Dans la chaîne du Hakarimata, la Hakarimata Reserve protège des kauris et des *rimu* (pins rouges), à l'ombre desquels serpentent 3 sentiers de randonnée bien balisés. Ils offrent également de beaux panoramas du bassin.

Bridal Veil Falls, une cascade au sud-est de Raglan

Aux environs

À 30 km à l'ouest de Ngaruawahia, **Waingaro Hot Springs** comprend 4 piscines en plein air remplies d'une eau minérale dont la température va de 32 à 42 °C, ainsi que des bains privés. Le plus long toboggan du pays et des « bateaux-tamponneurs » y sont propices à la détente. Il est possible de loger sur place.

Waingaro Hot Springs
Waingaro Rd. *(07) 825 4761.* *t.l.j.*

Raglan ❷

Carte routière E2. *3 100.* *7 Bow St, (07) 825 0556.* *Raglan Surf Classic (nov.).*

Avec sa grand-rue ombragée, la seule station balnéaire de la côte ouest du Waikato est un petit bourg accueillant. Il s'emplit en été de vacanciers séduits par les activités qu'offrent sa baie abritée, ses plages de sable et ses déferlantes. Te Kopua Beach et Te Aro Aro Bay se prêtent à la baignade à courte distance de la ville. Quant à Whale Bay, à 10 minutes en voiture vers le sud, c'est un spot connu des surfeurs du monde entier pour ses vagues déroulant vers la gauche.

Longue de 25 km, Whaanga Road, l'étroite route du bord de mer qui se dirige au sud, ménage des vues stupéfiantes du littoral

Le *marae* de Turangawaewae, à Ngaruawahia, résidence de la reine des Maoris

découpé et de la mer de Tasman.

À environ 21 km au sud-est de Raglan, sur la route de Kawhia, les Bridal Veil Falls, les « chutes du Voile de la mariée », qui jaillissent d'une crevasse à 55 m de hauteur, s'atteignent après 10 minutes d'une marche aisée à travers le bush. Un sentier pentu conduit jusqu'à leur pied, où elles paraissent encore plus spectaculaires.

Surf à Whale Bay, célèbre spot près de Raglan

Pirongia Forest Park ❸

Carte routière E3. *18 London St, Hamilton, (07) 838 3363.*

Ce parc est constitué de 4 zones boisées distinctes parcourues par un important réseau de sentiers. La marche, facile sur les reliefs les plus bas, se corse au-delà. Le mont Pirongia (959 m) dresse sa

Le mont Pirongia, un volcan endormi

silhouette caractéristique au sud-est de Raglan. Cet ancien volcan et la forêt vert sombre qui le couvre offrent un contraste frappant avec les espaces agricoles des alentours. Plus près de Raglan, le mont Kaori (756 m) se profile au-dessus de la côte. Des chemins mènent aux deux sommets.

L'été, les randonneurs prendront soin de se munir d'eau potable, car il est difficile d'en trouver. Quantité d'oiseaux indigènes se montrent le long des pistes et en bordure du parc, de même que plusieurs espèces aborigènes de poissons et une grande diversité d'invertébrés dans les cours d'eau.

Pahautea, un refuge sur le mont Pirongia, peut accueillir de 6 à 8 personnes. Les tickets sont disponibles au Department of Conservation de Hamilton. Des aires de pique-nique se trouvent au bout de Corcoran Road et Grey Road, et un terrain de camping borde le poissonneux Kaniwhaniwha Stream.

Kawhia ❹

Carte routière E3. *550.* *Kawhia Museum & Information Center, Kaora St, (07) 871 0161.*

À 55 km au sud de Raglan, au bout de petites routes sinueuses mais pittoresques, le hameau de Kawhia se compose d'un fouillis de cottages sur la rive nord de Kawhia Harbour, à 5 km de la mer de Tasman. Isolée, magnifique et profonde, cette baie déroule son littoral très découpé sur 57 km.

Les fertiles vallées environnantes ont jadis été l'objet d'affrontements entre Maoris pour leur contrôle. La pirogue de migration Tainui, qui a cessé de naviguer le long de la côte il y a 8 siècles, est enterrée à flanc de colline derrière la maison commune Makatu. Des pierres espacées de 23 m marquent l'emplacement de sa proue et de sa poupe. L'embarcation était autrefois amarrée à un *pohutukawa* nommé Tangi te Korowhiti, poussant à l'extrémité de Karewa Street. Il s'est transformé en un gros massif que la tribu Tainui continue de vénérer comme un symbole du dbut de son association avec Aotearoa – la Nouvelle-Zélande (p. 14).

Kawhia Harbour, vaste baie sur la côte ouest

LE MOUVEMENT POUR UN ROI MAORI

La reine Te Atairangikaahu

Il vit le jour au milieu du XIXe siècle. Voyant à quel point leurs dissensions aidaient les Pakehas (Blancs) à accaparer leurs terres, plusieurs tribus décidèrent en 1858 de se donner un roi commun. Elles espéraient que la dignité et la *mana* (autorité) liées à son rang faciliteraient une coexistence pacifique avec les autorités britanniques et aideraient à régler les litiges. Malheureusement, le gouvernement interpréta la démarche comme une forme de rébellion. Le durcissement des positions de part et d'autre entraîna le déclenchement des guerres territoriales de 1860 *(p 47-48)*. L'avènement de la reine actuelle, Te Atairangikaahu, sixième souverain en titre, a eu lieu en 1966. Son rôle est avant tout culturel et moral, mais il a pris de l'importance avec la revalorisation récente de la place des Maoris dans le pays.

Hamilton 5

Carte routière E2. 118 000. *10 km S. de la ville.* *à l'angle de Bryce St et Anglesea St, (07) 839 3580.* *Balloons over Waikato (mi-avr.) ; National Agricultural Fieldays (juin).*

Hamilton est la cinquième ville de Nouvelle-Zélande par son étendue, et la plus importante de l'intérieur des terres. Elle s'est développée entre les méandres de la Waikato, le plus long fleuve du pays (425 km). Cantonnement militaire au XIXe siècle, elle est devenue le prospère centre universitaire et marchand du Waikato, vaste plaine vallonnée.

Des parcs et des jardins sillonnés de sentiers bordent le fleuve, dont les rives sont reliées par plusieurs ponts. Le ***Waipa Delta***, un bateau à aubes qui part 3 fois par jour du centre-ville, en offre le meilleur aperçu.

Dans un bâtiment de cinq niveaux dominant le cours d'eau, le **Waikato Museum of Art and History** recèle une riche collection d'œuvres d'art néo-zélandaises. Il traite aussi de l'histoire de la région et de celle de la tribu maorie des Tainui. Ne pas manquer Te Winika, une impressionnante pirogue de guerre.

Les **Hamilton Gardens**, à la pointe sud de la ville, sont très visités. Au bord de l'eau se succèdent jardins japonais, chinois et anglais agrémentés de pavillons.

Hamilton accueille la Hot Air Balloon Fiesta, réunion de passionnés de montgolfières du monde entier, et les National Agricultural Fieldays, à Mystery Creek, l'une des plus grandes foires agricoles d'Australasie *(p. 41)*.

Waipa Delta
Jetée de Memorial Park, Memorial Drive. *0800 472 3353.* *jeu.-dim.* *www.waipadelta.co.nz*

Waikato Museum of Art and History
1 Grantham St. *(07) 838 6533.* *t.l.j.* *1er janv., 25-26 déc.* *www.waikatomuseum.org.nz*

Hamilton Gardens
Cobham Drive. *(07) 856 3200.* *t.l.j.*

Flacon au Cambridge Country Store

Cambridge 6

Carte routière E3. 13 500. *15 km E. de la ville.* *à l'angle de Queen St et Victoria St, (07) 823 3456.*

À 15 minutes de route au sud de Hamilton, au sein d'une région agricole réputée pour ses haras, Cambridge doit son surnom de « ville des arbres » aux chênes et aux ormes qui ombragent ses rues bordées de charmants jardins. Des essences exotiques et des broussailles indigènes frangent le lac Koutu, formant un plaisant cadre de promenade et de pique-nique.

Cambridge est par ailleurs renommée pour l'art et l'artisanat contemporains, ce dont témoigne le grand **Cambridge Country Store**, un magasin primé situé dans une église de 1898. Les antiquaires et galeristes sont aussi nombreux à faire recette.

Les édifices publics de Victoria Street, ainsi que l'église St Andrew, jouent d'une palette éclectique de styles architecturaux.

Objets en vente au Cambridge Country Store

Cambridge Country Store
92 Victoria St. *(07) 827 8715.* *t.l.j.* *25 déc.* *www.cambridgecountrystore.co.nz*

Otorohanga 7

Carte routière E3. *2 600.* *21 Maniapoto St, (07) 873 8951.*

Outre qu'il est l'accès aux grottes de Waitomo *(p. 118-119)*, ce petit bourg rural à 50 km au sud de Hamilton possède pour principale attraction la **Kiwi House**. C'est un parc zoologique où se reproduisent 3 espèces de kiwis. La nuit tombée, des groupes de 2 à 6 personnes sont admis dans la Nocturnal House pour les voir s'activer. Dans une autre volière évoluent 300 oiseaux de 29 espèces différentes, dont des perruches, des pigeons indigènes, des tuis cravate-frisée, des zostérops à dos gris et des créadions rounoir. On peut aussi observer des reptiles – geckos et sphénodons.

Kiwi House
20 Alex Telfer Drive. *(07) 873 7391.* *t.l.j.* *25 déc.* *Nocturnal House.* *www.kiwihouse.org.nz*

À bord du *Waipa Delta*, sur la Waikato

Un pays d'élevage

En suivant la route entre Hamilton et Cambridge, il est difficile de ne pas s'émerveiller devant les jeunes pur-sang qui gambadent derrière des barrières en bois, profitant des plus belles prairies et des meilleurs aliments de complément que leurs propriétaires peuvent leur offrir. Leur dressage se déroule dans des haras et des écuries en retrait de la route, signalés par des panneaux. Autre rencontre fréquente : celle de la holstein-frisonne. Favorisée par des températures douces et des pluies abondantes, une herbe grasse pousse dans le Waikato, devenu le grand centre de reproduction chevaline et bovine du pays. Ses espaces sont parfaits pour l'entraînement à la course.

Holstein-frisonne

Poulains et yearlings pur-sang d'un haras du Waikato

Les pur-sang

Les chevaux de course du Waikato jouissent d'une renommée internationale et, chaque année, l'exportation de yearlings rapporte plus de 120 millions de dollars. À eux seuls, 18 haras de la région possèdent environ 60 étalons. Les plus recherchés saillissent de 100 à 150 juments.

***Le New Zealand Horse Magic**, haras à 6 km au sud de Cambridge, élève des chevaux de races très variées et présente un spectacle d'une heure. D'autres établissements proposent des visites guidées.*

***Les chevaux du Waikato** ont remporté 18 fois la Merlbourne Cup, le fleuron de la saison australasienne.*

***Les principales races** de vaches laitières élevées dans le Waikato sont la jersey, l'ayshir et, surtout, la holstein-frisonne. Chaque vache néo-zélandaise donne en moyenne 3 420 litres de lait par an.*

***Les haras** néo-zélandais brillent chaque année à la vente de yearlings qui se tient en février à Karaka, dans la périphérie sud d'Auckland.*

Grottes de Waitomo ❽

Logo de la Glowworm Cave

Elles consistent en un dédale de 45 km de galeries s'enfonçant dans le calcaire et reliées à la Waitomo. Une chambre de la Glowworm Cave a été explorée en 1887, mais la plupart des grottes restent le domaine des spéléologues. La portion de 2,5 km ouverte au public est dotée d'un superbe éclairage, de sentiers aménagés et de rambardes. Certaines des cavernes les plus spectaculaires sont hérissées de magnifiques stalactites et stalagmites, d'autres scintillent des milliers de points de lumière émis par des vers luisants. Les activités proposées comprennent une expédition en rappel dans la Mangapu Cave et la descente dans l'obscurité d'une rivière dans la Ruakuri Cave.

Waitomo Walkway
Des formations karstiques typiques, telles que petites grottes, affleurements rocheux et dolines (creux), jalonnent une promenade de 5 km à travers prairie et bush.

Black Water Rafting
Équipés de combinaisons de plongée, de lampes et de bouées, les participants à l'aventure se laissent emporter dans l'obscurité, parmi des millions de vers luisants, sur une rivière souterraine.

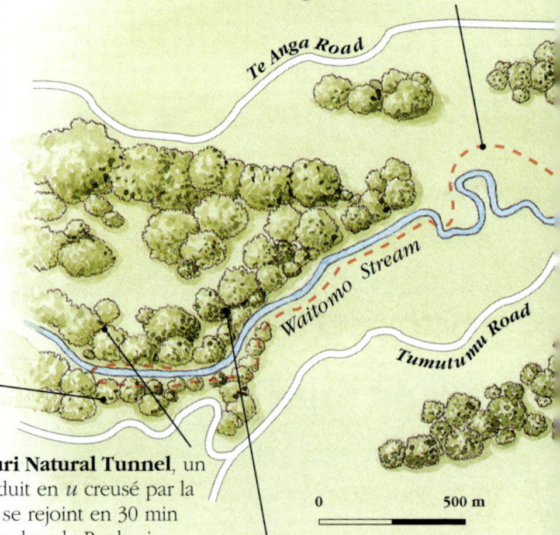

Légende

- Route
- Cours d'eau
- Sentier pédestre

Le Ruakuri Natural Tunnel, un large conduit en *u* creusé par la Waitomo, se rejoint en 30 min de marche dans la Ruakuri Gorge. On peut faire une visite guidée de la Ruakuri Cave.

La formation des grottes de Waitomo

La pluie est à l'origine du réseau de grottes de Waitomo, qu'elle a creusé en se frayant un passage dans des couches de calcaire ayant jusqu'à 100 m d'épaisseur. L'eau a commencé par suivre des fractures apparues dans le rocher, et les galeries les plus importantes se sont formées le long ou près des fissures les plus larges. Avec le temps, le système d'écoulement des ruisseaux souterrains s'est complexifié, tandis que l'eau gouttant des voûtes sculptait le calcaire en des concrétions minérales de toutes tailles, couleurs et aspects, des stalactites et des stalagmites notamment.

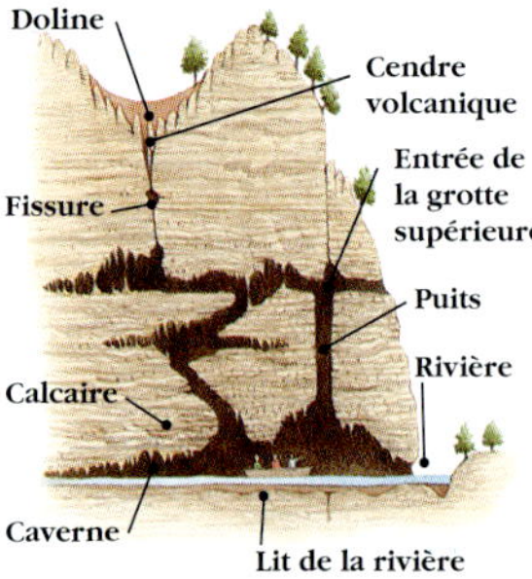

★ Aranui Cave
Ces hautes salles renferment les plus belles concrétions calcaires des grottes de Waitomo, avec leurs teintes beige pâle, rose et blanche.

Woodlyn Park
Un spectacle permet de s'initier à la tonte d'un mouton ou au dressage d'un chien.

Tokikarpu, maison commune près de Te Anga Road, sert aux réunions des Maoris des environs.

Le Waitomo Caves Hotel, construit en 1908 au-dessus du village de Waitomo, loue des chambres pour toutes les bourses *(p. 302)*.

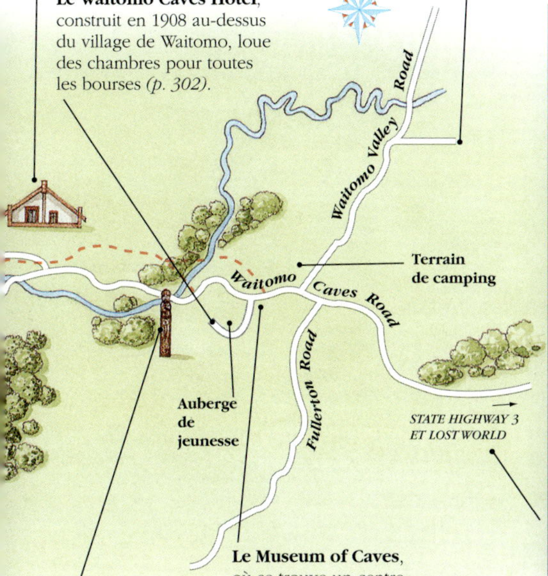

Le Museum of Caves, où se trouve un centre d'information, abrite une intéressante exposition sur les grottes ainsi qu'un spectacle multimédia sur les vers luisants de Nouvelle-Zélande.

★ La Glowworm Cave
Après la visite des grottes baptisées la « salle de banquet », les « grandes orgues » et la « cathédrale », une traversée en bateau sous une voûte scintillant de vers luisants conclut l'exploration de cet endroit magique.

Mode d'emploi

Carte routière E3. *21 Waitomo Caves Rd, (07) 878 7640. Tous les sites :* *t.l.j.* **Waitomo Museum of Caves** *(07) 878 7640.* **Waitomo Glowworm Cave** *(07) 878 8227.* *sauf dans l'Aranui Cave.* **Woodlyn Park** *(07) 878 6666.* *Pioneer Show.* **Black Water « Rafting »** *0800 228 464.* **Lost World** *0800 924 866.*

Lost World
La Lost World Adventure comporte une descente en rappel de 100 m dans un immense puits, suivie d'une expédition spéléologique dans le réseau de la Mangapu Cave.

À ne pas manquer

★ L'Aranui Cave

★ La Glowworm Cave

Le Karaka Bird Hide, dans le Firth of Thames

Thames 9

Carte routière E2. *10 000.*
2 km S. de la ville.
206 Pollen St, (07) 868 7284.
www.thames-info..nz

Au sud-est du Firth of Thames, un profond golfe, la principale localité du Coromandel est adossée à des collines qui résonnaient il y a un siècle des coups de pilon des chercheurs d'or. De nombreux bâtiments doivent leur splendeur à cette grande époque. Aujourd'hui, Thames est un centre de ravitaillement pour les agriculteurs et la population côtière, en constante augmentation. Elle constitue un bon point de départ vers les étendues sauvages du Coromandel Forest Park.

Un musée en plein air, le **Thames Historical Museum**, illustre l'histoire de la ville avec des souvenirs tels qu'un vieux salon de coiffure ou des fonderies ouvertes par des pionniers. Au **Thames School of Mines and Mineralogical Museum** sont exposés 5 000 échantillons minéraux et du matériel utilisé dans l'exploitation des gisements d'or. Les dirigeants de la mine furent formés dans cette école entre 1885 et 1954.

Accessible par Waiotahi Creek Road, un grand monument aux morts de la Première Guerre mondiale, sur une colline au nord de Thames, réserve une vue panoramique de la ville, du Firth of Thames et du golfe de Hauraki au loin. À la sortie de la ville, près de Brown Street, un petit affût, le Karaka Bird Hide, a été construit parmi les palétuviers pour observer les échassiers.

Thames Historical Museum
À l'angle de Pollen St et Cochrane St.
(07) 868 8509. *t.l.j.*

Thames School of Mines and Mineralogical Museum
À l'angle de Cochrane St et Brown St.
(07) 868 6227. *mer.-dim.*
ven. saint, 25 déc.

Aux environs : Sur la rive sud du Firth of Thames, 85 km² de bancs de sable intertidaux fournissent un autre habitat aux oiseaux migrateurs comme les goélands, les cormorans, les huîtriers et les échasses. Le **Miranda Shorebird Centre**, fondé par le Miranda Naturalists' Trust, organise sur demande des promenades guidées à leur rencontre et s'occupe de l'hébergement. Il existe non loin un établissement thermal : Miranda Hot Springs.

Randonneurs dans Kauaeranga Valley, au Coromandel Forest Park

Miranda Shorebird Centre
East Coast Rd, Pokeno. *(09) 232 2781.* *t.l.j.* *25 déc.*
participation libre.
www.miranda-shorebird.org.nz

Coromandel Forest Park 10

Carte routière E2. *Kauaeranga Valley, Thames, (07) 867 9080.*

Kauaeranga Valley est la partie la plus accessible de ce parc long de 100 km à l'intérieur de la péninsule de Coromandel. Ses sentiers pédestres permettent de courtes promenades comme de plus longues randonnées. Boisée, elle est bien fournie en aires de pique-nique. Une crête rocheuse, les Pinnacles, offre une belle vue sur les deux côtes. Le Kauaeranga Visitor Centre, à 13 km au nord-est de Thames, renseigne sur l'hébergement dans le parc et les divers itinéraires, dont le Kauaeranga Kauri Trail, piste tracée par les bûcherons. En effet, une forêt de kauris, exploitée à outrance des années 1870 aux années 1920, tapissait la vallée. Des vestiges témoignant de l'acheminement du bois par voie d'eau sont encore visibles.

On vient aussi dans la vallée pour pêcher la truite.

L'or du Coromandel

Pépite d'or

La première découverte significative d'or dans la péninsule eut lieu en octobre 1852, près du village de Coromandel. Trois cents prospecteurs affluèrent. De nouvelles trouvailles dans les collines près de Thames attirèrent 5 000 hommes en 1867, et la ville connut un essor fulgurant, sa population comptant à son apogée 18 000 habitants. Les mineurs des alentours envahissaient les rues le samedi, et ses 3 théâtres fermaient rarement. Plus de 100 hôtels vendaient de l'alcool. Les filons commencèrent à s'épuiser dans les années 1870, et l'intérêt se porta au sud-est, sur la Karangahake Mountain et à Waihi, où la Martha Mine était en 1912 l'une des plus grandes mines d'or du monde *(p. 124)*. L'exploitation finit par cesser partout. Elle a repris dans le puits à ciel ouvert de Waihi, après la découverte d'or en 1988 dans les anciennes zones aurifères.

Mannequin de mineur à la Thames Gold Mine and Stamper Battery

VESTIGES DE LA RUÉE

Tout autour de Thames, des puits, des terrils et du matériel abandonné rappellent la période où la ville vivait de l'or. Ce temps est aussi évoqué par une visite des mines ou du Thames School of Mines and Mineralogical Museum. À Coromandel, la pelle et le pic étaient nécessaires pour dégager le minerai.

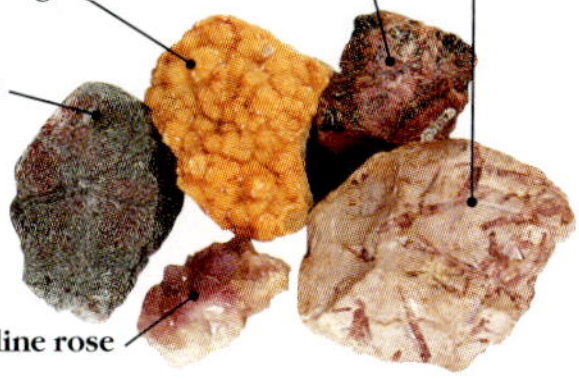

***Coromandel** abonde aussi en pierres semi-précieuses, et il est possible de trouver des agates sur les plages au nord de Thames.*

***Dans cette salle** de la Thames School of Mines, les futurs exploitants recevaient un enseignement pratique.*

***Chercher de l'or** dans les anciennes mines est un passe-temps populaire, mais il faut s'assurer que les galeries sont sûres avant de s'y risquer.*

***L'Imperial Hotel** est l'un des nombreux établissements de style colonial construits à Thames au plus fort de la ruée.*

Coromandel ⓫

Carte routière E2. 1 500.
3 km S. de la ville. 355 Kapanga Rd, (07) 866 8598.
www.coromandeltown.co.nz

Paisible bourg de pêcheurs et d'artisans à une heure de voiture au nord de Thames, Coromandel Town, comme l'appellent ceux qui veulent le distinguer de la péninsule, doit son nom au *Coromandel*. Ce bateau vint en 1820 embarquer des poutres en kauri pour la marine britannique. L'exploitation minière *(p. 121)* a marqué la ville, et plusieurs édifices de style victorien ou colonial sont un legs de cette époque. Son atmosphère détendue et la beauté des alentours font de Coromandel un paradis pour les artistes et les artisans, ainsi que pour les randonneurs, pêcheurs, plaisanciers ou simples amateurs de farniente.

Céramiste très connu en Nouvelle-Zélande, Barry Brickell a construit le petit train du **Driving Creek Railway and Potteries** afin de transporter bois et argile jusqu'à son atelier et de desservir des aires reboisées en kauris. Des visiteurs prennent aujourd'hui place dans les wagons pour une promenade d'une heure. La voie étroite traverse la forêt, emprunte tunnels et ponts et conduit à un point de vue dominant Coromandel.

Au nord de la ville, Buffalo Road finit à la **Coromandel Gold Stamper Battery**, où une grande roue à aube continue d'actionner les machines qui broyaient le minerai.

Bicyclette actionnée par l'eau à Waiau Waterworks

L'exposition du **Coromandel School of Mines and Historical Museum** illustre l'histoire de l'extraction de l'or et de l'abattage des kauris au travers des spécimens géologiques et d'une vieille prison.

Driving Creek Railway and Potteries
Driving Creek Rd. (07) 866 8703.
t.l.j. 25 avr., 25 déc.
www.drivingcreekrailway.co.nz

Coromandel Gold Stamper Battery
Buffalo Rd. (07) 866 7933.
l'été : t.l.j. ; l'hiver : du jeu. au lun.
25 déc.

Coromandel School of Mines and Historical Museum
841 Rings Rd. (07) 866 8987.
l'été : t.l.j. ; l'hiver : sam. et dim.
25 déc.

Aux environs

Au sein d'un parc paysagé à 9 km de Coromandel, **Waiau Waterworks** témoigne du génie de l'artiste Chris Olgivie pour inventer des jeux d'eau qui séduisent adultes comme enfants. Ils constituent l'une des attractions les plus originales de Coromandel.

La route qui part tout de suite à l'est mène à Castle Rock. Cœur d'un ancien volcan, il culmine à 525 m et fait partie de l'« épine dorsale » de la péninsule. En continuant à travers une forêt de pins, vous atteindrez le point de départ d'une promenade à pied de 45 minutes. Les derniers mètres imposent un gros effort, mais la vue est splendide. Plus loin, en reprenant la voiture, un autre sentier partant sur la gauche mène en 10 minutes de marche au Waiau Kauri Grove, un bosquet de superbes kauris protégés depuis un siècle.

Waiau Waterworks
309 Rd. (07) 866 7191. t.l.j.
www.waiauwaterworks.co.nz

Vue de la côte entre Coromandel et Port Jackson

Port Jackson ⓬

Carte routière E2. 10. 355 Kapanga Rd, Coromandel Town, (07) 866 8598.

À la pointe de la péninsule, à 56 km au nord de Coromandel, la longue plage bordée de lupins de Port Jackson est une agréable surprise. La route cesse d'être goudronnée à partir du hameau de Colville, le dernier point d'approvisionnement. Elle se termine 6 km plus loin à Fletcher's Bay, une jolie anse ombragée par des *pohutukawa*. Le Coromandel Walkway, un sentier de 7 km, conduit de Fletcher's Bay à Stony Bay. La promenade dure environ 3 heures. On trouvera à Port Jackson, Fletcher Bay et Stony Bay des terrains de camping équipés de douches froides et de barbecues.

Le Driving Creek Railway, une attraction unique

Bateaux ancrés dans la baie protégée de Whitianga

Whitianga ⓭

Carte routière E2. 3 500. *3 km S.-O. de la ville.* 66 *Albert St, (07) 866 5555.* *www.whitianga.co.nz*

Au fond de Mercury Bay, ainsi nommée par le capitaine James Cook *(p. 46)* car il s'y arrêta pendant dix jours en 1769 pour observer la planète Mercure, Whitianga offre un mouillage sûr. Il est apprécié en particulier pendant la saison de la pêche au gros, de novembre à avril, dont les temps forts sont de grands concours organisés en février et en mars. Le minuscule Mercury Bay Boating Club, à l'extrémité ouest de Buffalo Beach, se fit connaître en soutenant le défi infructueux du financier d'Auckland Michael Fay lors de la coupe de l'America de 1988 à San Diego. La plage porte le nom d'un navire britannique qui y fit naufrage en 1840, alors qu'après avoir emmené des bagnards en Australie, il rentrait au Royaume-Uni avec une cargaison de kauris. L'un de ses canons est visible au RSA Memorial Park, dans Albert St.

Le **Mercury Bay Museum** occupe une laiterie désaffectée en face du quai de l'Esplanade. Il évoque la légende du chef polynésien Kupe *(p. 45)* dont les descendants auraient habité l'endroit pendant plus de 1 000 ans. Un bateau traverse l'étroite ouverture de la baie pour conduire à Ferry Landing, le site originel de Whitianga, et à ses sentiers de promenade, ses points de vue et ses artisans. La tribu Ngati Hei avait jadis un *pa* sur Whitianga Rock, en amont de Ferry Landing.

Club de voile

Shakespeare Lookout, point de vue baptisé en honneur au dramaturge, se trouve à la pointe nord-est du promontoire, à 1,5 km de Ferry Landing. Un monument à la mémoire de Cook y domine Lonely Bay et Cooks Beach, une plage de 3 km. À Flaxmill Bay, à l'extrémité sud-ouest de Front Bay, les vagues ont creusé dans la roche une caisse de résonance naturelle.

Créée en 1992, la Te Whanganui-A-Hei Marine Reserve de Cathedral Cove couvre 9 km² de côte entre Cooks Bluff et Hahei Beach. Il est interdit d'y pêcher et de ramasser des coquillages, mais la baignade, la plongée sous-marine et la voile sont autorisées.

Mercury Bay Museum

Esplanade. *l'été : t.l.j. de 10 h à 16 h ; l'hiver : du mar. au jeu. et dim. de 11 h à 15 h.* *jours fériés.*

Hahei ⓮

Carte routière E2. 200. *General Store, Hahei Beach Rd.*

Hahei est le point de départ d'une randonnée relativement exigeante de 2 heures jusqu'à Cathedral Cove, où une imposante grotte, accessible à marée basse, s'enfonce dans une pointe de rocher blanc. La vue depuis les falaises récompense de l'effort. Des coquillages brisés teintent de rose la plage de Hahei, bien connue des plongeurs et protégée au large par des îles.

À Hot Water Beach, à 6 km au sud de Hahei, les visiteurs ont jusqu'à marée mi-haute pour creuser dans le sable, avec une bêche de location, leur propre piscine thermale.

À Hot Water Beach, une source d'eau chaude transforme en baignoires des trous creusés dans le sable

Whangamata ⓯

Carte routière E2. *4 100.*
606 Port Rd, (07) 865 8340.

Whangamata signifie « baie de l'obsidienne », un nom justifié par les fragments de cette roche cristalline noire que la mer dépose sur la côte. Ils proviennent de Mayor Island, une île à 30 km au large. La ville est aussi qualifiée de « capitale néo-zélandaise du surf », en raison des déferlantes qui se forment sur The Bar, un banc de sable. L'endroit attire également des pêcheurs à pied et les nageurs qui aiment les gros rouleaux. D'autres plages des environs sont d'excellents spots, notamment Onemana et Opoutere, au nord de Whangamata, et Whiritoa, au sud.

Les loisirs de plein air ne manquent pas dans les

Whangamata Beach, l'un des meilleurs spots du pays

collines et les vallées de l'intérieur. Dans Wentworth Valley, la Taungatara Recreation Reserve et Parakiwai Valley par exemple, au sein de la Tairua Forest, les amoureux de la nature se promèneront entre des ruisseaux pierreux et des poches du bush primitif. Un sentier très apprécié passe par Luck at Last, une mine d'or où il reste des bâtiments, des débourbeurs et, même, un four à pain. À Whangamata, le centre d'information touristique dispense des détails sur l'itinéraire, de même que la compagnie forestière Carter Holt, qui en barre parfois l'accès. Le Wharekawa Wildlife Refuge, à 15 km au nord de Whangamata, est une zone protégée autour de la sablière d'Otoupere, fréquentée par des huîtriers et des pluviers.

La Martha Mine, à Waihi

Waihi ⓰

Carte routière E2. *4 500.*
Seddon St, (07) 863 6715.

L'or joue un rôle majeur dans l'histoire de Waihi depuis que Robert Lee et John McCrombie y ont découvert un filon de quartz aurifère en 1878. La **Martha Mine**, qui s'avéra la plus productive de la région, l'exploita sans interruption de 1882 à 1952 *(p. 120-121)*. Elle a rouvert en 1988, et la concession court jusqu'en 2007. La Waihi Gold Mining Company, qui organise des visites guidées (réserver), extrait chaque semaine des quantités substantielles du précieux métal.

Les vieux trains du **Goldfields Railway**, à traction à vapeur ou diesel, empruntent une voie de 7 km entre Waihi et Waikino, porte des champs aurifères de Karangahake. Des ponts, des puits de mines et du matériel abandonné jalonnent le Karangahake Gorge Historic Walkway, un sentier pédestre de 5 km. Des panneaux indiquent où le prendre depuis la route.

À 11 km à l'est, Waihi Beach est une des plages les plus populaires du littoral.

Martha Mine
Seddon St. *(07) 863 9880.*
du lun. au ven. *participation libre.* *réserver.*
www.marthamine.co.nz

Goldfields Railway
Wrigley St. *(07) 863 8251.*
t.l.j. *25 déc.*

Katikati ⓱

Carte routière E2. *4 000.*
34 Main Rd, (07) 549 1658.
www.katikati.co.nz

Colonisateur enthousiaste, l'Irlandais George Vesey Stewart acheta le terrain où s'est développé ce village dans les années 1870 pour le revendre par lots à 406 familles « raffinées et cultivées » venues d'Ulster. Ces immigrants déchantèrent tant le travail de défrichage leur parut épuisant, mais la région s'est depuis révélée un paradis pour l'horticulture et l'élevage laitier. Katikati s'affirme aujourd'hui comme une galerie d'art en plein air : plus de 30 peintures murales et sculptures, réalisées par des artistes locaux, décorent les parcs, les rues et les bâtiments. À **Sapphire Springs**, à 6 km hors du centre, une source thermale alimente des bains et des piscines.

Sculpture d'extérieur à Katikati

Sapphire Springs
Hot Springs Rd. *(07) 549 0768.*
t.l.j.

Peinture murale d'un bâtiment de Katikati

Les artisans du Coromandel

Baignée par l'Océan sans cesse changeant, marquée par un relief accidenté que couvre la forêt, la péninsule de Coromandel est non seulement un havre à l'écart de l'agitation urbaine, mais une source d'inspiration pour quantité d'artistes et d'artisans venus s'y installer au début des années 1960. Ici, les peintres cultivent la terre, les potiers peignent et élèvent des vers à soie, et les tisserands travaillent la laine de leurs propres moutons. Grâce aux objets qu'ils vendent dans tout le pays, ils mènent une vie communautaire et proche de la nature. La brochure du Coromandel Craft Trail, disponible dans les centres d'information touristique, guide les visiteurs jusque dans des endroits retirés où ils peuvent rencontrer les créateurs et acheter leurs réalisations à prix d'atelier.

Coupe en verre soufflé

Os et néphrite *servent à la fabrication de bijoux.*

Des boutiques *de Thames et Coromandel, comme Weta Art, proposent un large choix de produits artisanaux venant de tout le pays.*

Barry Brickell, artisan de Driving Creek Potteries

Les poteries *peuvent être tournées ou, comme ici, montées en colombins.*

Qu'acheter dans le Coromandel

Au début des années 1960, la péninsule a fondé sa réputation sur la poterie, mais elle a rapidement attiré des artisans maîtrisant d'autres techniques : sculpture (sur bois, sur os et sur néphrite), ébénisterie, tissage, tricot, verrerie, joaillerie et coutellerie.

Colville Store*, l'un des magasins les plus originaux de la péninsule, à 26 km au nord de Coromandel, est géré par une coopérative de 80 membres.*

Les « marginaux » *de Coromandel élèvent souvent leurs jeunes enfants dans le cadre communautaire, où ils s'initient très tôt au jardinage, à la peinture ou à la sculpture.*

Tauranga ⓲

Carte routière E2. *100 000 (avec Mount Maunganui).* *3 km E. de la ville.* *95 Willow St, (07) 578 8103.* *www.tauranga.govt.nz*

Grand pôle commercial au port très actif, la ville la plus importante de la partie occidentale de la Bay of Plenty s'étend au bord de Tauranga Harbour, une ancienne plaine que la mer aurait submergée à la fin de la dernière ère glaciaire. Matakana Island, au large, et la chaîne du Kaimai, à l'ouest, la protègent.

Tauranga a connu une croissance rapide ces dernières années. Son climat doux en toutes saisons séduit les retraités et les vacanciers. Entre la navigation de plaisance, le surf, la pêche au gros, le ski nautique, la planche à voile, le parapente, la plongée sous-marine et le jet-ski, ces derniers n'ont que l'embarras du choix. Le Strand, quartier du centre-ville, regorge de magasins et de restaurants.

Mission et centre de négoce du lin à ses débuts, Tauranga a connu de violents combats pendant les guerres territoriales des années 1860 *(p. 47-48)*. Nombre des soldats qui participèrent à la bataille de Gate Pa, à 5 km au sud de la ville, étaient cantonnés à Monmouth Redoubt. De ce camp bâti par les Britanniques en 1864 pour couper les lignes d'approvisionnement du mouvement pour un roi maori du Waikato *(p. 115)* subsistent des fortifications en terre et des pièces d'artillerie lourde.

Le révérend Alfred Brown construisit **Elms Mission House** par étapes de 1838 à 1847. La propriété renferme un jardin et plusieurs bâtiments, dont une bibliothèque de 1839.

Tauranga compte parmi ses autres attractions 50 km de littoral protégés, ainsi que 27 km de sentiers publics propices à la flânerie, en bord de mer comme dans les réserves de l'intérieur.

Elms Mission House

À l'angle de Mission St et Chapel St. *(07) 577 9772.* *parc : t.l.j. ; maison et bibliothèque : de 14 h à 16 h dim. et jours fériés, visites guidées sur demande.* *maison et bibliothèque.*

Aux environs

Le **McLaren Falls Park**, près de la Nationale 29, sur la route de Hamilton, est une zone de bush indigène auquel se mêlent des milliers d'arbres introduits. Les promeneurs qui empruntent ses sentiers disposent d'une rivière et du lac McLaren pour se baigner. Les lâchers d'eau effectués dans la Wairoa à des dates programmées sont l'occasion d'excitantes descentes en raft et en kayak. Le Tauranga City Council gère trois auberges de jeunesse dans le parc.

Concours de pêche au gros à Tauranga

McLaren Falls Park

McLaren Falls Rd. *Tauranga City Council, (07) 577 7000.* *t.l.j.*

Plage de Mount Maunganui vue depuis le « Mount »

Mount Maunganui ⓳

Carte routière E2. *100 000 (avec Tauranga).* *3 km S. de la ville.* *Salisbury Ave, (07) 575 5099.*

Construit sur une étroite péninsule au débouché de Tauranga Harbour, le principal port d'exportation de bois d'œuvre du centre de l'île du Nord porte le nom de la colline en forme de cône, haute de 232 m, qui le domine. Une heure et demie de marche est nécessaire pour atteindre le sommet du « Mount », comme on l'appelle familièrement, et en redescendre. L'ascension vaut la peine pour le panorama exceptionnel de la côte. Des fortifications maories sont visibles du chemin, car un *pa* occupait le site. En bas, une source naturelle chauffe les piscines de **Mount Maunganui Hot Salt Water Pools**.

Ocean Beach, magnifique plage partant du Mount, à l'est, pour finir au-delà de Papamoa, fait en été le bonheur des baigneurs et des surfeurs. À marée haute, l'eau qui s'engouffre dans une cavité de Moturiki Island, au large de Marine Parade, rejaillit comme un geyser.

Mount Maunganui Hot Salt Water Pools

Adams Ave. *(07) 575 0868.* *t.l.j.*

Mayor Island ⓴

Carte routière F2. *35 km de Tauranga Harbour.* *de Tauranga ou Whangamata.* *(07) 577 0531.*

Cette île, où les collines et les broussailles dominent, a la forme d'un cercle grossier de 4 km de diamètre. Ses falaises abruptes ne laissent que très peu d'endroits où accoster. Volcan en sommeil qui s'élève depuis le fond de l'Océan, Opauhau, son point culminant, fait 354 m. Son cratère renferme deux lacs, un vert et un noir.

Les Maoris attachaient une grande valeur à Mayor Island en raison de ses réserves d'obsidienne, une roche cristalline noir ressemblant à du verre produite par le refroidissement rapide d'une lave riche en silice.

Plusieurs sentiers sillonnent l'île. L'un, de 18 km, en fait le tour. Sur la côte nord, la faune marine est protégée dans une réserve. Un terrain de camping et des bungalows permettent de dormir sur place, mais il faut apporter eau et nourriture. Le thon, le makaire et le requin-taupe bleu ne sont que quelques-uns des poissons péchés aux alentours. C'est de fin décembre à début mai que les prises sont les plus grosses.

Kiwifruit Country ou tout sur le kiwi

Te Puke ㉑

Carte routière F3. *6 800.* *130 Jellicoe St, (07) 573 9172.* www.tepuke.co.nz

Comme Katikati *(p. 124)*, Te Puke a pour origine une colonie d'Irlandais établie par G.V. Stewart dans les années 1880. L'élevage de moutons et de bovins connut des débuts difficiles à cause de la « maladie du bush ». Elle sévit dans beaucoup de régions du centre de l'île du Nord jusque dans les années 1930, où sa cause fut découverte : une carence en cobalt. L'utilisation d'engrais spéciaux permit d'y remédier.

L'horticulture prit le pas sur l'élevage dans les années 1960. La « groseille à maquereaux chinoise », importée en Nouvelle-Zélande en 1906, trouva à cette époque un débouché international sous le nom de kiwi. Aujourd'hui, Te Puke s'enorgueillit du titre de « capitale mondiale du kiwi ». À 6 km au sud-est de la ville, à **Kiwifruit Country**, vous apprendrez tout sur le fameux fruit, de sa culture à son emballage en passant par la fabrication de produits comme la liqueur de kiwi.

Entrée de Kiwifruit Country

À 8 km au sud de Te Puke, **Longridge Park** est une vaste ferme visant à montrer la diversité des exploitations néo-zélandaises. On peut voir des moutons et des porcs ; les enfants peuvent donner le biberon aux jeunes animaux, ainsi que nourrir et caresser des anguilles vieilles de 60 ans.

Une sortie d'une demi-heure en *jet-boat* sur la Kaituna, aux rives d'une rare beauté, complétera la visite.

Kiwifruit Country
26 Young Rd. *(07) 573 6340.*
t.l.j. *25 déc.*
obligatoire.
www.kiwifruitcountry.co.nz

Longridge Park
The Junction, Paengaroa, Te Puke.
0800 867 386. *t.l.j.*
25 déc. *jet-boat.*
obligatoire.

Le kiwi

Avant que le kiwi *(Actinidia chinensis)* ne remporte un succès commercial international, les Néo-Zélandais le connaissaient sous le nom de groseille à maquereaux chinoise, la Chine étant son pays d'origine. Un arbre poussa à Te Puke dès 1918, mais il fallut attendre le milieu des années 1930 pour que Jim McLoughlin, un horticulteur, plantât le premier verger et vendît sa production sur le marché local. Les exportations s'envolèrent à la fin des années 1960 lorsque l'on découvrit que, placé au froid, le fruit pouvait se conserver jusqu'à 6 mois. Une campagne de marketing bien menée fit le reste. À la fin des années 1970, de nombreux producteurs devinrent millionnaires presque du jour au lendemain. Depuis 1998, la variété traditionnelle (Hayward) au cœur vert émeraude recule devant le Zespri Gold à chair jaune.

Kiwis de Te Puke

Pêcheur à l'embouchure de la Whakatane

Whakatane 22

Carte routière F3. *17 000.* *à l'angle de Quay St et Kakahoroa Dr, (07) 308 6058.* *www.whakatane.com*

Au cœur de la partie orientale de la Bay of Plenty, Whakatane jouit sur la côte de plus de 2 500 heures d'ensoleillement annuel – un climat idéal pour toute une gamme d'activités nautiques comme la pêche. Whales and Dolphin Watch NZ organise des sorties dans la baie pour nager au milieu des dauphins.

Le **Whakatane District Museum and Gallery** évoque la vie des premiers occupants de la région – Maoris et Européens – au travers d'une histoire illustrée du district, ainsi que d'objets maoris et d'une riche collection de photographies.

Les amateurs de marche auront le choix entre plusieurs chemins, dont le Nga Tapuwae O Toi Walkway qui part de Seaview Road, au-dessus de la ville et qui prend 7 heures. Il est jalonné de vues de la mer et du littoral planté de *pohutukawa*. Il passe par Kapu te Rangi (« crête du ciel »), un ancien *pa* avec certaines des plus vieilles fortifications en terre du pays.

Whakatane District Museum and Gallery
11 Boon St. *(07) 307 9805.*
t.l.j. *participation libre.*

AUX ENVIRONS
Whale Island, à 10 km au nord de l'entrée de l'estuaire, est un sanctuaire de la vie sauvage. Whakatane Coastguard propose des excursions guidées pendant la période de Noël et du nouvel an. On peut réserver sa place au Whakatane Visitor Centre.

À l'est de Whakatane, l'idyllique **Ohope Beach** s'étend sur 12 km entre Otarawairere, à l'ouest, et Ohiwa Harbour, où poissons et coquillages attirent par milliers des échassiers migrateurs.

White Island 23

Carte routière F2. *50 km de Whakatane.*

À la pointe nord de la zone volcanique de Taupo *(p. 62-63)*, le volcan le plus actif de Nouvelle-Zélande peut être atteint en bateau, en hélicoptère, ou simplement survolé. L'île a un aspect lunaire, et beaucoup de visiteurs la considèrent comme une attraction majeure. En 1914, une éruption nocturne tua tous les mineurs qui s'y trouvaient pour extraire du soufre. Il reste quelques traces de leur activité. L'importante colonie de fous austraux qui a élu domicile sur ce territoire désolé ne semble pas souffrir des projections de cendre.

La plongée est aussi réputée.

Ancien matériel d'extraction de soufre sur White Island

Ohope Beach, la meilleure plage de surf de Whakatane

Opotiki 24

Carte routière F3. *4 150.* *à l'angle de St John St et Elliott St, (07) 315 8484.* *www.bayofplenty.co.nz*

Au confluent de la Waioeka et de l'Otara, la dernière localité de quelque importance avant Gisborne fait fonction de porte du cap Est. L'église anglicane Hiona St Stephen s'élève à l'extrémité nord du quartier commerçant de Church Street. En 1865, des Maoris y pendirent puis décapitèrent le révérend Carl Sylvius Völkner qu'ils soupçonnaient de renseigner le gouverneur George Grey *(p. 74)* sur leurs mouvements de troupe et leurs fortifications. En face, l'**Opotiki Heritage and Agricultural Society Museum**, rempli de souvenirs des pionniers, en possède une clef.

Accessible depuis l'extrémité ouest de Waioeka Bridge, sur Woodlands Road, Hukutaia Domain renferme une forêt pluviale comptant plus de 2 000 espèces d'arbres indigènes, dont un *puriri (Vitex lucens)* deux fois millénaire. Les Maoris ensevelissaient jadis les os des personnages de haut rang dans son tronc creux.

Opotiki Heritage and Agricultural Society Museum
123 Church St. *(07) 315 5193.*
t.l.j. *ven. saint, 25 déc.*

L'arrivée des Maoris

Selon la légende, 3 pirogues en provenance de Hawaiki accostèrent dans la Bay of Plenty au XIVe siècle *(p. 43)*. Mataatua aborda à Whakatane, et Arawa et Taunui à Whangaparaoa Bay, à l'ouest du cap Est. La grotte de Muriwai, à Whakatane, entretient le souvenir d'une princesse qui y aurait vécu en ermite. Elle aurait engendré une longue lignée de chefs et possédé des pouvoirs surnaturels. La douceur du climat et l'abondance des coquillages incitèrent les Maoris à s'installer sur la frange littorale. Ils forment aujourd'hui une part importante de la population de la région, comme le révèlent les nombreuses maisons communes qui agrémentent le paysage.

Grotte de Muriwai

ARTS ET CULTURE MAORIS

Les Maoris ne connaissaient pas les métaux et faisaient un grand usage du bois. Les objets qu'ils façonnaient pour un usage pratique, social ou religieux portaient des motifs symboliques *(p. 28-29)* inspirés par leur histoire et leur croyance en des dieux et des esprits ancestraux. Ces motifs continuent de parer les maisons communes et les œuvres d'art visibles sur la côte.

***Les maisons communes**, comme Tukaki à Te Kaha, offrent souvent une image symbolique d'un ancêtre tribal masculin. Le masque en dessous du pignon et les larges planches inclinées de part et d'autre représentent son visage et ses bras.*

***À l'église St Mary**, à Tikitiki, comme dans d'autres églises chrétiennes, des éléments maoris tels que nattes murales ou boiseries et chevrons sculptés ont été remployés.*

***La haka**, une danse aux postures de défi destinée jadis à tremper la volonté des guerriers, est enseignée dans plusieurs écoles du littoral.*

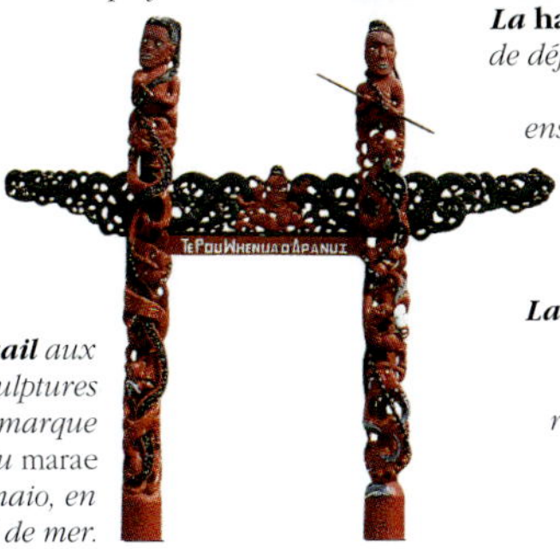

***Ce portail** aux sculptures raffinées marque l'entrée du marae d'Omaio, en bord de mer.*

***La sculpture** qui se dresse dans la rue principale d'Opotiki témoigne du renouveau des arts, de la culture et des traditions maoris depuis les années 1980.*

Excursion au cap Est ㉕

Fleurs de *pohutukawa*

La partie de la Pacific Coast Highway qui enserre les collines rocailleuses de la péninsule du cap Est est bordée de paysages sublimes. D'Opotiki au cap, au nord, la route s'accroche au littoral rocheux tapissé de *pohutukawa*. La seconde partie de l'itinéraire, jalonné de *marae* et d'églises, descend vers Gisborne à travers une région agricole. Des embranchements mènent à la côte. La plupart des plages et des anses se prêtent à la baignade, à la pêche et à la plongée. Randonnées à pied ou à cheval et sorties en *jet-baot* seront aussi au rendez-vous.

***Pohutukawa* de Te Araroa** ③
Sur la plage de Te Araroa pousse Te Waha-o-Rerekohu (« la bouche de Rerekohu »). Avec ses 22 troncs, c'est sans doute le plus gros pohutukawa du pays.

Église de Raukokore ②
Cette petite église anglicane en bois monte une garde solitaire entre la route et la mer depuis 1894.

La Motu ①
Ce cours d'eau inscrit entre des collines abruptes se prête aux descentes en raft et *jet-boat* et, à son embouchure, à la pêche.

Tolaga Bay ⑧
Appréciée pour la baignade et la pêche, Tolaga Bay possède le plus long quai de Nouvelle-Zélande. Une sente de 5 km franchit une arche rocheuse naturelle pour rejoindre Cooks Cove, une crique.

Tokomaru Bay ⑦
Des falaises dominent cette jolie baie, propice à la baignade et au surf, où pêcheurs de langoustes et artisans habitent des maisons anciennes.

Carnet de route

***Itinéraire :** 334 km.*
***Où faire une pause ?** À 36 km d'Opotiki, le Maraenui Hill Lookout ménage une vue spectaculaire. Plusieurs petits villages sur la route permettent de se restaurer et de se loger. L'autorisation pour gravir le mont Hikurangi s'obtient auprès de Ngati Porou Outdoor Pursuits, Gisborne (06) 876 9960. L'office de tourisme d'Opotiki* (p. 128) *prend les réservations pour les sorties en jet-boat sur la Motu.*

Phare du cap Est ④
Une piste pittoresque suit la côte jusqu'au phare le plus à l'est de Nouvelle-Zélande. Six cents marches mènent à son sommet. La vue justifie l'effort.

Église St Mary de Tikitiki ⑤
Bâtie en 1924 à la mémoire des soldats maoris tués pendant la Première Guerre mondiale, elle est dotée d'un des plus riches décors du pays *(p. 129)*.

Mont Hikurangi ⑥
Il faut une autorisation pour gravir cette éminence, sacrée pour les Maoris : c'est le premier endroit des deux grandes îles où brille le soleil.

Légende

- Itinéraire conseillé
- Autre route
- Cours d'eau
- Point de vue

Timonerie du *Star of Canada*, Gisborne Museum and Arts Centre

Te Urewera National Park ㉖

Carte routière F3. *Aniwaniwa Visitor Centre, Nationale 38, Waikaremoana, (06) 837 3803.* *www.doc.govt.nz*

Le quatrième parc national de Nouvelle-Zélande par la taille renferme la plus vaste forêt primitive de l'île du Nord. L'industrieuse et opiniâtre tribu Tuhoe l'habite depuis des siècles. Au centre du parc, le lac Waikaremoana (aux « eaux ondoyantes »), créé il y a 2 200 ans par un glissement de terrain, est profond de 243 m. Un sentier de 46 km en fait le tour. Il fait partie des Great Walks *(p. 334)*, les plus belles randonnées du pays, et exige 3 à 4 jours de marche. La réservation auprès de l'office de tourisme d'Aniwaniwa est nécessaire. Il existe aussi des circuits plus courts, partant de la route principale.

Gisborne ㉗

Carte routière F3. *35 000.* *4 km N.-O. de la ville.* *209 Grey St, (06) 868 6139.* *Wine and Food Festival (dernière semaine d'oct.).* *www.gisbornenz.com*

Réputée pour ses étés chauds, ses paysages agricoles, ses vignobles, ses vergers et les spots de Midway, Wainui et Makorori, Gisborne est également fière de son histoire.

À Kaiti Hill, un monument et une réserve doivent leur nom au capitaine Cook, qui mit pour la première fois le pied en Nouvelle-Zélande sur la plage de Gisborne le 9 octobre 1769 *(p. 46)*. Le membre de son équipage qui aperçut la terre, Nicholas Young, dit Young Nick, ainsi que le capitaine Cook, ont leur effigie à l'embouchure de la Turanganui.

Le **Gisborne Museum and Arts Centre** abrite une belle collection de photographies et d'intéressants objets maoris et européens. Sur la rive de la Taruheru, la timonerie du *Star of Canada*, qui coula au large de Kaiti Beach en 1912, fait partie du musée.

Tairawhiti Museum
Kelvin Park, Stout St. *(06) 867 3832.* *t.l.j.* *ven. saint, 25 déc.* *sauf dans le* Star of Canada.

Aux environs

À 35 km à l'ouest de Gisborne, l'**Eastwoodhill Arboretum** est réputé pour la diversité de ses arbres et arbustes exotiques. À 60 km au sud de Gisborne, au sein d'un bush luxuriant traversé de sentiers et peuplé d'oiseaux, **Morere Hot Springs** dispose de piscines chaudes et froides.

Eastwoodhill Arboretum
2392 Wharekopae Rd. *(06) 863 9003.* *t.l.j.* *ven. saint, 25 déc.* *sur demande.*

Morere Hot Springs
Nationale 2. *(06) 837 8856.* *t.l.j.*

Parmi les arbres de l'Eastwoodhill Arboretum, près de Gisborne

Rotorua ⓭

Sur la rive sud du lac du même nom, Rotorua est de loin la station la plus touristique de l'île du Nord, malgré l'odeur d'œuf pourri due à l'hydrogène sulfuré qui s'échappe d'innombrables fissures du sol. Elle doit son succès à ses sources thermales et à ses curiosités géothermiques, ainsi qu'aux lacs, rivières et ruisseaux limpides peuplés de truites qui font le charme des alentours. La ville est aussi un pôle culturel maori majeur, l'occasion de découvrir architecture, danses, et de passer des soirées hautes en couleurs.

Les Government Gardens et le Rotorua Museum of Art and History

Government Gardens

Queens Drive.

Ces jardins taillés au cordeau étendent devant le majestueux Rotorua Musuem of Art and History de style Tudor leurs terrains de croquet et de boule à la pelouse impeccable, tandis que des parterres de fleurs entourent des bassins. À courte distance du musée, vers le nord, l'Arawa Soldiers' Memorial date de 1927. Il évoque l'histoire de la tribu locale des Arawa et de ses relations avec les Pakeha. À ses pieds se trouve la pirogue sur laquelle arrivèrent les ancêtres de la tribu.

Rotorua Museum of Art and History

Queens Drive. (07) 349 4350. t.l.j. 25 déc. rez-de-chaussée.
www.rotoruamuseum.co.nz

Les objets maoris sont légion dans ce musée installé dans un somptueux bâtiment qui ouvrit ses portes en 1908 pour accueillir le Great Spa of the South Pacific. Les bordures de pignon sculptées en 1860 pour la maison commune Houmaitawhiti de Rotoiti et les palissades du XIXᵉ siècle du campement d'Ohinemutu, notamment, sont remarquables. Pièce rare, car c'est en général le dieu Rogo qui symbolise la fertilité, une pierre ponce sculptée représente Pani, une déesse *kumara*, en train d'accoucher.

L'exposition « Taking the Cure » illustre l'histoire du bâtiment dans une partie qui a retrouvé son aspect originel. Un film de 15 minutes explique l'activité géothermique de Rotorua et retrace l'histoire des Maoris de la région. Le film montre aussi une reconstitution de l'éruption du Tarawera en 1886.

The Blue Baths

Queens Drive. (07) 350 2119. t.l.j. 25 déc.

Ces piscines thermales d'eau chaude construites en 1933 inaugurèrent les premiers bains mixtes. Abrités dans un bâtiment de style mission espagnol, ils symbolisèrent alors les ambitions de la Nouvelle-Zélande de devenir le premier centre de thermalisme de l'Empire britannique. Un musée retrace l'histoire des bains.

Polynesian Spa

Hinemoa St. (07) 348 1328. t.l.j.
www.polynesianspa.co.nz

Des visiteurs du monde entier viennent dans ce centre thermal prendre des bains d'une température de 33 à 43 °C. Acides et conseillées pour les rhumatismes et l'arthrite, les sources Radium et Priest proviennent de forages souterrains. Alimentée par de l'eau calcaire, une piscine est réservée aux adultes à cause de sa température de 38 °C. Les familles profiteront d'une piscine plus fraîche dotée d'un petit bain. L'établissement propose aussi des bains privés et des massages au jet d'eau.

Une ville thermale

« Les infirmes jettent leurs béquilles et le goutteux retrouve la santé », affirmait en 1903 un rapport gouvernemental qui évaluait les vertus thermales de Rotorua. Les établissements de la fin du XIXᵉ siècle et du début du XXᵉ, dont Bath House, ouverte en 1908, utilisaient successivement deux eaux minérales dont l'association était censée avoir une action « stimulante et tonique ». Aujourd'hui, au QE Health, sur la rive du lac Rotorua, des eaux thermales servent à calmer la douleur et à détendre les muscles.

Bassin du complexe Polynesian Spa

L'église anglicane St Faith

l'Américain Seymour Mills Spencer (1810-1898) prêchant des Maoris, une tâche qu'il remplit pendant 50 ans. Il est enterré à gauche de l'entrée du sanctuaire. Le capitaine Gilbert Mair, (1843-1923), de l'Arawa Flying Column, une unité de Maoris qui se battit au côtés des troupes britanniques pendant les guerres maories, repose également ici.

Église anglicane St Faith

Ohinemutu. t.l.j. 9h dim. ; 10h mer.

De style Tudor, la deuxième église édifiée à Ohinemutu, un village maori sur la rive du lac Rotorua, date de 1910. Des sculptures, des nattes murales et des peintures en décorent l'intérieur. Dans la chapelle latérale, ajoutée en 1965, une gravure sur verre représente le Christ vêtu d'un *korowai* (manteau de chef) marchant sur les eaux du lac. Au-dessus de l'orgue, une petite fenêtre montre

Sculpture à Tamatekapua

Tamatekapua

Ohinemutu.

Construite en 1873 et principal lieu de réunion des Te Arawa, cette splendide maison commune fait face à l'église St Faith. Comme celle qui la précéda, élevée sur Mokoia Island, elle porte le nom du capitaine de la pirogue de migration dont descend la tribu. Le personnage figuré à la base du poteau central en était le pilote : Ngatoroirangi. Selon la tradition, c'est à lui que la région doit son activité thermale.

Kuirau Park

Kuirau Rd.

Mares de boue bouillonnante, fumerolles et petits geysers sont les curiosités de ce parc. Il renferme aussi des bains de pieds thermaux gratuits, des aires de pique-nique, un petit lac d'eau tiède, une aire de jeux pour enfants et des jardins bien entretenus, dont un de plantes sélectionnées pour leurs parfums.

MODE D'EMPLOI

Carte routière E3. *68 000.* *Nationale 30, 10 km N.-E. de la ville.* *1167 Fenton St, (07) 348 5179.* *de 8 h à 18 h t.l.j.* *25 déc.* *Biennal Rotorua Festival of the Arts (janv.-fév.) ; New Zealand International Two-Day Walk (mars) ; Rotorua Marathon (mai) ; Rotorua District Garden Festival (nov.).* *www.rotoruanz.com*

ROTORUA D'UN COUP D'ŒIL

The Blue Baths ③
Église anglicane St Faith ⑤
Government Gardens ①
Kuirau Park ⑦
Polynesian Spa ④
Rotorua Museum of Art and History ②
Tamatekapua ⑥

LÉGENDE

Embarcadère
Gare routière
Parc de stationnement
Information touristique

0 500 m

Les environs de Rotorua

Sculpture de Tamaki Maori Village

Les attraits de Rotorua débordent largement le centre-ville, à commencer par le lac Rotorua et les 15 plans d'eau enchâssés dans le bush, qui forment le Rotorua Lakes District. Les phénomènes géothermiques, les sources bouillonnantes, les torrents à truites cristallins et les forêts primitives fournissent d'autres motifs d'émerveillement. Ce paradis des pêcheurs se prête à des promenades en bateau, à des randonnées et au camping. Les visiteurs pourront se familiariser avec la culture maorie et parfaire leur connaissance du monde agricole, et les plus audacieux s'enfoncer dans le sous-bois en 4X4 ou à cheval.

Le lac Rotorua et Mokoia Island vus du mont Ngongotaha

Lac Rotorua

Presque circulaire, le lac le plus étendu de la région accueille véliplanchistes, kayakistes et pêcheurs. On peut aussi le parcourir en bateau à aubes, en canot à moteur ou en scooter des mers. Au milieu, Mokoia Island est célèbre pour l'histoire d'amour d'Hinemoa qui nagea de nuit jusqu'à l'île pour rejoindre Tutanekai, qui la guidait en jouant de la flûte. L'île possède une riche faune ornithologique, 4 km de sentiers pédestres, ainsi que la piscine thermale d'Hinemoa.

Skyline

Fairy Springs Rd. (07) 347 0027. t.l.j. www.skylineskyrides.co.nz

Le mont Ngongotaha domine de 778 m la ville et le lac. Un téléphérique dessert Skyline (487 m d'altitude) d'où le panorama de la région est exceptionnel. La descente peut se faire par une sorte de toboggan à roues : sensations garanties. Un itinéraire de 2 km donne le temps d'apprécier les paysages. Deux autres trajets, plus courts, provoquent davantage d'émotions. Un télésiège ramène au point de départ.

Rainbow Springs

Fairy Springs Rd. (07) 347 9301. t.l.j. www.rainbownz.co.nz

À Rainbow Springs, les visiteurs du parc nourrissent les milliers d'ombles de fontaine et de truites – de rivière, arc-en-ciel et même hybrides – qui peuplent des ruisseaux et des bassins bordés de fougères.

Le Rainbow Springs renferme des milliers de truites

Ils entrent ensuite dans une volière pour observer, entre autres, des sphénodons et des kiwis. À Kiwi Encounter, un lieu vivant axé sur la conservation des espèces, on fait incuber puis grandir des kiwis pris dans la nature à l'état d'œufs, pour les relâcher dans leur environnement naturel à l'âge adulte. À Rainbow Farm, ils ont un aperçu de l'histoire de l'élevage en Nouvelle-Zélande et s'exercent à donner le biberon à un agneau, traire une vache ou enchérir lors d'une vente factice.

Agrodome Agricultural Theme Park

Western Rd, Ngongotaha. (07) 357 1050. t.l.j. www.agrodome.co.nz

Cette entreprise familiale fondée en 1972 propose trois fois par jour un spectacle où se succèdent une présentation de béliers sélectionnés, une démonstration de tonte et les évolutions de chiens de berger. Les visiteurs sont invités à faire le tour de l'exploitation et à nourrir les animaux, dont des daims et des cerfs. La boutique de souvenirs a pour spécialité les lainages de qualité et les tapis en peau de mouton. Des activités plus aventureuses sont

Spectacle agricole à l'Agrodome Agricultural Theme Park

proposées : saut à l'élastique, promenades en *jet-boat* et « zorbing » (descente d'une colline dans une grande bulle de plastique).

Hell's Gate

Nationale 33. (07) 345 3151.
t.l.j.
www.hellsgaterotorua.co.nz

À 16 km de Rotorua, à Tikitere, la « porte de l'enfer » doit son nom à une intense activité volcanique. Une brume spectrale se déchire pour révéler une vallée spectaculaire où dévalent les Kakahi Falls, les plus hautes chutes d'eau chaude de l'hémisphère Sud, et où bouillonne le plus grand bain effervescent de Nouvelle-Zélande. On attribue à un autre chaudron, Sulphur Bath, des vertus curatives. La zone est bien fléchée et les sentiers sûrs. Le Wai Ora Spa propose des massages traditionnels maoris.

Whakarewarewa Forest Park

Près de la Nationale 5.

Près du site thermal de Whakarewarewa *(p. 136-137)*, ce parc de 40 km² renferme de majestueuses futaies d'arbres comme le séquoia et le sapin. Des marches de 30 minutes à une journée et des randonnées à cheval ou en VTT sont possibles.

Équitation dans le Whakarewarewa Forest Park

Tamaki Maori Village

Nationale 5. (07) 346 2823.
t.l.j. 25 déc.

La reconstitution d'un village maori d'avant l'arrivée des Européens permet de découvrir les traditions maories. La dégustation d'un *hangi*, spécialité culinaire cuite sur des pierres chaudes dans un four en terre, fait partie de l'expérience. Les visiteurs qui passeront la nuit sur place pourront écouter des récits de mythes et de légendes maoris. Des ateliers initient à la sculpture, au tissage, aux techniques de combat, à la danse, la musique, la cuisine et à la pharmacopée maoris.

Défi d'un « guerrier » maori à Tamaki Maori Village

Lac Bleu et lac Vert

Tarawera Rd.

À 11 km au sud-est de Rotorua, l'isthme étroit qui sépare le lac Bleu du lac Vert (Tikitapu et Rotokakahi) ménage un excellent point de vue d'où l'on peut comparer leurs couleurs. Le public n'a pas accès au lac Rotokakahi, sacré pour les Maoris. En revanche, le lac Tikitapu sert pour quantité d'activités nautiques.

Le village enfoui

Tarawera Rd. (07) 362 8287.
t.l.j. 25 déc.
www.buriedvillage.co.nz

Les vestiges du village de Te Wairoa, dévasté en 1886 par l'éruption du mont Tarawera, s'étendent à 15 minutes de route de Rotorua et à 2,5 km du lac Tarawera. Un parc renferme plusieurs sites de fouilles et un musée interactif consacré à la tragédie. Un sentier s'enfonce dans le bush jusqu'aux Te Wairoa Falls.

L'éruption du Tarawera

Au petit matin du 10 juin 1886, l'explosion du sommet du mont Tarawera vint conclure des mois de grondements. L'éruption dura 3 heures, se propagea le long d'une faille de 17 km et tua 153 personnes. Avec un bruit perçu jusqu'à Christchurch et Auckland, elle projeta des bombes volcaniques incandescentes et des fragments de lave solidifiée à une distance de 14 km, creusa un profond cratère et ouvrit une immense tranchée dans la montagne *(p. 62-63)*. Une coulée de boue ensevelit les villages maoris de Te Ariki, Te Wairoa et Moura. Les célèbres Pink and White Terraces – terrasses de silice décrites comme la huitième merveille du monde – disparurent entièrement. L'office de tourisme de Rotorua vous renseignera sur les visites du cratère à pied ou en 4X4 et les survols en avion de la région.

***Les Pink Terraces*, peinture de Charles Blomfield, vers 1880**

Site thermal de Whakarewarewa

Sculpture maorie

Au sud de Rotorua, Whaka, comme on l'appelle, est une zone marquée par des émanations thermales. Elle est divisée entre le New Zealand Maori Arts and Crafts Institute et Whakarewarewa Thermal Village. Sculpture et tissage sont en démonstration au premier, qui renferme des fortifications et des bâtiments traditionnels ainsi que deux geysers : Pohutu et Prince of Wales Feathers. Au second, les visiteurs participent à des danses et découvrent une maison commune, un cimetière et des bassins utilisés depuis des siècles pour la cuisine ou la toilette. Dans les deux lieux, des guides les initient à la culture maorie.

★ Maison commune Te Aronui-a-Rua
Comme jadis, un « défi » maori accueille les nouveaux venus à la maison commune de l'Arts and Crafts Institute.

★ École de sculpture
Les jeunes y apprennent les techniques de leurs ancêtres.

À l'atelier de tissage sont fabriqués des articles courants en lin.

Pataka
Des entrepôts de ce type servaient pour la nourriture. Cependant, la kumara *(patate douce), base de l'alimentation, était conservée dans des puits.*

À NE PAS MANQUER

- ★ L'école de sculpture
- ★ Pohutu
- ★ Les maisons communes Te Aronui-a-Rua et Wahiao

★ Pohutu
Geyser dont le nom signifie « grand éclaboussement », il jaillit de 10 à 25 fois par jour et peut atteindre 30 m de haut selon la vitesse et la direction du vent.

MODE D'EMPLOI

New Zealand Maori Arts and Crafts Institute Hemo Rd. *(07) 348 9047. 8h-18h t.l.j. (17h l'hiver). spectacle : 12h15 t.l.j. et 18h30 l'été. www.nzmaori.co.nz* **Whakarewarewa Thermal Village** 34 Tryon St. *(07) 349 3463. 8h30 à 17h t.l.j. 25 déc. www.whakarewarewa.com*

Les enfants du village plongent d'un pont après les pièces jetées dans le Puarenga par les touristes.

Geyser Prince of Wales Feathers

★ Maison commune Wahiao
Devant se tiennent des spectacles auxquels même les enfants peuvent participer.

Whakarewarewa Thermal Village

Geyser Flat, une terrasse de silice de 1 km², abrite plus de 500 curiosités géothermiques, dont 7 geysers.

Cimetière
Les habitants de Whakarewarewa Thermal Village préfèrent ne pas ensevelir leurs morts dans la terre fumante, mais au-dessus du sol.

Le Brainpot est un bassin siliceux qui aurait servi à faire cuire les têtes d'ennemis, d'où son nom.

LES PHÉNOMÈNES GÉOTHERMIQUES

L'activité tellurique de Whakarewarewa démontre que l'écorce terrestre est en constante évolution et que les forces en œuvre sous la surface peuvent à tout moment se manifester sous des formes souvent dangereuses. Ici, de la vapeur s'échappe d'une vaste marmite d'eau surchauffée en un jaillissement rugissant, là, des chaudrons, certains de boue, bouillonnent sous l'effet d'émanation de gaz ou d'eau chaude. Les Maoris utilisent depuis des siècles ces sources naturelles.

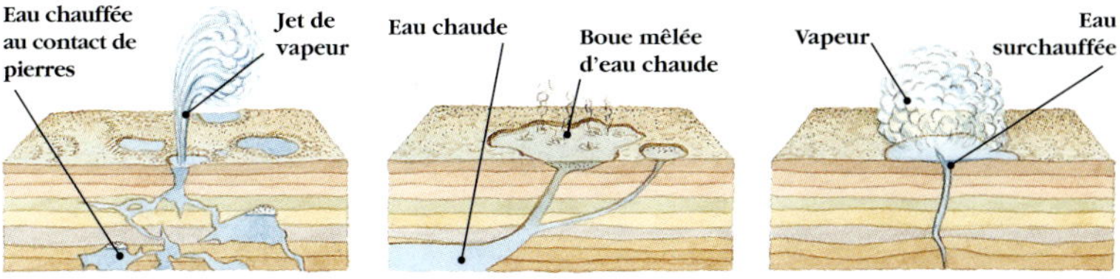

Geyser **Chaudron de boue** **Fumerolle**

Waimangu Valley 29

Carte routière E3. *(07) 366 6137.* *t.l.j.* *jusqu'à l'arrêt de bus et pour la mini-croisière (avec de l'aide).* *www.waimangu.com*

Créé le 10 juin 1889 par l'éruption du Tarawera *(p. 135)*, le système hydrothermal de Waimangu est le seul au monde à s'être entièrement formé à l'époque historique. Son exploration se fait au cours d'une balade d'une heure et demie, souvent en pente et jalonnée de curiosités géothermiques, à l'extrémité sud de la faille de 17 km engendrée par le réveil du volcan.

Les Cathedral Rocks, veinés de rouge, dominent la plus abondante source d'eau chaude de la planète : le lac Frying Pan, de 38 000 m². L'éruption à l'origine de sa création ensevelit en 1917 un hôtel voisin. Bien qu'il faille effectuer un court détour depuis le sentier principal pour arriver jusqu'à lui, ne manquez pas l'Inferno Crater avec ses délicats dépôts d'argile siliceuse et les volutes de vapeur qui s'élèvent de son eau bleu pâle. Elle atteint une température de 80 °C, et son niveau monte et descend de 8 mètres selon un cycle de 38 jours.

Le chemin s'arrête au lac Rotomahana, qui a submergé les vestiges des White and Pink Terraces *(p. 135)*. De l'autre côté se dresse le mont Tarawera. Une excursion en bateau longe une rive riche en cratères, fumerolles et geysers. Il faut compter 2 à 3 heures pour la promenade dans Waimangu Valley et la mini-croisière.

L'Inferno Crater, à Waimangu Valley

Le Champagne Pool, bassin de Waiotapu Thermal Wonderland

Waiotapu Thermal Wonderland 30

Carte routière E3. *(07) 366 6333.* *t.l.j.* *presque partout.* *www.geyserland.co.nz*

C'est le parc géothermique le plus attractif de Nouvelle-Zélande par sa diversité. Lady Knox, ainsi nommé en 1904 en l'honneur de la fille du gouverneur général lord Ranfurly, est un geyser qui projette de l'eau et de la vapeur à 21 m tous les jours à 10 h 15. De part et d'autre de trottoirs en bois et de sentiers fléchés apparaissent encore l'Artist's Palette – étalage multicolore de bassins chauds et froids, de fumerolles et de mares de boue agitées de bulles –, le Champagne Pool – un bassin aux bords d'un bel ocre – et les Primrose Terraces, parées de délicats motifs jaune pâle évoquant de la dentelle.
Le tour du site dure entre 30 minutes et 1 heure et quart.

Orakei Korako Geyserland 31

Carte routière E3. *(07) 378 3131.* *t.l.j.* *www.orakeikorako.co.nz*

Orakei Korako, la « vallée cachée », s'étend à l'extrémité sud-est du lac Ohakuri, alimenté par la Waikato. Il faut prendre un bateau pour l'atteindre. Les visiteurs débarquent à l'Emerald Terrace, la plus grande terrasse de silice du pays. Au-delà, un circuit d'une heure passe à côté de Diamond – un geyser au rythme irrégulier –, d'autres terrasses de silice, de chaudrons de boue, de sources chaudes et d'une grotte. Celle-ci domine un bassin dont l'eau a la propriété de nettoyer les bijoux. On peut loger dans des cabanes au bord du lac.

En *jet-boat* dans les rapides de la Waikato

Wairakei Park 32

Carte routière E3.

À 10 km au nord de Taupo, cette zone vaguement qualifiée de parc a pour vedette les Huka Falls, les « chutes de l'écume », formées par le flot de la Waikato qui, canalisé dans une gorge étroite, dévale un promontoire de 11 m. Depuis Taupo, des *jet-boats (p. 192)* ou un bateau à aube de 1908, plus paisible, mènent à leur pied. Sur la rive droite en descendant le fleuve, un sentier de 7 km conduit de la cascade aux Aratiatia Rapids, également accessibles par la route. Un barrage en amont régule le courant. Plusieurs lâchers d'eau quotidiens permettent la circulation en kayak ou *jet-boat*.

À 2 km au sud de Wairakei, au bout de Karapiti Road, l'entrée des « cratères de la Lune » est gratuite : au milieu du bush fument et bouillonnent des cratères et des chaudrons de boue.

L'unique élevage de crevettes du pays, près de Huka Falls Road, exploite l'eau de rivière chauffée par géothermie. Il obtient des crustacés géants servis dans son restaurant : le *Prawn Works Bar and Grill (p. 321)*. Des visites guidées ont lieu toutes les heures.

Taupo 33

Carte routière E3. *21 300.* *8 km S. de la ville.* *Gascoigne St Travel Centre.* *(07) 376 0027.* *30 Tongariro St, (07) 376 0027.* *Lake Taupo International Fishing Tournament (fin avr.).* *www.laketauponz.com*

Formé en l'an 186 par une explosion volcanique *(p. 62-63)*, le lac Taupo est le plus grand plan d'eau de Nouvelle-Zélande avec une superficie de 619 km². Par temps clair, les sommets lointains des monts Tongariro et Ngauruhoe et la cime enneigée du Ruapehu composent un majestueux arrière-plan.

La ville de Taupo se trouve à la pointe que le plan d'eau dessine au nord-est. Pôle d'une région agricole et forestière, elle draine toute l'année une foule de vacanciers qui viennent y pêcher, pratiquer des sports nautiques ou visiter les sites géothermiques des environs. Les hôtels, dont beaucoup donnent sur le lac ou possèdent une piscine d'eau chaude, n'y manquent pas, tout comme les magasins et les restaurants de qualité.

Le bureau d'information de Taupo vous renseignera sur les agences spécialisées qui proposent une large gamme d'activités de plein air – canotage, rafting, équitation, VTT, parachutisme, promenades en avion et golf. Une installation de saut à l'élastique est implantée dans un cadre spectaculaire au-dessus de la Waikato, près de Spa Road.

Turangi 34

Carte routière E3. *5 500.* *Ngawaka Place, (07) 386 8999.*

À l'extrémité sud-est du lac Taupo, sur les rives de la Tongariro, Turangi n'attirait guère que des pêcheurs jusqu'en 1964 et son aménagement pour loger les ouvriers du Tongariro Hydro-Electricity Scheme. Le village reste un endroit idéal où venir taquiner la truite. Il séduit également des randonneurs, des amateurs de descentes de rapides et des skieurs.

Au sud de Turangi, le **Tonragiro National Trout Centre** est un institut d'élevage et de recherche. Les œufs prélevés sur des truites sauvages et fertilisés dans la station d'alevinage servent dans un but scientifique et pour le repeuplement. Une visite libre (15 min) vous fera découvrir le couvoir et vous suivrez un ruisseau jusqu'à une salle, sous le niveau de l'eau, où l'on observe les truites dans leur environnement naturel.

Taille de pins près de Turangi

Tongariro National Trout Centre

Nationale 1. *(07) 386 8607* *t.l.j. de 10h à 15h.* *1er janv. ; 25 déc.*

LE PARADIS DES PÊCHEURS DE TRUITE

Les lacs Taupo et Kuratau, Hinemaia, Rotoaira et Otamangakau, aux alentours, jouissent d'une renommée internationale tant les truites abondent dans les cours d'eau qui les alimentent. Il est fréquent que les pêcheurs soient à touche touche à l'embouchure de la Waitahanui. De novembre à mars, les truites se nourrissent près du bord de frai d'éperlan, et la ligne, depuis la rive ou une barque, offre les meilleures chances d'une prise. À la fin de l'été, elles se rassemblent à la nuit tombée au débouché des rivières et s'attrapent à la mouche. De mai à octobre, mieux vaut s'en tenir aux cours d'eau. Les magasins de sport et les bureaux d'information délivrent le permis, obligatoire.

Pêcheurs à l'embouchure de la Waitahanui

Tongariro National Park ㉟

Buste de Tukino Te Heuheu IV

À l'extrémité sud du lac Taupo, ce splendide parc national s'étend sur 7 600 km². En son cœur s'élèvent 3 hauts volcans en activité *(p. 62-63)* – le Ruapehu (2 797 m), le Ngauruhoe (2 291 m) et le Tongariro (1 968 m) –, cédés au gouvernement en 1887 par le chef Tukino Te Heuheu IV, de la tribu Ngati Tuwharetoa. Ceinturé de plusieurs voies d'accès, il est parcouru en hiver par de nombreux skieurs et surfeurs des neiges et, toute l'année, par des randonneurs et des alpinistes. Il fut le premier à être inscrit au patrimoine mondial de l'Unesco, à la fois pour sa richesse naturelle (1990) et sa valeur culturelle (1993).

★ Domaine skiable de Whakapapa
Équipée de télésièges, la plus grande station de Nouvelle-Zélande possède 30 pistes de tous niveaux.

Grand Chateau Hotel
Établissement de luxe bâti en 1929 sur les contreforts du Ruapehu, il ménage une vue exceptionnelle de la montagne et de la vallée (p. 302).

★ Mont Ruapehu
En été, le cratère du point culminant de l'île du Nord s'atteint après avoir emprunté le plus haut télésiège de Whakapapa.

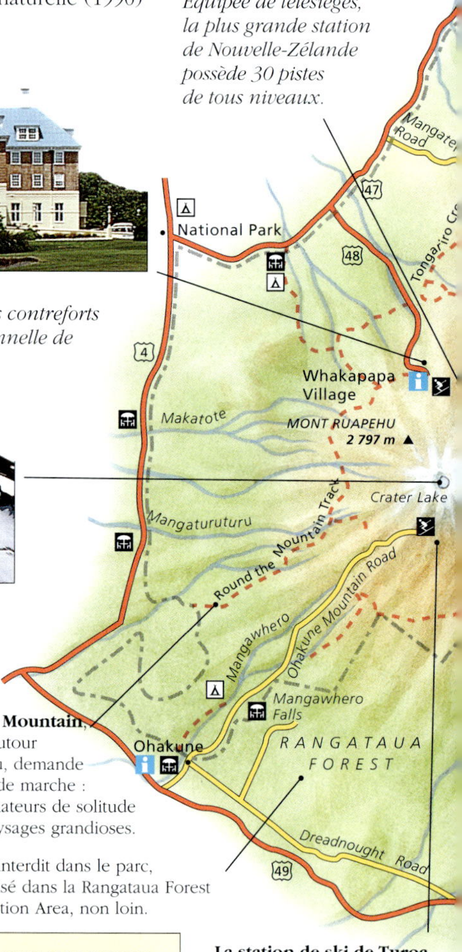

Round the Mountain, un circuit autour du Ruapehu, demande 4 à 5 jours de marche : pour les amateurs de solitude épris de paysages grandioses.

Le VTT, interdit dans le parc, est autorisé dans la Rangataua Forest Conservation Area, non loin.

La station de ski de Turoa est réputée pour l'étendue de son domaine et ses pistes raides.

LÉGENDE

- Route nationale
- Route secondaire
- Cours d'eau
- Piste pour 4X4
- Sentier pédestre
- Limite du parc
- Zone interdite
- Information touristique
- Camping
- Aire de pique-nique
- Piste de ski

0 — 5 km

À NE PAS MANQUER

- ★ **Les lacs Émeraude**
- ★ **Le mont Ruapehu**
- ★ **Whakapapa**

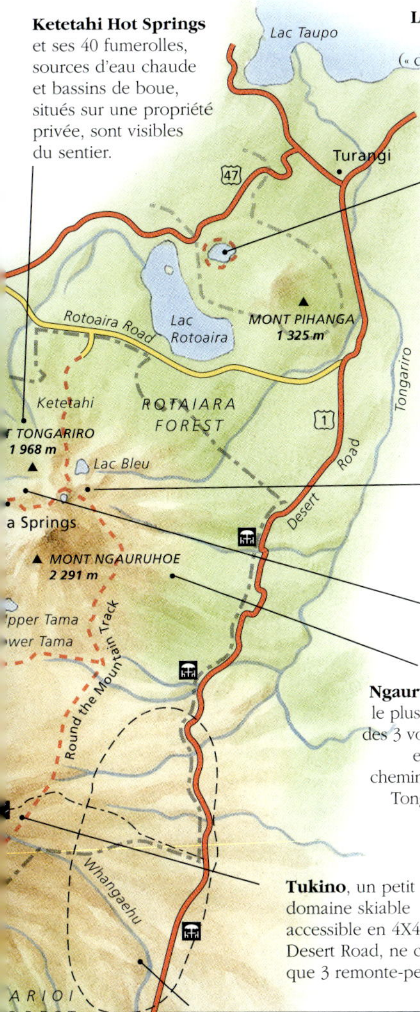

Ketetahi Hot Springs et ses 40 fumerolles, sources d'eau chaude et bassins de boue, situés sur une propriété privée, sont visibles du sentier.

Le pittoresque lac Rotopounamu (« de jade ») est juché sur les pentes du Pihanga, à 20 minutes à pied de la Nationale 47.

MODE D'EMPLOI

Carte routière E3. *National Park.* *National Park Store, Carroll St.* **Ohakune** *54 Clyde St, (06) 385 8427.* *t.l.j., horaires variables.* **Whakapapa** *derrière Grand Chateau Hotel, (07) 892 3729.* *de 8h à 7h t.l.j.* *www.doc.govt.nz*

★ Les lacs Émeraude
Un dédale de cratères constitue le sommet du Tongariro, le moins haut des 3 volcans. Là se cachent, entre autres, les magnifiques lacs Émeraude.

Le Ngauruhoe, le plus jeune des 3 volcans, est une cheminée du Tongariro.

Tongariro Crossing
Souvent décrite comme la meilleure promenade d'une journée de Nouvelle-Zélande, cette randonnée de 17 km traverse des paysages spectaculaires et variés entre Mangatepopo et Ketetahi.

Tukino, un petit domaine skiable accessible en 4X4 depuis Desert Road, ne compte que 3 remonte-pentes.

Rangipo Desert
Les flancs orientaux des volcans sont exposés à des températures extrêmes ne laissant survivre qu'une maigre végétation dans des champs de pierres. L'endroit sert surtout à des entraînements militaires.

PRÉCAUTIONS

Les volcans du Tongariro National Park se caractérisent par la fréquence de leurs éruptions, leur nature hautement explosive et une forte densité d'évents actifs. Des phénomènes éruptifs peuvent se produire dans le parc à tout moment avec peu de signes d'avertissement, voire aucun. Avant une randonnée ou une escalade près des sommets, toujours se renseigner auprès du bureau d'information le plus proche et étudier attentivement les consignes de sécurité.

Skieurs à Whakapapa, sur le mont Ruapehu, regardant les monts Ngauruhoe et Tongariro ▷

Napier pas à pas ㊱

Décor du théâtre municipal

Cette ville perchée au bord de l'océan Pacifique doit son élégance à une catastrophe : sa destruction, en 1931, par un tremblement de terre meurtrier suivi d'un incendie. Le séisme souleva une zone marécageuse et le fond de la baie, dégageant de nouveaux terrains à bâtir. La reconstruction suivit de strictes règles antisismiques, et les architectes adoptèrent le style Art déco en vogue à l'époque. Les bâtiments aux teintes pastel, aux lignes sobres et aux décors élaborés forment un ensemble qui a acquis une renommée internationale.

Promenade de Napier
Des motifs Art déco ornent bornes et bancs dans Emerson Street, une rue aux larges espaces piétonniers.

★ Deco Centre
L'Art Deco Trust et l'Art Deco Shop occupent cette ancienne caserne de pompiers construite en 1822 et profondément remaniée après le séisme.

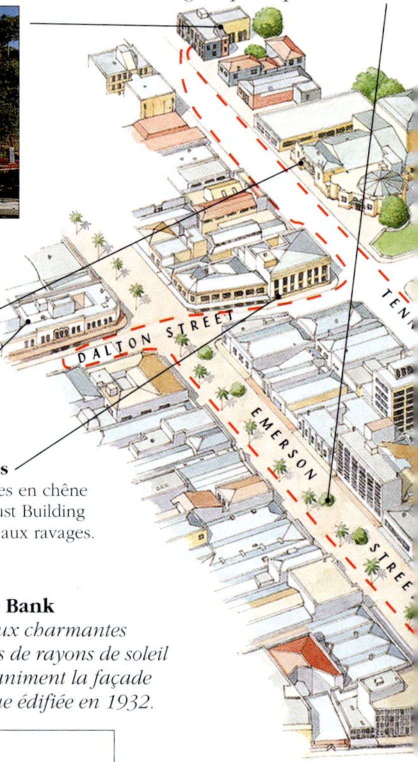

Le théâtre municipal remonte à 1938. Il se caractérise par ses colonnes et ses linteaux de style égyptien et les panneaux nus en déport qui encadrent sa scène.

Les colonnes et les boiseries en chêne du Public Trust Building ont échappé aux ravages.

Countrywide Bank
Des balcons aux charmantes fenêtres ornées de rayons de soleil et de zigzags animent la façade de cette banque édifiée en 1932.

L'Art Deco Trust

Il s'agit d'une fondation dont la mission est de protéger, restaurer et promouvoir les édifices Art déco de la ville. Elle en garde à jour un inventaire et entretient des contacts dans le monde entier avec des associations intéressées par ce style. Elle propose des balades à la découverte de l'architecture locale et publie des brochures sur les visites guidées. Une joyeuse évocation de la Belle Époque, l'Art Deco Weekend, a lieu en février.

Participants à l'Art Deco Weekend

0 50 m

Légende

– – – Itinéraire conseillé

À ne pas manquer

★ L'A&B Building

★ Le Deco Centre

Le Napier Antique Centre (1932) fait partie des 4 bâtiments de la ville dotés de motifs maoris.

Le Daily Telegraph Building
Rayons de soleil, zigzags et guirlandes de fleurs stylisées typiques du style Art déco parent cet édifice de 1932.

MODE D'EMPLOI

Carte routière F4. *53 650.* *5 km N.-O. de la ville.* *Munro St.* *100 Marine Pde, (06) 834 1911.* *de 8h30 à 17h du lun. au mar. ; de 9h à 17h sam. et dim.* *25 déc.* ***balade Art déco*** *Art Deco Trust, Deco Centre, 163 Tennyson St, (06) 835 0022.* *www.hawkesbaynz.com*

Criterion Hotel
Le vitrail était une technique de prédilection dans les années 1930, comme le montre la cage d'escalier de l'hôtel.

L'intérieur de l'ASB Bank est décoré de sculptures et de nattes murales maories.

Masonic Hotel
Achevé en 1932, il se distingue par une loggia originale qui surplombe la rue.

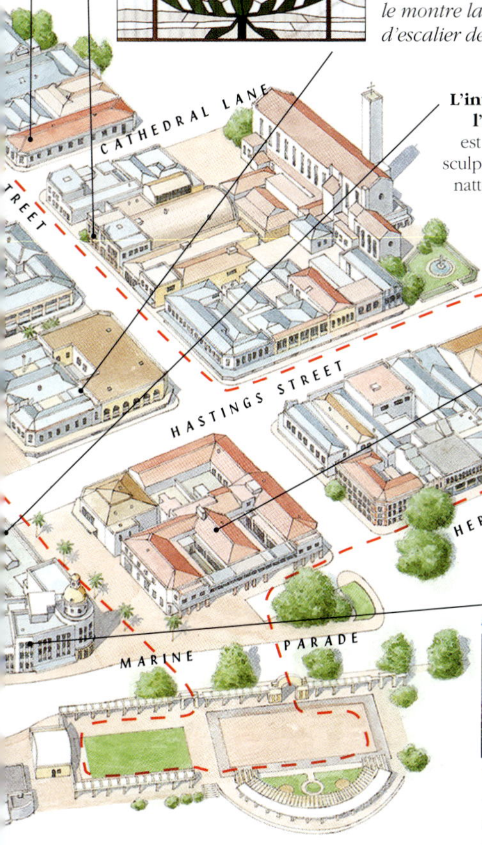

★ L'A&B Building
Élevé en 1936 pour héberger le Silver Strip Nightclub, il recèle un ascenseur d'époque restauré avec art.

À la découverte de Napier

Statue de Pania

À courte distance à pied des bâtiments Art déco du centre-ville se déroule Marine Parade. Cette délicieuse promenade en bord de mer à l'ombre de pins de Norfolk est agrémentée de jardins, d'une horloge florale, de la fontaine Tom Parker, d'une statue de Pania (une sirène locale), de la Soundshell – une scène à l'arrière en forme de coquillage – et de la Colonnade. Au nord s'élève le seul relief de la ville, Bluff Hill, où des rues tortueuses cachent de charmantes vieilles maisons en bois. Un peu plus loin, Port Ahuriri, toujours très animé, est le premier endroit de la région où s'installèrent des Européens.

The National Aquarium of New-Zealand

Marine Parade. *(06) 834 1404.* *t.l.j.*

Des créatures aquatiques d'une grande variété, depuis des hippocampes jusqu'à des raies manta et des requins, nagent autour d'une épave de bateau. Des plongeurs les nourrissent chaque jour à 15 h 15. Rénové en 2002, l'aquarium est devenu un grand centre de recherche, de pédagogie et de loisir consacré à l'environnement.

Opossum World

157 Marine Parade. *(06) 835 7697.* *t.l.j.* *1er jan., 25 déc.*

Comme son nom l'indique, toutes les expositions du lieu ont pour thème l'opossum, ce petit marsupial importé d'Australie qui causa des ravages en Nouvelle-Zélande. Les visiteurs testeront leur habileté au tir lors d'une chasse nocturne simulée. Bien entendu, la boutique vend des articles en opossum.

Évolutions acrobatiques des dauphins de Marineland

Marineland

290 Marine Parade. *(06) 834 4027.* *t.l.j.* *25 déc.*

Vedettes d'une troupe qui compte aussi des loutres, des phoques, des otaries et des pingouins, les dauphins se donnent en spectacle deux fois par jour, à 10 h 30 et 14 h. Sur demande, il est possible de nager avec eux (les combinaisons sont fournies) et de les nourrir. À l'infirmerie, ceux qui le souhaitent aideront à soigner des oiseaux de mer blessés – des manchots notamment – apportés par des spectateurs.

Napier d'un coup d'œil

- Aquarium ①
- Bluff Hill Domain ⑤
- Botanical Gardens ⑦
- Hawke's Bay Museum ④
- Marineland ②
- Opossum World ③
- Port Ahuriri ⑥

Légende

- Napier pas à pas, *p. 144-145*
- Gare ferroviaire
- Gare routière
- Parc de stationnement
- Information touristique

Hawke's Bay Museum
65 Marine Parade/9 Herschell St.
(06) 835 7781. t.l.j.
25 déc.
Situé dans un édifice Art déco, il est riche d'une collection de trésors maoris, de tissus et d'œuvres d'art. Des objets de la vie quotidienne évoquent la rude existence des pionniers de la région. Grâce à des installations audiovisuelles, vous pourrez revivre le tremblement de terre de 1931.

Bluff Hill Domain
Lighthouse Rd.
Avant le séisme de 1931, Napier occupait un site formé par une masse oblongue de collines (Scinde Island) presque entièrement entourée d'eau. Accessible à pied ou en voiture, le poste de guet perché à 102 m dans Bluff Hill Domain permet de se faire une idée du paysage de l'époque, à condition d'imaginer submergées les basses terres au sud de la colline. D'anciens emplacements de canons offrent des points de vue privilégiés des chaînes des monts Kaweka et Ruahine, de la péninsule de Mahia au nord-est et du cap Kidnappers au sud-ouest.

Port Ahuriri
On vient à Port Ahuriri, à 4 km du centre de Napier, pour profiter de ses restaurants, regarder décharger les bateaux de pêche ou explorer des boutiques d'antiquités et d'artisanat. Une promenade en planches conduit à Perfume Point, à l'entrée de la baie. À l'angle de Bridge Street et Waghorne Street, Trainworld possède l'un des plus grands trains miniatures en état de marche. Dans une rue proche, Ossian Street, s'élève le Rothmans Building, l'un des plus beaux bâtiments Art déco de Napier.

Botanical Gardens
Spencer Rd.
Aménagés sur une colline en centre-ville, ces jardins ont pour attraits une spacieuse volière, des pelouses bien entretenues, des bosquets de hauts arbres et un canal agrémenté de jolis ponts.

En regardant vers le nord et Napier depuis Te Mata Peak

Hastings ㊲

Carte routière F4. *28 400. 25 km N. de la ville. Caroline Rd. Russell St North, (06) 873 5526. Harvest Hawke's Bay (1er w-e de fév.) ; Hastings Blossom Festival (sept.).*

Dans la plaine de Heretaunga, à 20 km au sud de Napier, Hastings occupe le cœur d'une vaste région réputée pour ses vergers et ses vignobles *(p. 148-149)*. Reconstruite après le séisme de 1931, c'est la seule ville de Nouvelle-Zélande quadrillée selon le système des blocks américains. Elle conserve quelques bâtiments de style Spanish Mission. Le théâtre municipal est le plus remarquable.

Pommes de Hawke's Bay

Entre Hastings et la côte est, Te Mata Peak est une éminence de 399 m. Selon une légende maorie, il a pour ligne de crête le corps du chef Te Mata O Rongokako qui s'étouffa en tentant d'ouvrir avec ses dents un passage à travers la colline. Il répondait à un défi lancé par la jolie fille d'un autre chef. Depuis Hastings, on distingue la bouchée fatale et la silhouette du cadavre qui se détache contre le ciel.

Cap Kidnappers ㊳

Carte routière F4.

Les Maoris croient que la baie en croissant et le promontoire découpé du cap Kidnappers, à 30 km au sud de Napier, représentent l'hameçon magique utilisé par Maui pour pêcher l'île du Nord comme un poisson. Le cap doit son nom au capitaine Cook *(p. 46)*, qui y jeta l'ancre en octobre 1769 et faillit perdre son interprète tahitien lors d'une tentative d'enlèvement effectuée par des Maoris.

Une colonie de fous austraux, d'environ 15 000 membres, adultes et jeunes, a élu domicile sur le cap. La meilleure période pour les observer se situe entre début novembre et fin février. Il est interdit de s'approcher au début de la nidification, entre juillet et octobre. À marée basse, on peut emprunter la plage sur 8 km pour atteindre le site (horaires des marées disponibles au bureau de tourisme). Il existe aussi des visites guidées en car ou en remorque tirée par un tracteur.

Fous austraux de la Cape Kidnappers Gannet Reserve

Les vignobles de Hawke's Bay ㊴

Course en tonneau

Hawke's Bay jouit de longues heures d'ensoleillement, d'une riche palette de microclimats et de sols variés. Plus de 40 domaines viticoles ont su en tirer parti. Produits avec tous les cépages classiques, à la fois avec des techniques modernes et traditionnelles, leurs vins connaissent un succès international dont témoignent de multiples récompenses. Le premier week-end de février, Harvest Hawke's Bay, la plus importante fête viticole du pays, leur est consacrée. Elle offre l'occasion de nombreuses dégustations. La région est également réputée pour les fruits issus de ses vergers.

Mission Estate Winery ①
Des missionnaires catholiques français plantèrent les premières vignes en 1851 pour produire du vin de messe. Ce chai historique niché sur une colline est ouvert à la visite. Il s'est agrandi d'un restaurant gastronomique et d'une galerie d'objets artisanaux.

Clearview Estate Winery ⑨
Fondée en 1989 par Tim Turvey et Helma van den Berg sur un terrain côtier en pente douce, cette cave produit en petites quantités des crus vendus sur place, par correspondance ou dans son restaurant en bord de mer *(p. 320)*.

Te Mata Estate Winery ⑧
Le plus ancien domaine viticole de Nouvelle-Zélande resté en activité (les premières vignes furent plantées sur les contreforts de Te Mata Peak en 1892) est aussi l'un des plus prestigieux, en particulier pour ses rouges. Ils sont en vente dans son chai restauré.

Vidal of Hawke's Bay ⑦
L'immigrant espagnol Anthony Vidal ouvrit cette cave en 1905 dans une écurie. Elle se retrouve cernée par la ville, mais propose toujours de bons vins, à la vente, en dégustation et dans une brasserie.

Sileni Estates ⑥
Dans un terroir au sol rouge, d'importants investissements ont permis la création d'un établissement de prestige comprenant une épicerie fine et un café-restaurant.

LÉGENDE

- Itinéraire conseillé
- Autre route
- Cours d'eau

Park Estate Winery ②
Autrefois simple verger, le domaine produit et commercialise maintenant 3 sortes de boissons : du vin, des jus et des vins de fruit (*feijoa*, mûre de Boysen, kiwi et pomme). Il est possible de déguster, de suivre des visites guidées et de se restaurer. Des produits frais sont vendus à la boutique.

La « corbeille de fruits »

Les étés chauds et les gelées hivernales de Hawke's Bay conviennent à la culture fruitière, et les efforts de générations d'horticulteurs ont valu à la région le titre officieux de « corbeille de fruits de la Nouvelle-Zélande ». Elle fournit plus de la moitié des 17 millions de caisses de pommes exportées chaque année, mais aussi des poires, des pêches, des nectarines, des abricots, des prunes, des cerises et des kiwis. À la périphérie de Hastings, Pernel Fruitworld est un verger où sont cultivées quelque 85 variétés de fruits. Des visites guidées ont lieu toutes les heures, et un musée y retrace l'histoire de l'industrie fruitière.

Visite d'un verger à Pernel Fruitworld

C. J. Pask Winery ③
Installé dans un bâtiment de style méditerranéen, l'un des meilleurs producteurs de la région profite d'un lit de rivière caillouteux où plusieurs cépages de référence se chargent d'arômes soutenus.

Te Awa Winery ④
Nommé la « rivière de Dieu » en référence à l'immense nappe aquifère qui permet l'irrigation des cultures de Hawke's Bay, Te Awa produit de bons vins rouges inspirés du bordeaux. Ils s'apprécient dans son restaurant.

Carnet de route

Se contenter de 3 ou 4 caves dans la journée donne le temps de déguster et de discuter des vins. Beaucoup de domaines proposent des visites guidées, et la plupart ont un point de vente et de dégustation. Certains offrent de se restaurer, à l'intérieur ou en plein air. Mieux vaut réserver. L'office de tourisme de Napier (p. 145) *fournit le détail des prestations disponibles. Il existe aussi des excursions organisées, très pratiques pour découvrir davantage d'établissements.*

Ngatarawa Wines ⑤
Un vaste bassin rectangulaire fleuri de nénuphars et un chai installé dans d'anciennes écuries offrent un cadre agréable, à l'image des vins. Les visiteurs disposent aussi d'une aire de pique-nique et d'un terrain de pétanque.

Wellington et le Sud

Devenue la capitale de la Nouvelle-Zélande, Wellington attira au milieu du XIXe siècle un flux régulier d'immigrants. Ceux qui cherchèrent à s'établir au nord de la ville se heurtèrent à de vastes étendues de forêt pluviale primitive. Sa destruction massive, par abattage ou brûlis, afin de dégager de l'espace pour l'élevage, a profondément marqué l'histoire locale.

Des milliers d'arbres gigantesques couvraient les terrains potentiellement fertiles achetés aux Maoris dans l'arrière-pays de Wellington. Entre les années 1870 et 1910, alors qu'affluaient des immigrants désireux d'exploiter la terre, la région devint le cadre d'un programme de déboisement à grande échelle. Des scieries desservies par le tout nouveau réseau ferroviaire apparurent partout, et de petites villes connurent de brèves périodes d'animation au bord de la voie ferrée grâce aux exploitants forestiers. Dès 1907, cependant, la production de bois d'œuvre avait perdu sa prééminence dans la moitié sud de l'île au profit du mode de vie pastoral qui n'a jamais cessé, depuis, de contribuer à son charme.

Si le Taranaki, le Wanganui et le Manawatu font toujours partie des districts agricoles les plus productifs de Nouvelle-Zélande, la diversification économique est désormais le maître mot dans cette partie de l'île du Nord. L'exploitation de gisements de gaz naturel au large du cap Egmont en est un bon exemple.

Un climat doux, des côtes sauvages, des plages splendides, deux parcs nationaux, des montagnes, des cours d'eau pittoresques, des vignobles et un riche patrimoine maori ont favorisé le développement du tourisme. À la pointe sud de la région, Wellington réunit autour de sa baie les instances dirigeantes du pays. Elle jouit d'une intense vie culturelle, notamment dans le domaine des arts de la scène. Les nombreuses petites localités rurales éparpillées au nord constituent d'accueillantes étapes pour les voyageurs.

La « Ruche » (The Beehive) et le Parlement, à Wellington

◁ Le mont Taranaki, aussi appelé mont Egmont, au milieu de l'Egmont National Park

À la découverte de Wellington et du Sud

Le Wairarapa, la Kapiti Coast, le Horowhenua, le Manawatu, Wanganui et le Taranaki sont tous à moins d'une journée de route de Wellington. Le contraste entre la capitale et la région qui s'étend au nord est frappant, et une heure suffit pour pénétrer dans un territoire profondément rural parsemé de villages assoupis. L'élevage de moutons et de vaches laitières reste dominant, bien qu'apparaissent de nouvelles spécialités comme celui d'autruches ou la viticulture. Les parcs nationaux d'Egmont et de Whanganui séduiront les plus aventureux.

Élevage de moutons près de Martinborough

La région d'un coup d'œil

Cap Egmont 21
Egmont National Park p. 180-181 18
Featherston 9
Hawera 23
Kapiti Island Nature Reserve 6
Levin 8
Martinborough 10
Masterton 11
Mount Bruce National Wildlife Centre 12
New Plymouth p. 178-179 17
Oakura 19
Opunake 22
Otaki 7
Paekakariki 3
Palmerston North 13
Paraparaumu 4
Stratford 24
Sugar Loaf Islands Marine Park 20
Waikanae 5
Wanganui p. 176-177 14
Wellington p. 154-167 1
Whanganui National Park 16
Whanganui (La) 15

Excursion

Marine Drive 2

Voir aussi

• ***Hébergement*** p. 303-304

• ***Restaurants, bars et cafés*** p. 323-324

Légende

Autoroute
Route nationale
Route principale
Cours d'eau
Point de vue

Les meilleurs sites de loisir

Ils ont été sélectionnés en fonction du nombre d'activités de plein air qu'ils permettent. Les conditions de sécurité varient suivant le climat et la période de l'année. En cas de doute, se renseigner sur place.

	Golf	Jet-boat	Kayak	Voile	Surf	Baignade	Randonnée	Planche à voile
Egmont National Park						■	●	
Manawatu Gorge			●				●	
Masterton	●		●			■	●	
New Plymouth	●	■	●	■	●	■	●	■
Oakura					●	■		■
Opunake					●	■		■
Palmerston North	●					■		
Paraparaumu	●	■	●	■	●	■	●	■
Sugarloaf Islands						■		
Waikanae	●	■	●			■	●	
Wanganui	●	■	●			■		
Wellington	●	■	●	■	●		●	■
Whanganui National Park			●			■	●	
Whanganui (fleuve)		■	●	■		■	●	

CIRCULER

Bien desservie par le train, l'autobus et l'avion, la région possède un bon réseau routier qu'un climat tempéré rend normalement praticable toute l'année. L'aéroport international de Wellington, à la pointe du progrès, sert aussi pour les lignes intérieures. Des paquebots en nombre croissant font escale dans le port de la capitale, tandis que des catamarans rapides (l'été) et des ferries transportant voitures, camions et wagons *(p. 357)* assurent des liaisons régulières à travers le détroit de Cook pour rejoindre l'île du Sud.

Chaffers Marina dans Lambton Harbour, Wellington

Une capitale culturelle

Affiche d'une comédie

Avant tout siège du parlement et ville de fonctionnaires dans l'esprit de beaucoup, Wellington s'est transformée au cours des deux dernières décennies en un creuset culturel bouillonnant. Blottie autour d'une baie magnifique, la capitale possède une atmosphère intime et sophistiquée, et les artistes qui y travaillent affirment leur identité australe tout en profitant d'influences internationales. Elle abrite le Museum of New Zealand Te Papa Tongarewa *(p. 164-165)*, le Royal New Zealand Ballet, le New Zealand Symphony Orchestra, le National Business Review New Zealand Opera, le Chamber Music New Zealand et la New Zealand School of Dance.

Les troupes théâtrales *professionnelles jouissent d'un fort soutien de la population locale ; elles se produisent à Downtown, Circa ou Bats.*

Les musées privés et publics *de Wellington, très fréquentés, renferment les œuvres d'artistes locaux et internationaux. Des galeries comme la Peter McLeavey Gallery sont des promoteurs majeurs de l'art néo-zélandais.*

Le kiwi et la fougère argentée*, deux symboles du pays, ont inspiré le logo du New Zealand International Arts Festival en 2000.*

« Wellywood »

L'industrie cinématographique n'a connu de réel essor en Nouvelle-Zélande qu'à partir des années 1960 et 1970, mais elle brasse aujourd'hui des millions de dollars. Comme les tournages se déroulent souvent dans des studios près de Wellington, la ville, devenue un lieu de séjour de vedettes, a pris le surnom de « Wellywood ».

C'est là que réside le metteur en scène Peter Jackson et que se font une bonne partie de ses films. Ce fut le cas pour *Les Feebles*, *Brain Dead*, *Créatures célestes*, *Fantômes contre fantômes* et, depuis quelques temps, pour l'ambitieuse trilogie adaptée du *Seigneur des anneaux* de J.R.R. Tolkien. Chaque année, en juillet, de nombreux cinéphiles assistent aux projections du Wellington International Film Festival.

Équipe de tournage au travail près de Wellington

Le New Zealand Symphony Orchestra *se produit régulièrement dans tout le pays. Il accompagnait la diva Dame Kiri Te Kanawa quand elle chanta à Gisborne pour saluer l'aube du nouveau millénaire.*

Les instruments à percussion utilisés sont pour certains fabriqués à partir d'objets de récupération.

Une structure métallique définissait l'espace où jouait le groupe.

INTERNATIONAL ARTS FESTIVAL

Tous les deux ans, au début de l'automne, a lieu à Wellington le plus grand festival national des arts de la scène. Parmi les artistes des quatre coins du monde qui se produisirent au festival figurait le groupe de percussion néo-zélandais Strike.

LIVRES ET AUTEURS

Alors qu'ils savaient souvent à peine lire, les immigrants en Nouvelle-Zélande, en particulier les Écossais qui s'installèrent près de Dunedin à la fin du XIXe siècle, mirent dès que possible en place un système d'éducation « gratuite, laïque et obligatoire » pour donner de meilleures chances à leurs enfants. Cet accent mis très tôt sur le savoir permet au pays de ne compter qu'environ 1 % d'illettrés et d'exporter dans le monde entier des méthodes d'apprentissage de la lecture et des publications pour la jeunesse. Les manifestations autour du livre, notamment les lectures données par des auteurs locaux ou de passage, drainent un public nombreux. Quelques écrivains réputés sont originaires de Wellington, dont la poétesse Fleur Adcock et les romanciers Maurice Gee, Elizabeth Knox et Vincent Sullivan *(p. 31)*.

L'écrivain Linda Burgess

Le Royal New Zealand Ballet *entreprend des tournées nationales comme internationales. Stephen Wellington et Nadine Tyson – ici dans* Raymonda *– exécutent un pas de deux.*

Le Westpac Stadium *est l'un des hauts lieux d'un pilier de la culture néo-zélandaise : le sport. Quarante mille personnes peuvent y assister à des matchs de rugby ou de football, ainsi qu'à des concerts.*

Wellington ❶

Statue dans Plimmers Lane

Ramassé entre le port et le pied des collines qui cernent la baie, le centre-ville occupe en partie des terrains gagnés sur la mer lors de travaux entrepris au milieu du XIXe siècle. Décor quotidien de nombreux hommes politiques, il accueille le Parlement, le siège du gouvernement, les ministères, des ambassades étrangères, la cour d'appel, les archives et la bibliothèque nationales, le Museum of New Zealand Te Papa Tongarewa et les antennes locales de grandes multinationales. Il règne une atmosphère stimulante, quoique sereine, dans cette ville réputée pour ses boutiques élégantes, ses cafés animés, ses restaurants et ses galeries d'art, sans parler de sa riche vie nocturne.

Déjeuner en plein air à l'Astoria, à Lambton Quay

Lambton Quay

Des arcades, des places et des passages piétonniers surélevés se succèdent sur un peu plus de 1 km dans la principale rue commerçante de la capitale néo-zélandaise. Elle s'étend pour l'essentiel sur des terrains gagnés sur l'Océan. Sur les trottoirs, des plaques dessinent à intervalles réguliers la forme qu'avait le littoral au milieu du siècle dernier. À l'ouest, des escaliers grimpent à flanc de colline, tandis qu'à l'est des rues plates mènent au front de mer récemment réhabilité *(p. 160-163)*.

Église-cathédrale St Paul

Mulgrave St. *(04) 473 6722.* *t.l.j.*

Surnommée Old St Paul et consacrée en 1866, elle offre un bel exemple d'adaptation du style néo-gothique anglais aux conditions qui régnaient à l'époque dans les colonies britanniques et aux contraintes liées aux matériaux disponibles : elle est entièrement construite en bois chevillé.

Cathédrale St Paul de Wellington

45 Molesworth St. *(04) 472 0286.* *t.l.j.* *derrière la cathédrale.*

Résultat d'un programme de construction étalé sur plusieurs dizaines d'années et qui donna lieu à maints changements d'avis, ce sanctuaire achevé en 1998 se dresse non loin du Parlement, en face des Law Courts et de la bibliothèque nationale. De style néo-roman, la cathédrale vaut la visite pour son exceptionnel ensemble de vitraux et de verres gravés, ses monuments commémoratifs et son orgue de 2 500 tuyaux. La Lady Chapel, attenante, était à l'origine une église paroissiale. Elle a été transportée là depuis la Kapiti Coast, au nord de Wellington.

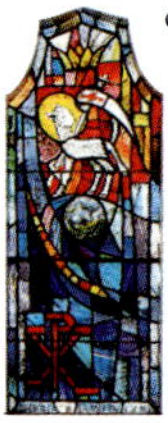

Vitrail de la cathédrale

Œuvres d'art de la Galleria, dans le Parlement

Parlement

Molesworth St. *(04) 471 9999.* *t.l.j.* *1er et 2 janv., 6 fév., ven. saint, 25 et 26 déc.* *www.parliament.govt.nz*

Il se compose de 3 principaux bâtiments : le Parlement proprement dit, de style néo-classique édouardien, inauguré en 1918, la bibliothèque, achevée en 1899, et la « ruche » (The Beehive), en service depuis 1977. Seule cette dernière est fermée au public. Les 3 édifices se dressent côte à côte dans un splendide jardin où plusieurs arbres historiques ont été préservés. L'espace vert compte également une roseraie. Le Parlement occupe ce site depuis 1865. Quatre cents mètres à peine le séparent de la faille dans l'écorce terrestre qui traverse la ville de part en part.

LÉGENDE

- Wellington pas à pas, *p. 160-161*
- Gare ferroviaire
- Gare routière
- Embarcadère
- Parc de stationnement
- Information touristique

L'ancien Parlement

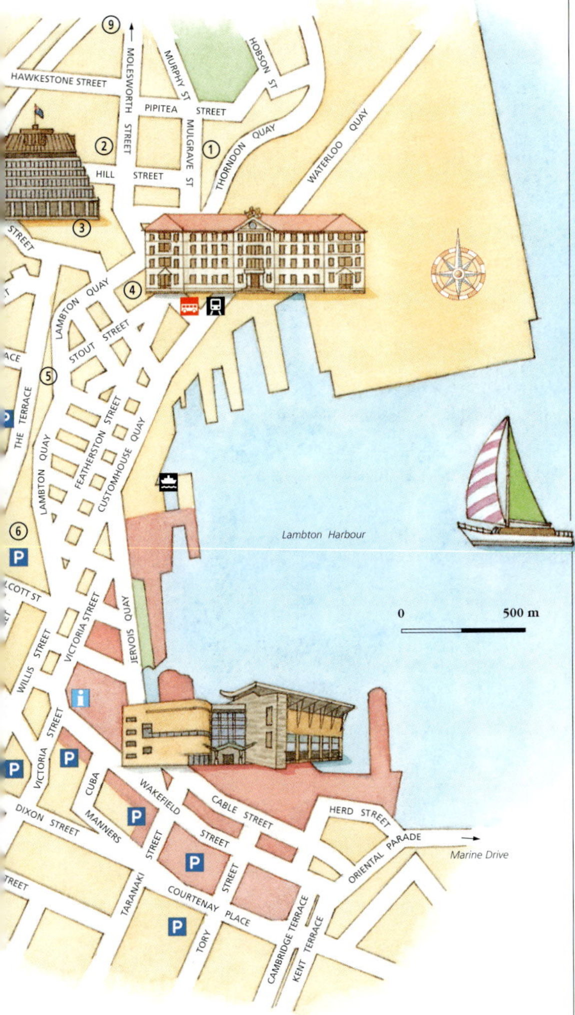

Wellington d'un coup d'œil

- Ancien Parlement ④
- Cathédrale St Paul de Wellington ②
- Église-cathédrale St Paul ①
- Funiculaire de Wellington ⑥
- Lambton Quay ⑤
- Maison natale de Katherine Mansfield ⑨
- Parlement ③
- Victoria University ⑧
- Wellington Botanic Garden ⑦

Mode d'emploi

Carte routière D5. *494 000.* *8 km S. de la ville.* *Bunnys St (entre Featherston St et Waterloo Quay).* *quai 9, gare ferroviaire, Waterloo Quayside.* *Aotea Quay Terminal.* *à l'angle de Wakefield St et Victoria St, (04) 802 48 60.* *New Zealand International Arts Festival (mars).* *www.wellingtonnz.com*

Ancien Parlement

15 Lambton Quay. *(04) 472 7356.* *t.l.j.* *dim. de Pâques, 25 avr., 4 jours au nouvel an.*

Construit en 1876 dans le style Renaissance Revival, c'est le plus grand édifice en bois de l'hémisphère sud, bien que son architecte l'ait prévu en pierre. Le cabinet parlementaire s'y installa au début du XXe siècle, et plusieurs services gouvernementaux lui succédèrent jusqu'en 1990. Restauré, il abrite désormais la faculté de droit de Victoria University. Le public peut accéder à l'ancienne salle de réunion du cabinet, située au rez-de-chaussée, et à une exposition historique au premier étage.

Objets en vente dans la maison natale de Katherine Mansfield

Maison natale de Katherine Mansfield

25 Tinakori Rd. *(04) 473 7268.* *t.l.j.* *ven. saint, 25 déc.* *sur demande.*

La villa bâtie en 1888, où l'auteur sans doute le plus célèbre de Nouvelle-Zélande *(p. 31)* vit le jour et passa son enfance, contient des photographies de l'époque, des extraits de ses écrits et des meubles anciens.

À la découverte de Wellington

Nénuphars au Botanic Garden

Fermé d'espaces verts au nord, le centre animé de Wellington est traversé par l'autoroute qui constitue la principale voie de communication des alentours. Les demeures victoriennes y voisinent avec des logements d'étudiants, de minuscules cottages ouvriers, la résidence du Premier ministre et un vieux cimetière. À la fin du XIXe siècle, alors que la place venait à manquer sur le littoral, l'afflux d'immigrants entraîna l'aménagement des terrains en pente, moins favorables. Au nord du port, la banlieue de Thorndon, la plus ancienne de la capitale, conserve de nombreuses maisons de cette époque et se prête à d'agréables promenades à flanc de colline.

Funiculaire gravissant la colline vers le Botanic Garden

Funiculaire de Wellington

Cable Car Lane, 280 Lambton Quay. *(04) 472 2199.* *t.l.j.* *25 déc.* *trajets.* *www.cablecarmuseum.co.nz*

Ouvert en 1902 pour relier le centre aux banlieues résidentielles établies sur les collines, ce funiculaire est électrique depuis 1933. L'un des arrêts, Victoria University, donne accès au Botanic Garden et à l'observatoire qui le domine. De Kelburn, le terminus, la vue est splendide.

Botanic Garden

Glenmore St. *(04) 499 1400.* *t.l.j.*

Fondé en 1868, ce jardin renferme notamment des essences indigènes et des plantations de conifères. Une ambitieuse opération de repiquage permet d'admirer 30 000 tulipes au printemps et au début de l'été. Une roseraie, le Lady Norwood Rose Garden, compte 106 parterres où prospèrent des variétés très classiques et de récentes introductions. Begonia House abrite des plantes tropicales et tempérées, un bassin à nénuphars, des expositions saisonnières d'orchidées et une collection de végétaux épiphytes et carnivores. Un ascenseur mène au bureau d'information, le Treehouse Visitor Centre. Les plus courageux peuvent l'atteindre par un sentier pentu.

Situés dans le jardin près du terminus du funiculaire, le Carter Observatory et son planétarium proposent des expositions et des spectacles audiovisuels.

Carter Observatory

40 Salamanca Rd, Kelburn. *(04) 472 8167.* *t.l.j.*

Le Hunter Building, sur le campus de Victoria University

Victoria University

Kelburn Parade. *(04) 472 1000.*

Avec 19 000 étudiants inscrits dans plus de 50 départements, Victoria University, fondée en 1899, est la quatrième plus grande université des huit que compte la Nouvelle-Zélande. Le campus principal occupe le même site, à Kelburn, depuis 1904. Certains départements, comme la faculté de droit et de commerce ou comme l'école d'architecture et de design, sont en ville, en contrebas.

Le Lady Norwood Rose Garden, roseraie du Botanic Garden

Les villas des collines

Accessibles uniquement en funiculaire ou par des escaliers pentus, paraissant souvent accrochées de façon précaire à flanc de colline, les villas des banlieues les plus anciennes comme Oriental Bay, Mount Victoria, Thorndon et Kelburn sont un élément caractéristique du paysage urbain de Wellington. Elles suivent un modèle très répandu dans tout le pays et qui a évolué à partir de la fin du XIXe siècle. Les simples constructions à un étage du début se sont transformées en demeures plus ambitieuses avec leurs fenêtres en saillie et leurs balcons. En bois, ces maisons étaient couvertes de toits en tôle ondulée. Fabriqués en série, les éléments décoratifs étaient choisis sur catalogue. Des porches à balustrade animaient les façades. Les architectes de l'époque appréciaient aussi beaucoup les vitraux.

Encadrement de fenêtre peint

Villas en bois sur la colline surplombant Oriental Bay

AU-DESSUS DU PORT
Quand le terrain plat commença à manquer, les colons furent contraints de s'établir sur les collines dominant le port. Beaucoup des villas de cette époque, dont certaines restaurées, valent le détour, à pied ou en voiture, pour leur cachet.

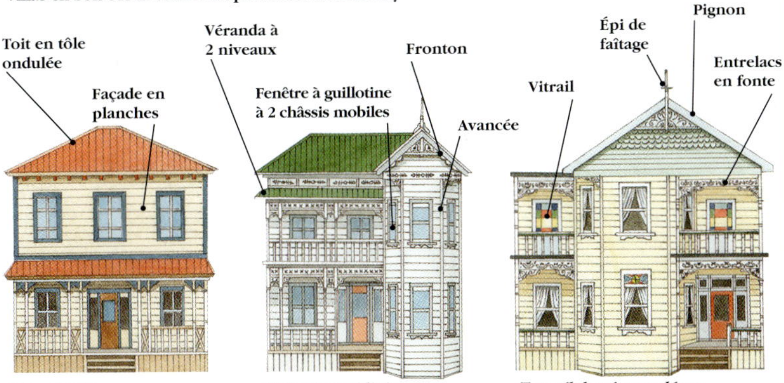

Type simple, à véranda

Type intermédiaire avec avancée

Type élaboré avec décor en fonte

***Les villas de la fin du XIXe siècle**, bâties pour des familles aux revenus moyens, comportaient généralement un séjour, 3 ou 4 chambres et un vestibule central. Une salle de bains et une cuisine donnaient sur l'arrière. Un abri rudimentaire dans le jardin, derrière la maison, servait pour la buanderie et les toilettes, appelées familièrement la « longue chute ».*

Salle de séjour de la villa de 1888 où naquit Katherine Mansfield, à Thorndon *(p. 157)*

Le front de mer pas à pas

Globe orné de fougères

La zone comprise entre Lambton Harbour et Clyde Quay Wharf a été entièrement gagnée sur la mer. Elle peut être parcourue à pied en une heure. Elle était autrefois le cadre d'une intense activité portuaire, et le Museum of Wellington, City and Sea entretient le souvenir des navires marchands et des paquebots qui venaient y accoster. Au printemps et en été, des courses de bateaux-dragons ont lieu devant le Museum of New Zealand Te Papa Tongarewa. Cerné de bâtiments publics comme le Town Hall, Civic Square est le lieu de rendez-vous favori des visiteurs comme des habitants de la ville.

Courtenay Place
Avec ses bars, boîtes de nuit, restaurants et théâtres, cette place est le cœur de la vie nocturne de la capitale (p. 163).

Circa Theatre
Ce bâtiment rénové est un des pôles de la création contemporaine dans la capitale néo-zélandaise.

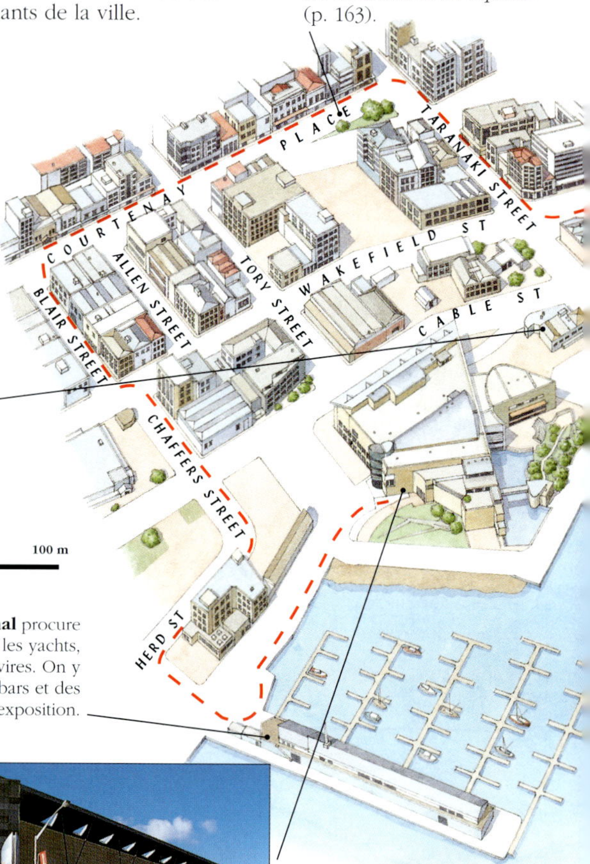

L'Overseas Terminal procure des mouillages pour les yachts, les voiliers et les petits navires. On y trouve des restaurants, des bars et des salles de conférence et d'exposition.

★ Le Museum of New Zealand Te Papa Tongarewa
Sa collection d'œuvres d'art et ses dispositifs interactifs mettent en lumière la culture maorie et l'histoire naturelle de la Nouvelle-Zélande (p. 164-165).

À NE PAS MANQUER

- ★ **Le Museum of New Zealand Te Papa Tongarewa**
- ★ **Le Museum of Wellington, City and Sea**

City-to-Sea Bridge
Ce pont décoré de grandes sculptures sur bois relie Civic Square et le Frank Kitts Park.

★ Le Museum of Wellington, City and Sea
Installé dans un édifice de 1892, il évoque l'histoire sociale et maritime de Wellington (p. 163).

Civic Square est un vaste espace bordé par le Michael Fowler Centre, le Town Hall et la City Gallery *(p. 162)*.

Le Frank Kitts Park est doté d'une aire de jeu où se dressent un phare et un toboggan. Une passerelle mène au quartier des affaires.

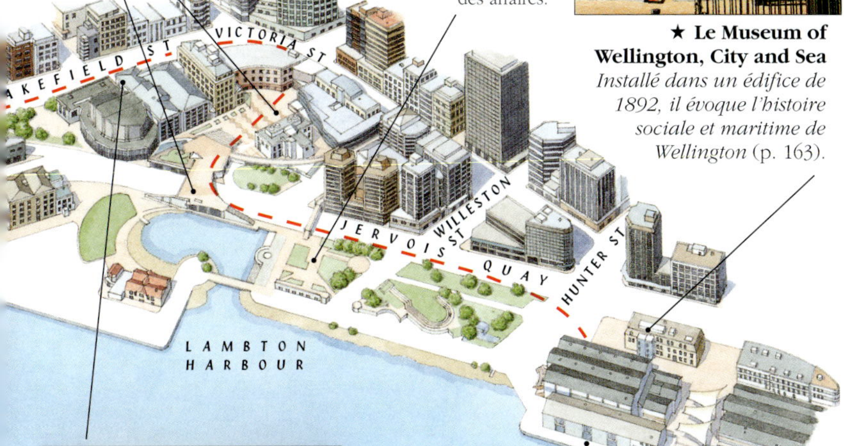

LÉGENDE

— — — Itinéraire conseillé

Town Hall
Dédié aux divertissements depuis des décennies, il renferme l'une des plus prestigieuses salles de concerts de la ville (p. 163).

Queens Wharf
Boutiques, cafés, restaurants et bars font de Queens Wharf un lieu de détente apprécié des employés de bureau des alentours.

À la découverte du front de mer

Palmier en acier

La passerelle City-to-Sea qui domine le front de mer de Wellington permet aux piétons, et à eux seuls, de franchir une des plus grandes artères de la ville. Bordée d'un côté par les quais et de l'autre par des immeubles de bureaux, elle conduit de Civic Square, d'où on l'atteint par un escalier, au Frank Kitts Park et au front de mer, puis enjambe un bassin pour arriver au Museum of New Zealand Te Papa Tongarewa *(p. 164-165)*. Les sculptures de grands artistes néo-zélandais en font une sorte d'espace d'exposition en plein air.

Civic Square

Wakefield St. *(04) 802 4860.* *t.l.j.* *www.wellingtonnz.com*

Haut lieu de la vie culturelle, cette ample esplanade pavée n'existe que depuis la récente réhabilitation du quartier et occupe l'emplacement d'une ancienne rue très passante. Ornée de sculptures, elle s'étend entre plusieurs établissements publics, dont la bibliothèque municipale, l'office de tourisme, les City Council Buildings (siège du conseil municipal), la City Gallery et les deux principales salles de concerts de la capitale : le Town Hall et le Michael Fowler Centre.

Civic Square reste un lieu de passage, car il fait le lien entre le quartier des affaires et celui de la culture et des distractions, où se trouvent le Museum of New Zealand Te Papa Tongarewa, l'Opéra, des théâtres, des cinémas, ainsi que les bars et les restaurants de Courtenay Place.

La place est devenue un des points de rencontre préférés des habitants de Wellington, et des artistes de rue viennent souvent s'y produire. Elle sert de cadre à des concerts en plein air et à des rassemblements en tout genre.

City Gallery

Civic Square. *(04) 801 3952.* *t.l.j.* *25 déc.* *expositions internationales.*

Pendant des décennies, la bibliothèque municipale a été hébergée dans un majestueux bâtiment Art déco aux portes en kauri, aux placages de marbre, aux rampes d'escalier et aux fenêtres métalliques. Elle a désormais laissé place au plus important musée d'art contemporain du pays, un établissement souvent controversé.

Dépourvue de collection permanente, la City Gallery sert avant tout d'espace d'exposition, mais elle s'est forgé une image très personnelle en mettant Wellington à la pointe de la création contemporaine, nationale et mondiale, dans des domaines aussi éclectiques que la peinture, la sculpture, la photographie, le cinéma et la vidéo, le dessin industriel, les arts graphiques et l'architecture.

La petite Michael Hirschfelt Gallery, du nom d'un ancien dirigeant du parti travailliste, la complète. Elle a pour vocation principale la promotion d'artistes prometteurs.

Art contemporain à la City Gallery

Une sculpture de Neil Dawson est suspendue au-dessus de Civic Square

Michael Fowler Centre

Wakefield St. (04) 801 4231. t.l.j. pour les concerts. sur demande.

Conçu par sir Miles Warren, originaire de Christchurch, et baptisé en hommage à un ancien maire de Wellington lui-même architecte, cet édifice semi-circulaire est réputé pour l'acoustique de sa salle de 2 550 places. Elle accueille entre autres des concerts de rock, des congrès et des rassemblements politiques, de même que l'essentiel des spectacles programmés dans le cadre du New Zealand International Arts Festival *(p. 154-155)*. Ce festival des arts de la scène organisé les années paires attire des milliers de personnes, et son succès ne fait que croître.

Carrelage victorien dans le vestibule du Town Hall

Town Hall

Wakefield St. (04) 801 4231. t.l.j. pour les concerts. sur demande.

De style édouardien, ce bâtiment en brique de 1904 précédé d'un portique néo-classique a recouvré une nouvelle jeunesse. En effet, suite à une restauration en 1990, sa résistance aux séismes a été renforcée, les carrelages victoriens ont retrouvé leur aspect premier, les balustrades en fer forgé ont été dégagées et les éclairages et les petits accessoires remplacés par les copies des originaux. Les travaux ont inclus la remise en état du toit en zinc de la grande salle de concerts, d'une capacité de 2 000 places. Quant au majestueux escalier d'apparat du hall d'entrée, c'est l'un des clous de l'édifice.

Courtenay Place, un haut lieu de la vie nocturne

Courtenay Place

Le pouls de la vie nocturne bat à Courtenay Place et dans les rues qui en partent, où s'alignent boîtes de nuit branchées, cafés à la mode, théâtres et cinémas. Quantité de restaurants y ont aussi élu domicile, allant des échoppes bon marché aux tables primées. Ils offrent presque tous les styles de cuisine possibles dans une très large gamme de prix.

C'est l'endroit où rencontrer des gens de passage, se mêler à la population locale ou danser toute la nuit. Des groupes de musique jouent souvent dans les bars, et à l'extérieur, les artistes de rue qui distraient la foule contribuent à entretenir une atmosphère détendue.

Museum of Wellington, City and Sea

Queens Wharf. (04) 472 8904. t.l.j. 25 déc. sur demande. www.museumofwellington.co.nz

Installé dans l'ancienne maison des douanes qui date de 1892, ce musée présente l'histoire terrestre et maritime de Wellington. Des reconstitutions holographiques et des documents audiovisuels complètent ses collections de maquettes de bateaux, d'instruments de navigation, de vestiges d'épaves, de peintures marines, de vieilles cartes et de journaux de bord.

Au premier étage, une exposition rappelle le naufrage du *Wahine*. Une maquette montre le ferry en train de couler, le 30 avril 1968, au large de Seatoun, une banlieue de Wellington, alors qu'un cyclone balayait la Nouvelle-Zélande. La Plimmer's Ark Gallery expose des morceaux de l'épave retrouvée de l'*Inconstant*, contruit en 1848. Le musée étudie aussi les premiers Maoris et les implantations européennes, et une nouvelle galerie du XXe siècle tente d'explorer tous les changements opérés par la ville au cours des cent dernières années. Une salle à vocation éducative et munie d'ordinateurs s'adresse aux enfants et propose diverses activités.

Façade du Museum of Wellington, City and Sea

Museum of New Zealand Te Papa Tongarewa

Logo du musée

Ce musée national dont le nom maori signifie « notre lieu » a ouvert ses portes sur le front de mer en 1998. Destiné à présenter, approfondir et préserver l'héritage des cultures néo-zélandaises, il accorde une large place à la participation des visiteurs. Dans un espace équivalent en superficie à 3 terrains de rugby, il recèle la Collection nationale, des trésors maoris de premier plan ainsi qu'un *marae* ouvert à tous et orné de sculptures contemporaines ; il accueille également des expositions temporaires.

Mountains to Sea
Les expositions consacrées à la nature révèlent l'étonnante richesse de la faune et de la flore néo-zélandaises, du kiwi au kauri.

Future Rush
L'un des simulateurs de Time Warp (« voyage dans le temps ») permet de visiter une maison ultramoderne de Wellington en l'an 2055.

« Awesome Forces » donne une idée de la puissance des éléments qui façonnent les paysages nationaux.

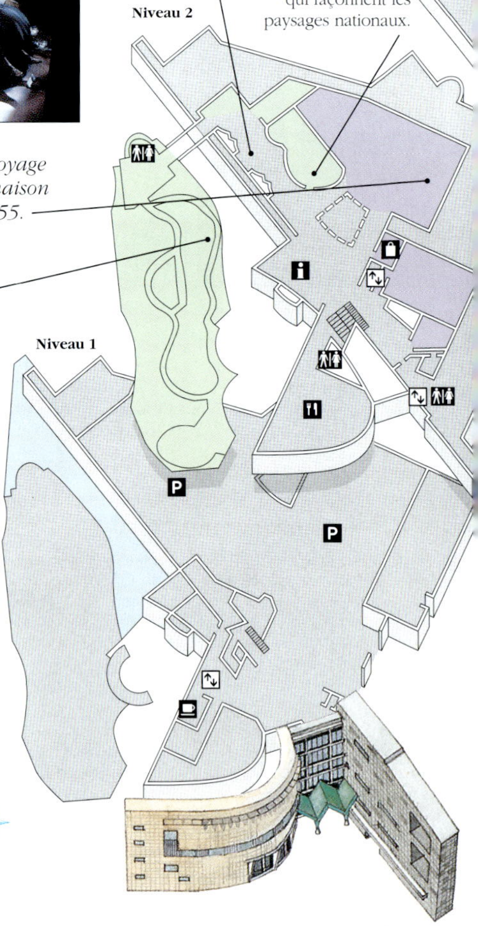

Bush City
En pleine ville, les visiteurs s'aventurent dans le bush, des marécages et un paysage volcanique, passent devant une cascade et un lagon, puis pénètrent dans une grotte éclairée par des vers luisants.

À NE PAS MANQUER

- ★ Mana Whenua
- ★ Te Marae

MODE D'EMPLOI

Cable St. (04) 381 7000.
t.l.j.
www.tepapa.govt.nz.

★ Mana Whenua
Des récits personnels et des œuvres d'art traditionnelles et contemporaines retracent l'histoire des Maoris.

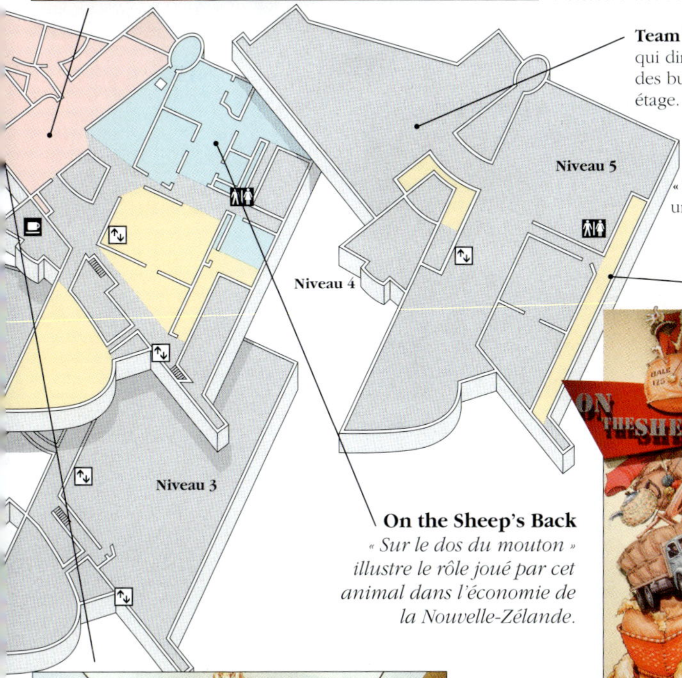

Team Te Papa, l'équipe qui dirige le musée, a des bureaux à chaque étage.

« The Boulevard », une galerie baignée d'un éclairage naturel, reçoit les expositions temporaires.

On the Sheep's Back
« Sur le dos du mouton » illustre le rôle joué par cet animal dans l'économie de la Nouvelle-Zélande.

★ Te Marae
Cœur d'un marae *résolument ouvert sur la modernité, la maison commune Te Hono ki Hawaiki (« le lien pour rentrer à Hawaiki ») rappelle l'attachement des Maoris à leurs racines.*

LÉGENDE

- Art
- Histoire
- Maoris
- Nature
- Mer
- Time Warp

SUIVEZ LE GUIDE !

La première des expositions interactives à la pointe du progrès commence au niveau 2, qui donne aussi accès à Bush City. Le niveau 3 est réservé aux expositions temporaires et le 4 aux cultures maorie, européenne et des îles du Pacifique. Le niveau 5 compte d'autres espaces d'exposition, ainsi qu'une bibliothèque, une salle de lecture et les services de recherche. Les œuvres de la Collection nationale sont réparties dans tout le musée.

Excursion de Marine Drive ❷

Partant du port de Wellington, à Oriental Bay, au sud-est du centre-ville, cette route ne quitte plus la côte jusqu'à Awhiro Bay, au nord du détroit de Cook. C'est sans aucun doute l'une des plus belles de Nouvelle-Zélande, et elle réserve par beau temps des paysages enchanteurs qui deviennent impressionnants quand font rage les vents du sud pour lesquels la région est réputée. Elle longe de nombreuses petites anses et plages de sable abritées, traverse plusieurs banlieues où des maisons en bois surplombent la chaussée *(p. 159)* et contourne des collines dont les flancs abrupts et couverts de végétation tombent droit dans la mer.

Owhiro Bay ⑩
À ce point, on peut tourner à droite et rentrer en ville par Happy Valley Road ou parcourir à pied les 4 km de la Red Rocks Coastal Walk à la rencontre des 80 à 150 otaries mâles qui s'y prélassent chaque année.

Island Bay ⑨
Certains des pêcheurs qui se risquent dans le détroit, voire au-delà, descendent d'Italiens arrivés au début du XIXe siècle.

Lyall Bay ⑧
La présence de l'aéroport n'empêche pas baigneurs et surfeurs de fréquenter l'endroit toute l'année. Par temps clair, la vue porte jusqu'aux montagnes enneigées de l'île du Sud.

0 1 km

LÉGENDE

- Itinéraire conseillé
- Autre route
- Point de vue

Oriental Bay ①
Quartier apprécié pour le jogging et la baignade, Oriental Bay regorge de cafés et de restaurants élégants. Face à la plage de sable, des villas victoriennes et des immeubles modernes s'accrochent à la colline.

CARNET DE ROUTE

Itinéraire : *30 km*
Où faire une pause ? *De splendides points de vue jalonnent tout le trajet. Plusieurs parkings permettent de se garer pour se promener à pied. Les lieux où se restaurer comprennent le célèbre* Chocolate Fish Café *de Scorching Bay, où les serveurs traversent la route pour rejoindre leurs clients en bord de mer.*

Mahanga Bay ③
Des pins ceignent l'une des baies les plus petites et les plus abritées du parcours.

Evans Bay ②
Un port de plaisance se blottit dans cette baie profonde.

Scorching Bay ④
En face de la banlieue d'Eastbourne, cette plage se prête à la baignade et offre une belle vue du détroit de Cook et des îles Somes et Ward.

Karaka Bay ⑤
La baie doit son nom aux *karaka (Corynocarpus laevigatus)*, arbres à baie orange, qui y poussent. Son quai et d'élégantes maisons de vacances en bois du début du siècle dernier contribuent à son charme.

Worser Bay ⑥
Cette banlieue est le fief de l'industrie cinématographique néo-zélandaise *(p. 154)*.

Breaker Bay ⑦
On voit parfois des manchots pygmées traverser la rue pour aller nicher avec bruit sous des maisons proches.

Vieux tramways au Tram Museum de Paekakariki

Paekakariki ❸

Carte routière E4. 1 700. Coastlands, Paraparaumu, (04) 298 8195. *www.kapiti.org.nz*

À 20 min au nord de Wellington, sur la N 1, Paekakariki est la première de quatre communes espacées régulièrement sur 40 km de littoral sablonneux et dégagé. Le Queen Elizabeth Park, dont les principaux atouts sont une côte spectaculaire, des dunes, des rivières, des tourbières et des promenades à travers le bush, est sa grande attraction. Un tramway partant de MacKays Crossing, au nord de la localité, parcourt ses 6,4 km². Des ancêtres des tramways et des trolleybus qui circulent encore dans les rues de Wellington aujourd'hui sont exposées dans le parc du **Tramway Museum**. Des passionnés s'activent à les restaurer.

Tramway Museum
Queen Elizabeth Park. *(04) 292 8361.* *sam. et dim.* *25 déc.*

Paraparaumu ❹

Carte routière E4. *12 000.* *Coastlands, (04) 298 8195.* *www.kapiti.org.nz*

La principale localité sur la Kapiti Coast offre en bord de mer un large choix de cafés, de restaurants et de boutiques. Elle possède une plage aménagée, avec un parc et des aires de jeu, et est le point de départ de sorties en mer jusqu'à Kapiti Island.

Dans la région, une visite au **Southward Car Museum** s'impose. La plus riche collection de véhicules anciens de l'hémisphère Sud y est exposée. Elle comprend des deux roues (aussi bien des motocyclettes qu'un vélocipède de 1863), des bateaux, des prototypes fabriqués par des amateurs, des curiosités datant des débuts de l'automobile et même des locomotives.

En visite à Lindale

Parmi les voitures figurent la limousine de Marlène Dietrich et une Cadillac de 1950 adaptée aux besoins d'un gangster au service d'Al Capone et Lucky Luciano. Son toit, ses portières et ses vitres sont blindés, et son pare-brise est monté sur charnières pour faciliter le tir depuis l'intérieur.

Bon endroit où distraire des enfants, le **Lindale Tourist and Agricultural Centre**, doté de boutiques et de restaurants, a pour cœur une exploitation agricole. Il présente des démonstrations de tonte de mouton et propose toute une palette d'activités : traire une vache, nourrir au biberon des agneaux et des chevreaux, jouer avec des poules et un faon et observer des animaux exotiques tels que lamas et émeus. Longues promenades et entraînement au golf compléteront la visite.

Dans sa laiterie sont produits le Kapiti Cheese et la Kapiti Ice Cream, un fromage et une crème glacée primés.

Southward Car Museum
Otaihanga Rd, Paraparaumu. *(04) 297 1221.* *t.l.j.* *ven. saint, 25 avr., 25 déc.*
www.southward.org.nz

Lindale Tourist and Agricultural Centre
Nationale 1, Paraparaumu.
(04) 297 0916. *t.l.j.*
www.kapiti.org.nz

Véhicules de collection au Southward Car Museum

Waikanae 5

Carte routière E4. 8 600. Mahara Place, (04) 904 5768.

Nichée entre les contreforts de la chaîne du Tararua et la Kapiti Coast, Waikanae, qui compte de nombreux retraités parmi ses habitants, est réputée pour ses boutiques d'artisanat et ses jardins. On accordera une mention spéciale aux Burnard Gardens, l'un des jardins à l'anglaise de Nouvelle-Zélande au dessin le plus rigoureux, que l'on peut d'ailleurs visiter.

Le **Kapiti Coast Museum**, logé dans un ancien bureau de poste, possède un bel ensemble d'appareils téléphoniques et de TSF.

Kapiti Coast Museum
9 Elizabeth St. (04) 905 6885. sam., dim. et jours fériés. sur r.-v.

L'île protégée de Kapiti Island, vue du continent

Kapiti Island Nature Reserve 6

Carte routière E4. Paraparaumu. Department of Conservation, Stout St, Wellington, (04) 472 7356.

Kapiti Island, une île de 10 km de long, est un point de repère à 6 km de la côte. Depuis 1897, elle a le statut de réserve naturelle. Des vedettes y accostent, mais son accès est réglementé – une autorisation du Department of Conservation est nécessaire – et limité – pas plus de 50 personnes par jour ; un garde en poste sur place accueille les groupes. En revanche, on peut plonger et pêcher librement dans les eaux qui la baignent.

L'île est le refuge d'oiseaux rares ou absents du continent, comme le créadion rounoir ou le talève takahé. Plus fréquent, et plus effronté, le râle wéka n'hésite pas à chaparder ce qu'il trouve.

Otaki 7

Carte routière E4. 7 600. 239 Nationale 1, (06) 364 7620.

Une importante population maorie habitait le site avant l'arrivée des colons européens en 1840, et Otaki a possédé la plus belle église maorie du pays, Rangiatea, de 1851 à sa destruction par un incendie en 1995. L'édification d'une réplique commencée en 1998 ouvrit ses portes en 2003.

Aux environs

Juste au sud d'Otaki, à **Hyde Park Museum and Craft Village**, on pourra admirer des objets illustrant la vie quotidienne en Nouvelle-Zélande depuis l'arrivée des Maoris jusqu'à aujourd'hui, en passant par la période coloniale, notamment du matériel agricole. Une chambre évoquant la visite en 1953 de la reine Élisabeth et du prince Philippe a été reconstituée, ainsi qu'une épicerie contenant plus de 3 000 articles étiquetés comme en 1937. Au sud, Gorge Road mène à **Otaki Forks** et au **Tararua Forest Park** à l'issue d'une balade de 19 km.

Entrée du Hyde Park Museum, à Otaki

Hyde Park Museum and Craft Village
Te Horo, Nationale 1. (04) 298 4515. du mar. au dim.

Levin 8

Carte routière E4. 15 400.

Levin est perdue au milieu d'une vaste plaine fertile dédiée aux cultures maraîchères. Sa rue principale bordée de magasins où se fournissent les cultivateurs des environs offre une image caractéristique des petites villes traditionnelles. Ceux qui le souhaitent pourront cueillir fruits et légumes dans les champs et les vergers de la périphérie.

Te Rauparaha

Dans les années 1820, Kapiti Island servit de quartier général à Te Rauparaha (1768-1849), le chef de la tribu Ngati Toa et l'un des plus grands stratèges militaires de l'époque. Il s'y était installé après des années de guerre dans le Waikato et le Taranaki. De là, il domina le sud-ouest de l'île du Nord et le nord de l'île du Sud jusque dans les années 1840. La tradition lui attribue les paroles de l'incantation de la *haka*, la danse de défi qu'entonnent souvent les All Blacks avant une rencontre internationale de rugby.

Aquarelle (1840) par Isaac Coates

Ka Mate! Ka Mate!
Ka Ora! Ka Ora!
Tenei te ta ngata puhuru huru
Nana nei i tiki mai
Whakawhiti te ra
A upane ka upane!
A upane ka upane whiti te ra!
Hi!!

C'est la mort ! C'est la mort !
C'est la vie ! C'est la vie !
Voici l'homme poilu
Qui a fait briller le soleil
Restez de front ! Restez de front !
La ligne ! Tenez bon !

Bottes de foin près de Martinborough

Featherston 9

Carte routière E4. *2 600.* *Old Courthouse, Main St, (06) 308 8051.* *www.wairarapanz.com*

La porte sud de la région du Wairarapa, pour les visiteurs arrivant de Wellington, s'est développée au pied de la chaîne du Rimutaka. Connue pour ses boutiques d'antiquités et ses bâtiments coloniaux, Featherston compte plusieurs musées, dont le **Fell Engine Museum**. On y verra, restaurée avec amour, la dernière motrice Fell à avoir été conservée. Autrefois, ces ingénieuses locomotives circulant sur trois rails ne se lassaient pas d'escalader les pentes des montagnes environnantes.

Fell Engine Museum

À l'angle de Fitzherbert St et Lyon St. *(06) 308 9379.* *t.l.j.*

AUX ENVIRONS
Avant d'atteindre Featherston, sur le côté droit de la route en venant de Wellington, un panneau signale la présence d'un point de vue *(lookout)*. De là se déploie le panorama le plus époustouflant du **lac Wairarapa** et, au-delà, des reliefs du Haurangi (Aorangi) Forest Park et de Palliser Bay. Le lac se prolonge en une étendue marécageuse, la troisième de Nouvelle-Zélande par la taille.

Au sud, sur le **cap Palliser**, une route passe près d'un site où viennent se reproduire, de novembre à janvier, des otaries à fourrure de Nouvelle-Zélande, l'une des 9 espèces d'otaries à fourrure du monde. C'est la plus importante colonie de ce genre du pays.

Les **Putangirua Pinnacles**, pitons formés au cours des 120 000 dernières années par l'érosion de l'eau dans un terrain formé de limon et de gravier, figurent parmi les autres curiosités de la région.

Martinborough 10

Carte routière E5. *1 500.* *Kitchener St, (06) 306 9043.* *Toast Martinborough (nov.), Martinborough Fair (fév. et mars).* *www.wairarapanz.com*

La prospérité de ce bourg fondé en 1881 par l'immigrant irlandais John Martin reposait par le passé sur l'agriculture. Depuis la fin des années 1970, la viticulture a pris le relais *(p. 34-35)*, et il constitue maintenant une destination de week-end pour les amateurs de bon vin ou, simplement, ceux qui apprécient l'atmosphère de ses cafés et restaurants. Il a en outre été investi par une dynamique communauté d'artistes. Les 20 chais de la région sont pour la plupart accessibles à pied depuis la pittoresque place centrale.

AUX ENVIRONS
Exploitée par Wairarapa Electricity, **Hau Nui Wind Farm** se trouve à 21 km au sud-est de Martinborough. Situées sur un terrain privé, les éoliennes offrent un spectacle surréel au sommet d'une arête rocheuse de 540 m.

Dégustation de vin au *Grapevine*, à Martinborough

Masterton ⓫

Carte routière E4. 22 800. 316 Queen St, (06) 370 0909. *Golden Shears (mars).* *www.wairarapanz.com*

À une heure de voiture de Wellington et de Palmerston North, la plus grande ville du Wairarapa accueille chaque année le concours de tonte des Golden Shears. Les amoureux de verdure y trouveront leur bonheur : le Henley Lake Park, ouvert en 1988, et ses 4 îles au milieu d'un lac artificiel où sont régulièrement lâchées des truites, est apprécié des familles et des pêcheurs ; proche du centre-ville, sur l'axe principal vers le nord, le Queen Elizabeth Park est planté d'arbres vieux de plus d'un siècle. Il renferme un lac où canoter, une volière, un aquarium et un enclos de cerfs. Un cimetière de pionniers s'étend derrière.

Le **Hood Aerodrome**, qui possède un musée de l'Air, propose des cours de pilotage, des sauts en parachute et des vols dans des avions de collection, dont un Tiger Moth T6 Harvard et un Proctor 5.

Hood Aerodrome
South Rd. (06) 377 3804. *sur demande.* *participation libre.*

AUX ENVIRONS
La route de Featherston à Masterton traverse le pittoresque village de Greytown. Fondé en 1854, c'est le plus ancien du Wairarapa. Il vaut le détour pour une rue presque entièrement bordée d'édifices victoriens en bois. Le **Cobblestone Museum** occupe l'emplacement d'écuries construites en 1856 pour le service postal de Wellington et regroupe des bâtiments de l'époque des pionniers restaurés et meublés de souvenirs authentiques. Il renferme aussi des véhicules, du matériel agricole et une sellerie en état de marche. Norfolk Road, à la sortie sud de Masterton, mène à Holdsworth, après 15 km sur la Nationale 2, et au **Tararua Forest Park**. Situé dans la chaîne du même nom, il est sillonné de sentiers de randonnée aux niveaux de difficulté variés.

Matériel agricole exposé au Cobblestone Museum

Cobblestone Museum
169 Main St. *(06) 304 9687.* *t.l.j.*

Mount Bruce National Wildlife Centre ⓬

Carte routière E4. *(06) 375 8004.* *t.l.j.* *25 déc.* *www.mtbruce.org.nz*

À 30 km au nord de Masterton, cet établissement administré par le Department of Conservation permet d'approcher certains des oiseaux les plus menacés de Nouvelle-Zélande comme le méliphage hihi, le glaucope cendré et le talève takahé. Au cours d'une balade dans Forty Mile Bush, un vestige de la forêt primitive, vous pourrez découvrir des plantes indigènes – *rimu* aux feuilles cuivrées ou *rata* aux fleurs rouges ou blanches. Dans le parc vivent encore des kiwis et des sphénodons, tandis que des anguilles se prélassent dans la boue près de la rivière.

Glaucope cendré

LES GOLDEN SHEARS

Ces « cisailles d'or » – un concours de tonte de moutons – sont le temps fort du calendrier de Masterton. Elles commencent chaque année un jeudi et se concluent le premier samedi de mars. Créée à l'initiative du Wairarapa District Young Farmers Club, la compétition devait tout d'abord s'inscrire dans le cadre de l'Agricultural and Pastoral Show local, mais elle devint dès sa première édition, en 1961, une institution nationale. Drainant des centaines de participants venus de nombreux pays et des milliers de spectateurs, elle connut son apogée dans les années 1960 et 1970, où elle affichait complet un an à l'avance. Plusieurs manifestations similaires ont désormais lieu en Nouvelle-Zélande, mais aucune n'a atteint la popularité des Golden Shears. La tonte de moutons s'est néanmoins transformée en un sport professionnel : les prix offerts ont augmenté au fil des ans ; le patronage publicitaire se généralise, et beaucoup de concurrents suivent des programmes d'entraînement et de mise en forme que n'auraient jamais crus possibles leurs prédécesseurs d'il y a 30 ans.

Concurrent des Golden Shears

Palmerston North ⓭

Badge de l'institut de Rugby

Depuis le milieu des années 1960, l'élevage entretient le développement de la plus grande ville du Manawatu. Près du point de convergence de trois grandes routes, Palmerston North joue un rôle de carrefour au centre d'une large et fertile plaine côtière qui s'étend de la mer de Tasman aux massifs montagneux de Tararua et Ruahine. La plus grande université de Nouvelle-Zélande, Massey University, plusieurs établissements d'enseignement supérieur et des instituts de recherche contribuent à lui donner une atmosphère jeune et vivante.

Affiche de 1926 au New Zealand Rugby Museum

The Square

(06) 350 1922.

Cet espace vert ombragé est un havre de paix au milieu du quartier commerçant du centre-ville. Aménagé en 1866 et traversé à l'origine par la principale voie de chemin de fer nationale, il offre un cadre reposant avec ses pelouses, ses parterres de fleurs, ses fontaines, ses bassins, son monument aux morts et sa tour de l'horloge. Les boutiques et les immeubles qui l'entourent reflètent la diversité des styles architecturaux en Nouvelle-Zélande.

Te Manawa Art Gallery

398 Main St. (06) 358 8188.
t.l.j. 25 déc.
www.temanawa.co.nz

Ce musée inauguré en 1959, baptisé à l'origine Palmerston North Art Gallery, a pris son nom actuel en 1977, lors de son déménagement dans un spacieux bâtiment moderne proche du Square. La plus grande statue en bronze coulée dans le pays, *Pacific Monarch*, œuvre de l'artiste local Paul Dibble, accueille les visiteurs.

Éclectique, la collection permanente réunit des peintures, des sculptures, des gravures, des dessins, des photographies et des céramiques. Elle privilégie l'art néo-zélandais, y compris celui des Maoris et des Polynésiens. Le programme d'expositions (environ 30 par an et en général 5 en même temps à tout moment) met l'accent sur la création récente.

Sculpture de Paul Dibble devant la Te Manawa Art Gallery

New Zealand Rugby Museum

87 Cuba St. (06) 358 6947. t.l.j.
25 déc. sur demande.
www.rugbymuseum.co.nz

Non loin du Square, il faut pousser un tourniquet jadis installé à l'entrée d'un célèbre stade de Wellington, l'Athletic Park, pour pénétrer dans cet antre du rugby. Fondé en 1966, le musée illustre au travers de souvenirs variés l'histoire de ce sport en Nouvelle-Zélande, depuis le premier match joué à Nelson en 1870 *(p. 208)*. L'exposition inclut des objets provenant d'autres pays où il est pratiqué : casquettes, maillots, trophées, badges, ballons portant des autographes, cravates, affiches et photographies. Il est possible de visionner les grandes rencontres internationales. Le bouclier brisé d'un manifestant opposé au régime de l'Apartheid rappelle les mouvements de protestation qui ponctuèrent en 1981 la tournée de l'équipe sud-africaine des Springboks.

Massey University

Tennant Drive. (06) 356 9099.
www.massey.ac.nz

À environ 5 km au sud du centre, dans un superbe environnement rural, l'université de Palmerston North s'est installée dans un assortiment d'anciennes fermes et de bâtiments modernes. La promenade du Massey Historic Trail, portion du City Heritage Trail – sentier de découverte du patrimoine communal – y passe, ainsi que près de certains des plus vieux édifices et sites de la ville. Le campus renferme, entre autres, le premier institut de Rugby intégré à une université et l'unique école d'aviation du pays.

Aux environs

Au nord de la ville, des excursions en *jet-boat* et en kayak se déroulent dans la majestueuse Manawatu Gorge. La Manawatu défie la logique géographique en coulant sur les flancs orientaux de la chaîne du Tararua avant de faire demi-tour en direction de la mer de Tasman.

Plusieurs beaux jardins agrémentent les environs de Palmerston North, dont les Cross Hill Gardens, à 45 minutes de route vers le nord, réputés pour leurs rhododendrons.

Te Manawa

Sirène couchée

Te Manawa est à la fois un musée, une galerie et un centre scientifique. C'est le seul complexe régional de Nouvelle-Zélande à associer une initiation scientifique à des installations interactives et à des expositions consacrées au patrimoine social, culturel et artistique local. La Tangata Whenua Gallery, qui débute au rez-de-chaussée et se poursuit au premier étage, retrace la longue occupation du Manawatu par les Maoris. L'espace scientifique propose des expositions temporaires interactives et drôles qui plaisent aux enfants. Dans le bâtiment contigu se trouve la Te Manawa Art Gallery *(p. 172)* qui fait maintenant partie du complexe.

MODE D'EMPLOI

Te Manawa, 396 Main St. (06) 355 5000. t.l.j. ven. saint, 25 déc. Science Galleries. www.temanawa.co.nz

Sculpture en ivoire
Cette sculpture raffinée représente un animal mythologique chinois.

★ La montgolfière
Les visiteurs peuvent actionner un brûleur pour voir comment l'air chaud soulève le ballon.

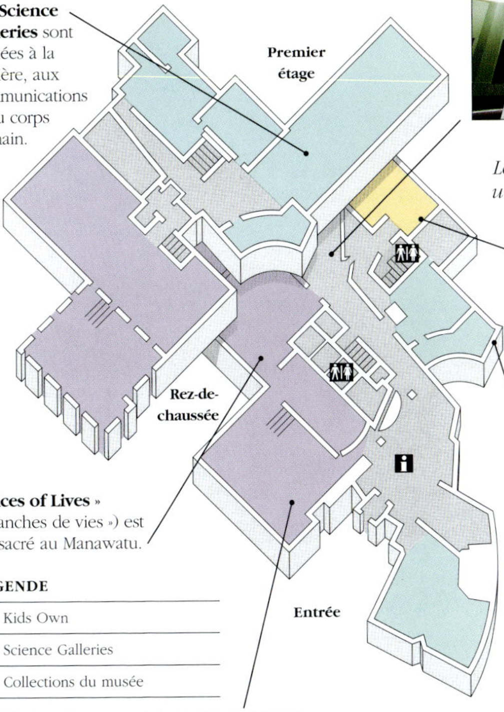

Les Science Galleries sont dédiées à la lumière, aux communications et au corps humain.

« **Kids Own** » abrite des tunnels, un mur d'ombres figées et une pièce éclairée aux ultraviolets.

« **Slices of Lives** » (« tranches de vies ») est consacré au Manawatu.

LÉGENDE

- Kids Own
- Science Galleries
- Collections du musée

AgResearch Conservatory
Plantes exotiques et néo-zélandaises rappellent la richesse du monde végétal.

★ La Tangata Whenua Gallery
Ces piquets sculptés du XIXe siècle font partie des trésors maoris qui y sont exposés.

À NE PAS MANQUER

- ★ La montgolfière
- ★ La Tangata Whenua Gallery

Pâturages du Manawatu traversés par la Pohangina ▷

Wanganui ⓮

Réverbère fleuri

Le site de Wanganui fut l'un des premiers établissements maoris. En 1840, incapable de répondre aux besoins en terres du flot régulier de colons attirés par le district de Wellington, la New Zealand Company s'intéressa à l'estuaire de la Whanganui et commença à négocier avec ses premiers occupants. La ville devint un centre de distribution pour une région s'étendant jusqu'à Waitotara, à l'ouest, Marton, à l'est, et Taumarunui, au nord. À moins d'une heure de route de Palmerston North et deux heures et demie de Wellington, Wanganui (sans *h* selon l'usage maori) cache quelques musées intéressants au sein d'un quartier des affaires réhabilité.

Wanganui et le fleuve vus de Durie Hill

Victoria Avenue

Ses palmiers, son mobilier urbain en fer forgé et ses immeubles, ses cinémas et ses réverbères à gaz anciens donnent un charmant cachet à la principale rue commerçante du centre. Pour Wanganui in Bloom Festival, de décembre à mars, mille paniers de fleurs parent lampadaires et vérandas du quartier des affaires.

Durie Hill

Via Anzac Parade. *(06) 345 8525.*
t.l.j.

Cette colline faisant face à Victoria Avenue par rapport à la Whanganui est réputée pour l'ascenseur qui la transperce sur 66 m. Il n'en existait que deux au monde de ce type lorsqu'il fut inauguré en 1919. Pour atteindre le sommet (qui se rejoint aussi en voiture) depuis son point de départ – un passage souterrain –, il met une minute. L'ascension continue avec l'escalier en spirale de la Durie Hill Memorial Tower. Du haut de ses 34 m, le regard embrasse Wanganui, le mont Taranaki (Egmont) au nord-ouest *(p. 180-181)*, le mont Ruapehu à l'est *(p. 140-141)* et la mer de Tasman. Bâtie en blocs d'un calcaire incrusté de coquillages fossilisés, la tour, un monument aux morts de la Première Guerre mondiale, date de 1925.

Whanganui Regional Museum

Queens Park. *(06) 345 7443.*
t.l.j. *ven. saint, 25 déc.*

Ce musée fondé en 1895 est consacré à la géologie et à l'histoire naturelle et sociale de la ville et de ses alentours. Il compte parmi ses plus belles pièces Te Mata-o-Hoturoa, une *waka* (pirogue de guerre) sculptée dans un unique *totara*, et des peintures de sujets maoris par Gottfried Lindauer (1839-1926) ; cet artiste réussit à éviter de servir dans l'armée austro-hongroise en s'installant en Nouvelle-Zélande. Il reçoit également des expositions temporaires.

MODE D'EMPLOI

Carte routière E4. *44 000.* *8 km S.-E. de la ville.* *165 Ridgway St.* *101 Guyton St, (06) 349 0508.* *Wanganui in Bloom (de déc. à mars).* *www.wanganuinz.com*

Sarjeant Gallery
Queens Park. *(06) 349 0506.* *t.l.j.* *ven. saint, 25 déc.*
Son ensemble d'huiles, d'aquarelles et de gravures néo-zélandaises des XIXe et XXe siècles est extrêmement réputé. Elle abrite la collection de photographies Denton et des affiches et des dessins humoristiques de la Première Guerre mondiale.

Moutoa Gardens
Market Place.
Un jardin planté d'arbres d'origines variées, où des statues se dressent parmi les parterres de fleurs, s'étend à l'emplacement où fut fondée la ville de Wanganui. Il jouit du statut de réserve historique. Cependant, depuis son occupation par des membres de la tribu Iwi il y a quelques années, il est devenu l'enjeu de revendications politiques.

Statue des Moutoa Gardens

Cooks Gardens
Maria Place.
Ce jardin contient une jolie tour de l'horloge et un vélodrome en bois. C'est là, en 1962, que le Néo-Zélandais Peter Snell courut le mile en moins de quatre minutes, battant le record détenu par le Britannique Roger Bannister.

Whanganui Riverboat Centre
Taupo Quay. *(06) 347 1863.* *t.l.j.* *à l'intérieur.*
On y verra, restauré, le vapeur à aubes *Waimarie*. Construit à Londres en 1899, il coula en 1952, après avoir parcouru la Whanganui pendant plus de 50 ans. Un musée évoque la navigation fluviale au travers de photos et de souvenirs.

Le *Waimarie* sur la Whanganui

La Whanganui ⓯

Carte routière E3-E4. *Department of Conservation, à l'angle d'Ingestre St et St Hill St, Wanganui, (06) 345 2402.*

Le plus long fleuve navigable de Nouvelle-Zélande prend sa source sur le mont Tongariro, au centre de l'île du Nord, puis son cours de 290 km serpente vers la mer de Tasman en traversant le Whanganui National Park.

Au début du XXe siècle, des vapeurs à aubes assuraient des dessertes régulières de l'intérieur des terres, transportant courrier, marchandises et passagers, dont de nombreux touristes.

Aujourd'hui, le cours d'eau, avec ses gorges profondes et ses falaises abruptes, connaît un grand succès auprès des amateurs de canoë, de rafting ou de *jet-boat* *(p. 192)*, à qui 239 rapides répertoriés offrent un large choix de défis. Taumarunui, Pipiriki et Wanganui sont les principaux points de départ et d'arrivée. Parcourir les 145 km entre Taumarunui et Pipiriki demande environ 5 jours en canoë. D'octobre à avril, il faut réserver sa place dans les refuges et les terrains de camping auprès des bureaux locaux du Department of Conservation et des points de vente habilités. Une route longe le fleuve de Wanganui à Pipiriki. Des pistes en partent vers d'anciens villages maoris et des cascades.

Whanganui National Park ⓰

Carte routière E3. *Department of Conservation, à l'angle d'Ingestre St et St Hill St, Wanganui, (06) 345 2402.*

Établies en 1987, les 3 principales sections du parc se trouvent dans le bassin hydraulique de la Whanganui, où dominent des forêts de feuillus et de podocarpes peuplées d'une riche faune ailée. Des fougères arborescentes poussent dans les zones déboisées en cours de régénération. Les cours d'eau sont poissonneux.

Les activités sont multiples : canoë, kayak, rafting, sorties en *jet-boat*, randonnée et chasse au daim et à la chèvre sauvage. De plus gros bateaux circulent sur la partie basse du fleuve.

La Whanganui coulant au sein du Whanganui National Park

New Plymouth ⓱

Fontaine du Pukekura Park

Le principal pôle urbain du Taranaki entoure l'unique port en eau profonde de la côte ouest, entre les plages prisées des surfeurs de North Taranaki Bight. La silhouette massive du mont Taranaki (ou Egmont) se découpe à l'arrière-plan. L'économie locale repose pour une grande part sur l'agriculture, l'élevage laitier en particulier, ainsi que la grosse industrie d'équipement, la construction navale et l'exploitation forestière. C'est aussi là qu'a surgi le plus grand complexe pétrochimique du pays. New Plymouth est réputée pour la beauté de ses jardins, de ses parcs et de ses réserves naturelles, et elle constitue une base idéale d'où partir à la découverte de l'Egmont National Park *(p. 180-181)*.

Vitraux de St Mary, une église bâtie en 1848

Église St Mary

37 Vivian St. (06) 758 3111. *t.l.j.* *presque t.l.j.*

Sanctuaire anglican consacré en 1848, la plus ancienne église en pierre de Nouvelle-Zélande, dont certains vitraux sont de haute qualité, offre un bel exemple d'architecture du XIXe siècle. Dans le cimetière, les pierres tombales d'enfants, de pionniers, de soldats et de prêtres témoignent des difficultés rencontrées par les premiers colons. Plusieurs chefs maoris y reposent également.

Puke Ariki

1 Ariki St. *(06) 759 6060.* *t.l.j.* *www.pukeariki.com*

Construit sur le site maori qui fut le plus significatif de Taranaki, Puke Ariki comprend une bibliothèque, un musée et un accueil pour les visiteurs. Le centre expose les collections patrimoniales du musée, dont 6 000 *taonga* (trésors) maoris d'une importance nationale. Puke Ariki domine un sentier côtier long de 7 km.

Les espaces verts du Taranaki

Ses parcs, ses réserves naturelles et ses jardins sont un des grands atouts touristiques du Taranaki. De longues heures d'ensoleillement, des précipitations généreuses, un climat doux, un riche sol volcanique et une situation abritée des vents dominants offrent des conditions idéales à la culture d'arbustes à fleurs tels que les rhododendrons, les azalées et les camélias. Des roses, des magnolias, des iris et des plantes indigènes apportent d'autres nuances de couleur et parfums. De la fin du mois d'octobre jusqu'à la fin de la première semaine de novembre, environ 100 jardins de particuliers ouvrent leurs portes au public à l'occasion du Taranaki Rhododendron Festival. Les visiteurs peuvent parfois y prendre le thé ou faire des achats. Pour plus d'informations, rendez-vous sur www.gardens.org.nz

Rhododendrons en fleurs

Richmond Cottage

Ariki St. *(06) 758 9583.* *de juin à août : du ven. au dim. et jours fériés ; de sept. à mai : lun., mer., du ven. au dim. et jours fériés.*

Cette maison de 1853, en pierre et non en bois selon l'habitude de l'époque, servit de résidence à plusieurs grandes familles du Taranaki, et nombre des meubles et des objets qu'elle contient appartenaient à ces pionniers. Dans les années 1880, des vacanciers venus profiter de la mer y louaient des chambres.

Pukeariki Landing

Ariki St. *t.l.j.*

La démolition d'une ancienne voie ferrée en bord de mer a permis la création en 1990 de ce joli parc en centre-ville. Il doit son nom de « débarcadère de Pukeariki » au fait qu'il s'étend à l'emplacement où accostaient les barcasses qui assuraient le transfert, depuis les navires, des passagers et des marchandises.

Govett-Brewster Art Gallery

Queen St. *(06) 758 5149.* *t.l.j.* *ven. saint, 25 et 26 déc.* *expositions temporaires.* *www.govettbrewster.org.nz*

Un don d'une mécène locale, Monica Brewster, est à l'origine de l'ouverture en 1970, dans un ancien cinéma, du seul musée d'art contemporain de Nouvelle-Zélande à posséder une collection permanente. Les clauses de la donation stipulaient que l'établissement devrait toujours avoir un directeur de stature nationale et la liberté de choisir ses acquisitions avec une « influence minimale des hommes politiques locaux ».

Le fonds, qui compte des œuvres de Patrick Hanly, Michael Illingworth et Colin McCahon, a pour points forts la sculpture actuelle et l'art abstrait des années 1970 et 1980. Un prêt de la Len Lye Archive permet de découvrir des sculptures cinétiques et des films expérimentaux de ce créateur éclectique décédé en 1980.

L'Art Gallery dispose d'un café et d'une boutique, et organise des conférences.

Fougères du Pukekura Park

Pukekura Park

Liardet St. ◯ *t.l.j.* ♿

A 10 minutes à pied du centre, cet espace vert inauguré en 1876 a l'eau pour thème dominant. Des sentiers traversent une dense savane arbustive et passent entre des arbres tant locaux qu'importés le long de lacs et de rivières.

Les autres attractions comprennent une collection de fougères, une fontaine, une cascade, une roue hydraulique, un terrain de sport et des barques à louer. La maison de thé, sur la rive du plus grand lac, ménage une vue spectaculaire du mont Taranaki.

Pour le festival of Lights *(p. 39)*, des miliers d'ampoules colorées transforment le parc en un décor de conte de fées.

Mode d'emploi

Carte routière D3. *70 000.* *12 km N.-E. de la ville.* *Queen St.* *1 Ariki St, (06) 759 6060.* *Taranaki Rhododendron Festival (oct.-nov.), Festival of Lights (déc.-fév.).* *www.newplymouthnz.com*

Brooklands Park

Brooklands Park Drive.

◯ *t.l.j.* ♿

Ancien domaine privé légué à la ville en 1934, ce parc à l'anglaise attenant au Pukekura Park renferme de vastes pelouses et des parterres taillés au cordeau, ainsi qu'un *puriri (Vitex lucens)* de 2 000 ans, 300 variétés de rhododendrons et, pour les enfants, un zoo. Dans un cadre boisé, la scène du Bowl of Brooklands, au bord d'un lac, sert pour des concerts et autres spectacles.

Au milieu de la verdure, Gables est un ancien hôpital colonial. Achevé en 1848, le magnifique bâtiment n'accueillit jamais que 55 patients, et il abrite désormais une galerie d'art et un musée de la médecine.

New Plymouth d'un coup d'œil

Église St Mary ⑤
Govett-Brewster Art Gallery ①
Puke Ariki ④
Pukeariki Landing ③
Pukekura Park ⑥
Richmond Cottage ②

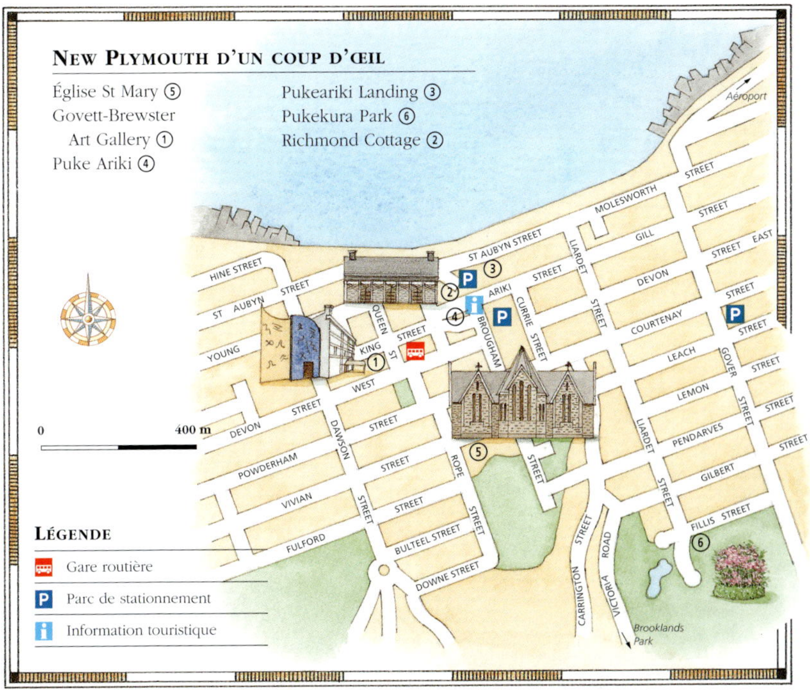

Légende

Gare routière
Parc de stationnement
Information touristique

Egmont National Park ⓲

Randonneur bien équipé

Au cœur de ce parc se dresse, solitaire et majestueux, le cône presque parfait du mont Taranaki ou Egmont (2 518 m). Les 3 routes qui escaladent les flancs du volcan en sommeil à la cime enneigée en font l'une des zones montagneuses les plus accessibles du pays. Bien que les conditions météorologiques changent très vite en altitude, il représente un excellent terrain d'escalade, de ski et de randonnée pour les visiteurs sportifs, grâce à ses 150 km de pistes. D'autres itinéraires s'adressent aux marcheurs moins entraînés.

Refuges
Ils sont reliés par les différentes pistes. Les places se prennent dans les centres d'information et les bureaux du Department of Conservation.

Essences indigènes
L'humidité du climat en montagne associée à des périodes chaudes et sèches a favorisé l'apparition d'une végétation luxuriante, en particulier à basse altitude.

Le Puniho Track, un sentier en boucle, est l'occasion d'une superbe excursion d'une journée (6 à 8 heures de marche). Il passe par 2 refuges, dont l'un au croisement avec l'Around-the-Mountain Circuit.

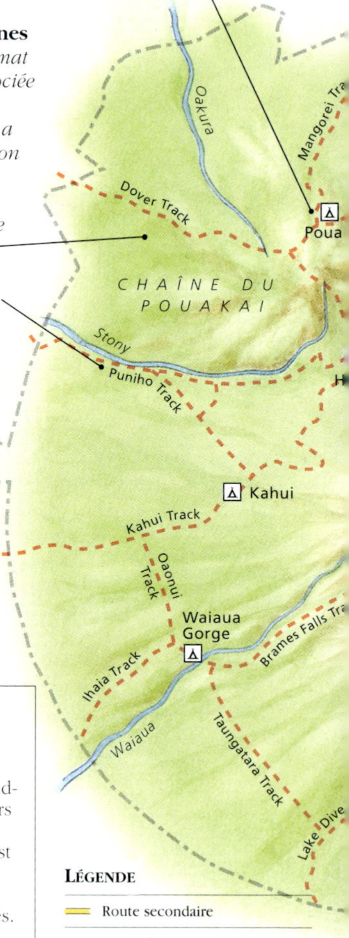

Légende

- Route secondaire
- Cours d'eau
- Limite du parc
- Sentier pédestre
- Information touristique
- Refuge
- Aire de pique-nique

L'Egmont National Park à pied

Les sentiers de randonnée sont légion dans le parc, partant à l'assaut du volcan ou en faisant le tour. C'est le cas du plus populaire : l'Around-the-Mountain Circuit. Son parcours complet prend 5 jours. On le rejoint en plusieurs points, et il est possible de n'en suivre que des tronçons. Les itinéraires les plus courts partent des 3 routes d'accès. D'aisés à ardus, ils demandent de 30 minutes à plusieurs heures de marche. La végétation passe progressivement de hauts *rimu* et *kamahi*, à basse altitude, à des alpages où poussent des plantes spécifiques au parc. Insectes et oiseaux sont nombreux.

En randonnée dans le parc

Le mont Taranaki ou Egmont
Sacré pour les Maoris de la région, le volcan, qui s'est formé il y a entre 120 000 et 70 000 ans, n'a plus eu d'activité depuis sa dernière projection de cendres en 1775.

MODE D'EMPLOI

Carte routière D3. Stratford Depot, Miranda St. North Egmont Visitors Centre, (06) 756 0990 ; Dawson Falls Display Centre, (025) 430248 ; Stratford Area Office, Department of Conservation, Stratford, (06) 765 5144. www.doc.govt.nz

Egmont Road
À Egmont Village, des panneaux signalent Egmont Road. Longue de 16 km, la route rejoint la zone nord du parc où des aires de pique-nique la jalonnent.

Au North Egmont Visitors Centre, où se trouve un café, un film vient à l'appui d'une exposition sur le parc et la montagne.

Alpinisme
Plusieurs voies, sur glace et sur neige, mènent au sommet depuis le flanc nord. Elles exigent un équipement adapté, surtout en hiver.

Le Dawson Falls Display Centre recèle une exposition sur la flore et la faune et une maquette des reliefs volcaniques.

Dawson Falls
Depuis le Dawson Falls Display Centre, 20 minutes de marche conduisent à cette chute d'eau qui dévale sur 18 m une ancienne coulée de lave.

Une des Sugar Loaf Islands

Oakura ⓳

Carte routière D3. *1 000.*

Situé sur une splendide portion du littoral du Taranaki, à 15 km à l'ouest de New Plymouth, Oakura est un village rural typique de Nouvelle-Zélande, organisé autour d'une grand-rue où s'alignent des magasins, une station-service, des terrains de jeu et de détente, des églises, des pubs et un monument aux morts. Un restaurant installé dans un wagon apporte une pointe de nouveauté. À la boutique Crafty Box, les créations d'artistes et d'artisans de la région sont en vente.

Réputée pour ses couchers de soleil, la plage d'Oakura (qui signifie « le lieu du rouge clignotant ») se prête à la baignade, à la planche à voile et au surf.

Sugar Loaf Islands Marine Park ⓴

Carte routière D3. *de Lee Breakwater, New Plymouth.*

Déclarées réserve marine depuis 1991, ces îles s'échelonnent de 700 m à 1,5 km de la digue de Port Taranaki, au large de New Plymouth. Vestiges de la plus ancienne activité volcanique de la région, il y a 1,75 million d'années, les reliefs et les récifs qui les composent sont des dômes andésitiques érodés reposant sur un socle situé à une profondeur de 5 à 30 m. Des 11 îles, ou groupes d'îles, les deux plus grandes, Motumahanga et Moturoa, les « îles extérieures », se trouvent à l'extrémité nord de la réserve. Les « îles intérieures » comptent 4 îlots rocheux proches de Paritutu, dont Round Rock que l'on peut atteindre à pied à marée basse, ce qui s'avère aussi possible pour Snapper Rock certains jours de printemps. Cependant, le moyen le mieux adapté à la découverte des îles est de louer un bateau.

Le petit archipel possède une faune et une flore variées, avec au moins 90 espèces de poissons, 33 d'éponges, 19 d'oiseaux et des plantes rares et menacées de disparition, qu'elles soient indigènes ou importées. Des otaries à fourrure fréquentent les îles toute l'année, tandis que dauphins communs, céphalorynques à front blanc, rorquals à bosse, épaulards et globicéphales font des apparitions.

Des eaux relativement profondes, la beauté des paysages sous-marins et une visibilité allant souvent jusqu'à 20 mètres en été et en automne ont fait la renommée du site auprès des plongeurs. La pêche, bien que soumise à des restrictions, est également l'une des principales attractions des lieux. La morue bleue, le thazard bâtard et le vivaneau fournissent les prises les plus fréquentes. Les expéditions de pêche au gros (thon, makaire et mako) ont surtout lieu en été et en automne.

Cap Egmont ㉑

Carte routière D3.

Le phare qui monte une garde solitaire sur le cap le plus à l'ouest du Taranaki, soumis à des vents forts et une mer relativement agitée, se dressait à l'origine sur Mana Island, près de Wellington. Transféré en 1881, il a fonctionné jusqu'en 1951 grâce à des groupes électrogènes au gas-oil.

À 30 km au large du promontoire, le champ de Maui produit du gaz traité à Oaonui, à 9 km au nord-ouest de la ville d'Opunake. Les visiteurs disposent à l'usine d'un bureau d'information qui retrace l'histoire de l'exploitation pétrolière dans la région, grâce notamment à des maquettes de bateaux et d'une plate-forme de forage. Des jumelles offrent une bonne vue de la plate-forme Maui A.

Escalier menant au phare du cap Egmont

Opunake ㉒

Carte routière D3. *1 600.* *Tasman St, (06) 761 8663.* *Opunake Beach Carnival (janv.).*

Des peintures murales ornent les boutiques du plus gros bourg à l'ouest du mont Egmont. Centre animé d'une riche région laitière, il se targue de posséder la plage la plus agréable du Taranaki. Elle borde la petite Middleton Bay, bien abritée, et les vacanciers s'y pressent en été pour se baigner et glisser sur les vagues en sécurité.

Opunake Beach, un lieu de baignade pittoresque de la côte du Taranaki

Un sentier pédestre long de 7 km, l'Opunake Walkway, longe la côte, splendide, et le lac Opunake est apprécié pour le ski nautique, le canoë ou la voile. Le parcours, accessible en plusieurs endroits, passe aussi par deux vieux cimetières.

Hawera ㉓

Carte routière D3. 9 000.
55 High St, (06) 278 8599.

Petite ville de la campagne profonde du Taranaki, Hawera recèle quelques sites intéressants pour les visiteurs. C'est un fermier, Bernard Hollard, qui a aménagé et laissé son nom aux **Hollard Gardens**, d'une superficie de 38 000 m². Propriété du Queen Elizabeth II National Trust depuis 1982, le jardin revêt ses plus beaux atours de septembre à novembre.

En face de la plus grosse usine laitière multiproduits du monde, Kiwi Dairies, fermée au public, le parc d'attractions **Dairyland** permet de participer à la simulation d'une collecte de lait en camion-citerne et de comparer les méthodes d'exploitation du XIXe siècle avec celles d'aujourd'hui. Vous saurez tout sur l'industrie laitière, les innovations et les percées technologiques qu'elle a connues. Un hommage est aussi rendu aux hommes qui se sont investis au fil des ans dans ce qui reste la plus grosse source de devises étrangères de la Nouvelle-Zélande. Le lait est, bien entendu, à l'honneur sur la carte de l'unique café tournant de la région. Il offre une excellente vue du mont Egmont.

Le château d'eau de Hawera ménage un large panorama de la ville et de ses environs. Sa construction suivit une série d'incendies survenus dans les années 1880. L'un d'eux ravagea presque la totalité de la rue principale. En 1914, un mois après l'érection de la tour, un tremblement de terre lui donna une inclinaison de 75 cm vers le sud. Elle n'est plus que de 8 cm maintenant.

Statue à l'entrée de Dairyland

Décrit comme le meilleur musée privé du pays, le **Tawhiti Museum** évoque de nombreux aspects de l'histoire du South Tarakani, depuis le début des guerres territoriales jusqu'au développement de l'industrie laitière. Installée dans une ancienne fromagerie, l'exposition inclut des dioramas dont les mannequins ont les traits de volontaires locaux.

Un train de brousse emmène ses passagers sur la reconstitution d'une voie de débardage telle qu'en utilisaient jadis les forestiers.

Hollard Gardens
Manaia Road, N. de Kaponga.
(06) 764 6544. t.l.j.
participation libre.

Dairyland
À l'angle de la Nationale 3 et Whareroa Rd.
(06) 278 4537. t.l.j.

Tawhiti Museum
401 Ohangai Rd. *(06) 278 6837.*
variable. *sur demande.*

Stratford ㉔

Carte routière D3. *5 700.*
Miranda St, (06) 765 6708.

Cette petite ville à l'est du mont Egmont et à 40 km au sud de New Plymouth a été baptisée d'après Stratford-upon-Avon, le lieu de naissance de Shakespeare. Ses rues portent d'ailleurs souvent le nom de personnages du célèbre dramaturge. **Taranaki Pioneer Village** renferme une cinquantaine de bâtiments anciens restaurés, ou reconstitués, dont une école, une prison et une gare.

Taranaki Pioneer Village
Stratford South. *(06) 765 5399.*
t.l.j. *25 déc.*
certains bâtiments.

Diorama du Tawhiti Museum de Hawera

17
MOUNT COOK AIRLINE

L'ÎLE DU SUD

Présentation de l'île du Sud

Une variété de paysages sans équivalent attend le visiteur dans l'île du Sud. Le nord ensoleillé abrite des plages de sable doré et des vignobles, tandis qu'avec ses glaciers, ses lacs, ses rivières et ses fjords, la longue chaîne enneigée des Southern Alps forme un vaste terrain d'aventure. Elle domine d'un côté l'étroite côte ouest, sauvage et battue par les vagues de la mer de Tasman. De l'autre s'étendent le patchwork des champs des plaines du Canterbury et les riches pâturages vallonnés de l'Otago et du Southland. Christchurch, la « ville jardin », et Picton, dans l'étonnant dédale des Marlborough Sounds, constituent les deux principaux points d'entrée de l'île.

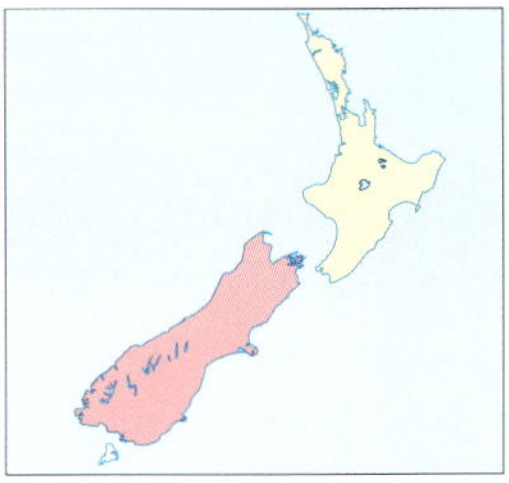

Carte de situation

Dans le Mount Cook National Park (p. 250-251), *les plus hauts sommets de Nouvelle-Zélande attirent autant les skieurs et les alpinistes que les photographes.*

Le long lac Te Anau (p. 279), *où l'on pêche la truite et le saumon, s'étire au pied des montagnes du Fiordland National Park, sculptées par les glaciers.*

L'Octagon (p. 258), *un bel espace vert au centre de Dunedin, entoure de ses huit côtés la statue du poète écossais Robert Burns. Celle-ci tourne le dos à d'imposants édifices publics.*

◁ **Petite pause sur la neige lors d'un vol au-dessus du mont Cook**

Le Nelson Lakes National Park (p. 210), *à la pointe nord des Southern Alps, renferme deux lacs glaciaires : Rotoiti et Rotoroa.*

Kaikoura (p. 206-207) *est le seul endroit de Nouvelle-Zélande où séjourne à l'année un groupe de cachalots. Des spécialistes de l'écotourisme emmènent les visiteurs contempler de près ces cétacés et d'autres créatures marines.*

Les Provincial Council Buildings (p. 224), *principal monument historique de Christchurch, offrent un bel exemple d'utilisation du style néo-gothique dans un contexte profane.*

Les Moeraki Boulders (p. 265), *de gros rochers gris, lisses et hémisphériques, semblent avoir été semés au bord de l'eau et près des falaises derrière la plage.*

Merveilles du Sud

Criques aux rives couvertes de bush des Marlborough Sounds, plages de sable doré du Nelson, plaines infinies du Canterbury, sommets enneigés des Southern Alps, forêts pluviales de la côte ouest, landes et prairies de l'Otago et du Southland, fjords du sud-ouest… la nature et l'histoire ont doté l'île du Sud de paysages exceptionnels. À leur diversité répond celle du climat, doux au nord, rigoureux en altitude, humide à l'ouest, sec à l'est, les deux côtes n'étant séparées que par trois heures de route.

***Mitre Peak**, dans le Fiordland National Park, est la plus haute falaise du monde.*

***L'Abel Tasman National Park** (p. 212-213), où le vert de la forêt tranche sur la couleur du sable des plages, renferme un magnifique sentier côtier.*

Les moutons ont besoin d'un aliment d'appoint comme le foin au cœur de l'hiver.

LES SOUTHERN ALPS

Le soulèvement de la plaque continentale pacifique (p. 20), sous laquelle s'enfonce la plaque indo-australienne, a créé cette chaîne montagneuse qui s'étend presque d'un bout à l'autre de l'île du Sud.

***La côte ouest**, étroite bande de terre entre la mer de Tasman et les Southern Alps, est la zone la plus arrosée de Nouvelle-Zélande. Elle conserve de superbes forêts pluviales primitives, comme ici, sur le Milford Track (p. 281).*

***Sur la péninsule de Banks**, les cratères d'anciens volcans ont donné naissance aux baies de Lyttleton et Akaroa.*

Les Marlborough Sounds *(p. 200-201), dans le nord, résultent de la submersion d'un important réseau fluvial.*

Les Sutherland Falls *dans le Fiordland, constituées de trois cascades, dévalent 580 m.*

Montagnes et glaciers sont un terrain spectaculaire pour quantité de loisirs de plein air.

Les sommets des Southern Alps, soulevés par des forces titanesques et érodés par le vent, la pluie et la glace, offrent un spectacle stupéfiant du ciel comme de la route.

Les lacs à l'est des montagnes, tel le lac Ohau ci-dessus, occupent les couloirs d'anciens glaciers.

Plusieurs plans d'eau *de l'est, dont le lac Tekapo, doivent leur aspect laiteux à de la poudre de roche en suspension.*

UN ENTRELACS DE RIVIÈRES

Les bras d'eau sinueux qui se mêlent entre mer et montagne sur la côte est de l'île du Sud forment un écosystème rare. Au fil des millénaires, les plus grands cours d'eau comme la Rakaia, la Waimakariri, la Rangitata et la Waitaki ont charrié graviers et alluvions depuis les Southern Alps pour créer les fertiles plaines du Canterbury. Sur leurs bords vit le pluvier anarhynque, le seul oiseau au monde au bec incurvé d'un côté. L'échasse noire, l'échassier le plus rare de la planète, niche sur les lits de galets des rivières du bassin de la Mackenzie *(p. 249)*.

La Waimakariri se divise en de multiples bras dans les plaines du Canterbury

Les colonies animales

Attention aux oiseaux !

L'île du Sud est moins peuplée que celle du Nord, et la faune y souffre donc moins de la concurrence de l'homme. L'importance du nombre de colonies d'animaux sauvages aisément observables en est la preuve. La Nouvelle-Zélande a été décrite comme la « capitale mondiale des oiseaux de mer », en raison de la multitude d'espèces qui font escale ou se reproduisent sur ses côtes. L'absence de prédateurs a rendu les oiseaux de l'intérieur des terres moins craintifs que leurs cousins de bien des pays. Les mammifères marins abondent, et les agences touristiques prennent peu de risques en promettant d'en apercevoir presque à coup sûr.

***La grande aigrette**, visible dans plusieurs estuaires, ne pond que dans un marais proche d'Okarito, en septembre-octobre.*

***L'albatros royal** est l'un des oiseaux de mer à la plus large envergure – jusqu'à 3 m. Ci-dessus : la pesée d'un petit de 4 mois à Taiaroa Head, dans la péninsule de l'Otago* (p. 264), *le seul site de nidification continental du monde.*

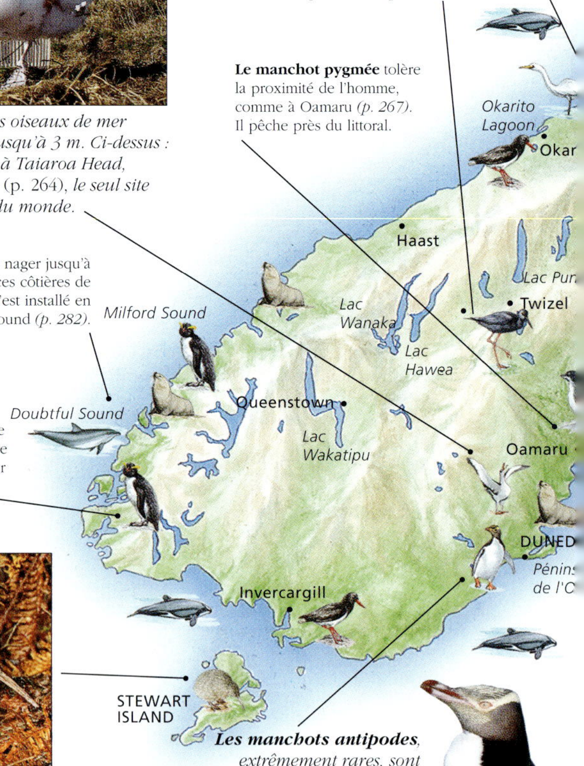

L'échasse noire, menacée d'extinction, se rencontre près des rivières en réseau du bassin de la Mackenzie et dans des centres de reproduction *(p. 249)*.

Le manchot pygmée tolère la proximité de l'homme, comme à Oamaru *(p. 267)*. Il pêche près du littoral.

Le grand dauphin, qui peut nager jusqu'à 40 km/h, traque des espèces côtières de fond. Un groupe s'est installé en permanence à Doubtful Sound *(p. 282)*.

Le gorfou du Fiordland, une espèce indigène rare, se distingue par une bande jaune au-dessus de chaque œil. Il vient en juin nicher dans la forêt pluviale.

***Le kiwi**, malgré des habitudes nocturnes, peut être vu au crépuscule dans la forêt de Stewart Island* (p. 286-287).

***Les manchots antipodes**, extrêmement rares, sont concentrés dans la péninsule de l'Otago* (p. 265) *où ils patrouillent le soir sur la plage.*

Les otaries à fourrure *fréquentent plusieurs points de la côte. Au cap Foulwind (p. 232), la colonie veille sur des petits au printemps et en été.*

Des échassiers *comme ces échasses blanches viennent se nourrir en grandes volées sur les bancs de sable intertidaux.*

Les cachalots *qui ont élu domicile au large de Kaikoura (p. 207) plongent jusqu'à une profondeur de 1 000 m pour se nourrir, de gros calmars principalement.*

Le céphalorhynque à front blanc*, dauphin propre à la Nouvelle-Zélande, nage la plupart du temps près des côtes en couple ou en petits groupes.*

LÉGENDE

 Échasse noire

 Kiwi

 Manchot pygmée

 Albatros royal

 Grand dauphin

 Cachalot

 Gorfou du Fiordland

 Échassier

 Otarie à fourrure

 Grande aigrette

 Céphalorhynque à front blanc

 Manchot antipode

PRÉCAUTIONS

Observer les animaux demande de la patience et de la discrétion. Il arrive aux otaries d'attaquer les gens qui se mettent entre elles et leurs petits ; dérangés, les manchots antipodes ne reviennent pas à terre nourrir leurs poussins, et les dauphins ne font pas toujours bon accueil à ceux qui veulent nager avec eux. Mieux vaut disposer d'un guide chevronné qui connaît les habitudes et les tolérances des animaux, sait les trouver et pourra fournir d'intéressantes informations.

Le paradis de l'extrême

Surfeur des neiges

Qui dit aventure dit Queenstown. En effet, la ville et ses environs se prêtent à la pratique d'un nombre incroyable de sports de l'extrême. Ses lacs et ses montagnes, que dévalent des torrents, joints à un climat généralement sec font de la région l'endroit idéal pour tester ses limites, d'autant que les Néo-Zélandais ne manquent pas d'imagination pour créer de nouveaux défis. Une législation stricte et un encadrement de haut niveau garantissent un minimum de risques encourus en fonçant en bateau dans 10 cm d'eau, en skiant hors piste, en se jetant d'un pont au bout d'un élastique ou en sautant d'un avion en parachute.

***Les jet-boats**, des hors-bord spécialement conçus sans hélice pour se contenter de 10 cm d'eau, foncent à tombeau ouvert dans d'étroites gorges.*

Queenstown et ses environs

Sports de l'extrême près de Queenstown

Dans un rayon de 70 km autour de Queenstown, les activités sont nombreuses. Des agences spécialisées assurent le transport, la fourniture de l'équipement et un encadrement qualifié.

	Saut à l'élastique	Parapente	Jet-boat	VTT	Ski	Parapente en tandem	Parachute en tandem	Rafting
Cardrona Alpine Resort				●	●			
Coronet Peak		●		●	●		●	
Kawarau Bridge	●							
Kawarau (rivière)			●					●
Queenstown *(p. 274)*	●					●	●	
Remarkables		●		●	●	●	●	
Shotover (rivière)			●					●
Skippers Canyon	●		●					
Treble Cone					●	●		
Waiorau Snow Farm					●			
Wanaka *(p. 269)*				●		●	●	●

***Les domaines skiables** près de Queenstown sont considérés comme les meilleurs du pays.*

Légende

- Route nationale
- Route secondaire
- Cours d'eau

***Le VTT** permet de s'aventurer dans des sites sauvages, seul ou dans le cadre de promenades guidées.*

***Le rafting** dans les gorges et les rapides de la Kawarau et de la Shotover laisse le cœur battant... et trempé.*

Queenstown, le lac Wakatipu et les Remarkables depuis le point d'arrivée du téléphérique de Bob's Peak

Dans la zone de préparation, la longueur de l'élastique attaché aux chevilles du sauteur est réglée en fonction de son poids.

Un sauteur vient de plonger, avant d'être de nouveau propulsé vers le haut par l'élastique.

SAUT À L'ÉLASTIQUE

Le Néo-Zélandais A.J. Hackett a rendu ce sport célèbre en 1986 en s'élançant de la tour Eiffel. Les possibilités offertes aujourd'hui vont d'un piqué de 104 m depuis un pont dans une gorge étroite (pour une arrivée sèche ou mouillée) à un plongeon depuis Bob's Peak, au-dessus de Queenstown.

***Le ski de fond** est une spécialité de la Waiorau Snow Farm située dans la chaîne du Pisa, près de Wanaka. Pendant la saison, elle organise des courses et des compétitions de saut à ski.*

***Le parapente en tandem** depuis le sommet d'une colline offre pour le novice plus de sécurité que le « summum » du saut à deux : se jeter d'un avion accroché à un instructeur et rejoindre le sol, au terme d'une très longue glissade, suspendu à un parachute.*

Marlborough et Nelson

Cette région jouit d'un climat chaud qui a toujours séduit les visiteurs et qui favorise la culture fruitière et la viticulture. Réputée pour ses produits de la mer, elle possède un superbe littoral avec ses portions de côte sauvage, ses plages de sable doré et son dédale de vallées submergées. L'intérieur des terres renferme de vertes forêts, et plusieurs parcs nationaux protègent une nature d'une rare beauté.

Selon la tradition, les navigateurs polynésiens Kupe *(p. 43)* et Rakaihautu séjournèrent dans la région. Des vestiges archéologiques témoignent d'une présence maorie dès le XIIIe siècle. En 1642, l'explorateur néerlandais Abel Tasman fit escale à Golden Bay *(p. 46)*. Une confrontation avec les Maoris entraîna la mort de 4 membres de son équipage avant même qu'il eût posé le pied à terre, ce qui ne l'incita pas à s'attarder. Les visites ultérieures de James Cook dans le Queen Charlotte Sound, entre 1770 et 1778, s'avérèrent plus fructueuses *(p. 46)*.

À la suite de la signature du traité de Waitangi en 1840, la New Zealand Company fonda une colonie à Nelson en 1842 *(p. 208-209)*. En 1858, elle était déclarée deuxième ville de Nouvelle-Zélande, juste un an avant que le Marlborough ne se voie attribuer le titre de province distincte. Le nord de l'île fut ainsi clairement divisé géographiquement.

Le Marlborough, à l'est, est sans doute la partie la plus contrastée. À l'entrelacs de bras de mer des Sounds, au nord, succèdent les vignobles et les élevages de moutons qui ont assuré sa prospérité. À l'extrémité septentrionale du Nelson, à l'ouest, Golden Bay est protégée des vagues par la pointe de Farewell et isolée par les parcs nationaux d'Abel Tasman et de Kahurangi. Au sud, les villes de Motueka et Nelson sont nichées sur le rivage de Tasman Bay. Leur riche arrière-pays, où vit une population d'artistes, d'artisans, de viticulteurs et d'horticulteurs, s'étend jusqu'aux Southern Alps et au Nelson Lakes National Park.

Marché du week-end à Nelson

◁ **Plage de Totaranui, dans l'Abel Tasman National Park**

À la découverte du Marlborough et du Nelson

Le nord de l'île du Sud dispose de beaucoup d'atouts : un climat ensoleillé, une côte sauvage et variée, une gastronomie et des vins de qualité, des réserves marines et 3 parcs nationaux où sentiers pédestres et pistes cyclables traversent de splendides paysages. L'observation des mammifères marins de Kaikoura *(p. 207)*, la visite des chais de Wairau Valley *(p. 204-205)*, l'exploration à pied, en kayak ou en bateau des Marlborough Sounds *(p. 200-201)*, uniques en leur genre, et la Suter Art Gallery à Nelson *(p. 211)* sont parmi ses célèbres attraits. Cette dernière ville offre une excellente base d'où rayonner.

Kaiteriteri Beach, près de Motueka, une station balnéaire de Tasman Bay

La région d'un coup d'œil

Abel Tasman National Park p. 212-213 ⓮
Blenheim ❻
Collingwood ⓲
Havelock ❹
Kahurangi National Park ⓭
Kaikoura ❼
Marlborough Sounds p. 200-201 ❷
Motueka ⓬
Nelson p. 208-209 ❽
Nelson Lakes National Park ⓫
Picton ❶
Pointe de Farewell ⓳
Queen Charlotte Drive ❸
Richmond ❾
St Arnaud ❿
Takaka ⓰
Takaka Hill ⓯
Waikoropupu Springs Scenic Reserve ⓱

Excursion
Vignobles de Wairau Valley ❺

Légende

- Route nationale
- Route principale
- Route pittoresque
- Cours d'eau
- Point de vue

Voir aussi

• ***Hébergement*** p. 305
• ***Restaurants, bars et cafés*** p. 324-

Circuler

En dehors des nationales, beaucoup de routes sont étroites et en terre, surtout du côté des Marlborough Sounds et de Molesworth Station *(p. 206)*. Le train permet un voyage pittoresque le long de la côte est entre Picton et Kaikoura, mais ne dessert pas Nelson. La ville possède toutefois, à l'instar de Blenheim, un aéroport pour les lignes intérieures. Depuis Wellington, des compagnies privées assurent des liaisons avec Golden Bay et certaines destinations des Sounds. Au départ de Nelson, Motueka, Marahau et Kaiteriteri, des bus et des bateaux rejoignent les 3 parcs nationaux.

Vignobles de Blenheim à Wairau Valley, la plus grande zone viticole de Nouvelle-Zélande

Les meilleurs sites de loisir

Ils ont été sélectionnés en fonction du nombre d'activités de plein air qu'ils permettent. Les conditions de sécurité varient suivant le climat et la période de l'année. En cas de doute, se renseigner sur place.

	Observation des oiseaux	Bateau	Faune marine	VTT	Kayak de mer	Baignade	Randonnée
Abel Tasman National Park	●		●	●	●	●	●
Blenheim	●			●			●
Collingwood	●			●			●
Havelock		●			●		●
Kahurangi National Park	●						●
Kaikoura	●	●	●	●	●	●	●
Marlborough Sounds	●	●	●	●	●	●	●
Motueka	●					●	●
Nelson		●		●		●	●
Nelson Lakes National Park	●	●				●	●
Picton		●		●	●	●	●
Pointe de Farewell	●		●				●
Queen Charlotte Drive						●	●
St Arnaud	●	●		●	●	●	●

Picton ❶

Carte routière D4. *4 000.* *Koromiko, 9 km S. de la ville.* *front de mer, (03) 520 3113.* *www.destinationmarlborough.com*

À Picton, au fond de ce long bras de mer qu'est le Queen Charlotte Sound, accostent les navires transportant les passagers depuis Wellington. Cette jolie petite ville nichée entre l'Océan et des collines dans une région réputée pour la sécurité de ses ancrages vit au rythme de sa gare et de son port où se croisent ferries, bateaux-taxis et voiliers.

De larges artères et les bâtiments historiques qui bordent le front de mer rappellent ses origines européennes. Alors qu'elle s'appelait encore Waitohi, elle fut choisie pour devenir le port du district de Wairau, puis la capitale de la province du Marlborough à sa création en 1859. Elle a perdu ce statut au profit de Blenheim en 1866. Les navettes par voie de mer avec l'île du Nord envisagées en 1899 aboutirent en 1962 à la mise en service de ferries pouvant transporter des voitures et des trains.

Picton est un bon point de départ pour aborder l'histoire de la région. Au **Picton Museum** sont conservés des souvenirs de l'époque de la chasse à la baleine, qui commença dès les années 1820. Le passage du capitaine Cook dans les Sounds est également évoqué.

L'*Edwin Fox*, qui transportait des forçats

Exposition sur l'industrie baleinière au Picton Museum

Le passé maritime est encore rappelé par le chaland ***Echo***, de 1905, et l'***Edwin Fox***. Chaque année, environ 14 000 tonnes de fret circulaient entre Blenheim et Wellington à bord du premier, situé à un bout du front de mer. L'*Edwin Fox*, à l'autre extrémité, est le dernier voilier existant qui transportait des forçats australiens. Il eut aussi comme passagers des immigrants en Nouvelle-Zélande. En teck, il fut construit dans un chantier naval indien en 1853. Une cale sèche assure sa conservation près d'un musée bâti pour lui. Situé sur le quai, **Seahorse World** permet de découvrir les différentes espèces vivant dans le détroit. Plusieurs sentiers pédestres et pistes cyclables commencent près de l'*Echo*, à Shelly Beach, d'où s'offre un large panorama de la ville. Depuis l'*Echo*, une courte ascension mène à Victoria Domain, une étendue boisée. Une plus longue promenade passe par Bob's Bay et réserve une vue du Queen Charlotte Sound. Elle conduit au Snout (« museau »), un promontoire entre les baies de Picton et de Waikawa. Son nom maori, Te Ohumoeoneihu, signifie le « nez du ver de sable ». Les sentiers de Tirohanga et d'Essons Valley s'enfoncent dans la forêt derrière la ville.

Massue maorie, Picton Museum

Picton Museum
London Quay. (03) 573 8283. t.l.j. 25 déc.

Echo
Shelly Beach. (03) 573 7498. l'été : t.l.j. ; l'hiver : sur r.-v. 25 déc.

Edwin Fox
Dunbar Wharf. (03) 573 6868. t.l.j. ven. saint, 25 déc.

Seahorse World
Picton Waterfront. (03) 573 60 30. t.l.j.

AUX ENVIRONS
Au nord-est de Picton, Karaka Point, une étroite péninsule jadis occupée par un *pa*, se rejoint en 20 minutes de route.

Marlborough Sounds ❷

P. 200-201.

Queen Charlotte Drive ❸

Carte routière D4.

La pittoresque Queen Charlotte Drive, route bien connue des Marlborough Sounds, relie Picton à Havelock. Seuls 35 km les sépare, mais, avec les arrêts, le trajet peut prendre jusqu'à une demi-journée tant la chaussée est sinueuse et étroite. Au sortir de Picton, des points de vue dominent la ville, et à 8 km, Governors Bay ménage un large panorama du Queen Charlotte Sound. Les endroits où se baigner et pique-niquer abondent au long du chemin qui traverse les charmants villages des baies de Ngakuta et Momorangi. L'artiste d'origine finlandaise Sirpa Alalääkkölä expose à Ngakuta Bay ses grandes peintures lumineuses. Beaucoup sont inspirées des Sounds.

En continuant vers l'ouest, une bifurcation à 12 km de Governor's Bay conduit au site historique d'Anakiwa, d'où part le Queen Charlotte Track *(p. 200-201)*. Vous y trouverez un abri et une aire de pique-nique. Une marche aisée au milieu d'un bois de hêtres mène à Davies Bay.

Queen Charlotte Drive passe ensuite par Linkwater et longe le Mahakipawa Arm, le bras de mer le plus inscrit dans les terres du Pelorus Sound. Avant l'ultime descente jusqu'à Havelock, les sentiers pédestres et le point de vue de Cullen Point offrent une perspective différente du labyrinthe des chenaux.

Un restaurant de Havelock fier de ses moules vertes

Néphrite sculptée à Havelock

Sirpa Alalääkkölä Art Studio
Phillips Rd, Ngakuta Bay.
(03) 573 7775. *sur r.-v.*

Havelock 4

Carte routière D4. *500.*
Main Rd, (03) 574 2114.
www.rutherfordtravel.co.nz

Le village qui s'est autoproclamé capitale de la moule verte *(Perna canaliculus)* reçoit un nombre croissant de visiteurs attirés par son cachet historique et ses coquillages. Fondé dans les années 1850 sur la piste entre Nelson et Blenheim au terme de la partie navigable du Pelorus Sound, Havelock vécut tout d'abord de l'exploitation forestière et de l'extraction d'or. Elle a aujourd'hui pour activités principales la pêche et la mytiliculture. La grand-rue reste marquée par le passé. Différents bâtiments du front de mer le rappellent, dont la maison de William Brownlee, qui possédait une scierie, bâtie à la fin du XIXe siècle, l'église St Peter, en pierre, et l'ancienne école primaire (devenue une auberge de jeunesse), que fréquenta lord Ernest Rutherford *(p. 19, 210)* dans les années 1870. Le village compte aussi plusieurs cafés et des boutiques vendant des objets d'art maoris, des antiquités, des bijoux et de l'artisanat. Excursions et activités comme le kayak de mer sont au programme. La tournée du navire postal constitue sans doute le moyen le plus aisé et le plus populaire de se promener dans les Sounds. Le **Havelock Museum** recèle des souvenirs de l'époque des pionniers et de celle de Rutherford.

Havelock Museum
Main St. *(03) 574 2176.*
t.l.j. *25 déc.*
participation libre.

Aux environs
À 9 km à l'ouest de Havelock, le nom de **Canvastown** entretient le souvenir de la « cité de toile » apparue en 1864 lors de la première ruée vers l'or de la région. Plusieurs milliers de mineurs affluèrent, mais beaucoup partirent peu après la découverte des filons de la côte ouest, chassés par les risques d'inondation et la surpopulation.

Dans la même direction, à 11 km, la Nationale 6 franchit la Pelorus dans la Pelorus Bridge Scenic Reserve. Celle-ci circonscrit le dernier vestige de la forêt de plaine fluviale qui couvrait une grande part des basses terres du Marlborough. Un pont suspendu, des cascades et des trous d'eau où se baigner agrémentent les chemins qui la sillonnent. Certains sont accessibles en fauteuil roulant. Les visiteurs disposent d'un café, d'une boutique, de bungalows et d'un parc caravanier aux emplacements alimentés en électricité. Ils peuvent participer à des promenades sur la rivière et à des excursions avec guide.

La Pelorus Bridge Scenic Reserve, appréciée pour la baignade et les pique-niques

Les Marlborough Sounds ❷

Champignon

Cet enchevêtrement de baies, de criques et de bras de mer parcouru par de multiples sentiers est unique par la richesse de sa vie sauvage, ses sites historiques et ses paysages époustouflants. Il se découvre le mieux à pied, en vélo ou en kayak. Des vedettes au départ des deux principales localités de la région, Picton et Havelock *(p. 198-199)*, mènent à des baies isolées et certains hébergements plus faciles d'accès par la mer.

À bicyclette à la découverte des Sounds

D'Urville Island
Accessible en bateau-taxi, cette île, où l'on pratique pêche, plongée, kayak et VTT, vit principalement de l'élevage. Autrefois, son importance était due à un gisement d'argilite, une pierre dure utilisée par les Maoris.

French Pass
Ce pittoresque village de pêcheurs et d'éleveurs porte le nom de l'étroit et dangereux détroit entre le continent et D'Urville Island.

0 5 km

Le Tennyson Inlet étend ses eaux calmes entre des rives couvertes de forêt primitive cachant des terrains de camping et des aires de pique-nique.

La formation des Sounds

Les Marlborough Sounds ont l'aspect d'une série de plissements qui s'élèvent hors de l'eau, mais il s'agit en fait d'un réseau de vallées creusées par des cours d'eau et submergées par l'Océan. Le phénomène a pour cause des glissements de terrain le long de failles et un affaissement vers le nord-est du socle continental. La dernière grande variation du niveau de la mer, survenue à la fin de la dernière ère glaciaire, a donné aux masses émergées leur littoral très découpé.

Vallées submergées à Elain Bay, Tennyson Inlet

À ne pas manquer

★ **Motuara Island**

★ **Embouchure du Queen Charlotte Sound**

★ **Queen Charlotte Track**

★ Le Queen Charlotte Track
Praticable aussi en VTT, cette piste bien balisée de 67 km commence à Ship Cove et finit à Anakiwa. Une condition physique moyenne suffit, mais de solides chaussures sont nécessaires.

MODE D'EMPLOI

Carte routière D4. de Picton à Anakiwa. de Picton et Havelock. **Picton** front de mer, (03) 520 3113 ; **Havelock** Main Rd, (03) 574 2114.
t.l.j. ven. saint, 25 déc.
www.doc.govt.nz

★ Motuara Island
D'accès libre, la Motuara Island Scenic and Historic Reserve abrite une foule d'oiseaux. Une passerelle facilite son exploration.

Titirangi Bay recèle une des rares plages de sable des Sounds et un parc de loisirs agricole.

★ L'embouchure du Queen Charlotte Sound
Avec ses îles et sa riche faune, l'embouchure du bras de mer mérite qu'on parte à sa découverte en bateau-taxi, en kayak ou en visite organisée.

LÉGENDE

- Route nationale
- Route secondaire
- Sentier pédestre
- Information touristique
- Parc de stationnement
- Terrain de camping
- Aire de pique-nique
- Bateau-taxi
- Point de vue

Tory Channel accueillit à partir de 1827 les premières stations baleinières terrestres du pays. Les vestiges de la dernière à être restée en activité, Perano, sont encore visibles. Elle a fermé en 1964.

Kenepuru Sound
De multiples formes d'hébergement sont disponibles dans cette profonde baie paisible où l'on vient marcher, pêcher et camper.

Port Underwood, grande station baleinière dans les années 1830, a pour principale attraction White's Bay et sa plage.

Promenade en kayak de mer dans l'Abel Tasman National Park ***(p. 212-213)*** ▷

Southern

Vignobles de Wairau Valley ❺

Grappes de chardonnay

Au début des années 1970, Montana Wines *(p. 206)* planta les premières vignes de Wairau Valley. Aujourd'hui, près de 50 chais prospèrent dans ce qui est devenu la plus vaste des régions viticoles néo-zélandaises et la plus réputée, en particulier pour ses sauvignons blancs. Les différents crus sont tous les ans à l'honneur en février, au festival du Wine Marlborough. Au sud de Blenheim, le Montana Brancott Visitor Centre propose une présentation du processus de vinification.

Vignobles de la région de Blenheim, au pied de la chaîne du Richmond

Cloudy Bay ⑨
L'un des plus gros exportateurs du Marlborough, il propose tous les jours à la vente et à la dégustation ses sauvignons blancs, chardonnays et pinots noirs réputés.

Allan Scott Wines and Estates ⑧
L'un des pionniers de la viticulture dans le Marlborough produit des classiques de la région : chardonnays, sauvignons blancs et rieslings.

Stoneleigh Vineyards ⑦
Cette propriété tire son nom des pierres *(stones)* qui couvrent un lit de rivière et réfléchissent les rayons du soleil, accélérant la maturation des grappes de chardonnay, de riesling, de sauvignon blanc et de pinot noir.

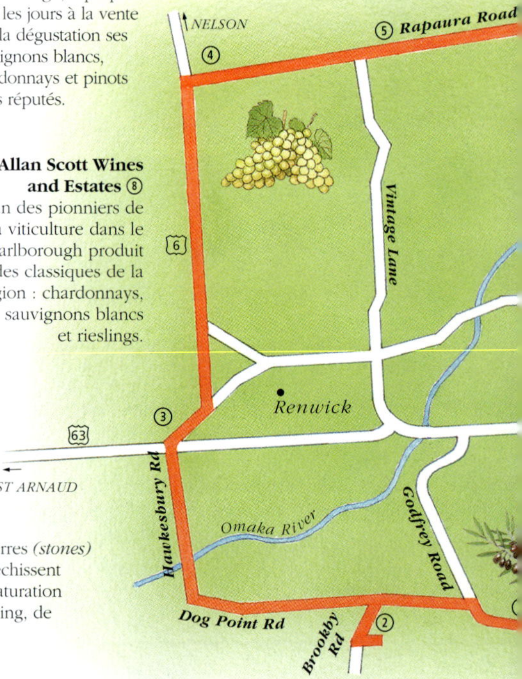

Hunters Wines ⑥
Sauvignon blanc, pinot noir, chardonnay, cabernet et merlot entrent dans la composition des rouges, des blancs et des mousseux de ce producteur souvent récompensé.

LÉGENDE

- Itinéraire conseillé
- Autre route
- Cours d'eau

Ponder Estate ①
Ce domaine primé pour ses blancs à base de sauvignon blanc et de chardonnay est aussi un pionnier de l'oléiculture en Nouvelle-Zélande. Ses produits sont en vente sur place, à la Shed Gallery, où sont exposées des œuvres de Mike Ponder.

Highfield Estate ②
La vue des vignobles depuis le haut de la tour de style toscan ajoute à l'intérêt de la visite guidée et des dégustations.

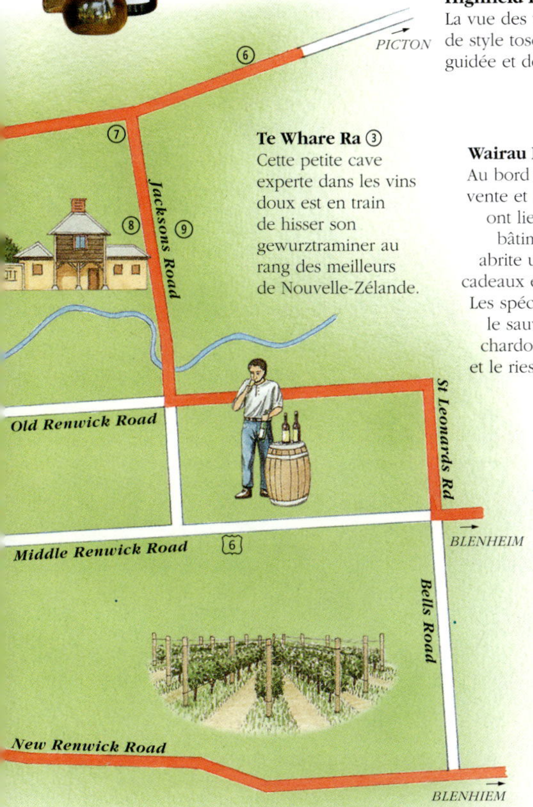

Te Whare Ra ③
Cette petite cave experte dans les vins doux est en train de hisser son gewurztraminer au rang des meilleurs de Nouvelle-Zélande.

Wairau River Wines ④
Au bord de la Wairau, la vente et les dégustations ont lieu dans un beau bâtiment en pisé qui abrite une boutique de cadeaux et un restaurant. Les spécialités comptent le sauvignon blanc, le chardonnay, le riesling et le riesling « botrytisé » (liquoreux).

Le Brun Family Estate ⑤
Daniel Le Brun a pour ambition de faire de la région une concurrente de la Champagne. On peut visiter le domaine, qui possède une vraie cave, et acheter sur place ses mousseux réputés.

CARNET DE ROUTE

Itinéraire : *34 km.*
Prévoyez plus d'une journée pour déguster les vins en toute tranquillité. La Nouvelle-Zélande possède une législation très stricte en ce qui concerne l'alcool au volant, ce qui confère de l'attrait aux visites organisées. Vous pourrez vous renseigner au Blenheim Visitor Centre (p. 206).
Point de départ : *Blenheim constitue une base logique d'où prendre la route. En dehors de deux petits écarts, le trajet forme une boucle.*
Où faire une pause ? *Les restaurants abondent à Renwick et Blenheim, et certains domaines en possèdent. En été, des fruits sont en vente à des étals. Décembre est le mois des cerises.*

Tour de l'horloge de Seymour Square, à Blenheim

Blenheim ❻

Carte routière D5. 20 500.
6 km O. de la ville.
2 High St, (03) 577 8080.
Wine Marlborough (2e sam. de fév.) ; Classic Fighters Airshow (Pâques) ; Hunters Garden Marlborough (2e week-end de nov.).

La croissance de la plus grande ville du Marlborough, au cœur de Wairau Valley, est allée de pair avec le développement de l'industrie viticole locale *(p. 204-205)*. Tous les ans, sa fête gastronomique draine les foules. Les artistes et artisans qui vivent dans la région sont un autre de ses intérêts.

Dans le centre, une fontaine, de jolis jardins et une tour de l'horloge agrémentent Seymour Square. La **Millennium Art Gallery** renferme les œuvres de peintres et de sculpteurs locaux. Le **Marlborough Historical Society's Museum and Archive** se trouve près de la sortie sud de Blenheim, à côté du Brayshaw Park, où a été reconstitué un village de l'époque coloniale. Il est possible de parcourir ce parc à bord d'un petit train ou de canoter sur son étang. Non loin, des sentiers pédestres et des pistes cyclables traversent l'exploitation agricole en activité du **Wither Hills Farm Park**. Ces chemins sont bien balisés et n'exigent pas un entraînement trop poussé.

Millennium Art Gallery
À l'angle de Seymour St et Alfred St. *(03) 579 2001. t.l.j. 1er janv., 25 déc. participation libre.*

Marlborough Historical Society's Museum and Archive
Arthur Baker Place. *(03) 578 1712. du mar. au dim. 25 déc.*

Wither Hills Farm Park
Redwood St. *Blenheim i-SITE Visitor Centre, (03) 577 8080. t.l.j.*

AUX ENVIRONS
Au sud de Blenheim, au **Montana Brancott Visitor Centre**, des visites d'une heure assorties de dégustations initient à la fabrication du vin par des présentations audiovisuelles et le passage dans 2 chais et une « roue de l'arôme ».

Plus au sud, à Awatere Valley, la route qui traverse **Molesworth Station**, le plus grand élevage de Nouvelle-Zélande, n'est ouverte qu'en été. Maisons anciennes en pisé, larges vallées fluviales et montagnes jalonnent le trajet de 59 km.

Dent de cachalot

Montana Brancott Visitor Centre
Nationale 1. *(03) 578 2099. t.l.j. ven. saint, 25 avr., 25 déc.*

Molesworth Station
Department of Conservation, (03) 572 9100. de déc. à fév.

Kaikoura ❼

Carte routière D5. 3 700.
Westend St, (03) 319 5641.
Kaikoura Seafest (1er sam. d'oct.) ; Kaikoura Races (lun. après Labour Day).

Kaikoura signifie « repas de langouste », ce qui reflète l'importance de la mer dans la région. Cook, pour sa part, quand il croisa au large de la péninsule en 1770, appela l'endroit Lookers On (« spectateurs »), à cause de la méfiance des Maoris de la région. Les premiers colons européens, en 1842, étaient des baleiniers. À **Fyffe House**, une ancienne demeure, des dents de cachalot sculptées rappellent cette époque. Des os de baleines servent de fondations à une partie du bâtiment et bordent une allée du Garden of Memories, non loin, en bord de mer. Comme l'illustrent une exposition et un film au centre d'information, les cétacés contribuent toujours à la prospérité de la ville grâce au tourisme *(p. 207)*.

Au-dessus de Kaikoura, Scarborough Street vaut le détour pour son point de vue, les vestiges d'un *pa* et la Gold Gallery, où sont exposées des sculptures murales dorées à la feuille.

À la sortie sud de la ville, il est possible de suivre des visites guidées de la **Kaikoura Wine Company** et de la **Maori Leap Cave**, une grotte aux nombreuses stalagmites creusée par la mer. Plus au sud, à 6 km, la Fyffe Country Lodge possède un jardin agréable. Les sentiers qui courent sur le mont Fyffe à travers la forêt ménagent de superbes panoramas.

Fyffe House
62 Avoca St. *(03) 319 5835. l'été : t.l.j. ; l'hiver : du jeu. au lun. ven. saint, 25 déc. adultes.*

Kaikoura Wine Company
Nationale 1. *0800 452 4568. t.l.j. ven. saint, 25 déc.*

Maori Leap Cave
Nationale 1. *(03) 319 5023. t.l.j. 25 déc.*

Pique-nique sur la côte de Kaikoura

La faune marine de Kaikoura

Kaikoura a connu un véritable boum touristique à la fin des années 1980 grâce aux mammifères marins qui peuplent ses eaux. Les cachalots sont les principales vedettes, mais orques, otaries et plusieurs espèces de dauphins font aussi recette. La présence de ces grands prédateurs dentés est due à l'importante profondeur des eaux et à la rencontre de courants chaud et froid qui fait remonter vers la surface les proies dont ils se nourrissent. Plusieurs agences spécialisées dans l'écotourisme proposent de partir à leur rencontre et de mieux connaître leur mode de vie, depuis la côte ou les airs. On peut aussi s'en approcher à bord d'un bateau ou même dans l'eau. Beaucoup d'oiseaux marins fréquentent également la région, dont l'albatros royal, l'albatros hurleur, le puffin gris, le pétrel géant et l'albatros à sourcils noirs.

Vitrail

En bateau à la rencontre d'un cachalot

Observer les cétacés
La plupart des mammifères marins visibles à Kaikoura appartiennent au sous-ordre des odontocètes, des animaux dentés qui, contrairement aux baleines à fanons, ne se nourrissent pas de plancton, mais chassent leurs proies – poissons, krill ou calmars –, parfois à grande profondeur.

***Des agences** proposent une observation rapprochée des mammifères marins.*

***Le lagénorhynque obscur**, un dauphin, est très joueur.*

***Des otaries à fourrure** de Nouvelle-Zélande vivent en colonie à Ohau Point, à 23 km au nord de Kaikoura.*

***Poisson**, coquilles Saint-Jacques, langoustes et crevettes sont des spécialités locales. En octobre, leur abondance donne lieu à la Kaikoura Seafest.*

***De nombreux albatros** viennent pêcher dans les eaux proches de la côte de Kaikoura.*

Nelson ❽

Statue d'Abel Tasman

Les premiers colons du deuxième établissement créé par la New Zealand Company arrivèrent en février 1842. Dès 1844, ils durent faire face à la faillite de la compagnie. Certains s'entêtèrent, et Nelson devint en 1858 la capitale de la province du même nom. La même année, un décret royal en fit la deuxième ville de Nouvelle-Zélande. Réputée pour son climat et sa communauté d'artistes et d'artisans, elle présente un centre compact et riche en galeries, ateliers et sites historiques. Des plages proches, comme celle de Tahunanui, où se dresse un monument à Abel Tasman, permettent de se baigner.

Vue de Nelson depuis Auckland Point

Anzac Park

À l'angle de Rutherford St et Halifax St.

Nelson a pour principal mémorial de la guerre un bel espace vert où un cénotaphe se dresse au milieu de parterres de fleurs et de hauts palmiers. Jusqu'en 1901, le long du parc, une voiture à cheval assurait le transport de passagers sur un tronçon de la première voie ferrée de Nouvelle-Zélande. Le *pa* Matangi Awhio s'étendait jadis à Auckland Point. Le site est en cours de remise en végétation. Un sentier sinueux en part, grimpant vers un beau point de vue sur la ville.

Centre of New Zealand

À l'angle de Milton St et Hardy St.

Une marche aisée depuis la Botanical Reserve, où eut lieu le premier match de rugby du pays en 1870, conduit à Botanical Hill, jusqu'à un repère et un point de vue surnommé le « centre de la Nouvelle-Zélande ». Il domine Maitai Valley, la baie et la Maitai, le fleuve qui s'y jette après sa traversée de la ville. Une allée suit son cours au sein d'un agréable espace vert. Elle passe près de la Riverside Pool, une piscine moderne et chauffée derrière une façade ancienne, avant de rejoindre l'office de tourisme.

Suter Art Gallery

208 Bridge St. (03) 548 4699. *t.l.j.* *25 déc.*

Inaugurée en 1899, elle possède un fonds permanent qui dépasse en importance ce qu'on pourrait attendre d'une commune de 50 000 habitants, avec des peintures de sir Tosswill Woolaston (l'un des fondateurs de l'art moderne néo-zélandais), Frances Hodgkins et Colin McCahon. Jane Evans fait partie des artistes locaux représentés. La collection d'Andrew Suter, évêque de la ville de 1866 à 1891, offerte par sa femme, comprend des œuvres des débuts de la colonisation, dont un bel ensemble d'aquarelles de John Gully (1819-1888) représentant pour la plupart des paysages de la région. La Suter Art Gallery organise par ailleurs des expositions temporaires, des spectacles et des projections.

Queens Gardens et Albion Square

L'un des quartiers les plus anciens de Nelson a pour pôle les Queens Gardens, un jardin créé officiellement en 1887, mais dont certains arbres furent plantés dans les années 1850. Albion Square le borde. De l'époque où les bâtiments du gouvernement provincial la dominaient et en faisaient le centre politique de la région, cette place n'a conservé que quelques édifices – une poudrière, une station d'alevinage de truites et une caserne de pompiers –, ainsi qu'une boîte aux lettres de 1864 toujours en service.

Church Hill

Trafalgar Square.

Construit grâce à Thomas Cawthorn, un philanthrope qui fit de nombreux dons à la ville, le majestueux escalier en granit appelé Cathedral Steps s'élève depuis Trafalgar Street en direction de Christ Church, la cathédrale anglicane. Il s'agit de la troisième église élevée au sommet de la colline sur un site qu'occupèrent également un poste de guet, un *pa* et un fort dont subsistent des vestiges près de l'entrée du sanctuaire. Des panneaux retracent l'histoire de Church Hill.

La cathédrale Christ Church, au sommet de Church Hill

Marché du week-end à Montgomery Square

Nelson Market

Montgomery Square. (03) 546-6454. *de 8h à 13h sam., de 9h à 13h dim.* *1er janv., 25 déc.*

Tous les week-ends, un marché coloré envahit le parking de Montgomery Square. Les vendeurs arrivent avant même le lever du soleil pour installer leurs éventaires de plantes, de jouets, d'objets artisanaux et de produits biologiques allant des sushis aux fromages de Hollande. Des artistes de rue contribuent à créer une atmosphère enjouée.

Trafalgar Street South

Prolongeant la rue principale de Nelson au sud de la cathédrale, Trafalgar Street South conduit au Fairfield Park et à un petit cimetière où reposent des pionniers. Leurs pierres tombales évoquent les épreuves qu'ils traversèrent.

Deux demeures de l'époque coloniale peuvent être rejointes à pied depuis le parc. Melrose House, bâtie vers 1878 dans un style italianisant, frappe par ses dimensions imposantes. Fairfield House (1873) se distingue par sa tour d'observation, une réplique de celle qu'utilisait son premier propriétaire, Arthur Atkinson, pour contempler le ciel. Le jardin contient des plantations faites par le dalaï-lama lors de sa visite en 1996. Depuis Fairfield House, un sentier gravit la chaîne du Grampian jusqu'à un point de vue.

MODE D'EMPLOI

Carte routière D4. *43 500.* *15 km S.-O. de la ville.* *27 Bridge St.* *à l'angle de Halifax St et Trafalgar St, (03) 548 2304.* *Winter Music Festival (juil.) ; Nelson Arts Festival (sept.) ; Sealord Summer Festival (déc.-janv.).* *www.nelsonnz.com*

South Street

Le quartier historique de South Street s'étend à l'est de Church Hill. Seize habitations ouvrières construites entre 1863 et 1867 y sont visibles. Restaurées, beaucoup servent aujourd'hui à l'accueil de touristes ou abritent des boutiques d'artisanat.

Anciens logements ouvriers du quartier de South Street

NELSON D'UN COUP D'ŒIL

Anzac Park ①
Centre of New Zealand ⑤
Church Hill ⑥
Nelson Market ②
Queens Gardens et Albion Square ④
South Street ⑦
Suter Art Gallery ③
Trafalgar Street South ⑧

Richmond ❾

Carte routière D4. *11 000.*
Nelson, 8 km O. de la ville.
Gladstone Rd, (03) 543 9521.
Chelsea Flower and Garden Show (mars).

Pôle urbain de la région horticole qui l'environne au sud et à l'ouest, Richmond a pour fleurons le restaurant *Redwood Stables*, construit avec des briques de la première écurie de course du pays, et les Washbourne Gardens, qui renferment une prison de 1862. À **Höglund Art Glass**, les visiteurs peuvent regarder travailler les verriers renommés Ola et Marie Höglund.

Aux environs
À 6 km au sud-ouest de Richmond, à Brightwater, où un monument à lord Ernest Rutherford *(p. 19)* rappelle que le célèbre scientifique vit le jour ici en 1871, les amateurs d'artisanat visiteront **McGlashen Pottery**. Un peu plus loin, à Wakefield, s'élève une vieille église : St John (1846).

Höglund Art Glass
Lansdowne Rd. *(03) 544 6500.*
t.l.j. *ven. saint, 25 déc.*

McGlashen Pottery
128 Ellis St, Brightwater. *(03) 542 3585.* *t.l.j.* *ven. saint, 25 avr., 25 déc.*

St John, à Wakefield, la plus vieille église de l'île du Sud

St Arnaud ❿

Carte routière D5. *200.*
View Rd, (03) 521 1806. *Antique & Classic Boat Show (mars) ; Rainbow Mountain Bike Race (mars).*

À environ 90 minutes de voiture de Blenheim ou de Nelson, ce petit village blotti sur la rive du lac Rotoiti est un paradis pour les pêcheurs de truites et les amateurs de ski nautique. Poissonneux lui aussi, le lac Rotoroa, voisin et plus isolé, est plus paisible.

St Arnaud est la porte du Nelson Lakes National Park et la localité la plus proche du **domaine skiable de Rainbow**, adapté aux skieurs débutants et moyens. L'été, la route qui le dessert continue jusqu'à Hanmer Springs *(p. 231)*.

Le lac Rotoiti, dans le Nelson Lakes National Park

Domaine skiable de Rainbow
Wairau Valley. *(03) 521 1861.*
de juin à oct. : t.l.j.

Nelson Lakes National Park ⓫

Carte routière C5. *View Rd, (03) 521 1806.*

Les lacs glaciaires jumeaux Rotoiti et Rotoroa sont enchâssés au sein des 960 km² de ce parc national situé à la pointe nord des Southern Alps. Le meilleur moyen pour gagner ses vallées, ses hauts cols et ses forêts est le bateau-taxi. Lacs et rivières se prêtent à la baignade, à la pêche, au kayak, à la navigation à voile et à moteur, et l'hiver, au ski de randonnée. Marcheurs et randonneurs trouveront également leur bonheur, notamment avec les 80 km du célèbre Travers-Sabine Circuit. Il passe par 2 grandes vallées, un col, les marais de Speargrass et les 2 principaux plans d'eau. Le retour vers le superbe lac Angelus, le long de Robert Ridge, prend 2 jours. Les grandes altitudes requièrent de la prudence.

Motueka ⓬

Carte routière D4. *6 600.*
20 Wallace St, (03) 528 6543.

Kiwis, pommes, baies, poires, raisin et houblon font partie des cultures pratiquées dans la région de vergers la plus productive du pays. Motueka est en outre un bon point de départ vers les parcs nationaux d'Abel Tasman et de Kahurangi.

Aux environs
Kaiteriteri, à 14 km au nord de Motueka, est réputée pour ses magnifiques plages de sable. Au sud de Motueka, ateliers d'artistes, boutiques, chais, restaurants et gîtes font le charme des villages côtiers de Tasman et Mapua, ainsi que d'Upper Moutere, fondé à l'intérieur des terres par des colons allemands dans les années 1840.

Kahurangi National Park ⓭

Carte routière C4. *20 Wallace St, Motueka, (03) 528 6543.*

Motueka est le principal point d'accès, les autres étant Murchison, Tapawera, Karamea *(p. 232)* et Golden Bay *(p. 214)*. Ce parc de 4 510 km² comprend une faune et une flore indigènes très riche. Des plantes alpines poussent près du Cobb Reservoir. Les loisirs sont nombreux : kayak, chasse, pêche, spéléologie, rafting et randonnée. Le plus beau sentier, le Heaphy Track, est l'occasion d'une excursion de 4 à 6 jours.

Nelson, une ville d'artistes

Un climat chaud et un environnement propice à la détente ont attiré à Nelson toute une population d'artistes, faisant de l'endroit l'un des pôles artistiques les plus dynamiques du pays. Galeries et ateliers de verrerie, de peinture, de joaillerie, de tissage, de menuiserie ou de céramique foisonnent. Les efforts en matière de création ne datent pas d'aujourd'hui. La Suter Art Gallery *(p. 208)*, avec son important ensemble d'œuvres tant anciennes que contemporaines, en témoigne. Des manifestations de toutes sortes, et notamment musicales, se multiplient, comme le Nelson Jazz Festival et le Nelson School of Music Winter Festival. Quant au Tasman Regional Museum de Nelson, il fait revivre la période coloniale locale et du reste du pays au travers d'une exposition de photos.

Vase en verre soufflé

Ron McGlashen dans son atelier de Brightwater

CÉRAMIQUE
L'argile fine et les matériaux d'émaillage disponibles autour de Nelson ont depuis longtemps séduit les potiers. Beaucoup de céramistes déjà reconnus ont rejoint les premiers arrivés, et les œuvres en vente sont souvent de grande qualité.

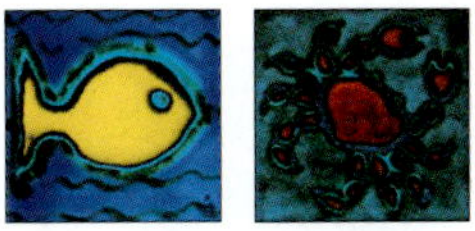

Carreaux faits mains ornant une boutique de Mapua

Les verriers *de Nelson combinent des techniques séculaires de soufflage* (p. 210) *et des idées novatrices pour créer des pièces colorées uniques.*

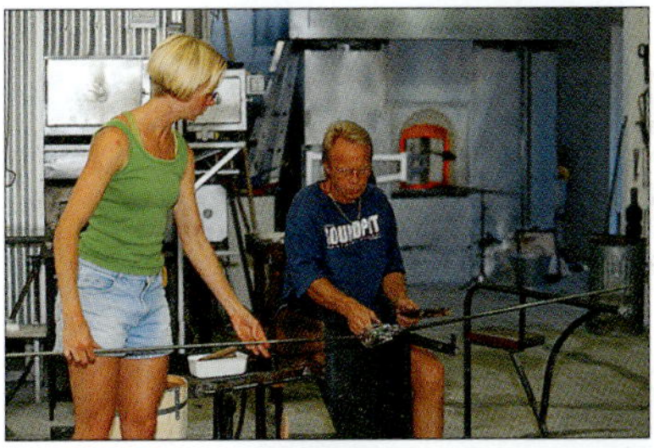

Les enseignes de boutiques d'artisanat ne manquent pas

La sculpture *compte de nombreux amateurs à Nelson, et des artistes locaux ont reçu commande d'œuvres destinées à des lieux publics. Certaines ne manquent pas d'humour.*

Leur environnement *a depuis toujours inspiré les artistes de Nelson, comme le montre la riche collection de la Suter Art Gallery* (p. 208).

Abel Tasman National Park ⓮

Huîtrier

Le plus petit des parcs nationaux néo-zélandais, avec ses 225 km², jouit d'un climat doux. Doté de plages dorées et d'estuaires sableux bordés par la forêt primitive, il doit une grande part de son succès au Coast Track, le sentier du littoral. L'aller peut se faire à pied et le retour en vedette ou en bateau-taxi. Quantité de terrains de camping et de refuges au long des chemins de randonnée offrent des haltes bienvenues. L'été, vu l'afflux de visiteurs, mieux vaut réserver dans les refuges. L'idéal pour explorer la côte est le kayak de mer. Se laisser glisser sans bruit dans des estuaires que la marée emplit doucement ou s'approcher discrètement d'otaries, de manchots ou de dauphins est une expérience inoubliable.

Vue aérienne de l'Abel Tasman National Park

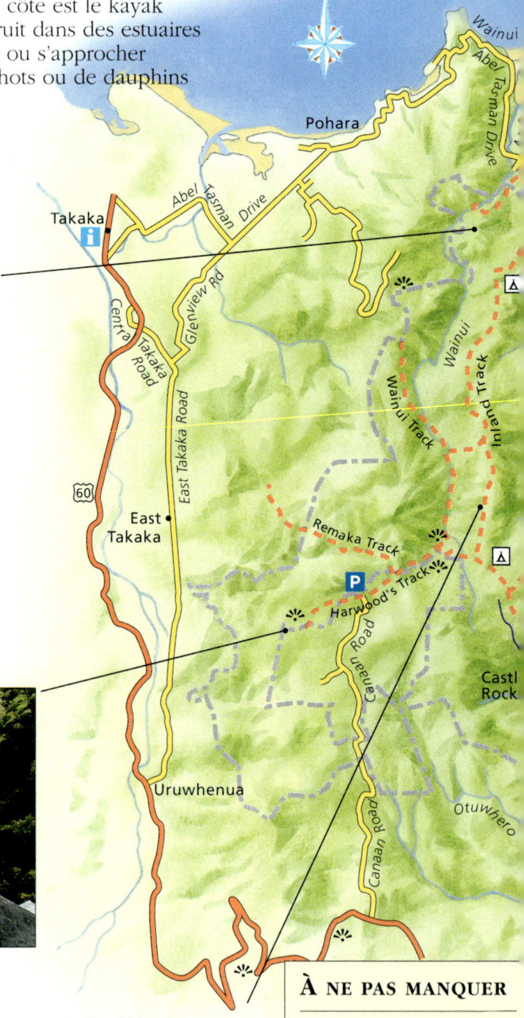

★ Les Wainui Falls
Une marche facile de trois quarts d'heure depuis un petit parking sur la route de Totaranui mène à cette magnifique cascade.

★ Le Harwood's Hole
Depuis le parking de Canaan (p. 214)*, on rejoint ce puits s'enfonçant de 176 m dans du marbre après trois quarts d'heure de marche. Il est dangereux de trop s'en approcher, car ses bords sont instables.*

L'Inland Track permet une randonnée de 3 jours entre Tinline Bay et Wainui Bay, sur un terrain plus escarpé que le Coast Track. Prévoyez de l'eau potable.

À NE PAS MANQUER

- **★ Le Harwood's Hole**
- **★ Totaranui**
- **★ Les Wainui Falls**

Mode d'emploi

Carte routière D4. *jusqu'à Marahau et Totaranui t.l.j. de Nelson et Motueka.* *bateaux-taxis et vedettes de Kaiteriteri et Marahau.* *20 Wallace St, Motueka, (03) 528 6543.* *www.doc.govt.nz*

★ Totaranui
Une plage de sable et des eaux limpides attendent les visiteurs à l'un des principaux points d'entrée du nord du parc (p. 214).

Tonga Quarry
On y extrayait autrefois du granit, une roche commune dans le parc.

La Tonga Island Marine Reserve, qui couvre 12 km de côte, a été créée pour permettre au milieu naturel marin de se reconstituer. La pêche, au large ou du rivage, y est interdite.

Coast Track
Ce sentier côtier long de 51 km relie Marahau et Wainu. Il coupe 4 estuaires qu'il faut traverser à marée basse.

Depuis Torrent Bay, une promenade d'une heure le long du Tregidga Stream, qui passe par les Cascade Falls, mène au bord de la Falls. Après 15 min de montée sur des rochers, on atteint la chute d'eau qui a donné son nom au fleuve.

Légende

- Route nationale
- Route secondaire
- Cours d'eau
- Sentier pédestre
- Limite du parc
- Limite de la réserve marine
- Information touristique
- Parc de stationnement
- Terrain de camping
- Point de vue

Marahau
L'entrée sud de l'Abel Tasman National Park sert de base aux bateaux-taxis qui desservent la côte. On peut y pratiquer le kayak de mer, la marche, et se baigner avec des otaries.

Vue sur Motueka et Nelson du haut de Takaka Hill

Takaka Hill ⓯

Carte routière D4.

Appelée familièrement la « montagne de marbre », car elle est en grande partie formée de cette roche dure, Takaka Hill tranche fortement sur les proches reliefs granitiques de l'Abel Tasman National Park. Plusieurs grottes creusées dans le calcaire peuvent être explorées, dont celles de Ngarua, près du sommet ; certaines sont parsemées d'os de moa *(p. 23)*. D'en haut, le regard porte jusqu'à D'Urville Island, au nord, et Nelson, à l'est. En contrebas se déroule la plage de sable de Marahau *(p. 213)*, où des navires vinrent charger du marbre pour le Parlement de Wellington.

À l'ouest des **grottes de Ngarua**, Canaan Road conduit à un parking, point de départ de plusieurs sentiers de randonnée, dont le Rameka Track. C'est l'une des plus belles pistes de VTT de la région. Une promenade aisée mène à l'impressionnant Harwood's Hole *(p. 212)* et, par un court et abrupt chemin transversal, à Harwood Lookout : ne pas manquer la vue sur les Tablelands du Kahurangi National Park *(p. 211)*, à l'intérieur des terres.

Hawkes Lookout, un autre point de vue, est à l'est des grottes de Ngarua. Une plate-forme domine un précipice de 500 m au-dessus de la forêt, à la résurgence de la Riwaka.

Grottes de Ngarua

(03) 528 8093. l'été : t.l.j. ; l'hiver : vac. scolaires.

Takaka ⓰

Carte routière D4. *1 230. 6 km N. de la ville. Willow St, (03) 525 9136. www.nelsonnz.com*

Le principal centre commerçant de Golden Bay est l'une des entrées de l'Abel Tasman National Park *(p. 212-213)*. Dans une région où la production laitière reste une activité majeure, la population se compose d'éleveurs et de marginaux prônant un retour aux sources. L'excellent **Golden Bay Museum** est surtout apprécié pour ses documents sur Abel Tasman et l'évocation des nombreuses aventures minières tentées autour de la baie. Il y a plusieurs galeries dans la région et de nombreux artisans des environs de Takaka y exposent leurs travaux – poteries et sculptures, entre autres.

Au **Bencarri Farm Park**, à côté des animaux de ferme, vivent des yaks, des lamas et des alpagas, sans compter les anguilles domestiquées.

Golden Bay Museum

Commercial St. *(03) 525 6268. t.l.j. le matin seul. dim. l'hiver, jours fériés.*

Bencarri Farm Park

McCallum's Rd. *(03) 525 8261. l'été : t.l.j. 25 déc. partiel.*

Aux environs

Après la plage de Pohara, à 10 km de Takaka, se trouvent un monument à Abel Tasman une plate-forme panoramique et une exposition. La route rejoint ensuite Wainui Bay, point de départ de plusieurs balades ; l'une mène aux Wainui Falls *(p. 212)*, les autres longent la côte. Au-delà, elle grimpe vers l'Abel Tasman Park puis redescend jusqu'à Totaranui et sa plage de sable. Tout l'été, le camping et le centre d'information sont ouverts.

Gourde peinte

Lamas au Bencarri Farm Park

Waikoropupu Springs Scenic Reserve ⓱

Carte routière D4.

La route pour voir « l'eau qui remonte en faisant des bulles » (Waikoropupu) part de la Nationale 60 au nord de Takaka. Les sources sont d'une limpidité exceptionnelle. L'eau vient d'un réseau souterrain relié à celui de Takaka Hill et dont fait partie la résurgence de la Riwaka *(p. 214)*. Le site accueillait des cérémonies maories.

Plongée dans l'eau glacée et limpide des Waikoropupu Springs

Le meilleur point de vue s'offre d'une plate-forme équipée d'un gros périscope, que l'on atteint à l'issue d'une marche facile dans une superbe forêt.

Après les sources, la route cède la place au Pupu Walkway, un sentier d'environ 3 km qui longe un canal construit pour les besoins d'une mine d'or. Ce bel ouvrage d'art servit ensuite – et sert encore – pour produire de l'électricité.

Collingwood ⓲

Carte routière D4. *500.*

Ce paisible village à l'embouchure de l'Aorere faillit devenir la capitale de la Nouvelle-Zélande après avoir été déclaré port d'entrée lors de la ruée vers l'or des années 1850. Le tribunal, le bureau de poste, le cimetière et l'église anglicane St Cuthbert entretiennent le souvenir de cette brève période de gloire.

Collingwood sert de point de départ à des visites guidées de la pointe de Farewell. On peut rejoindre en bus le Heaphy Track, sentier du Kahurangi National Park *(p. 210)*.

Aux environs

Plusieurs buts de promenade sont à moins de 20 km de Collingwood. Le splendide Kaituna Track suit une vallée boisée. Le réseau de galeries souterraines de Te Anaroa, long de 350 m, renferme des vers luisants et des coquillages fossiles. À Aorere se trouve le premier grand champ aurifère découvert en Nouvelle-Zélande. Un sentier donnant sur la vallée permet de découvrir les mines où furent extraits de l'or, de l'argent et du quartz.

Pointe de Farewell ⓳

Carte routière D4. *Farewell Spit Information Centre, (03) 524 8454.* *t.l.j.*

À la pointe nord de l'île du Sud, une langue de sable de 35 km s'enfonce vers l'est dans la mer. Ce site est une réserve naturelle à l'accès limité. Elle a obtenu le statut de zone humide d'importance internationale car, à la fin du printemps, des dizaines de milliers d'oiseaux migrateurs de l'hémisphère Nord viennent se joindre aux résidents permanents avant de repartir à l'automne pour nicher. Cygnes noirs, fous austraux, sternes caspiennes, bernaches du Canada, huîtriers, grands cormorans et barges rousses, entre autres, se côtoient en été sur la pointe. Le seul moyen de les observer consiste à participer à une visite organisée par l'une des agences habilitées de Collingwood.

En route pour la pointe de Farewell

Ancienne mine d'or à Aorere, près de Collingwood

Aux environs

Tout de suite à l'ouest du banc de sable, il est possible de prêter main-forte pour des activités agricoles au **Puponga Farm Park**. Du Visitor Centre de la pointe de Farewell, une courte marche conduit à Fossil Point, au bord de l'Océan. Plus à l'ouest, la route grimpe vers le phare de Pillar Point et la chaîne de l'Old Man. Elle s'arrête à un sentier qui franchit quelques dunes jusqu'à Wharariki Beach, avec ses mares dans les rochers, ses oiseaux et ses otaries. Non loin s'élèvent les Archway Islands.

Puponga Farm Park
Collingwood-Puponga Main Rd.
(03) 525 8026. *t.l.j.*

À l'assaut des dunes de la pointe de Farewell

CANTERBURY ET CÔTE OUEST

Baignés l'un par le Pacifique, l'autre par la mer de Tasman, le Canterbury et la côte ouest, qui forment la partie centrale de l'île du Sud, présentent de part et d'autre des Southern Alps des différences marquées en matière de géologie, flore et climat. Ils renferment 4 parcs nationaux, le point culminant de Nouvelle-Zélande et la plus grande ville de l'île, Christchurch, une bonne base pour explorer la région.

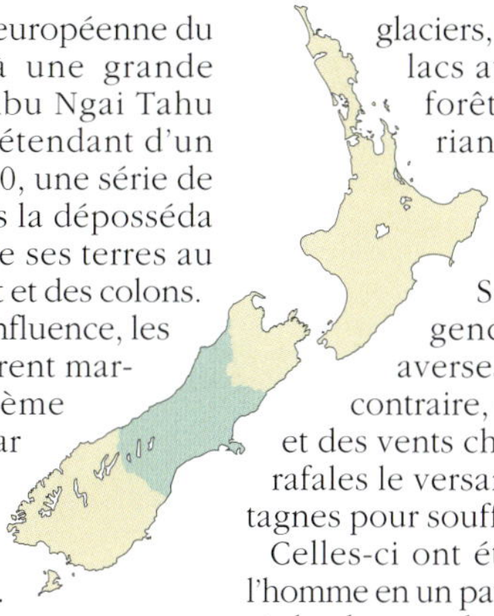

Quand la colonisation européenne du Canterbury débuta à une grande échelle en 1850, la tribu Ngai Tahu contrôlait la région s'étendant d'un rivage à l'autre. En 1860, une série de transactions douteuses la déposséda de la majeure partie de ses terres au profit du gouvernement et des colons. Privés de moyens et d'influence, les Ngai Tahu se retrouvèrent marginalisés dans le système économique imposé par les nouveaux arrivants. Ce n'est qu'en 1997 que leurs revendications ont été entendues.

Si l'élevage de moutons fut la clef du développement du Canterbury, la découverte d'or dans les années 1860 fut celle de la côte ouest. Cette dernière a conservé une sorte d'aura mystique, fruit de son passé minier, de son isolement par rapport au reste du pays et de la puissance de ses paysages : montagnes escarpées et glaciers, torrents tumultueux, lacs aux eaux sombres et forêts pluviales luxuriantes. Son climat est humide, les vents d'ouest qui buttent sur la barrière des Southern Alps engendrant de fréquentes averses. Le Canterbury, au contraire, est relativement sec, et des vents chauds descendent en rafales le versant oriental des montagnes pour souffler sur ses plaines.

Celles-ci ont été transformées par l'homme en un patchwork de pâturages et de champs derrière lesquels s'élèvent des contreforts montagneux couverts de landes et de forêts. Les plaines se fondent au nord et au sud avec des terres d'élevage vallonnées et parcourues d'un dense réseau de cours d'eau. Aride, le vaste bassin ouvert de l'intérieur possède une austère beauté au pied des plus hauts sommets du pays.

Grimpeurs au sommet du mont Cook

◁ **Les jonquilles illuminent le Hagley Park de Christchurch au printemps**

À la découverte du Canterbury et de la côte ouest

Les Southern Alps dressent entre les paysages on ne peut plus différents des deux provinces une barrière que seules franchissent deux routes et une voie ferrée. Pour profiter au mieux de leur charme, en particulier de leur diversité géologique et de la richesse de leur flore et de leur faune, il faut enfiler de solides chaussures et aller à leur rencontre à pied. Pour les passionnés de nature qui aiment la parcourir à leur rythme, les possibilités sont infinies. Pour les autres, quantité d'agences touristiques ont à leur catalogue la découverte guidée des sites les plus spectaculaires.

Tramway à Christchurch

La région d'un coup d'œil

Akaroa 5
Aoraki/Mount Cook National Park p. 250-251 28
Arthur's Pass 17
Arthur's Pass National Park p. 242-243 18
Ashburton 21
Christchurch p. 220-227 1
Geraldine 22
Greymouth 13
Hanmer Springs 7
Hokitika 14
Karamea 10
Lac Ohau 27
Lac Pukaki 25
Lac Tekapo 24
Lewis Pass 8
Lyttelton 3
Mount Hutt 19
Paparoa National Park 12
Péninsule de Banks 4
Port Hills 2
Rakaia 20
Reefton 9
Timaru p. 246-247 23
Twizel 26
Westland National Park p. 236-237 15
Westport 11

Excursions

Arthur's Pass 16
Vignobles du Waipara 6

Voir aussi

• ***Hébergement*** p. 306-307

• ***Restaurants, bars et cafés*** p. 325-326

Les meilleurs sites de loisir

Ils ont été sélectionnés en fonction du nombre d'activités de plein air qu'ils permettent. Les conditions de sécurité varient suivant le climat et la période de l'année. En cas de doute, se renseigner sur place.

	Pêche	Golf	VTT	Escalade	Ski et héliski	Randonnée	Marche	Rafting
Arthur's Pass National Park				■	●	■	●	
Franz Josef Glacier				■	●	■	●	
Hanmer Springs	●	■	●		●	■	●	■
Hokitika	●	■				■	●	
Karamea	●	■	●			■	●	■
Lac Ohau	●			■	●	■	●	
Lac Tekapo	●	■			●		●	
Lewis Pass	●			■		■	●	
Mont Cook			●	■	●	■	●	
Mount Hutt		■			●		●	
Paparoa National Park	●					■	●	
Péninsule de Banks	●	■	●			■	●	
Port Hills			●				●	
Rakaia	●	■					●	■
Reefton	●		●			■		■
Westport	●	■						

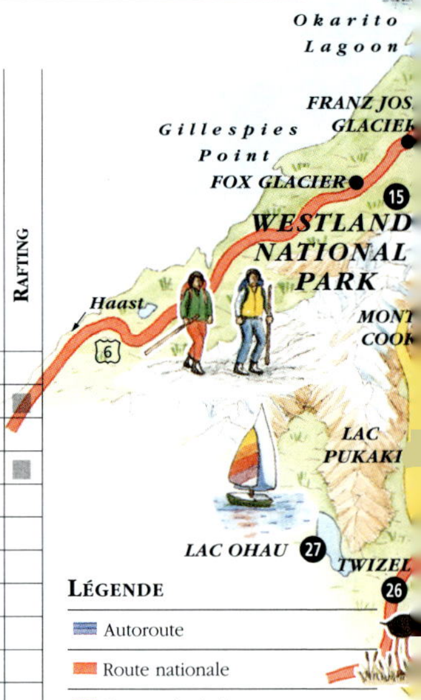

Légende

- Autoroute
- Route nationale
- Route principale
- Route pittoresque
- Cours d'eau
- Point de vue

CIRCULER

Si les cars de nombreuses agences parcourent la région, la voiture reste préférable pour l'explorer. Les routes sont bonnes. Cependant, certains sites ne sont accessibles que par des pistes en terre, et la prudence s'impose l'hiver en montagne. Une journée suffit depuis Christchurch pour visiter la péninsule de Banks, Hanmer Springs, l'Arthur's Pass et les stations de ski du Mid-Canterbury. Prendre l'un des trains de la TranzAlpine entre Christchurch et Greymouth est une agréable façon de profiter de la diversité des paysages en l'espace de 4 h 30.

Le lac Tekapo, très apprécié pour les sports nautiques

Christchurch ❶

Le « sorcier » de Christchurch

La capitale provinciale du Canterbury est aussi la plus grande ville de l'île du Sud et la principale voie d'accès à ses splendides paysages. Nombre d'édifices et de monuments rappellent son passé colonial, car en 1850, elle était déjà capitale d'un établissement planifié, fondé dans le Canterbury par une colonie d'émigrants religieux. Ils avaient pour ambition de reproduire la société britannique du milieu du XIXe siècle, et la ville leur doit sa réputation de conservatisme. Longtemps assoupie dans son rôle de pôle économique d'une vaste région agricole, elle possède aujourd'hui tous les attributs d'une ville moderne et une vie culturelle et sociale de plus en plus sophistiquée.

Le plafond en bois indigène de la cathédrale

Cathedral Square

Cœur de la ville, cette esplanade piétonnière dominée par la cathédrale anglicane Christ Church sert de lieu d'expression à de nombreux excentriques. L'un d'eux, le « sorcier », est devenu une célébrité locale. À la belle saison, il apparaît presque tous les jours à l'heure du déjeuner pour jeter des sorts et pontifier. La place est entourée de plusieurs édifices remarquables, dont l'Old Chief Post Office (1879) néo-Renaissance, l'ancien Government Building bâti en 1911 et le Regent Theatre (1905) édouardien. Le Press Building (1909), néogothique *(p. 27)*, est le siège du quotidien local. La statue de John Robert Godley, face à la cathédrale, date de 1867.

Cathédrale Christ Church

Cathedral Square. *(03) 366 0046.* *t.l.j.* pour la tour seul. *t.l.j. sauf sam.*

La construction du sanctuaire autour duquel s'organisa la vie de la jeune communauté d'immigrants anglicans commença en 1864 et s'acheva en 1904. L'Anglais George Gilbert Scott le conçut de style néogothique, mais l'architecte local Benjamin Mountfort, qui assura le suivi des travaux, eut une influence considérable sur le résultat final.

Fait de pierre locale et de bois indigène, l'imposant édifice abrite des œuvres d'art évoquant les débuts de la colonie du Canterbury, l'implication de Christchurch dans l'exploration de l'Antarctique et sa participation aux conflits mondiaux. Des sculptures sur bois et sur pierre entourent le maître-autel et la chaire principale. Une vue panoramique sur la cité, Port Hills, les plaines du Canterbury et les lointaines Southern Alps récompense de l'effort qu'exige l'ascension des 134 marches du clocher.

Godley et la colonie du Canterbury

John Robert Godley (1814-1861) est considéré comme le fondateur du Canterbury, bien qu'il ne passât que 3 ans dans la nouvelle province. En 1848, il forma avec Edward Gibbon Wakefield, le créateur de la New Zealand Company *(p. 47)*, la Canterbury Association. Celle-ci acquit 1 210 km² de terre afin d'établir en Nouvelle-Zélande une colonie placée directement sous l'influence de l'Église d'Angleterre. Les volontaires au départ furent triés sur le volet, et les journaux vantèrent dans leurs articles la « respectabilité » des « pèlerins du Canterbury ». Ils embarquèrent en septembre 1850 dans 4 navires : le *Randolph*, le *Charlotte Jane*, le *Cressy* et le *Sir George Seymour*. Trois ans suffirent pour que le Canterbury acquiert son autonomie et s'impose comme l'une des 6 provinces de Nouvelle-Zélande. Godley rentra en Grande-Bretagne en 1852.

Statue de Godley à Cathedral Square

Légende

- Christchurch pas à pas *p. 222-223*
- Gare routière
- Parc de stationnement
- Information touristique
- Ligne de tramway

MODE D'EMPLOI

Carte routière C6. *316 000.* *10 km N.-O. de la ville.* *Troup Drive.* *123 Worcester St.* *Cathedral Square.* *Old Chief Post Office Building, Cathedral Square, (03) 379 9629.* *Showtime Canterbury (nov.) ; Summertimes Festivals (déc.-mars).* *www.christchurchnz.net*

Promenade en barque sur l'Avon

Southern Encounter Aquarium et Kiwi house

33 Cathedral Square. *(03) 377 91 96.* *t.l.j.* *25 déc.*

Ce petit aquarium installé dans l'ancien Regent Theatre est consacré à la faune aquatique de l'île du Sud. Ses occupants sont régulièrement remis en liberté et remplacés par de nouveaux poissons. On peut aussi voir le kiwi de l'île du Nord, très rare.

L'Avon

Cashel St & Oxford Terrace.

Le fleuve qui serpente paresseusement à travers la ville possède beaucoup de charme. L'été, à midi, visiteurs comme employés de bureau viennent prendre le frais sur ses rives et profiter du beau tableau qu'offrent les pelouses, les saules pleureurs, les vieux chênes et les ponts en pierre.

Une allée longe l'Avon entre Victoria Square et le Bridge of Remembrance. Elle passe près des Law Courts, d'une horloge florale, des Provincial Council Buildings et d'une statue de Robert Scott, l'explorateur de l'Antarctique, sculptée en 1917 par sa veuve Kathleen.

Des promenades en barque sont un autre moyen d'apprécier la rivière. Il existe plusieurs embarcadères, notamment près du Town Hall et de la Thomas Edmond Band Rotunda *(p. 222)*.

Victoria Square

Au nord de Cathedral Square, l'ancienne place du marché s'est transformée en un magnifique espace vert. Une horloge florale, les statues de la reine Victoria (1901) et du capitaine James Cook (1932), et les fontaines Bowker et Ferrier, très photographiées, l'agrémentent. À l'arrière-plan s'élèvent le *Parkroyal Hotel* et le Town Hall. Les architectes de ce dernier, construit en 1973 au bord de l'Avon dans Kilmore Street, ont associé harmonieusement le verre, l'acier et les jeux d'eau. À un pâté de maisons, dans Victoria Street, la roulette stylisée de sa façade rend le Christchurch Casino facile à reconnaître.

CHRISTCHURCH D'UN COUP D'ŒIL

Antigua Boat Sheds ⑧
Arts Centre ⑨
Avon ⑤
Botanic Gardens p.226-227 ⑬
Bridge of Remembrance ⑦
Canterbury Museum ⑩
Cathedral Square ①
Cathédrale Christ Church ②
Christ's College ⑫
Christchurch Art Gallery ⑪
Hagley Park ⑭
Mona Vale ⑮
Provincial Council Buildings ⑥
Southern Encounter Aquarium et Kiwi House ③
Victoria Square ④

Victoria Square

Christchurch pas à pas

Rose de Christ Church, la cathédrale

Cathedral Square occupe le centre d'un quadrillage de rues délimité par quatre grandes avenues, une disposition dont les méandres de l'Avon brisent la rigidité. Ses nombreux bâtiments néogothiques et édouardiens et ses espaces verts bien entretenus où serpente le fleuve ont valu à Christchurch d'être considérée comme la plus anglaise des villes hors de Grande-Bretagne. On y circule facilement à pied ou à bicyclette. Des bus jaunes permettent de se déplacer gratuitement dans le centre, et une ligne de tramway dessert les principales attractions historiques et culturelles.

New Regent Street
Cette charmante zone piétonne de style Spanish Mission date de 1932. Le tramway la traverse régulièrement.

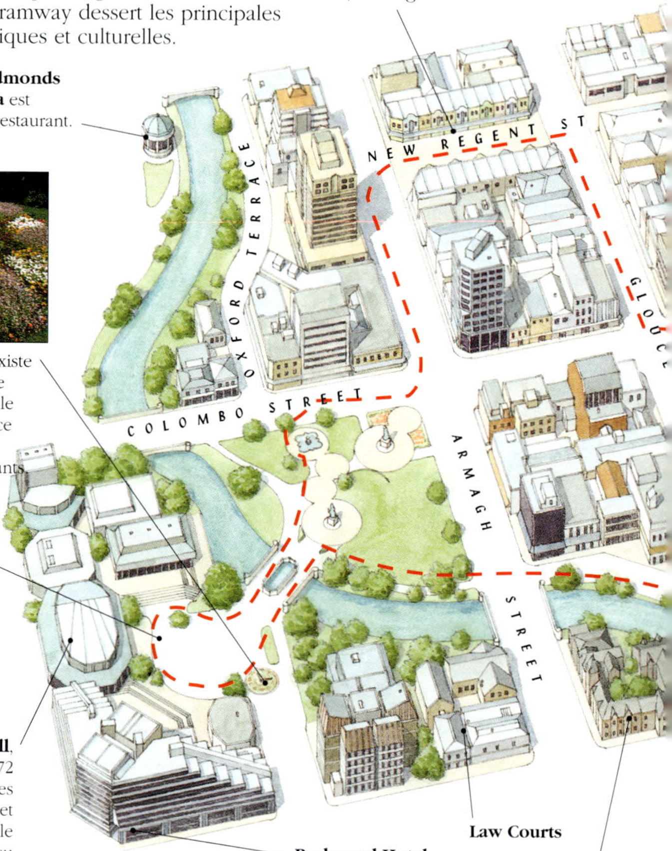

La Thomas Edmonds Band Rotunda est désormais un restaurant.

L'horloge florale existe depuis 1955. Entre le printemps et l'été, elle change d'aspect grâce à deux repiquages annuels de 5 000 plants.

Pelouses impeccables, parterres de fleurs et nombreux arbres font de Victoria Square une oasis de verdure au bord de l'Avon.

Le Town Hall, conçu en 1972 par les architectes locaux Warren et Mahoney, est le principal lieu de spectacle de la ville.

Law Courts

Parkroyal Hotel

★ Les Provincial Council Buildings
Ces bâtiments élevés entre 1858 et 1865 recèlent de beaux vitraux, un plafond décoré au pochoir et des mosaïques murales.

À NE PAS MANQUER

★ La cathédrale Christ Church

★ Les Provincial Council Buildings

★ La cathédrale Christ Church
Construit entre 1864 et 1904, ce sanctuaire imposant domine Cathedral Square. Il est orné d'œuvres inspirées par l'histoire du Canterbury.

Le tramway
Des rames restaurées suivent une ligne de 3 km qui dessert beaucoup de sites importants du centre-ville (p. 220-221).

Old Government Building

Press Building ***(p. 27)***

City Mall, une zone piétonne comprenant une partie de High Street et de Cashel Street, renferme des grands magasins, des galeries marchandes et des boutiques de mode.

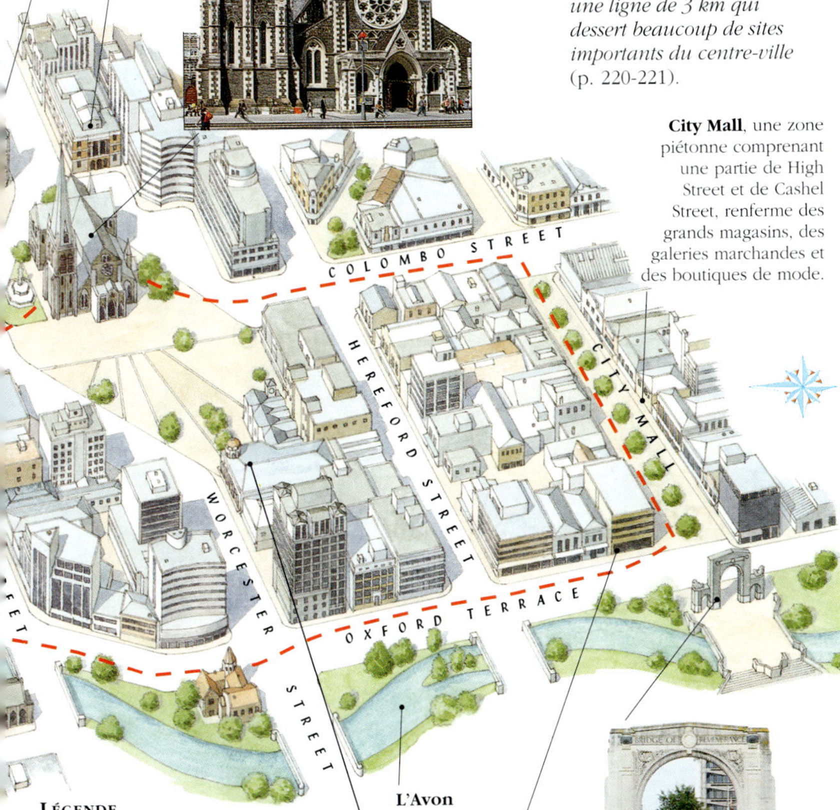

L'Avon

Southern Encounter Aquarium ***(p. 221)***

LÉGENDE

-- -- Itinéraire conseillé

0 100 m

Bridge of Remembrance
Un monument aux morts rend hommage aux soldats du Canterbury tombés pendant les deux conflits mondiaux et les suivants.

Oxford Terrace
De nombreux bars et cafés bordent cette avenue animée.

La Chambre du conseil, en pierre, des Provincial Council Buildings

Provincial Council Buildings

À l'angle d'Armagh St et Durham St. *(03) 366 1100. du lun. au sam. jours fériés. partiel.*

Des conseils provinciaux élus gouvernèrent la Nouvelle-Zélande entre 1853 et 1876. Tous les édifices où ils siégeaient ont disparu en dehors de ce splendide groupe de bâtiments néogothiques qui eut pour architecte Benjamin Mountfort, l'un des premiers colons du Canterbury.

Il fut construit en 3 étapes à partir de 1858. En 1861, l'édifice résultant des 2 premières était essentiellement en bois. Lors de la troisième, terminée en 1865, le bâtiment en pierre de la Chambre du conseil, qui abrite le restaurant *Bellamy's*, lui fut adjoint.

Bridge of Remembrance

À l'angle de Cashel St et Oxford Terrace.

Ce pont situé dans le prolongement de City Mall, la zone commerçante du centre-ville, rend hommage aux soldats néo-zélandais qui servirent sur divers fronts. Sa grande arche en pierre érigée en 1923 a été largement restaurée au début des années 1990.

Canterbury Museum

Rolleston Ave. *(03) 366 5000. t.l.j. 25 déc. participation libre.*

Dans un élégant bâtiment néogothique édifié entre 1869 et 1876 par Benjamin Mountfort sont exposés des documents et des objets liés à l'exploration de l'Antarctique, ainsi qu'une belle collection d'oiseaux naturalisés. Le musée possède également des œuvres d'art asiatiques, et une galerie est consacrée aux arts décoratifs et au costume européens. L'évocation de l'histoire de la région commence avec les chasseurs polynésiens de moa, et comprend la reconstitution d'une rue de Christchurch au XIXe siècle.

Squelette de moa, Canterbury Museum

Christ's College

Rolleston Ave. *(03) 366 8705. t.l.j. bâtiments : vacances scolaires. sur r.-v. partiel.*

Dans cet établissement d'enseignement supérieur, les fils de l'élite du Canterbury viennent recevoir une éducation directement inspirée des grandes écoles privées britanniques. Des visites guidées permettent de les voir évoluer en blazers impeccables au milieu d'édifices néogothiques de 1863.

Arts Centre

À l'angle de Rolleston Ave et Worcester Boulevard. *(03) 366 0989. t.l.j. 25 avr., 25 déc. rez-de-chaussée. de 10 h à 16 h. week-ends. Instant Kiwi World Buskers Festival (mi-janv.). www.artscentre.org.nz*

Les bâtiments de l'ancienne université du Canterbury abritent maintenant plus de 40 galeries d'art, des ateliers et des boutiques d'artisanat, ainsi que des salles de spectacle, des cinémas, des cafés et des restaurants *(p. 227)*. Il se passe tous les jours quelque chose à l'Arts Centre, et tous les week-ends se tient un marché en plein air. La construction des édifices néogothiques commença en 1877. Plusieurs architectes se succédèrent, dont Benjamin Mountfort, à qui l'on doit la tour de l'horloge et le Great Hall and Classics Block. Les deux grandes cours et leurs galeries datent de 1913. Cet ajout donna sa cohérence à un ensemble qui s'était constitué peu à peu en 46 ans.

Marché du week-end à l'Arts Centre

Christchurch Art Gallery (Te Puna o Waiwhetu)

Angle de Montreal St et Worcester St. (03) 941 7300. t.l.j. 25 déc.
www.christchurchartgallery.org.nz

Le principal musée d'art de la ville se trouve près de Cathedral Square. Il possède un fonds de 4 500 œuvres d'artistes nationaux et étrangers, entre autres des peintures, des dessins, des gravures, des sculptures et des céramiques hollandaises, françaises, italiennes et britanniques.

La collection néo-zélandaise comprend des tableaux du paysagiste du Canterbury William Sutton *(p. 30)* et de peintres modernes de premier plan comme Doris Lusk, Colin McCahon et Rita Angus. La Robert McDougall Art Gallery accueille également des expositions temporaires.

L'annexe d'art contemporain est intégrée à l'Arts Centre.

Antigua Boat Sheds

À l'angle de Cambridge Terrace et Rolleston Ave. (03) 366 5885. t.l.j. 25 déc.
www.boatsheds.co.nz

Depuis 1882, cet établissement au bord de l'Avon propose des promenades sur la rivière. C'est le seul encore en activité sur les cinq ou six que comptait Christchurch. Il loue des canoës, des pédalos ou des barques pour se balader à travers la ville ou remonter le courant jusqu'aux Botanic Gardens.

Mona Vale

63 Fendalton Rd. (03) 348 9660. t.l.j.

Au nord-ouest de Hagley Park, cette demeure, l'une des plus anciennes de la ville, est entourée de vastes pelouses, de grands arbres et de jardins paysagers. Élevée entre 1899 et 1900, elle faillit être démolie dans les années 1960, mais un appel au peuple permit à la municipalité de l'acheter.

L'Avon coule au milieu du parc, ouvert au public, où les visiteurs viennent se promener, nourrir les canards ou faire des tours en barque. Ils peuvent aussi déjeuner ou prendre le thé dans l'élégant manoir.

Mona Vale, manoir sur les rives de l'Avon

Hagley Park

(03) 941 6840. t.l.j.

Véritable poumon vert de Christchurch, ce vaste espace arboré au cœur de la cité renferme un parcours de golf, des terrains de sport, des allées piétonnes et cyclables ombragées, des lacs artificiels et les Botanic Gardens *(p. 226-227)*. Il s'emplit à midi d'employés profitant de leur pause déjeuner pour s'aérer.

Les colons qui fondèrent la ville destinèrent dès l'origine 2 km² de terrain à la création d'un parc public. En 1856, une ordonnance déclara le domaine « réservé à jamais » à la détente et au plaisir de la collectivité. Dès le début des années 1870, des plantes européennes acclimatées avaient remplacé la végétation d'origine.

International Antarctic Centre

Orchard Rd. (03) 353 7798. t.l.j.
www.iceberg.co.nz

À 20 minutes de voiture à l'ouest du centre-ville, près de l'aéroport, ce centre sert de quartier général pour des programmes scientifiques néo-zélandais, américains et italiens dans l'Antarctique. Les visiteurs y verront des expositions sur ce continent et se promèneront dans des véhicules à chenilles.

Téléphérique de Christchurch

10 Bridle Path Rd. (03) 384 0700. t.l.j.
www.gondola.co.nz

Au sud-est de la ville, un téléphérique relie Heathcote Valley au bord d'un volcan éteint au sommet des Port Hills. L'endroit offre une vue splendide de Christchurch, de la péninsule de Banks, des plaines du Canterbury et, au loin, des Southern Alps.

Un « gondolier » de Christchurch à Hagley Park

Les Botanic Gardens

L'Envol **(sculpture)**

Aménagés en 1863, ils ont contribué à forger la réputation de « cité-jardin » de Christchurch. Leur gazon anglais, leurs bosquets, leurs parterres de roses et de plantes à bulbes, leurs rocailles, leurs serres et leurs bassins forment un cadre de promenade particulièrement paisible, car en grande partie isolé dans un méandre de l'Avon. Ils ouvrent à l'est sur le quartier culturel, où sont concentrés les principaux musées de la ville, le siège de sa compagnie de ballet, un théâtre professionnel et l'Arts Centre, foyer d'une riche activité créatrice.

★ Les serres
Construite en 1923, Cunningham House, où poussent des plantes tropicales, est peut-être la plus belle des six serres.

★ Le jardin d'eau
Ceint d'herbacées vivaces et d'arbres et buissons exotiques, c'est un havre de paix.

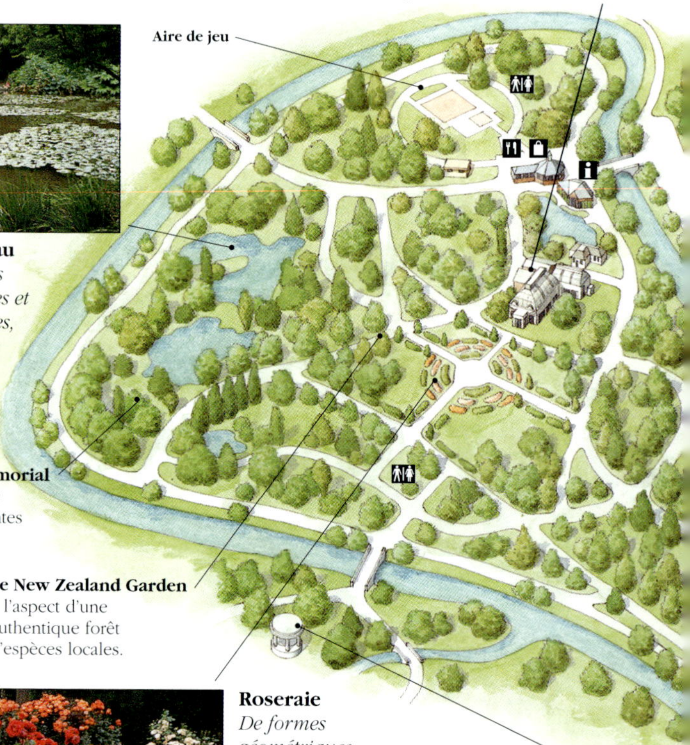

Aire de jeu

Le Cockayne Memorial Garden est planté d'arbres et de plantes indigènes.

Le New Zealand Garden a l'aspect d'une authentique forêt d'espèces locales.

Roseraie
De formes géométriques, les parterres de roses, fleurs qui symbolisent l'héritage anglais, font face aux serres.

Daffodil Woodland et Bandsmen's Memorial Rotunda
Autour du kiosque à musique, le « bois aux jonquilles » a été planté en 1933 de 16 000 bulbes ; il se pare d'un jaune éclatant au printemps.

À NE PAS MANQUER

★ Les serres

★ Le jardin d'eau

Canterbury Museum
Fondé en 1868 par le géologue Julius von Haast, il renferme d'intéressantes collections sur l'exploration de l'Antarctique et la culture maorie (p. 224).

Les lacs Victoria et Albert, tous deux artificiels, attirent de nombreux canards et des oiseaux comme les cormorans et les cygnes. Des courses de modèles réduits s'y déroulent.

MODE D'EMPLOI

Rolleston Ave (entrée principale).
Worcester Boulevard.
(03) 366 1701. *de 7h au coucher du soleil, t.l.j.*
l'été seul.
Summertimes Festival (déc.-mars).
www.ccc.govt.nz

Peacock Fountain
La « fontaine du paon », en fer forgé, chante au milieu de parterres de fleurs à l'entrée est.

Christ's College *(p. 225)*

Rolleston Avenue

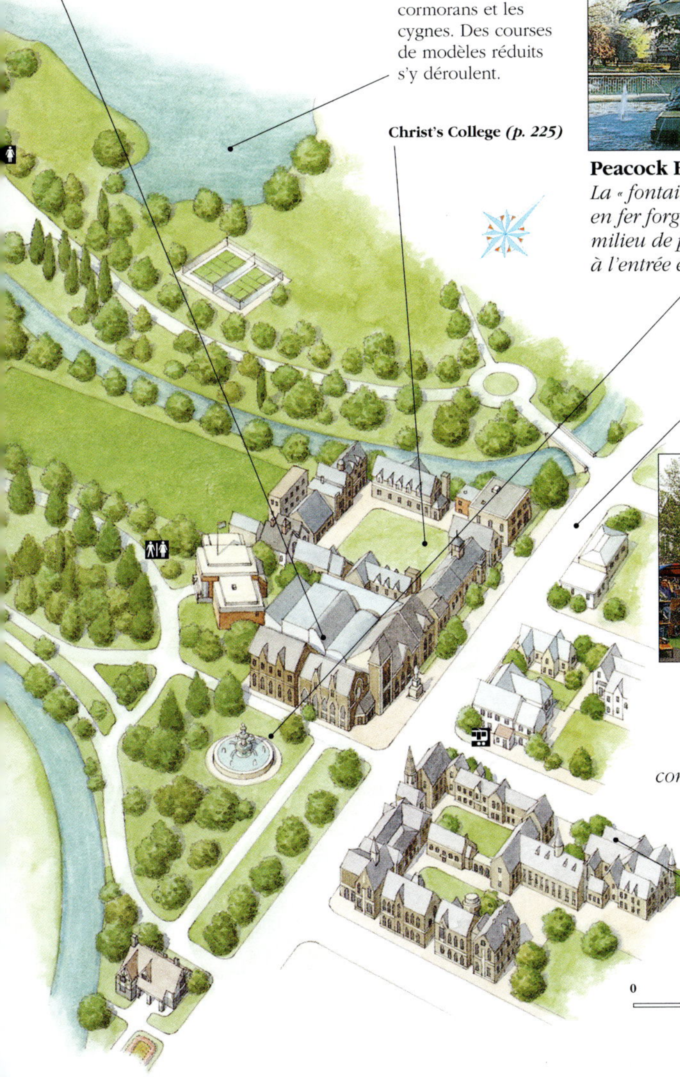

Arts Centre
Le principal foyer de création de Christchurch comporte des ateliers, des galeries d'art, des cinémas, des salles de spectacle, des cafés et des bars (p. 224).

0 100 m

Sign of the Takahe, **ancien gîte au-dessus de Christchurch**

Port Hills ❷

Carte routière C6.

Ces collines formées par l'éruption d'un volcan aujourd'hui endormi séparent Christchurch du port naturel de Lyttelton. Couvertes d'une lande qu'interrompent des affleurements rocheux, elles dominent le sud de la ville. Leur proximité les rend extrêmement populaires auprès des randonneurs, des coureurs, des grimpeurs et des amateurs de VTT.

On peut aussi les parcourir en voiture grâce aux efforts du défenseur de l'environnement Harry Ell (1862-1934), qui se battit pour obtenir la création d'une route passant au sommet : Summit Road. Le premier tronçon fut ouvert en 1938.

Le projet de Harry Ell comportait la construction de plusieurs gîtes d'étape sur le trajet. Le plus impressionnant, *Sign of the Takahe*, se trouve dans la banlieue de Cashmere. Achevé en 1949, le bâtiment néogothique abrite désormais un restaurant *(p. 325)*. Le *Sign of the Kiwi*, quant à lui, reste un lieu de repos apprécié des conducteurs.

Les nombreux sentiers qui sillonnent les Port Hills sont largement pourvus en panoramas de Lyttelton Harbour, des plaines du Canterbury et des Southern Alps. Le téléphérique *(p. 225)* est un autre moyen d'atteindre leur point culminant.

Lyttelton ❸

Carte routière C6. *4 000.* *20 Oxford St, (03) 328 9093.*

L'endroit où accostèrent en 1850 les pionniers choisis pour peupler la province du Canterbury a pris le nom de lord Lyttelton, le président de la Canterbury Association qui finançait l'opération.

La Lyttelton Timeball Station

Depuis 1867, un tunnel ferroviaire creusé dans les Port Hills relie le port – l'un des plus actifs de Nouvelle-Zélande – à Christchurch. Il a été doublé par un tunnel routier en 1964.

Le **Lyttelton Museum** vaut la visite pour ses souvenirs de l'époque coloniale et son intéressante exposition sur l'histoire maritime locale. Une petite section est consacrée à l'exploration de l'Antarctique.

La **Lyttelton Timeball Station** dresse sa tour au-dessus de la ville depuis 1875. Jadis, la grosse boule noire qui y est accrochée était abaissée tous les jours à 13 h pour indiquer l'heure de Greenwich aux bateaux amarrés dans le port. Des émissions radios remplissent ce service depuis 1934, mais le mécanisme reste en état de marche. Des ferries partent régulièrement du port pour les îles Quail et Ripapa et la petite ville de Diamond Harbour.

Lyttelton Museum
Gladstone Quay. *(03) 328 8972.* *l'été : mar., jeu., sam. et dim. ; l'hiver : sam. et dim.* *25 déc.* *participation libre.* *rez-de-chaussée.*

Lyttelton Timeball Station
Reserve Terrace. *(03) 328 7311.* *d'oct. à avr. : t.l.j. ; de mai à sept. : du mer. au dim.* *25 déc.*

Péninsule de Banks ❹

Carte routière C6.

Formée par les éruptions de deux volcans, le Lyttelton et l'Akaroa, la péninsule de Banks était encore une île il y a 25 000 ans. La violence de ce récent passé géologique a partout laissé des traces : affleurements rocheux, promontoires escarpés, profondes vallées et falaises à pic. Parcourir Summit Road en donne un bon aperçu.

La péninsule fut occupée par les Maoris pendant un millénaire, et la tribu Ngai Tahu y prospéra en toute sécurité jusque dans les années 1820. L'aggravation des luttes intestines et intertribales causée par l'arrivée des Européens brisa cet équilibre, ce qui contribua indirectement

Le Maori and Colonial Museum et une maison commune à Okains Bay

Laverick's Bay, dans la péninsule de Banks

à la signature du traité de Waitangi *(p. 46-47)*.

Pigeon Bay, Okains Bay, Laverick's Bay, Le Bons Bay… des baies splendides et de pittoresques villages jalonnent le littoral. Les sentiers de randonnée sont légion, du Pigeon Bay Walkway, qui permet une balade de 5 heures, au Banks Peninsula Track, qui se parcourt en 2 à 4 jours, traversant des terrains d'élevage privés et passant par des anses isolées de la côte est. Ces régions isolées se visitent aussi grâce à la **Eastern Bays Scenic Mail Run**, qui permet à huit passagers d'accompagner la tournée du facteur (4 heures).

À Okains Bay, le **Maori and Colonial Museum** abrite un bel ensemble d'objets maoris, entre autres une *waka* (pirogue) de 1867, utilisée lors des célébrations de Waitangi Day, en février *(p. 39)*.

La boutique de la **Barry's Bay Cheese Factory** mérite une visite. Elle entretient une vieille tradition locale de fabrication de fromage. La qualité des vins et de la nourriture jointe à un agréable cadre rural valent au *French Farm Winery and Restaurant (p. 325)* une égale popularité.

Eastern Bays Scenic Mail Run
19, rue Renard. *(03) 304 7873.* *du lun. au sam.* *jours fériés.*

Maori and Colonial Museum
1146 Okains Bay Rd. *(03) 304 8611.* *t.l.j.* *25 déc.*

Barry's Bay Cheese Factory
Nationale 75. *(03) 304 5809.* *t.l.j.* *25 déc.*

Akaroa 5

Carte routière C6. *580.*
80 rue Lavaud, (03) 304 8600.
www.akaroa.com

Fondée en 1840 par un petit groupe de colons français, la plus ancienne localité du Canterbury se niche au creux d'une des anses du profond Akaroa Harbour. Le village arbore de nombreux bâtiments anciens d'influence française, d'étroites venelles et un joli front de mer. Témoin de ses origines, **Langlois-Éteveneaux House** aurait été préfabriquée en France et assemblée à Akaroa en 1845. La maison fait partie de l'**Akaroa Museum**, tout comme l'ancien tribunal inauguré en 1880. Les collections du musée sont consacrées à l'histoire naturelle et sociale de la région, ainsi qu'à son architecture. Un itinéraire à travers la ville passe par 43 sites historiques, dont le **phare**, érigé en 1880.

Une plage agréable est située en plein centre, et des sorties en mer au départ du quai principal offrent l'occasion d'approcher des manchots pygmées, des céphalorhynques à front blanc *(p. 191)* et des colonies d'otaries. Quantité de sentiers grimpent vers les extraordinaires reliefs volcaniques des alentours, d'où l'on domine le port.

Langlois-Éteveneaux House et Akaroa Museum
71 rue Lavaud. *(03) 304 1013.* *t.l.j.* *25 déc.*

Phare
(03) 304 7325. *jours fériés et sur r.-v.* *rez-de-chaussée.*

JEAN-FRANÇOIS LANGLOIS

Langlois-Éteveneaux House

C'est à ce commandant de baleinier que le village d'Akaroa doit son parfum de France. En 1838, il décida de créer une colonie française dans la péninsule de Banks, dont il tenta d'acheter la plus grande partie à la tribu Ngai Tahu. Il rentra l'année suivante en France pour trouver un soutien à son projet et fonda la Compagnie nanto-bordelaise.

En août 1840, le *Comte de Paris* débarquait 63 pionniers placés sous la protection du capitaine Charles Lavaud. Les Britanniques n'avaient toutefois pas l'intention de laisser la moindre chance aux ambitions françaises. Ayant tout juste signé le traité de Waitangi, ils s'empressèrent d'user de leur nouvelle autorité pour appointer deux magistrats dès qu'ils eurent vent de l'arrivée de la petite communauté. Malgré cette affirmation de la souveraineté britannique, les colons restèrent. Langlois retourna en France en 1842, et la New Zealand Company acheta la Compagnie nanto-bordelaise en 1849, ouvrant la voie à un afflux massif d'Anglo-Saxons. Le village a fait de ses origines une manne touristique.

Les vignobles du Waipara ❻

Grappes de cabernet

La vocation viticole du Waipara, situé à environ 65 km au nord de Christchurch, est récente : la plantation des premières vignes remonte à peine à 1981. Le terroir se montre cependant prometteur. Plusieurs de ses vins ont déjà obtenu des prix, et dans une province qui compte plus de 30 chais, aucune autre région ne connaît un développement aussi rapide. Le Visitor Centre de Christchurch *(p. 221)* fournit tous les renseignements sur les visites guidées.

Pegasus Bay ①
Le domaine, où les premières grappes ont été pressées en 1991, a déjà remporté de nombreux prix. Les dégustations ont lieu dans un cadre charmant dominant la campagne environnante.

Mountford Vineyard ⑧
Une splendide demeure domine les vignobles d'où sont issus des chardonnays et des pinots noirs haut de gamme.

Daniel Schuster Wines ⑨
Daniel Schuster produit des chardonnays et des pinots noirs de qualité depuis 1988. Il faut prendre rendez-vous pour déguster.

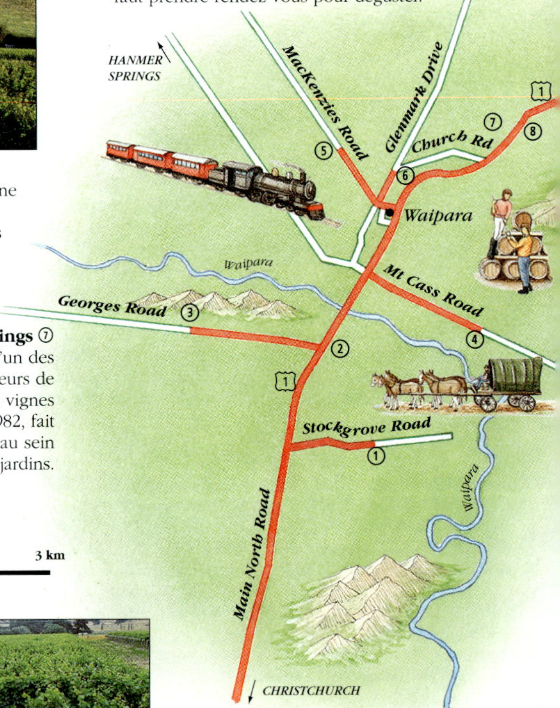

Waipara Springs ⑦
Souvent primé, l'un des plus vieux producteurs de la région, avec des vignes plantées en 1982, fait goûter ses crus au sein d'agréables jardins.

Glenmark Wines ⑥
Les vignes du plus ancien domaine du Waipara ont été plantées en 1981. Détenteur de nombreux prix, il propose des dégustations dans un agréable cadre rustique.

Chancellor Wines ④
Depuis 1982, il vend son raisin à d'autres domaines, et ne commercialise des vins sous son propre nom que depuis 1995. Il faut prendre rendez-vous pour déguster.

Torlesse Wines ⑤
Ce producteur utilise aussi du raisin du Marlborough pour produire une large gamme de vins, dont des gewurztraminers, des cabernets sauvignons et des sauvignons blancs.

Carnet de route

Itinéraire : *170 km aller-retour depuis Christchurch. La plupart des domaines s'atteignent par des routes transversales ou des voies privées prenant sur la Nationale 1. L'importance du trafic et la vitesse des voitures imposent de rester vigilant.*

Où faire une pause ?
Pegasus Bay, Canterbury House, Glenmark et Waipara Springs possèdent des restaurants. Mieux vaut réserver.

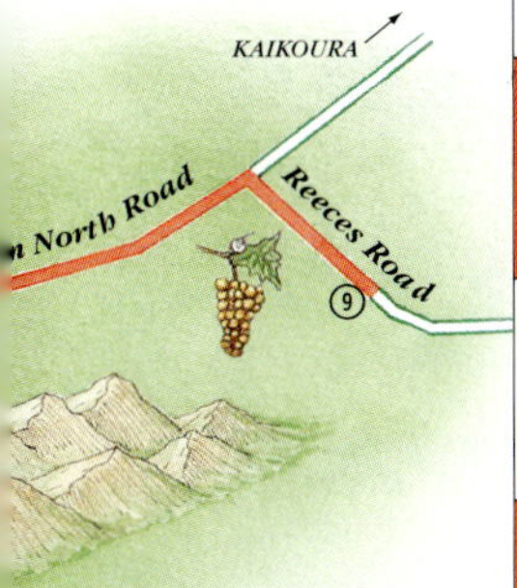

Canterbury House Vineyards ②
Les bâtiment en pierre de cet établissement relativement récent se dressent au bord de la Nationale 1.

Fiddlers Green ③
Encore un nouvel arrivant. Sa première cuvée date de 1998, mais ses rieslings et ses sauvignons blancs ont déjà été récompensés.

Légende

- Itinéraire conseillé
- Autre route
- Cours d'eau

L'établissement thermal de Hanmer Springs

Hanmer Springs ❼

Carte routière C5. *800.*
Amuri Ave, (03) 315 7128.
www.hurunui.com

Ce petit village à 385 m d'altitude abrite la vaste **Hanmer Springs Thermal Reserve**. Des sources d'eau chaude y furent découvertes dès 1859, mais leur exploitation ne débuta qu'en 1883. L'établissement possède aujourd'hui 12 piscines de diverses températures, des toboggans pour les enfants et des bassins privés.

Un parc boisé de 168 km² entourant les bains permet de pratiquer le VTT et la marche, on peut soit faire l'aller-retour à Conical Hill (1 heure), soit se rendre jusqu'au sommet du mont Isobel (5 à 6 heures). Au Waiau Ferry Bridge, à 5 km du village, des agences sont spécialisées dans le saut à l'élastique, ainsi que les promenades en *jet-boat* *(p. 192)* et la descente de rapides en radeau sur la Waiau.

Hanmer Springs Thermal Reserve
Amuri Ave. *(03) 315 7511.*
t.l.j. *25 déc.*
www.hanmersprings.co.nz

Lewis Pass ❽

Carte routière C5.

C'est à ce col que la Nationale 7 franchit les Southern Alps. D'une superficie de 183 km², la Lewis Pass Natural Reserve l'entoure. On peut l'explorer en toute liberté, y pêcher et y chasser.

Juste au-dessus du col, **Maruia Springs Thermal Resort**, un petit établissement thermal, dispose de bassins d'eau chaude inscrits dans un décor naturel, d'où s'offre une vue sur la forêt et les montagnes.

Maruia Springs Thermal Resort
Nationale 7. *(03) 523 8840.*
t.l.j. *25 déc.*

Reefton ❾

Carte routière C5. *1 000.*
67 Broadway, (03) 732 8391.

Fondé en 1872, le village de Reefton tire son nom des filons *(reefs)* de quartz aurifère découverts dans la région. Celle-ci conserve de nombreux vestiges de la ruée vers l'or, en particulier dans les hêtraies du Victoria Forest Park. Un réseau de sentiers permet de les explorer à pied comme en VTT.

Une promenade historique dans Reefton passe par plusieurs édifices anciens dont la **School of Mines** ouverte en 1887. Intégrée à un réseau national d'établissements similaires, elle reçut des élèves jusqu'en 1970. À 2 km du village, le **Black's Point Museum** renferme des souvenirs de l'époque de l'exploitation minière.

School of Mines
Shiel St. *(03) 732 8391.*
sur r.-v.

Black's Point Museum
Nationale 7. *(03) 732 8035.*
du mer. au dim. *25 déc.*

Karamea ⓾

Carte routière C4. 700.
Market Cross, (03) 782 6652.
Wearable Art Awards (sept.), Whitebaiters Ball (oct.).
www.karameainfo.co.nz

À l'extrémité nord de la Nationale 67, cette communauté agricole isolée a été fondé par des Européens en 1874. Près du Karuhangi National Park, dans une cuvette où l'élevage laitier reste dominant, il est surtout connu pour être le point d'arrivée du Heaphy Track *(p. 210)*. Ce célèbre sentier émerge de la forêt à 15 km au nord, à un endroit d'où partent de courts itinéraires, dont le Nikau Loop, une boucle de 40 minutes, et le chemin de Scotts Beach, un aller-retour d'une heure et demie.

À environ 26 km au nord-est de Karamea, au sein d'une dense végétation, l'**Oparara Basin** abrite de spectaculaires formations calcaires et les grottes de Honeycomb – 15 km de galeries. La piste qui y conduit est pour une grande part étroite et sinueuse, mais une voiture normale peut la suivre. Le réseau souterrain, extrêmement fragile, ne se visite qu'avec un guide. Explorées pour la première fois en 1980, les grottes contiennent les ossements de représentants d'environ 50 espèces, dont le moa et l'aigle de Haast aujourd'hui disparus. L'Oparara Arch, quant à elle, une arche naturelle de 43 m de haut et 219 de long, peut se contempler en toute indépendance, comme les grottes de Box Canyon et de Crazy Paving. On atteint la première en 20 min par un sentier bien tracé. Pour les deuxièmes, prenez une bonne lampe-torche. Pour les plus aventureux, des agences organisent des descentes en raft des rapides de la Karamea, de classes IV et V.

Pâturage en bord de plage près de Karamea

Le Nikau Loop au débouché du Heaphy Track

Karamea sert aussi de camp de base aux randonneurs qui s'élancent sur le Wangapeka Track, un itinéraire de 3 à 5 jours. Une piste historique, le Fenian Track, rejoint l'ancien camp de mineurs d'Adams Flat. Il faut compter à peu près 4 heures de marche pour effectuer l'aller-retour.

Oparara Basin

Nationale 67. *(03) 782 6652.*
grottes de Honeycomb.
obligatoire dans les grottes de Honeycomb. *www.lastresort.co.nz*

Westport ⓫

Carte routière C5. *5 000.*
5 km N. de la ville.
1 Brougham St, (03) 789 6658.
www.westport.org.nz

Bien que la ville doive sa naissance à la ruée vers l'or des années 1860, c'est le charbon qui la fait vivre depuis longtemps. Jusqu'en 1954, le minerai extrait des montagnes environnantes transitait par son port, situé à l'embouchure de la Buller. Le train en achemine désormais la plus grosse partie à Lyttelton, sur la côte est *(p. 228)*. Le **Coal Town Museum** replonge dans ce passé minier.

Westport se prête aux activités de plein air, dont le hors-bord et le jet-ski sur la Buller. L'une des plus populaires consiste à descendre une rivière souterraine près du Nile River Canyon. Soutenus par des chambres à air, les participants, accompagnés d'un guide, traversent des grottes où scintillent des vers luisants avant d'émerger à l'air libre. Ils replongent ensuite dans les rapides de la Waitakere, puis passent dans le Nile River Canyon. On peut découvrir à pied les belles concrétions calcaires de la grotte de Metro.

Otaries à Tauranga Bay, près de Westport

À Westport, North Beach, Carter's Beach et Tauranga Bay permettent baignade et pratique du surf. En une heure et demie, la Cape Foulwind Walkway, au bord de Tauranga Bay, conduit à une colonie d'otaries à fourrure *(p. 191)*.

Coal Town Museum

Lower Queen St. *(03) 789 8204.*
t.l.j. *25 déc.*

Les mines de charbon de la côte ouest

L'explorateur Thomas Brunner fut le premier à découvrir du charbon sur la côte ouest en 1848. Au départ, les mines les plus importantes se trouvaient sur les plateaux de Denniston et Stockton, au nord-est de Wesport, où une exploitation de grande envergure commença en 1878. L'extraction et le transport du minerai sur ce terrain montagneux nécessitèrent des équipements spéciaux. Le plus célèbre, le Denniston Incline, consistait en une voie ferrée d'environ 1 800 m de long pour 520 m de dénivelé. Un câble freinait les wagons pleins dans la descente et hissait grâce à leur poids les voitures vides. À sa fermeture en 1967, ce dispositif avait assuré le transport de 13 millions de tonnes de charbon en 87 ans.

Miner's Hall, près de Runanga, à Greymouth

Avec une production annuelle de 2 million de tonnes, les gisements continuent de jouer un rôle important dans l'économie de la région.

Des wagonnets servaient à transporter le minerai.

L'entrée était étayée pour ne pas s'effondrer.

Employés de la mine de Rewanui

LES ANCIENNES VILLES MINIÈRES

Souvent, les localités nées autour des mines de charbon ne sont désormais guère plus que des villes fantôme. Un itinéraire de 120 km, le Buller Coalfields Heritage Trail, permet notamment de découvrir les vestiges des localités jadis florissantes de Denniston, Stockton et Millerton. Le i-SITE Visitor Centre (bureau d'information de Westport) fournit les détails nécessaires.

***Des wagons** comme celui-ci, exposé au Coal Town Museum, descendaient le minerai des gisements en altitude.*

***Les bennes** suspendues au câble transportent le charbon de la mine à ciel ouvert de Stockton jusqu'à Ngakawau, sur le littoral, d'où il rejoint en train le port de Lyttelton sur la côte est.*

***Denniston**, où convergeait tout le minerai extrait sur le plateau, a conservé, entre autres vestiges, des éléments de machinerie et les murs de renfort en pierre qui retenaient le charbon en attente avant la descente.*

Paparoa National Park ⓬

Carte routière C5. *Nationale 6, Punakaiki, (03) 731 1895.*

Fondé en 1987, ce parc national d'une superficie de 300 km² renferme des sites variés et spectaculaires. Le plus célèbre se trouve près du petit village côtier de Punakaiki : aisément accessibles depuis la route, par le court chemin de Dolomite Point, les Pancakes Rocks évoquent des empilements de crêpes. Avec de l'aide, on peut y accéder en fauteuil roulant. L'érosion conjuguée du vent, de la pluie et de la mer leur a donné cet aspect en évidant de fines couches de roche meuble prises entre des strates de calcaire plus dur. Elle a aussi creusé le littoral de nombreuses anfractuosités. À marée haute, quand les vagues s'y engouffrent, l'air sous pression projette des nuées d'écume.

Très boisé, le Paparoa National Park a en grande partie conservé sa végétation indigène. Il abrite d'autres courtes promenades. Suivre le Truman Track prend 15 minutes. Il s'enfonce dans la forêt subtropicale jusqu'à une cascade et une côte rocheuse creusée de cavernes et d'un trou d'où jaillissent des panaches d'eau de mer. Une promenade de 2 heures le long des rives de la Fox conduit à l'immense formation karstique surnommée Ballroom Overhang (« surplomb de la salle de bal »). Plus exigeant, l'Inland Pack Track, une piste percée en 1867, permet une randonnée au cœur du parc de 2 à 3 jours.

Greymouth ⓭

Carte routière C5. *13 500.* *à l'angle de Herbert St et Mackay St, (03) 768 5101.* *www.west-coast.co.nz*

La plus grande localitéde la côte ouest s'étend à l'emplacement qu'occupait jadis le *pa* de Mawhera. La ville fut fondée en 1865, alors que la région connaissait une grande ruée vers l'or. Quand les filons s'épuisèrent, les gisements de charbon, découverts à partir de 1848, assurèrent sa survie économique. L'embouchure de la Grey constituait un port naturel, mais le fleuve ne s'avéra pas toujours être un atout. Les inondations provoquées par ses crues ponctuent l'histoire locale. Il y en a eu deux rien qu'en 1988. Depuis, une digue a été construite. Elle est surnommée « la grande muraille de Greymouth ».

Le **History House Museum** illustre le passé de la ville grâce à de nombreuses photographies. La **Left Bank Art Gallery** possède une riche collection d'objets en néphrite, aux formes contemporaines et traditionnelles, et accueille une grande exposition tous les 2 ans. Elle présente aussi les œuvres d'artistes locaux.

Des agences spécialisées proposent des loisirs de plein air tirant parti d'un environnement préservé. Les deux plus populaires consistent à partir à la rencontre de dauphins et à descendre une rivière souterraine, soutenu par une chambre à air, dans les grottes de Taniwha. La pêche est bonne dans les eaux poissonneuses de la Grey et de ses affluents.

La Left Bank Art Gallery

History House Museum
Gresson St. *(03) 768 4028.* *l'été : t.l.j. ; l'hiver : du lun. au ven.* *25 déc.*

Left Bank Art Gallery
1 Tainui St. *(03) 768 0038.* *l'été : t.l.j. ; l'hiver : du mar. au sam.* *25 déc., 1er janv.* *sur r.-v.*

Les Pancakes Rocks de Dolomite Point, à Punakaiki

Shantytown, reconstitution d'une ville de chercheurs d'or

AUX ENVIRONS
À 11 km au sud de Greymouth, **Shantytown** est la réplique minutieuse d'une ville de mineurs d'or. Un train à vapeur de 1913 s'enfonce dans le bush jusqu'à une scierie en activité et une concession où les visiteurs peuvent s'initier à la technique de l'orpaillage avec la certitude de découvrir au moins quelques poussières d'or.

À 42 km de Greymouth, des montagnes boisées entourent le **lac Brunner**, réputé pour la pêche à la truite et les sports nautiques. Les déplacements sur le lac s'effectuent depuis le village de Moana, au bors de la partie nord du lac. Un bus circule chaque jour entre Moana et Greymouth et le TranzAlpine, qui part chaque jour de Christchurch, fait partie des plus beaux itinéraires en train du monde.

Shantytown
Rutherglen Rd. *(03) 762 6634.* *t.l.j.* *25 déc.*

Hokitika ⓮

Carte routière C5. *3 600.* *2 km N. de la ville.* *Carnegie Building, Hamilton St, (03) 755 6166.* *Wildfoods Festival (mars).* *www.hokitika.com et www.wildfoods.co.nz*

Ses larges artères, ses bâtiments anciens et ses ateliers d'artisanat font de Hokitika la ville sans doute la plus agréable de la côte ouest. En deux ans, de 1864 à 1866, l'or transforma ce qui était à peine plus qu'un campement en un centre marchand animé, où se pressaient les bateaux chargés de mineurs arrivant d'Australie. Ils mouillaient dans un estuaire dangereux : un naufrage eut lieu toutes les 10 semaines en 1865 et 1866. L'épave d'un de ces navires se trouve sur le Hokitika Heritage Trail, un chemin qui passe par 22 sites et édifices historiques. Le plus impressionnant, la Carnegie Library, bâtie en 1908, renferme désormais l'office de tourisme et le **West Coast Historical Museum**. Le passé de la ville et des alentours est évoqué dans ce dernier par une exposition et des documents audiovisuels. Il possède aussi une collection de livres rares sur la côte ouest.

Le petit aquarium **Jacquie Grant's Eco World** a pour spécialité les poissons locaux, y compris la version adulte des alevins composant la friture pêchée dans les rivières de la région. Les nuits humides sont particulièrement propices à la visite de l'étonnant Glowworm Dell (« vallon des vers luisants »), à la limite nord de la ville, empli de larves carnivores luminescentes.

Tour de l'horloge, Hokitika

West Coast Historical Museum
Carnegie Building, Hamilton St. *(03) 755 6898.* *t.l.j.* *25 déc.*

Jacquie Grant's Eco World
Tancred St. *(03) 7555 251.* *t.l.j.* *1er janv., 25 déc.*

AUX ENVIRONS
Le lac Mahinapua, à 10 km au sud de Hokitika, et le lac Kaniere, à 20 km à l'est, offrent un cadre paisible où se promener en canot à moteur, pêcher, se baigner et faire de la randonnée en forêt. Le Lake Kaniere Walkway, long de 13 km, se parcourt en environ 4 heures de marche. Au village de Ross, à 28 km au sud de Hokitika, un petit musée est consacré à son histoire pittoresque pendant la ruée vers l'or. Des itinéraires de balade passent par d'anciennes mines. C'est ici qu'on découvrit en 1909 la plus grosse pépite de Nouvelle-Zélande. Le sous-sol de la région contiendrait encore pour des millions de dollars d'or, et l'extraction a repris avec des moyens modernes.

LA NÉPHRITE

Artisan de la Mountain Jade Greenstone Factory

La variété de jade vert connue sous le nom local *greenstone* ou, en maori, *pounamu*, se forme au sein de failles alpines dans des conditions de très hautes températures et de fortes pressions. Les rivières de la côte ouest en charrient des fragments que l'érosion a arrachés aux montagnes. La néphrite revêt une grande importance spirituelle pour les Maoris. C'était le matériau le plus dur qu'ils connaissaient, et ils l'employaient pour la fabrication d'outils, d'armes et de parures. Avant la colonisation européenne, les tribus envoyaient des éclaireurs chercher la précieuse pierre. Elle leur servait ensuite de monnaie d'échange. En règlement d'un litige lié au traité de Waitangi *(p. 51)*, la tribu Ngai Tahu a récupéré en 1997 la propriété des gisements de néphrite de la côte ouest.

Westland/Tai Poutini National Park ⓯

Chute de glace !

Créé en 1960 et agrandi en 1982, ce parc national couvre 1 175 km² entre la crête des Southern Alps, où il jouxte le Mount Cook National Park, et la mer de Tasman. Il est renommé pour ses sommets dépassant 3 500 m d'altitude, ses denses forêts pluviales, ses lagunes peuplées d'oiseaux, ses magnifiques lacs et, plus encore, pour ses glaciers. Malgré l'intrusion des prospecteurs d'or dans les années 1860 et le développement de l'élevage sur les terres les plus fertiles le long des cours d'eau, la région reste pour l'essentiel très sauvage.

Randonnée à ski
Le ski est un bon moyen pour découvrir les glaciers. On peut aussi les contempler du ciel, en avion ou en hélicoptère.

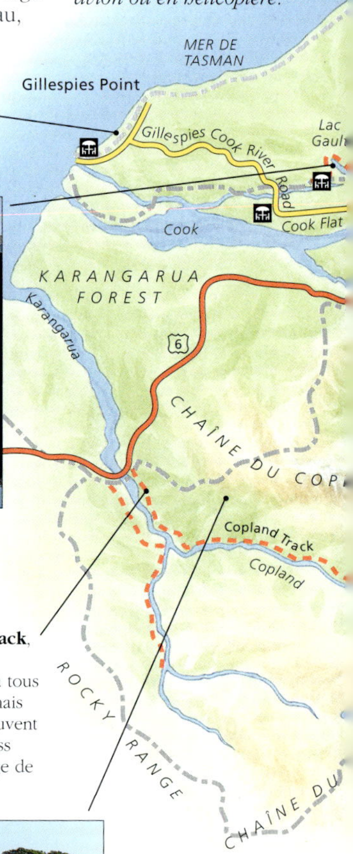

À Gillespies Beach, un établissement créé pendant la ruée vers l'or à 20 km de Fox Glacier, un chemin suit une ancienne piste de mineurs ; un autre mène à une colonie d'otaries.

★ Le lac Matheson
Par temps calme, les monts Cook et Tasman se réfléchissent le matin dans ses eaux lisses cernées par la forêt.

LÉGENDE

- Route nationale
- Route secondaire
- Cours d'eau
- Sentier pédestre
- Limite du parc
- Information touristique
- Aire de pique-nique

Le Copland Valley Track, accessible depuis la Nationale 6, convient à tous dans sa partie basse, mais seuls des alpinistes peuvent franchir le Copland Pass pour rejoindre le village de Mount Cook.

La forêt pluviale
À basse altitude, une dense végétation où abondent fougères et podocarpes profite d'importantes précipitations (5 000 mm par an au village de Franz Josef).

À NE PAS MANQUER

- ★ Fox Glacier
- ★ Franz Josef Glacier
- ★ Lac Matheson

L'Okarito Lagoon, l'une des plus vastes zones humides de Nouvelle-Zélande, abrite de nombreux oiseaux, dont la grande aigrette *(p. 191)*.

Le lac Mapourika, au nord du parc, est un bel endroit où pique-niquer.

Les Aoraki/monts Cook et Tasman, les plus hauts sommets de Nouvelle-Zélande, s'élèvent derrière le Fox Glacier.

Mode d'emploi

Carte routière B6. **village de Franz Josef Glacier**, *(03) 752 0796 ;* **village de Fox Glacier**, *(03) 751 0807.* *t.l.j.* *25 déc.* *obligatoire sur les glaciers.*

★ Le Franz Josef Glacier
Une heure de marche le long de la Waiho sépare le front du glacier du village qui porte son nom.

★ Le Fox Glacier
Les risques de chutes de rochers et de glace rendent dangereuses les expéditions sans guide sur le plus grand glacier du parc.

Le déplacement d'un glacier

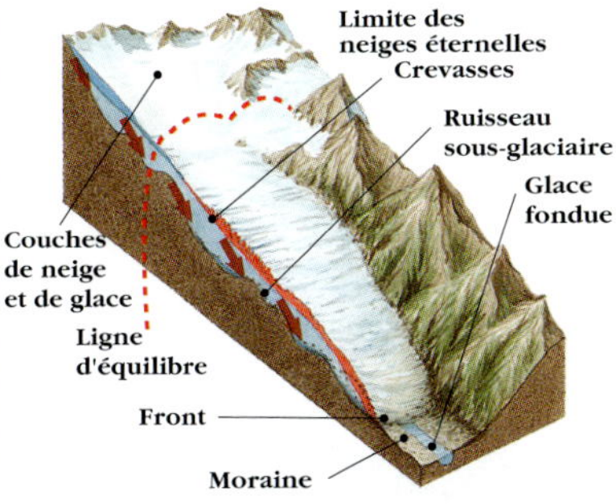

Le glacier est une accumulation de glace qui s'écoule dans une vallée avec une vitesse moyenne de 1,5 m environ par jour. La neige qui l'alimente en altitude se transforme par tassement en névé, puis en glace, que son propre poids entraîne vers l'aval. Les frottements exercés sur les bords et dans le fond du glacier arrachent des débris de roche, les moraines, et provoquent des déformations qui se manifestent, entre autres, par des crevasses. Longs d'environ 13 km, le Franz Josef et le Fox ont la caractéristique remarquable de s'étendre d'une zone de neige éternelle jusqu'à une forêt pluviale en bord de mer.

En montgolfière au-dessus des plaines du Canterbury ▷

Excursion à l'Arthur's Pass ⓰

La route qui mène à ce col est la nationale la plus élevée et la plus spectaculaire des Southern Alps. Depuis Springfield, elle grimpe en pente raide jusqu'au Porters Pass (945 m), puis traverse de grandes cuvettes de lande rase hérissées de montagnes et longe d'impressionnants affleurements de calcaire. Elle s'enfonce dans une forêt de hêtres en entrant dans la partie orientale de l'Arthur's Pass National Park. Après avoir franchi l'Arthur's Pass, elle descend abruptement en direction de la côte ouest.

Porters Pass et le lac Lyndon ①
Une faune de zone sèche caractérise la région. Le poissonneux lac Lyndon est un bon endroit où observer des oiseaux en été.

Domaine skiable de Porter Heights ②
La plus grande des stations desservies par la Nationale 73 est aussi la plus proche de Christchurch. Les 5 autres, gérées par de petits clubs locaux, accueillent les visiteurs à bras ouverts.

Jacksons Pub ⑩
Il ne reste qu'un pub là où se trouvaient une gare et un relais de poste animés.

Otira Viaduct ⑨
La Nationale 73 franchit l'Otira, au lit rocailleux, sur ce long pont achevé en 1999.

Légende

- Itinéraire conseillé
- Autre route
- Cours d'eau
- Point de vue

Hêtraies ⑧
Les hêtres qui dominent dans la partie est du parc donnent à la forêt une allure radicalement différente de celle, dense et aux essences variées, du côté ouest.

Castle Hill ③
Ses spectaculaires reliefs calcaires connaissent un grand succès auprès des grimpeurs. Sur la route qu'ils empruntaient pour gagner la côte ouest, les Maoris trouvaient ici une source de nourriture saisonnière.

CARNET DE ROUTE

Itinéraire : *160 km de Springfield à Kumara Junction. Mieux vaut se renseigner avant le départ sur l'état de cette route de montagne parfois fermée après des chutes de neige.*
Où faire une pause ? *Points de vue et aires de stationnement sont nombreux en chemin. Il existe des hôtels à Jacksons et Bailey, mais Arthur's Pass est le seul point de ravitaillement entre Kumara et Springfield.*

Cave Stream ④
L'exploration de cette grotte de 360 m prend environ 2 heures. Prévoyez de bonnes chaussures, des vêtements chauds et une torche.

Craigieburn Forest Park ⑤
On vient ici pique-niquer et se promener parmi les hêtres, à pied ou en VTT.

Lac Pearson ⑥
Réputé pour le spectacle des montagnes qui se reflètent dans ses eaux, le lac Pearson, comme le lac Grasmere, tout proche, attire les pêcheurs de truite.

Bealey Spur ⑦
Ce groupe de maisons de vacances s'élève en bordure de l'Arthur's Pass National Park.

Springfield

73

0 20 km

En direction de l'Arthur's Pass

Arthur's Pass ⑰

Carte routière C5. 50. *Nationale 73, Arthur's Pass, (03) 318 9211.*

Le minuscule village d'Arthur's Pass est niché dans une vallée, à environ 5 km à l'est du col du même nom. Il a pour origine un campement d'ouvriers engagés pour continuer la construction de la route reliant Christchurch à la côte ouest en 1865-1866. Le percement des 8 km du tunnel ferroviaire d'Otira commença de part et d'autre de la crête des Southern Alps en 1908. Grâce au chantier, la population d'Arthur's Pass atteignit le chiffre d'environ 300 habitants en 1912. Il fallut attendre 10 ans pour que les 2 galeries se rejoignent, et encore 5 pour qu'un train emprunte la voie. Les modestes habitations des terrassiers sont pour certaines encore debout et servent désormais de résidence de vacances.

Depuis les années 1920, le village attire des promeneurs de Christchurch et Greymouth et constitue un point de départ pour les randonneurs et les grimpeurs. Il est également prisé des skieurs séduits par l'ambiance détendue et les splendides paysages de la station voisine de Temple Basin. Il abrite les bureaux de l'Arthur's Pass National Park *(p. 242-243)*.

Ancienne habitation de terrassier dans le village d'Arthur's Pass

Arthur's Pass National Park ⓲

Plante alpine

À 153 km de Christchurch et à 98 km de Greymouth, le sixième parc national de Nouvelle-Zélande par la taille a une superficie de 1 170 km². De part et d'autre de la ligne de partage des eaux, le terrain comme le climat présentent de profondes différences. Sur le versant occidental, très arrosé, des torrents charriant des graviers dévalent la montagne à travers de denses forêts pluviales à la végétation variée. Du côté est dominent les hêtres et, sur les terrains plats en bord de rivière, des landes. Seize sommets dépassent 2 000 m d'altitude, et la région est particulièrement attractive pour les sportifs expérimentés et bien équipés. Beaucoup de sentiers moins ambitieux conviennent aux personnes de tous âges et sans préparation physique.

★ La Dobson Nature Walk
Occasion d'une marche d'une demi-heure au sommet du col, elle fournit une bonne introduction à la flore alpine et subalpine de la région, épanoui entre novembre et février.

Bealey Valley
Depuis la Nationale 73, un sentier à l'ombre des hêtres mène à cette magnifique vallée. L'aller-retour dure de 3 à 4 heures.

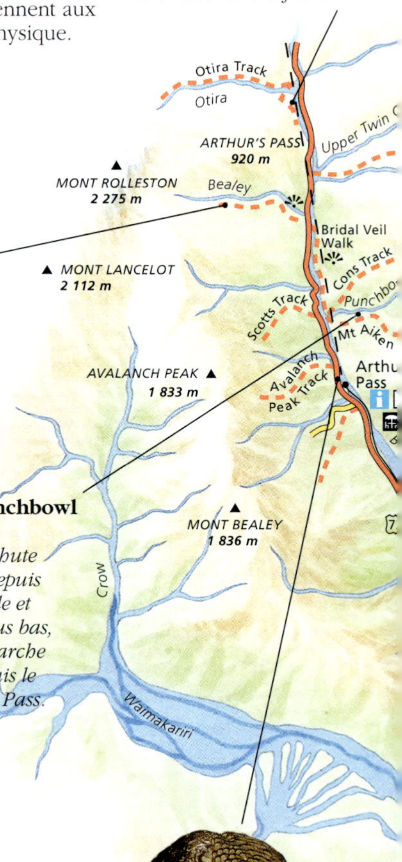

★ La Devil's Punchbowl Waterfall
Le haut de cette chute d'eau s'admire depuis la route principale et le pied, 131 m plus bas, à l'issue d'une marche d'une heure depuis le village d'Arthur's Pass.

À NE PAS MANQUER

- **★ La Devil's Punchbowl Waterfall**
- **★ La Dobson Nature Walk**

Nestor kéa
Ce perroquet chapardeur va jusqu'à s'en prendre aux joints de portière dans le village d'Arthur's Pass.

Temple Basin
Les randonneurs qui font étape ici jouissent d'une vue superbe sur les montagnes et les vallées. En hiver, les pistes de ski ne sont accessibles qu'à pied.

MODE D'EMPLOI

Carte routière C5.
village d'Arthur's Pass, (03) 318 9211. *t.l.j.* *25 déc.*
village seulement, pas les sentiers.
www.doc.govt.nz

FLORE ET FAUNE DE L'ARTHUR'S PASS NATIONAL PARK

Outre les impressionnantes forêts de hêtres des versants est et pluviales de l'ouest, le parc renferme une riche flore rase où figurent le carex, l'*ourisia* et de nombreuses herbacées, graminées et pâquerettes alpines et subalpines. Il est également peuplé d'une multitude d'oiseaux, dont le tadorne de paradis, le méliphage carillonneur, le zostérop à dos gris, le rhipidure, le nestor kéa et le xénique grimpeur, ainsi que d'espèces rares comme le troglodyte des rochers, le canard bleu et le kiwi.

Canards bleus

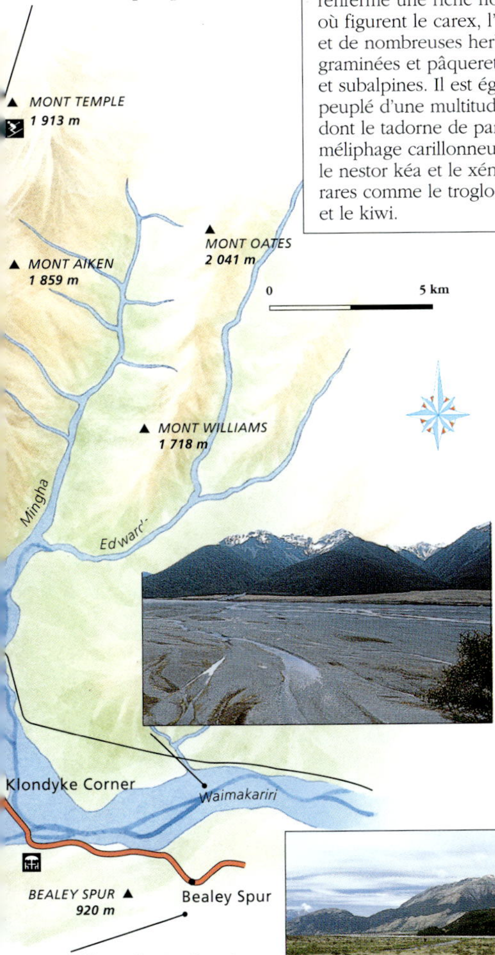

LÉGENDE

- Route nationale
- Route secondaire
- Cours d'eau
- Sentier pédestre
- Voie ferrée
- Tunnel
- Information touristique
- Terrain de camping
- Aire de pique-nique
- Ski
- Point de vue

La Waimakariri
Ce puissant cours d'eau transporte des alluvions arrachées aux Southern Alps (p. 189).

Village de Bealey Spur
À l'approche de Bealey Spur, la lande cède la place à des collines escarpées.

CARNET DE ROUTE

Les vallées, les cols et les pentes couvertes d'herbe et d'éboulis du parc offrent un large éventail de randonnées, depuis de simples balades jusqu'à des parcours exigeant des qualités de grimpeur. Le temps très variable et un balisage parfois rudimentaire rendent très important de préciser ses intentions au Visitor Centre du village d'Arthur's Pass avant le départ.

Piste de Mount Hutt avec le lac Coleridge à l'arrière-plan

Mount Hutt ⓳

Carte routière C6. Main St, Methven, (03) 302 8955. New Zealand Walking Festival (avr.).

Située sur les contreforts des Southern Alps, la plus grande station de sports d'hiver du Canterbury se targue aussi d'être celle d'Australasie ouverte le plus longtemps : de début juin à mi-octobre. Elle est équipée de 9 remonte-pentes et de canons à neige. Depuis une altitude de 2 075 m, les skieurs jouissent d'un large panorama des plaines du Canterbury.

Aux environs

Lieu de détente pour les skieurs de Mount Hutt en hiver, **Methven** redevient en été un village d'élevage néo-zélandais typique. À 14 km à l'ouest, la Mount Hutt Conservation Area, d'une superficie de 42 km², est parcourue de courts sentiers à l'ombre d'une forêt indigène dominée par de hauts hêtres de montagne *(Nothofagus solandri)*. À environ 16 km au nord de Methven, la Rakaia Gorge se prête à des chevauchées en *jet-boat* *(p. 192)*. Un sentier pédestre de 5 km en longe le bord.

Rakaia ⓴

Carte routière C6. 800. Rakaia Salmon Fishing Competition (fin fév.).

Sur la rive sud de la Rakaia, un grand poisson en fibre de verre trône au milieu de ce petit village rural qui se présente fièrement comme la « capitale néo-zélandaise du saumon ». La Rakaia n'en permet pas moins une pêche plus variée : les truites aussi y abondent.

Pont franchissant la Rakaia Gorge, prisée des amateurs de *jet-boat*

Ashburton ㉑

Carte routière C6. 16 000. The Green, East St, (03) 308 1050. Wheels Week (mai).

La principale ville du district rural d'Ashburton s'étend de part et d'autre d'une rivière qui porte, elle aussi, le nom de lord Ashburton, un membre de la Canterbury Association qui ouvrit la province à la colonisation européenne *(p. 220)* en 1850. Dans une région de landes, l'irrigation a permis le développement de l'agriculture. Construite sur un plan régulier, la cité vaut le détour pour ses bâtiments anciens en brique et ses hauts arbres, en particulier dans Ashburton Domain, et **Ashford Craft Village** une visite pour son artisanat de qualité et son musée abritant une collection de rouets.

Ashford Craft Village
427 West St. (03) 308 9085.
t.l.j. vend. saint, 25 et 26 déc. dans l'atelier. obligatoire dans l'atelier.

Geraldine ㉒

Carte routière C6. 2 000. angle de Cox St et Talbot St, (03) 693 1006. Geraldine Arts and Plants Festival (nov.). www.southisland.org.nz

Cette jolie petite communauté agricole est une étape bienvenue pour les voyageurs en route pour le Mackenzie Country, au sud. Appelée Talbot Forest, puis Fitzgerald et, enfin, Geraldine depuis 1866, elle s'est développée sur le site d'un enclos à moutons qui servait de camp de base à des bûcherons. Si la « forêt de Talbot » se réduit désormais à une futaie devant laquelle s'étale la ville, Geraldine a conservé des bâtiments anciens tels qu'une poste de 1908.

La **Barker's Berry Barn** produit des condiments ainsi que des jus de fruits. Quant au **Vintage Car and Machinery Museum**, on y verra des voitures datant de 1907 à 1954 et du matériel agricole, dont un tracteur de 1874.

Barker's Berry Barn
76 Talbot St. (03) 693 9727.
t.l.j. 25 déc.

Vintage Car and Machinery Museum
178 Talbot St. (03) 693 8756.
t.l.j. 1er janv., 25 et 26 déc. sur r.-v.

Aux environs

Geraldine est une bonne base pour explorer le mid-Canterbury. À 15 km au nord, les gorges d'Orari, de Waihi et de Te Moana offrent un beau cadre à un pique-nique, un bain ou une descente en eau vive. Dans la même direction, la Peel Forest et la Mount Somers Conservation Area sont respectivement à 22 et 47 km de la ville.

Le bureau de poste de Geraldine date de 1908

Les moutons des alpages

Bélier mérinos

Les « pèlerins du Canterbury », qui arrivèrent de Grande-Bretagne en 1850 pour fonder un nouvel établissement, perçurent rapidement le potentiel de leur nouvelle patrie en matière d'élevage. Les détenteurs de permis de pâturage disposaient d'immenses espaces où faire brouter leurs troupeaux, et ils jouirent bientôt d'une réelle puissance économique et politique. Malgré la réforme foncière qui imposa le démantèlement des grands domaines agricoles à la fin du XIXe siècle, il existe toujours des stations d'alpage contrôlant des milliers de kilomètres carrés, en particulier dans le Canterbury. Grâce à de bonnes routes et à l'amélioration des moyens de communication, les conditions de vie y sont moins rudes que par le passé.

LE CYCLE ANNUEL
Les moutons qui paissent l'été sur les pentes herbeuses des montagnes redescendent dans la plaine avant l'hiver. La transhumance dure plusieurs jours. Des chiens parfaitement entraînés tiennent le troupeau rassemblé, et les bergers suivent à pied ou à cheval. La tonte, la mise bas et le sevrage précèdent le retour en altitude quand la chaleur revient.

Rassemblement du troupeau

Des ventes aux enchères *permettent aux éleveurs de renouveler leur cheptel afin d'améliorer la qualité et la quantité de viande et de laine obtenues.*

La tonte*, confiée à des équipes de travailleurs indépendants très qualifiés, reste souvent effectuée avec des cisailles pour laisser une épaisseur protectrice. L'espèce la plus répandue, le mérinos, fournit une laine fine.*

Le fourrage*, conservé par séchage ou par ensilage, constitue un aliment d'appoint pendant les mois d'hiver.*

La laine des mérinos *de l'île du Sud, d'une grande finesse, sert à la fabrication de tricots de luxe et de tissus utilisés dans la confection de costumes.*

L'agneau rôti*, ici accompagné de pommes de terre et de haricots verts, est un plat traditionnel de la région.*

Timaru 23

Œuvre de Goldie, à Aigantighe

Sur les collines vallonnées marquant la limite des plaines du Canterbury, à peu près à mi-chemin entre Christchurch et Dunedin, la capitale du South Canterbury tire son nom de Te Maru – « lieu de refuge » en maori –, une référence au mouillage abrité où faisaient escale les pirogues qui longeaient la côte. L'endroit devint une station baleinière en 1838, mais ce sont des éleveurs de moutons, George et Robert Rhodes, qui achetèrent les 50 hectares sur lesquels le centre-ville s'est développé. L'urbanisation ne commença réellement qu'en 1859. Timaru a aujourd'hui l'apparence d'une ville de province bien établie, et plusieurs édifices notables donnent un certain cachet au quartier commerçant.

Aigantighe, un musée au milieu de la verdure

Caroline Bay

pas sur la Piazza.

Depuis la construction du port de Timaru en 1877, le sable blanc de la baie s'est accumulé à son extrémité sud, formant une plage très populaire et sûre. Derrière, s'étendent de vastes pelouses, une aire de jeux pour enfants, une volière, des cours de tennis et un minigolf. Bientôt viendront notamment s'ajouter une promenade en bord de mer et des terrains de volley. Au nord, s'élèvent les falaises de Benvenue et un phare de 1877. La Piazza, un ensemble d'escaliers et de terrasses, relie la plage au centre-ville.

Basilique du Sacré-Cœur

7 Craigie Ave. (03) 684 4263.

t.l.j. t.l.j.

Dessiné par l'architecte Francis William Petre et bâti en 1910-1911, l'édifice sans doute le plus majestueux de Timaru domine de ses tours jumelles et de son grand dôme la principale artère menant au sud. L'intérieur du monument n'a rien à envier à l'extérieur. Des vitraux éclairent l'intérieur, où de massives colonnes blanches rythment l'espace. Elles soutiennent des plafonds ornés de motifs au pochoir. Petre a également conçu les cathédrales catholiques de Christchurch et Dunedin.

Aigantighe

49 Wa-iti Rd. (03) 688 4424.

du mar. au dim. 1er et 2 janv., 25 et 26 déc. sur r.-v.

Ce charmant musée dont le nom signifie « à la maison » en gaélique des Highlands occupe une élégante demeure construite en 1908. Elle fut léguée à la ville par Alexander et Helen Grant, des immigrants écossais qui s'étaient lancés dans l'élevage de moutons dans le Mackenzie Country. La famille Grant fit aussi don des pièces constituant le fonds originel de la collection permanente. Celle-ci comprend des peintures anglaises et néo-zélandaises, ainsi que des porcelaines européennes. Le paisible jardin environnant est agrémenté de sculptures modernes.

Église anglicane St Mary

Church St. (03) 688 8377.

du lun. au sam.

ven. saint, 25 déc. t.l.j.

Six ans s'écoulèrent entre la pose de la première pierre de ce sanctuaire et sa consécration en 1886. À l'intérieur, de hauts plafonds à nervures reposent sur de solides colonnes. La lumière qui tombe de nombreux vitraux joue sur des sculptures en bois élaborées.

Beaucoup des œuvres d'art et des plaques ornant l'église portent le nom d'influentes familles de l'époque coloniale. Du haut de la tour s'offre un large panorama de la ville.

Richard Pearse

Au cœur d'un débat vieux de dizaines d'années sur l'identité du premier homme à avoir décollé en avion, Richard Pearse (1877-1953) naquit près de Temuka, au nord de Timaru. Dès l'enfance, il se montra obsédé par l'idée de voler. Devenir un fermier ne le fit pas renoncer à ses rêves, et il profita de son isolement pour construire un aéroplane à l'abri des regards moqueurs, à l'aide de bambou, de bois, de toile et de pièces de matériel agricole. Selon des témoins, il aurait quitté le sol sur une distance de 46 à 91 m avant de s'écraser dans une haie. Cette expérience aurait eu lieu le 31 mars 1903, soit 9 mois environ avant que 2 Américains, Orville et Wilbur Wright, n'entrent dans l'histoire : le 13 décembre 1903, ils réussirent ce qui est reconnu officiellement comme le premier vol propulsé et soutenu d'un appareil plus lourd que l'air.

Réplique de l'aéroplane de Pearse

Rosier en fleur des Timaru Botanic Gardens

Timaru Botanic Gardens

Queen St. (03) 684 8199.
t.l.j.

Décrété espace public dès 1865, ce jardin renferme, entre autres, une statue de 1913 du poète écossais Robert Burns, un *Cordyline australis*, arbre qui aurait été planté avant l'arrivée des Européens, et un kiosque à musique de 1911. De nombreuses espèces de roses ainsi que des plantes en voie de disparition ornent les jardins. Dans les serres, prospèrent des plantes des zones désertiques, tropicales et subtropicales.

South Canterbury Museum

Perth St. (03) 684 2212.
du mar. au dim. 1er janv., 25 déc.

De forme octogonale, ce musée inauguré en 1966 est le plus important traitant de la région, notamment de son histoire naturelle, de l'époque de l'industrie baleinière et de la colonisation européenne. Des photographies montrent l'évolution de la ville, mais le clou des collections est une réplique de l'aéroplane fabriqué par Richard Pearse, un fermier de Timaru, qui aurait réussi à voler en 1903, avant les frères Wright, aux États-Unis. Suspendu au plafond, l'appareil se trouve à la hauteur qu'aurait atteinte Pearse.

Aux environs

Pôle urbain d'une riche zone agricole à 18 km au nord de Timaru, Temuka doit une part de son renom à Temuka Homeware, une entreprise qui produit un large éventail de céramiques de qualité. Celle-ci est fermée au public, mais une autre, située sur la bretelle de la Nationale 1 à Temuka, produit pour la vente.

En direction de Tekapo, la Nationale 8 dessert le petit bourg de **Pleasant Point**, dont le **Railway and Historical Museum** entretient un tronçon de voie ferrée de 2 km ; il faisait partie de la ligne Timaru-Fairlie, ouverte en 1875 et abandonnée en 1968. Deux locomotives à vapeur l'empruntent pendant les vacances scolaires et les jours fériés. La route continue ensuite dans un paysage vallonné et, avant d'atteindre Burkes Pass, la porte du Mackenzie Country, traverse les villages de Cave, Fairlie et Kimbell, et dépasse la bifurcation pour la station de ski de Mount Dobson.

Poterie de Temuka

Mode d'emploi

Carte routière C6. *27 500.* *12 km N. de la ville.* *2 George St, (03) 688 6163.* *Caroline Bay Carnival (déc.-janv.).* *www.timaru.com et www.southisland.org.nz*

Pleasant Point Railway and Historical Museum

Main Rd. (03) 686 2269.
variable.

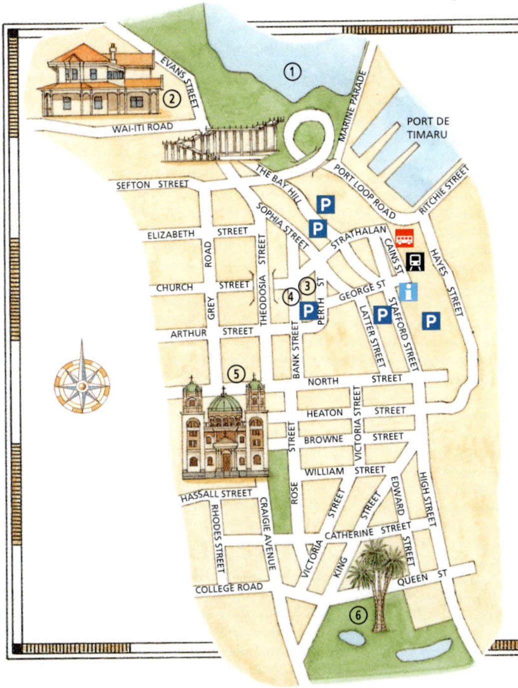

Timaru d'un coup d'œil

Aigantighe ②
Basilique du Sacré-Cœur ⑤
Caroline Bay ①
Église St Mary ③
South Canterbury Museum ④
Timaru Botanic Gardens ⑥

Légende

Gare ferroviaire
Gare routière
Parc de stationnement
Information touristique

0 500 m

Lupins au bord du lac Tekapo

Lac Tekapo 24

Carte routière B6. *300.*
Kiwi Treasures, Nationale 8, (03) 680 6686.

Le lac Tekapo s'inscrit dans un cadre d'une beauté exceptionnelle et doit son bleu intense à de la « farine de pierre », des particules minérales si fines qu'elles restent en suspension. Elles sont dues à l'érosion de la montagne par les glaciers qui alimentent le plan d'eau. L'endroit est apprécié pour la baignade, la pêche, la navigation de plaisance, le kayak et le parapente.

Sur l'une des rives se dresse l'**église du Bon-Pasteur** (Church of the Good Shepherd), dont la première pierre fut posée en 1935 par le duc de Gloucester. Sa façade est percée d'une baie à travers laquelle la vue du lac forme une image de carte postale. Non loin, une statue en bronze d'un chien de berger a été élevée en 1968 en hommage au rôle crucial joué par l'animal dans cette région d'élevage.

L'université du Canterbury a tiré parti de la pureté de l'atmosphère au-dessus du lac en installant un observatoire en haut du mont John, à l'ouest du village de Lake Tekapo. Rejoindre à pied le sommet et en revenir demande environ 3 heures. Le Cowan's Hill Track (environ 2 heures), un autre sentier, réserve aussi de belles vues du lac et des montagnes.

Lake Tekapo est une bonne base pour skier l'hiver à Mount Dobson, à une trentaine de kilomètres, et se baigner ou pêcher l'été au lac Alexandrina, à 10 km. Son aérodrome accueille les avions qui emmènent les touristes au-dessus du mont Cook.

Église du Bon-Pasteur

Pioneer Drive. *(03) 680 6871.* *t.l.j.* *25 déc., mariages.* *variable.* *participation libre.*

Lac Pukaki 25

Carte routière B6.

Dans une vallée glaciaire parallèle à celle du lac Tekapo, là où la Nationale 8 longe la pointe sud du lac Pukaki, un vaste parking et une aire de pique-nique ménagent une vue à couper le souffle des Southern Alps et du mont Cook. Par beau temps, celui-ci se reflète majestueusement à la surface de l'eau. Alimenté par la Tasman qui s'écoule du Tasman Glacier, le lac a un niveau qui a été artificiellement relevé dans le cadre du programme hydroélectrique de l'Upper Waitaki. Un canal le relie au lac Ohau, un autre au lac Tekapo. Une pisciculture, qui se visite, le borde : la **Mount Cook Salmon Farm**. On peut y acheter du saumon.

Sur la rive du lac Pukaki, à environ 20 km du village de Mount Cook, le **Glentanner Park Centre**, cœur d'une station d'alpage de 182 km², est l'un des principaux points de départ pour des survols des montagnes alentour. Il propose également des randonnées à pied, en VTT ou à cheval, des promenades en

Le Glentanner Park Centre, au pied des Southern Alps

bateau, des parties de pêche et de chasse, ainsi que des visites de l'élevage, avec démonstrations de chiens de bergers.

Mount Cook Salmon Farm
Canal Rd. (021) 370 038. t.l.j.

Glentanner Park Centre
Nationale 80. (03) 435 1855. t.l.j. pour les activités. certaines activités. www.glentanner.co.nz

Twizel 26

Carte routière B6. 1 400. Twizel Events Centre, Market Place, (03) 435 3124. www.twizel.com

Ce village a été créé en 1969 dans le cadre de l'aménagement hydroélectrique de l'Upper Waitaki. Une fois les travaux achevés, ses habitants réussirent à obtenir qu'il continue d'exister. Ils se mirent à exploiter la proximité du mont Cook, situé à 61 km, et l'attrait de plans d'eau propices à de nombreuses activités de loisirs, dont la pêche. Artificiel, le lac Ruataniwha, qui s'étend au sud de Twizel, est chaque année le théâtre de grandes compétitions d'aviron. Une route le relie à un autre réservoir hydroélectrique : le lac Benmore. D'une superficie de 75 km², il jouit lui aussi d'une grande popularité auprès des adeptes de sports nautiques.

Échasse noire

L'une des attractions majeures de Twizel est le **Kaki Visitor Hide**, baptisé d'après le nom maori de l'échasse noire. L'un des plus rares échassiers au monde, elle est l'objet d'intenses efforts de protection depuis 1981 *(p. 190)*. Lors de visites guidées, il est possible d'observer des oiseaux gardés en captivité pour se reproduire depuis des affûts installés à cet effet.

Kaki Visitor Hide
Twizel Events Centre, Market Place. (03) 435 3124. t.l.j. sauf le 25 déc.

Les Clay Cliffs, près d'Omarama

AUX ENVIRONS
Le village d'**Omarama**, sur la Nationale 8, est au sud de Twizel. De fortes ascendances thermiques de nord-ouest jointes à la beauté des paysages alentour en ont fait un haut lieu du vol à voile ; il a accueilli le championnat du monde en 1995.

À environ 10 km à l'ouest d'Omarama, les **Clay Cliffs**, de hauts éperons rocheux séparés par des ravins profonds et étroits, occupent un site protégé qui, quoique privé, est ouvert au public. Les premiers Maoris auraient souvent emprunté cette voie.

Clay Cliffs
Henburn Rd. (03) 438 9780. t.l.j.

Lac Ohau 27

Carte routière B6.

À une trentaine de kilomètres à l'ouest de Twizel, ce plan d'eau se prête à la baignade, à la pêche, au ski et au canotage. Les 6 forêts indigènes qui l'entourent – Ohau, Temple, Dobson, Huxley, Hopkins et Ahuriri – renferment d'excellents parcours de promenade et de randonnées, jalonnés de refuges pour les marcheurs expérimentés.

La station de ski d'Ohau domine la rive ouest du lac. Les équipements sont sommaires : un hôtel et 3 remonte-pentes, dont un seul convenant aux skieurs expérimentés.

L'AMÉNAGEMENT HYDROÉLECTRIQUE DE L'UPPER WAITAKI

Soulevée dès 1904, l'idée de profiter de l'énergie potentielle qu'offraient les plans d'eau d'altitude de l'Upper Waitaki et du Mackenzie Country se concrétisa sous la forme d'un vaste programme d'aménagement. La région fournit aujourd'hui près d'un tiers de l'hydroélectricité néo-zélandaise grâce aux 2 centrales de Tekapo, aux 3 d'Ohau et à celles de Benmore, d'Aviemore et de Waitaki. Un aspect important du dispositif consiste en la mise en commun des ressources des lacs Tekapo, Pukaki et Ohau au moyen de 58 km de canaux. Une route pittoresque les longe. Les lacs de retenue ainsi créés ont vite reçu les faveurs des amateurs de sports nautiques.

Benmore, un lac artificiel

Aoraki/Mount Cook National Park 28

Flore du mont Cook

Créé en 1953, ce parc doit son nom au mont Cook ou Aoraki, le point culminant de Nouvelle-Zélande avec ses 3 764 m. D'une superficie de 700 km², dont 40 % couverts par des glaciers, il compte 19 autres sommets dépassant 3 000 m d'altitude. Sacré pour la tribu Ngai Tahu, le mont Cook tire son nom maori – Aoraki – d'une légende. Lui et ses voisins auraient été formés suite à la visite rendue à Papatuanuku, la terre mère, par les fils de Rakinui, le ciel père : Aoraki et ses 3 frères. Quand les jeunes gens descendirent du ciel en pirogue, leur embarcation se renversa. Pétrifiés par le vent glacé, la coque et les passagers qui s'étaient hissés dessus devinrent respectivement l'île du Sud et ses montagnes.

Promenades aériennes
De Glentanner Park Centre et de Mount Cook, des avions et des hélicoptères partent vers plusieurs sites. La balade comprend souvent un atterrissage sur un glacier.

★ Le mont Cook/Aoraki
Les Néo-Zélandais Tom Fyfe, Georges Graham et Jack Clarke composaient la première équipe qui atteignit son sommet.

Une route d'altitude à travers les Southern Alps passe par Copland Pass. Après le passage du col, elle descend le long de la Copland à travers le Westland/Tai Poutini National Park *(p. 236-237)* pour aboutir à la Nationale 6.

The Hermitage
Le seul hôtel du Aoraki/Mount Cook National Park a connu maints remaniements et rénovations depuis sa construction en 1895 (p. 307).

★ Le Tasman Glacier
Le plus grand glacier de Nouvelle-Zélande mesure 29 km de long et 1,6 de large – un vaste terrain d'aventure pour les adeptes de l'héliski.

À NE PAS MANQUER

- ★ Le mont Cook/Aoraki
- ★ Le Tasman Glacier

Tasman Saddle Hut
Les randonneurs et les grimpeurs disposent dans le parc de 19 refuges comme celui-ci.

MODE D'EMPLOI

Carte routière A6. ✈ *5 km S. du village.* 🚌 ℹ *Bowen Drive, Mount Cook village, (03) 435 1186.* ◯ *t.l.j.* ● *25 déc.* ♿ *limité sur les sentiers.* 🍴 ☕ 🛍 W *www.doc.govt.nz*

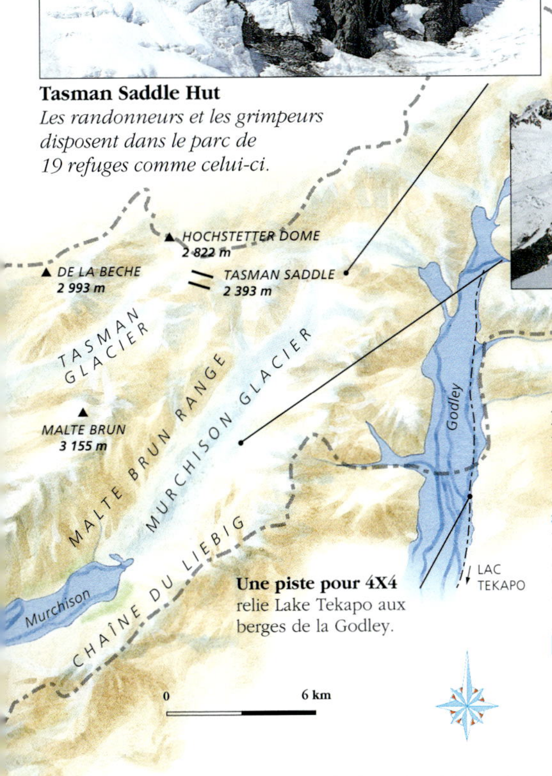

Murchison Glacier
Les glaciers, dont le Murchison, le Mueller, le Hooker, le Tasman et le Godley, prédominent en altitude.

Une piste pour 4X4 relie Lake Tekapo aux berges de la Godley.

LÉGENDE

- Route nationale
- Route secondaire
- Cours d'eau
- Sentier pédestre
- Limite du parc
- Piste d'atterrissage
- Information touristique
- Terrain de camping
- Aire de pique-nique
- Point de vue

RANDONNÉES AU DÉPART DE MOUNT COOK

Aux environs immédiats du village de Mount Cook, plusieurs pistes bien tracées et soigneusement balisées s'adressent à des marcheurs sans expérience de l'escalade. Les courts circuits de Kea Point et de Governors Bush ont essentiellement pour but la découverte de la végétation et des oiseaux du parc. Les sentiers de Sealy Tarns, Hooker Valley, Red Tarns et Wakefield correspondent à des randonnées plus longues et comportent des passages caillouteux qui imposent le port de chaussures de randonnée. Prévoyez aussi un bâton de marche et, même en plein été, un pull ou une veste pour vous protéger du froid dans les endroits exposés au vent. Le Visitor Centre du village fournit des brochures qui décrivent les itinéraires et précisent leur durée.

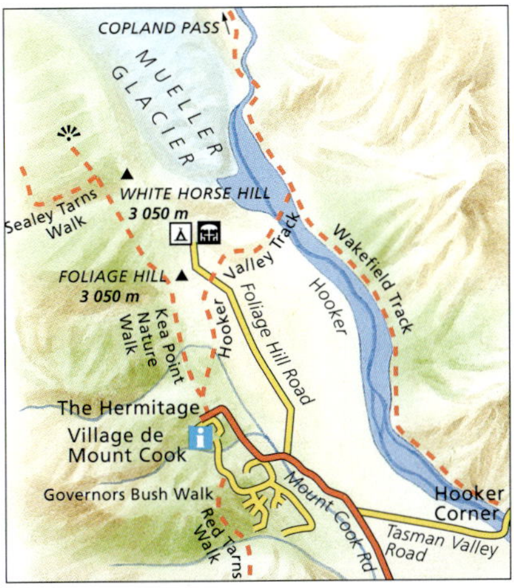

Otago et Southland

Sommets enneigés, luxuriantes forêts pluviales, landes arides, profonds lacs glaciaires, plages spectaculaires, littoral déchiqueté : le sud de la Nouvelle-Zélande est d'une incomparable beauté. Perdue au milieu d'une nature sauvage parsemée de sites historiques, Queenstown, la capitale mondiale de l'aventure, est l'une de ses premières destinations touristiques.

Quand ils colonisèrent la région, les Maoris s'établirent dans des zones côtières riches en fruits de mer, ne s'aventurant dans les terres que pour chasser ou partir en quête de néphrite *(pounamu)*. Comme eux, les Européens restèrent d'abord sur le littoral, où la nature était plus facile à dompter. En 1848, des presbytériens écossais de la Free Church of Scotland furent les premiers à fonder une colonie structurée, dont le centre était Dunedin.

La découverte d'or au début des années 1860 balaya leurs espoirs de construire une communauté idéale et vertueuse, mais le précieux métal apporta à l'Otago une opulence qui fit temporairement de Dunedin la capitale financière du pays. Depuis les majestueux bâtiments qui parent ses rues jusqu'à d'austères habitations de mineurs au sein de paysages montagneux, cette époque fiévreuse a laissé des témoignages très variés. Le développement de l'élevage ovin, puis de l'horticulture, a apporté une prospérité plus durable. Celle-ci repose également sur les atouts naturels de la région : les espaces sauvages y ont été largement préservés, non seulement dans les parcs nationaux comme ceux de Mount Aspiring et Fiordland, mais encore du côté de Stewart Island ou le long de la Catlins Coast, au sud-est. Par contraste, les terres cultivées forment un agréable dérivatif. Patchwork de zones très typées, l'Otago et le Southland réservent des surprises à chaque détour de chemin.

L'Octagon, la place principale de Dunedin

◁ **Reflets sur les lacs Mirror, dans le Fiordland National Park**

À la découverte de l'Otago et du Southland

Dans cette région, le climat, la végétation et la configuration du terrain changent radicalement en quelques kilomètres. Il suffit d'en parcourir une quarantaine à l'ouest pour passer d'une côté tapissée par la forêt pluviale aux sommets dépassant 3 000 m des Southern Alps, qui s'élèvent abruptement. C'est cette particularité qui rend les parcs nationaux de Mount Aspiring et Fiordland si spectaculaires. À l'est de ces hautes cimes, les reliefs et les vallées du centre de l'Otago présentent un visage profondément différent. L'intérieur est sec et rocailleux : au pied de montagnes enneigées, des lacs étalent leurs eaux d'un bleu vif au milieu de collines couvertes de lande, fournissant un cadre extraordinaire aux sportifs de l'extrême. Le terrain s'abaisse progressivement vers les côtes et l'arrière-pays fertile qui assure l'approvisionnement de Dunedin et Invercargill.

Rafting sur la Shotover, près de Queenstown

La région d'un coup d'œil

Les meilleurs sites de loisir

Ils ont été sélectionnés en fonction du nombre d'activités de plein air qu'ils permettent. Les conditions de sécurité varient suivant le climat et la période de l'année. En cas de doute, se renseigner sur place.

	Promenade aérienne	Saut à l'élastique	Jet-boat	Parapente	Ski	Randonnée	Rafting	Observation de la faune
Catlins						■		■
Dunedin	●					■		■
Fiordland National Park	●					■		■
Haast						■		■
Invercargill	●					■		■
Milford Sound	●					■		■
Mount Aspiring National Park	●					■		■
Oamaru						■		■
Otago Peninsula						■		■
Queenstown	●	■	●	■	●	■	●	
Stewart Island	●					■		■
Te Anau	●		●			■		■
Wanaka	●	■	●	■	●	■	●	

Légende

- Autoroute
- Route nationale
- Route principale
- Route pittoresque
- Cours d'eau
- Point de vue

Les eaux saphir du lac Hawea, l'un des plus grands du Sud

Voir aussi

- ***Hébergement*** p. 308-309
- ***Restaurants, bars et cafés*** p. 327

Circuler

La route est le principal moyen pour circuler. Beaucoup de lignes de bus suivent les itinéraires importants, et pour ceux qui préfèrent la voiture, les nationales sont bonnes et pas trop encombrées, sauf lors des départs en vacances. En montagne toutefois, la prudence s'impose, comme sur la portion de la Nationale 94 menant à Milford. Invercargill, Queenstown et Dunedin possèdent des aérodromes. De Dunedin partent aussi quelques vols pour l'Australie. Le train dessert quotidiennement les plus grandes villes de la côte est.

Le centre de Dunedin

Manchot en bronze

L'un des principaux attraits de Dunedin est qu'elle offre beaucoup à voir dans un espace relativement restreint. Ses édifices aux styles variés comptent au nombre des plus intéressants du pays. La plupart de ceux qui datent de l'époque glorieuse ayant suivi la ruée vers l'or des années 1860, alors que la ville était le pôle économique de la Nouvelle-Zélande, sont à quelques minutes de marche du centre. Il y en a aussi au nord *(p. 262-263)*, à côté d'agréables parcs et jardins. Le centre, sur un terrain plat cerné de collines qui réservent une vue splendide de la ville et de sa baie, est toujours très commerçant.

La cathédrale St Paul

L'Octagon

Quand ils établirent le plan de la « Nouvelle Édimbourg » en 1846, les géomètres de la future colonie lui donnèrent pour cœur une esplanade octogonale. Elle garda toutefois longtemps l'aspect d'un terrain vague, et elle ne joue son rôle central dans la vie de la cité que depuis le début du XXe siècle. Elle est le lieu où se déroulent défilés militaires, parades accompagnant les visites royales et manifestations de protestation.

Cette oasis au milieu de la ville, où l'on aime venir déjeuner, est entourée de beaux édifices. Une imposante statue du poète écossais Robert Burns occupe une place de choix devant la cathédrale depuis 1887. Son neveu, le révérend Thomas Burns, était le guide spirituel des colons écossais qui arrivèrent en 1848.

Municipal Chambers

48 The Octagon. *(03) 477 4000.* *du lun. au ven.* *jours fériés.* *à l'intérieur.* *espaces publics.*

Achevé en 1880 et considérablement restauré, à l'intérieur comme à l'extérieur, ce bâtiment est un bon exemple d'utilisation de la pierre d'Oamaru *(p. 266-267)*. Il abrite des salles de réception et de réunion, dont les Council Chambers, où siègent les conseillers municipaux, ainsi que le Visitor Centre. Le Dunedin Convention Centre et le Town Hall, dont la salle peut accueillir 2 800 spectateurs, s'élèvent derrière.

Cathédrale St Paul

The Octagon. *(03) 477 2336.* *t.l.j.* *t.l.j. sauf sam.* *l'été.*

Un large escalier mène aux portes de la cathédrale anglicane de Dunedin, consacrée en 1919, qui domine l'Octagon depuis une butte. Elle occupe l'emplacement d'un sanctuaire plus petit bâti en 1863 et doit sa situation privilégiée, dans une colonie essentiellement presbytérienne, à la générosité du marchand et baleinier Johnny Jones. L'intérieur vaut surtout pour ses voûtes en pierre.

Dunedin Public Art Gallery

30 The Octagon. *(03) 474 3240.* *t.l.j.* *ven. saint, 25 déc.*

Conçu pour ne pas jurer avec les bâtiments anciens de l'Octagon, ce musée récent possède l'un des plus riches ensembles d'œuvres européennes du pays. Une section consacrée à l'art néo-zélandais moderne et contemporain comprend des tableaux de l'impressionniste Frances Hodgkins *(p. 30)*.

Hall d'entrée de la Dunedin Public Art Gallery

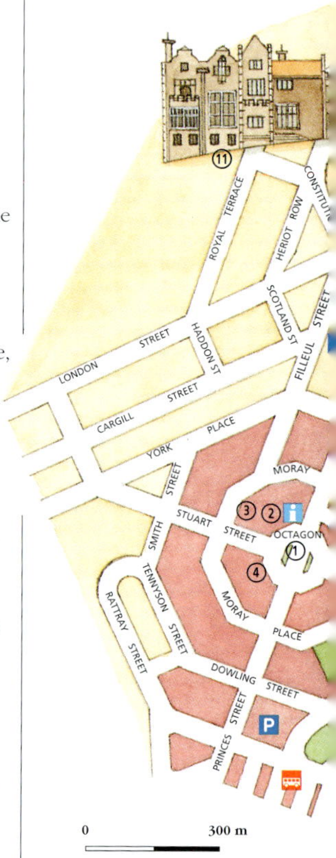

LÉGENDE

- Dunedin pas à pas *p. 256-257*
- Gare ferroviaire
- Gare routière
- Parc de stationnement
- Information touristique

First Church

415 Moray Place. *(03) 477 7118.* *t.l.j.* *dim. seulement.*

Ce vaisseau amiral de l'Église presbytérienne dans l'Otago a été consacré en 1873 et est considéré comme la plus grande contribution de Robert Lawson au riche patrimoine architectural de Dunedin. L'église possède comme éléments les plus remarquables une rose, un toit en bois et une flèche haute de 56 m. Très abîmée, elle a subi d'importants travaux de restauration. À cette occasion, il a notamment fallu réduire de 12 m l'éminence sur laquelle elle se dresse : Bell Hill.

Les Law Courts, au centre de la ville

Law Courts

41 Stuart St. *au public.*

Pour ce bâtiment achevé en 1902, l'architecte John Campbell a joué du contraste de couleurs entre la roche volcanique de Port Chalmers et le calcaire plus clair d'Oamaru. Juste au coin de la rue, la prison en brique rouge, une autre de ses œuvres, s'inspire, à plus petite échelle, des bureaux de New Scotland Yard, à Londres. Construite en 1895, elle abrita aussi le commissariat jusqu'à son déménagement dans un immeuble neuf au milieu des années 1990.

Otago Early Settlers Museum

31 Queens Gardens. *(03) 477 5052.* *t.l.j.* *ven. saint, 25 déc.*

Il occupe deux édifices adjacents : une ancienne galerie d'art datant du début du XXe siècle et une gare routière de style Art déco. Comme son nom le suggère, il évoque la vie quotidienne des premiers colons de la province. Sa collection éclectique inclut aussi bien de vieilles photos et des objets usuels que des véhicules centenaires, entre autres deux locomotives à vapeur, dont l'une qui remonte aux années 1870.

Dunedin d'un coup d'œil

Cathédrale St Paul ③
Dunedin Public Art Gallery ④
First Church ⑤
Gare ferroviaire ⑧
Law Courts ⑦
Municipal Chambers ②
Olveston House ⑪
Otago Early Settlers Museum ⑥
Otago Museum ⑩
The Octagon ①
Université de l'Otago ⑨

Robert Lawson

First Church

Originaire d'Écosse, Robert Arthur Lawson (1833-1902) suivit des études d'architecture dans son pays natal avant d'émigrer à Melbourne, en Australie. Contraint de gagner sa vie dans les mines d'or et comme journaliste, il revint à sa vraie profession en 1861. Ayant remporté l'année suivante le concours organisé pour la construction de First Church, il s'installa à Dunedin. Sa présence se révéla fructueuse pour la ville, car elle lui doit nombre de ses plus beaux monuments victoriens et édouardiens, dont les Municipal Chambers, l'Otago Boys High School – un élégant bâtiment en pierre de Port Chalmers achevé en 1884 – et Knox Church, à George, consacrée en 1876. Pour beaucoup de ses admirateurs, son chef-d'œuvre est indéniablement First Church.

Dunedin pas à pas 1

L'Écossais Robert Burns

La capitale de l'Otago a plus d'un lien avec l'Écosse, entre son nom – Dunedin est le terme gaélique qui désignait Édimbourg –, celui de plusieurs de ses rues et les traditions encore très vivaces apportées par les pionniers presbytériens qui arrivèrent en 1848. Le centre s'organise autour de l'Octagon, une esplanade octogonale, d'où son nom. Dans ses environs immédiats, un bon nombre d'édifices publics victoriens et édouardiens ont été conservés, comptant parmi les plus beaux du pays. Le quartier est en outre bien fourni en cafés et restaurants.

Cathédrale St Paul
C'est le seul édifice à voûtes en pierre du pays (p. 256).

Terrace Houses de Stuart Street
Bâties vers 1900, ces maisons mitoyennes où vivaient des gens simples ont souvent été reconverties en restaurants, boutiques ou bureaux.

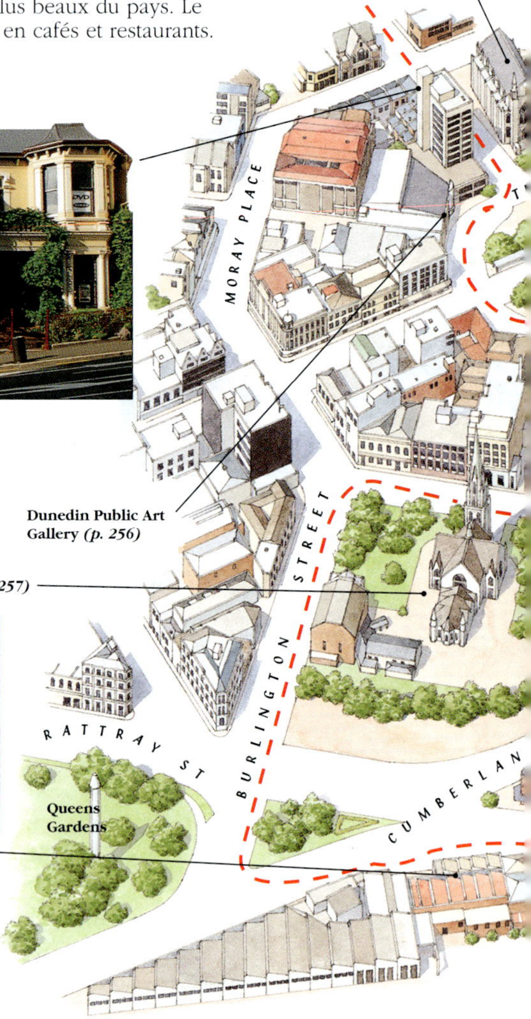

Dunedin Public Art Gallery ***(p. 256)***

First Church ***(p. 257)***

Otago Early Settlers Museum
Parmi les anciens véhicules exposés figure l'une des premières locomotives à vapeur du pays (p. 257).

À NE PAS MANQUER

★ **La gare ferroviaire**

★ **L'Octagon**

0 300 m

LÉGENDE

– – – Itinéraire conseillé

Municipal Chambers
Une tour de l'horloge haute de 47 m domine ce bâtiment élevé en 1880, à l'époque où la ville profitait de la fortune apportée par la ruée vers l'or (p. 256).

Mode d'emploi

Carte routière B7. 120 000. 25 km S. du centre. Vols internationaux seulement avec l'Australie. Anzac Ave. Intercity, St Andrew St. 48 The Octagon, (03) 474 3300. Dunedin Festival (3e semaine de fév.), Rhododendron Festival (3e semaine d'oct.). www.cityofdunedin.com

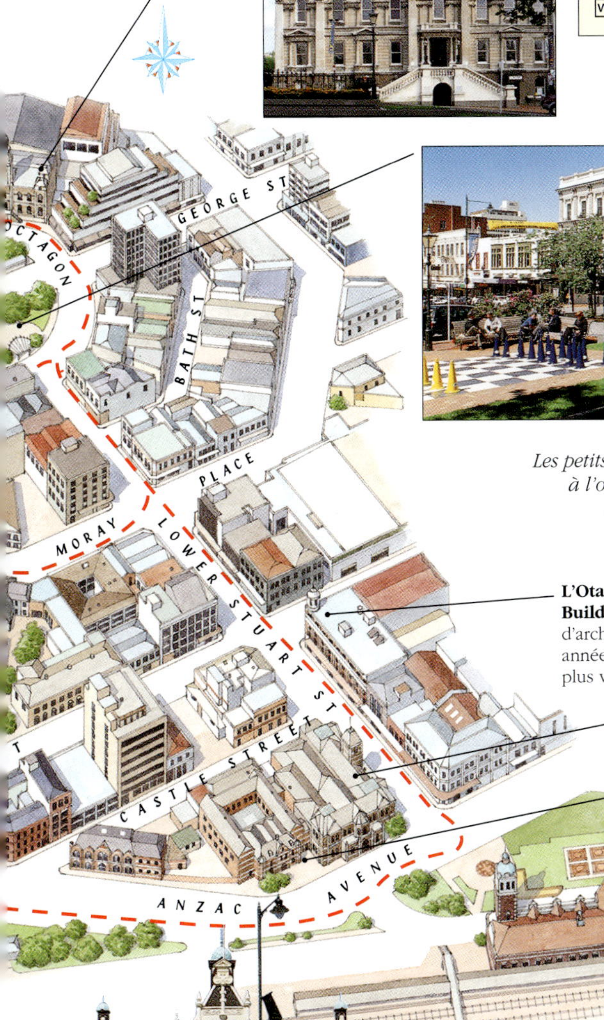

★ L'Octagon
Les petits groupes venant déjeuner à l'ombre de ses arbres cèdent la place aux foules lors de festivals ou d'expositions.

L'Otago Daily Times Building, bel exemple d'architecture Art déco des années 1930, abrite le siège du plus vieux quotidien du pays.

Law Courts ***(p. 257)***

Prison ***(p. 257)***

★ La gare ferroviaire
C'est peut-être le plus bel édifice en pierre du pays. Elle présente en façade une galerie qui protégeait les passagers arrivant, ou partant, en voiture à cheval (p. 260-261).

Gare ferroviaire de Dunedin

Frise ornée d'un *putto* et de feuillages

L'un des meilleurs exemples d'architecture ferroviaire de l'hémisphère Sud, cet édifice de style flamand est aussi l'un des plus beaux bâtiments anciens de Nouvelle-Zélande. De dimension modeste au regard des standards internationaux, il dégage toutefois une impression de grandeur en raison de ses proportions harmonieuses. La richesse du décor extérieur valut à son architecte, George Troup, le surnom de Gingerbread George (« George pain d'épice »). Inaugurée en 1906, la gare sert pour une ligne touristique.

★ Le parement extérieur
Le calcaire beige d'Oamaru (p. 266-267), *qui souligne les motifs, contraste avec la « pierre bleue » de l'Otago et le granit d'Aberdeen poli des colonnes.*

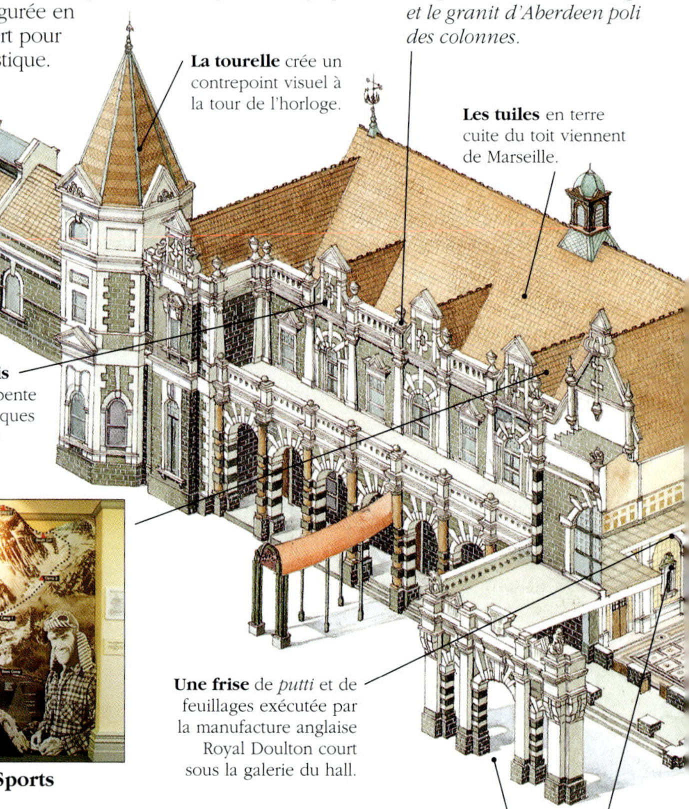

La tourelle crée un contrepoint visuel à la tour de l'horloge.

Les tuiles en terre cuite du toit viennent de Marseille.

Les chiens-assis qui coupent la pente du toit sont typiques de l'architecture flamande.

Une frise de *putti* et de feuillages exécutée par la manufacture anglaise Royal Doulton court sous la galerie du hall.

Entrée principale

New Zealand Sports Hall of Fame
Des dispositifs plein d'imagination y évoquent les exploits de sportifs néo-zélandais.

Guichets
Ornés de carreaux blancs, ils sont couronnés par l'ancien logo des New Zealand Railways.

À NE PAS MANQUER

- ★ Le parement extérieur
- ★ Le sol en mosaïque
- ★ Les verrières

★ Les verrières
Se faisant face au niveau de la galerie supérieure, elles sont décorées de locomotives à vapeur aux phares étincelants.

MODE D'EMPLOI

Anzac Ave. *(03) 477 4449.* *de 8h à 18h du lun. au ven., de 9h à 18h sam., dim. et jours fériés.* *25 déc.*

Escalier
Un carrelage en mosaïque et une rampe en fer forgé contribuent à l'élégance de l'escalier reliant le hall à la galerie supérieure.

Des lions en grès remarquablement sculptés cantonnent la tour de l'horloge.

La tour de l'horloge mesure 37 m de hauteur.

Les quais sont encore en service : ils servent notamment aux passagers des trains du Taieri Gorge Railway *(p. 262)*.

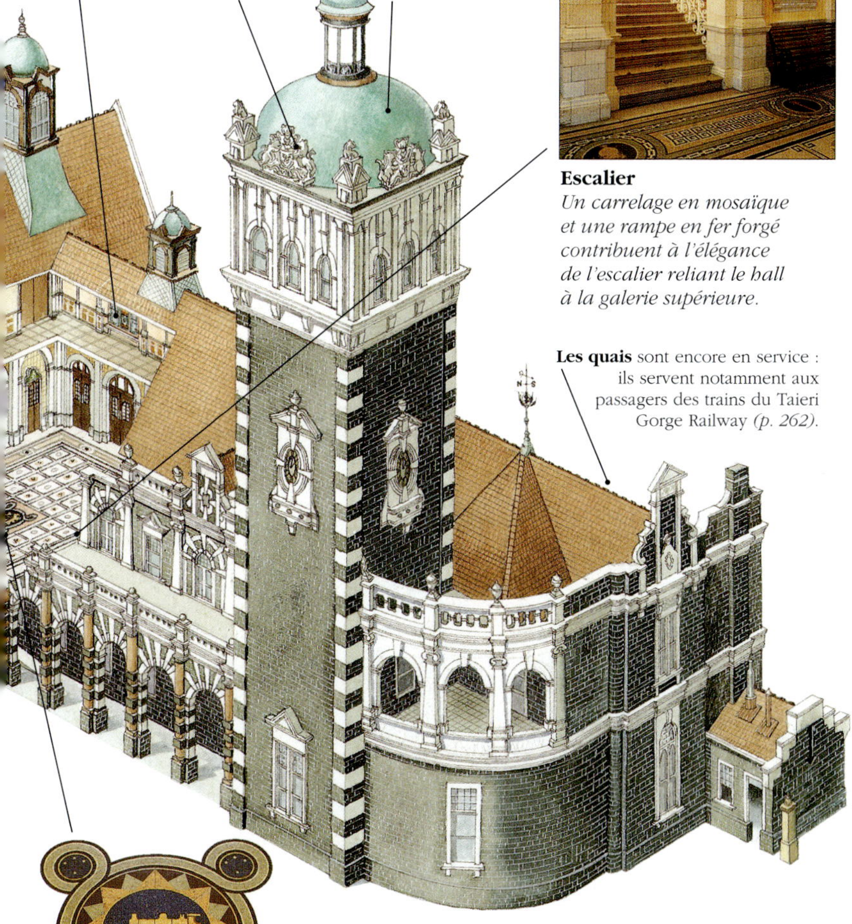

★ Le sol en mosaïque
Plus de 725 000 carrés de porcelaine de la firme Royal Doulton forment des images de locomotives, de wagons et du logo des New Zealand Railways.

Le nord de Dunedin et ses environs

Au nord et à l'ouest, le centre de Dunedin butte contre des collines, et au sud et à l'est contre les eaux d'Otago Harbour et de l'océan Pacifique. Plusieurs espaces verts aèrent le quartier nord, dont les Botanic Gardens, aménagés au pied de Signal Hill. Cette zone est aussi embellie par plusieurs bâtiments anciens. Une route longe la baie, étroite et pleine de charme. Elle passe par des points de vue de la ville et de la péninsule de l'Otago.

Signal Hill

Signal Hill Rd par Opoho Rd.
t.l.j.

Au nord de Dunedin, la route qui part à l'assaut de Signal Hill conduit à un monument érigé en 1940 sur cette colline pour fêter un siècle de souveraineté britannique sur la Nouvelle-Zélande. De là, la vue sur la ville, la baie et la péninsule est imprenable.

Dunedin Botanic Gardens

Opoho Rd. *(03) 471 9275.*
t.l.j.
Rhododendron Festival (fin oct.).

Créé en 1868, le premier jardin botanique de Nouvelle-Zélande occupe un terrain à la topographie variée, ce qui permet la juxtaposition de plusieurs types de végétation. La partie plate présente le visage le plus ordonné : des parterres de fleurs et des pelouses agrémentées d'arbres et de broussailles locales. Le jardin d'hiver, de style édouardien, a ouvert en 1908.

À flanc de colline, le célèbre Rhododendron Dell abrite plus de 300 variétés de l'arbuste qui lui a donné son nom – une fête pour les yeux au printemps.

Otago Museum

419 Great King St. *(03) 477 2372.* *t.l.j.* *ven. saint, 25 déc.*
participation libre. *à 14h sam. et dim.*
www.otagomuseum.govt.nz

Ce musée, qui retrace l'histoire naturelle et ethnologique de la région, occupe depuis 1877 un édifice de style néo-classique. Plusieurs salles sont consacrées aux Maoris et aux cultures du Pacifique et du monde. Il renferme également l'une des plus grandes expositions maritimes du pays et une galerie victorienne en bois avec des spécimens d'animaux : l'Animal Attic. Discovery World, une section scientifique interactive, devrait plaire aux enfants.

Tunnel Beach Walkway

Blackhead Rd. *t.l.j.* *d'août à oct.*

À 7 km au sud de la ville, Tunnel Beach doit son nom au passage percé dans la roche au cours des années 1870 par Edward Cargill pour que sa famille puisse rejoindre une jolie plage. Courte mais abrupte, la descente jusqu'à la mer offre une vue à couper le souffle de falaises de grès sculptées par les assauts du vent et de l'Océan.

Rhododendrons en fleur aux Dunedin Botanic Gardens

Tour de l'université de l'Otago

Université de l'Otago

Leith St. *(03) 479 1100.*
du lun. au ven. *jours fériés.*
parc et espaces publics.

Fondée en 1869, la plus ancienne université de Nouvelle-Zélande joue un rôle essentiel dans la vie de la cité. La construction du Registry Building – surmonté d'une tour de l'horloge – remonte à 1878 *(p. 26)*. Quant aux maisons en pierre bleue de l'Otago à son extrémité nord, elles ont été construites en 1879 pour les quatre premiers professeurs.

The Organ Pipes

Mount Cargill Rd.

Atteindre les curieux piliers de basalte connus sous le nom de « tuyaux d'orgue » demande au moins une heure de marche depuis le panneau indicateur sur Mount Cargill Road, au nord de la ville. La vue panoramique est en prime.

Taieri Gorge Railway

Anzac Ave. *(03) 477 4449.*
2 départs par jour ; départs supplémentaires en été. *25 déc.*
www.taieri.co.nz

Partant de la gare de Dunedin *(p. 260-261)*, le train emmène ses passagers à l'ouest de la ville pour une promenade de 4 heures sur une portion de ligne de 60 km ouverte en 1879. Elle longe la côte, puis remonte une gorge aux flancs abrupts jusqu'aux landes arides et aux affleurements rocheux de Strath Taieri. Elle emprunte 10 tunnels, des viaducs et des ponts, le plus haut surplombant la Taieri de 47 m.

Olveston House

David Theomin

De style Jacques Ier, ce manoir de 35 pièces, construit pour David et Marie Theomin et leurs enfants Edward et Dorothy, fut achevé en 1906. Dorothy l'a légué à la ville avec tout ce qu'il contenait, et il est demeuré inchangé depuis. De beaux meubles et objets d'art révélant l'amour du voyage des anciens propriétaires décorent le salon, la salle à manger, la bibliothèque, la salle de billard et la salle de réception.

MODE D'EMPLOI

42 Royal Terrace. (03) 477 3320. t.l.j. 25 déc. rez-de-chaussée. obligatoire ; toutes les heures de 9h30 à 16h. www.olveston.co.nz

Parement extérieur
Un revêtement de galets de Moeraki rehaussé de motifs en pierre d'Oamaru (p. 266-267) *donne sa couleur chaude aux façades en brique.*

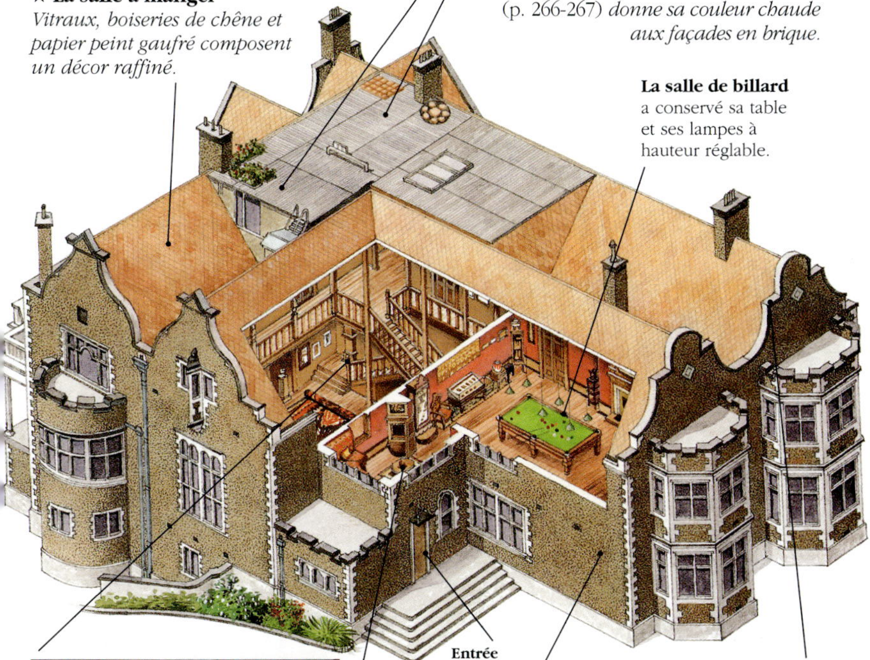

★ La salle à manger
Vitraux, boiseries de chêne et papier peint gaufré composent un décor raffiné.

La cuisine est meublée d'une table et d'un impressionnant vaisselier en kauri, avec de la faïence de Delft.

Bibliothèque

La salle de billard a conservé sa table et ses lampes à hauteur réglable.

Les pignons hollandais et les fenêtres en saillie animent la façade.

Entrée principale

Salle de jeu

Le salon, lieu de détente où l'on jouait de la musique, possède le seul plafond peint de la maison.

★ La salle de réception
Elle abrite des meubles en chêne et des porcelaines. Au mur, des feuilles d'acanthe ornent un tissu imprimé de la Hesse.

À NE PAS MANQUER

★ La salle à manger

★ La salle de réception

Péninsule de l'Otago ❷

Manchot antipode

Longue de 24 km, elle est remarquable par la diversité de ses attraits : une faune et une flore rares, des édifices anciens, des jardins boisés et des paysages côtiers spectaculaires. Elle se découvre au long d'un circuit de 64 km empruntant à l'aller Highcliff Road, la « route haute » qui court sur sa crête et d'où les vues des eaux qui la ceinturent sont magnifiques, et au retour Portobello Road, la « route basse », qui longe la côte. Le trajet peut prendre d'une heure et demie à une journée entière.

Larnach Castle

Camp Rd. (03) 476 1616. t.l.j. 25 déc. à l'intérieur. rez-de-chaussée.
www.larnachcastle.co.nz

Construit entre 1871 et 1885, l'unique château de Nouvelle-Zélande borde la « route haute » à 14 km du centre de Dunedin. La vaste demeure en pierre qui s'élève au milieu de 200 hectares de bush et de jardins ressemble à un manoir écossais. William J.M. Larnach, son premier propriétaire, financier et homme d'affaires, s'illustra en politique. Des artisans italiens et anglais travaillèrent au décor intérieur, notamment aux plafonds ouvragés et au grand escalier suspendu. La salle de bal, offerte à la fille de Larnach en cadeau d'anniversaire, occupe une aile entière. Les visiteurs peuvent gravir les marches étroites qui mènent au sommet de la tour pour admirer la vue. La propriété renferme un hôtel *(p. 308)*.

Sur la route qui descend vers Portobello, une bifurcation mène aux lieux-dits Lovers Leap et Chasm, où les vagues ont sculpté dans la roche une arche et un trou d'où jaillit l'eau quelque 220 m en contrebas. En chemin, on verra 3 fours à chaux circulaires des années 1860 utilisés pour fabriquer du mortier.

Royal Albatross Centre

Taiaroa Head. (03) 478 0499. t.l.j. 25 déc. Visitor Centre seul. sauf mar. matin ; visites guidées obligatoires.
www.albatrosses.com

À l'embouchure d'Otago Harbour, le cap de Taiaroa abrite la seule colonie continentale d'albatros royaux. Le Visitor Centre propose une excellente exposition sur ces oiseaux dont l'envergure peut atteindre 3 m. Pendant la période de reproduction, un guide conduit les visiteurs jusqu'à un observatoire d'où l'on contemple les couples d'adultes et leurs petits, ainsi qu'une colonie de cormorans bronzés.

Albatros royaux dans la réserve de Taiaroa Head

Taiaroa Head possède une deuxième attraction : l'Armstrong Disappearing Gun, un canon de défense naval de 150 mm de diamètre installé en 1886 pendant la « psychose russe ». Conçue pour sortir de terre, tirer et réintégrer sa place, cette pièce d'artillerie est la dernière de son genre en état de marche et à son emplacement d'origine.

Larnach Castle vu de son jardin

Élégante demeure dans la verdure des Glenfalloch Woodland Gardens

Glenfalloch Woodland Gardens

430 Portobello Rd. (03) 476 1006. t.l.j. participation libre. jardins du bas.

Sur la « route basse », à 10 km de Dunedin, les Glenfalloch Woodland Gardens (jardins « de la vallée cachée » en gaélique) sont réputés depuis le début des années 1870. Ils servent d'écrin à une demeure élégante de 1871, un salon de thé et un atelier de poterie dont les pièces sont en vente sur place. Les plantations d'arbres européens commencèrent en 1872. Au printemps, rhododendrons et azalées en font un éblouissement de couleurs ; les fuchsias prennent le relais en été. Des plantes aquatiques poussent le long d'un ruisseau. Plusieurs sentiers facilitent l'exploration du parc.

New Zealand Marine Studies Centre

Hatchery Rd. (03) 479 5826. t.l.j. 25 déc. www.otago.ac.nz/marinestudies

Portobello, paisible localité au bord de la baie avec quelques boutiques et une taverne, a pour principal titre de gloire le Marine Studies Centre's aquarium qui dépend du service de recherche marine de l'université de l'Otago. Situé au bout d'une petite péninsule, il est consacré à la faune marine locale. Les enfants apprécient son bassin où ils peuvent caresser des crabes, des étoiles et des anémones de mer.

Otakou

Par Harrington Point Rd. t.l.j. à l'intérieur.

Anglicisé sous la forme d'Otago, Otakou, l'un des plus anciens établissements maoris de la région, a donné son nom à la province qui l'entoure. Construites pour commémorer le centenaire de la signature du traité de Waitangi *(p. 46-47)*, son église et sa maison commune datent de 1940. Ce qui ressemble à des sculptures sur les façades est en fait du béton moulé.

Église et maison commune maories à Otakou

Penguin Place

Harrington Point Rd. (03) 478 0286. t.l.j. obligatoire, réserver.

La route pour Taiaroa Head passe par Penguin Place. Il s'agit d'une réserve créée pour protéger le manchot antipode, une espèce devenue particulièrement rare. Outre la péninsule de l'Otago, on n'en trouve plus qu'en certains points reculés du littoral de l'Otago et du Southland.

Un ingénieux système de tunnels et de tranchées permet d'approcher les oiseaux en train de couver sans les déranger. C'est au crépuscule qu'ils sont le plus actifs.

Moeraki Boulders Scenic Reserve ❸

Carte routière B7.

Éparpillés sur 50 m de plage à 78 km au nord de Dunedin sur la Nationale 1, les Moeraki Boulders – des rochers – nourrissent depuis longtemps l'imagination et la curiosité. Hémisphères presque parfaits dont la circonférence peut atteindre 4 m, ils se sont formés au fond de la mer il y a environ 60 millions d'années par accumulation de dépôts calcaires autour d'un noyau.

La version des Maoris est différente : il s'agirait des paniers de nourriture, dits Te Kaihinaki, contenus dans la pirogue Araiteuru, l'une des grandes embarcations qui amenèrent leurs ancêtres polynésiens depuis Hawaiki. La pirogue aurait fait naufrage lors d'une expédition de ramassage de néphrite. Sa coque se serait alors transformée en un récif, et les vanneries servant à entreposer les provisions en rochers.

Il n'est pas rare de voir des céphalorhynques à front blanc *(p. 191)* sauter dans les vagues les plus proches. À côté, le café-restaurant est souvent envahi.

On peut apercevoir le hameau de pêcheurs de Moeraki, une ancienne station baleinière de 1836, de l'autre côté de la baie.

Rochers hémisphériques sur la plage de Moeraki

Oamaru pas à pas ❹

Fenêtre d'entrepôt

Pôle urbain, en bord de mer, d'un riche arrière-pays agricole, la principale ville du nord de l'Otago est très plaisante avec ses plages, ses jardins bien entretenus, ses larges avenues et ses édifices anciens – les mieux conservés de Nouvelle-Zélande. Ils furent construits dans les années 1880 en pierre d'Oamaru, un calcaire local de couleur crème facile à tailler et à sculpter. Ils restituent la fascinante image d'une époque prospère où greniers et entrepôts égalaient en majesté les édifices publics et commerciaux.

Des manchots pygmées et antipodes ont élu domicile non loin, sur la côte.

★ La Forrester Gallery
Des pilastres corinthiens décorent ce bâtiment de 1882 qui abritait la Bank of New South Wales.

Courthouse
Datant de 1883, cet édifice au portique néo-classique sert toujours de tribunal.

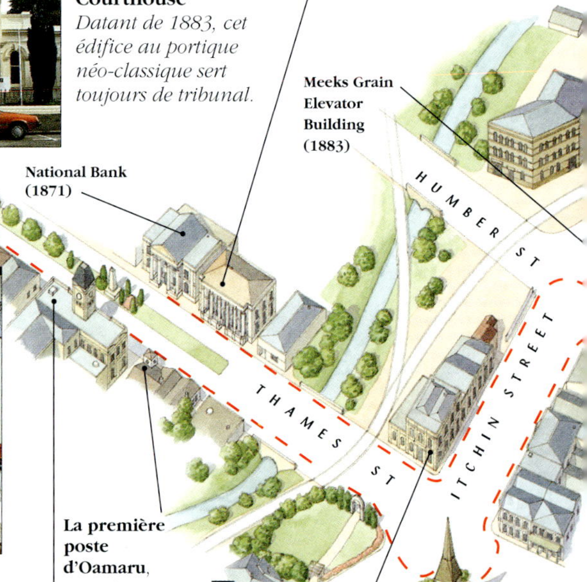

Meeks Grain Elevator Building (1883)

National Bank (1871)

★ Le North Otago Museum
Construit en 1882, il renferme, entre autres, une exposition sur la pierre d'Oamaru.

La première poste d'Oamaru, un petit bâtiment de style italianisant, date de 1864.

Colonial Bank (1878)

L'église anglicane St Luke (1865-1916) renferme de belles sculptures en bois.

Waitaki District Council
En 1903, une tour de 28 m a été ajoutée à ce qui était la deuxième poste d'Oamaru (1883).

À NE PAS MANQUER

- **★ La Forrester Gallery**
- **★ Le New Zealand Loan and Mercantile Warehouse**
- **★ Le North Otago Museum**

Criterion Hotel
Suite à une restauration, cet établissement édifié en 1877 a retrouvé tout son éclat. Le bar a gardé l'atmosphère d'un pub d'époque victorienne.

MODE D'EMPLOI

Carte routière B7. *12 500.* *Humber St.* *à l'angle d'Eden St et Thames St.* *1 Thames St, (03) 434 1656.* *Victorian Heritage Celebrations (nov.).* **Forrester Gallery** *(03) 434 1653.* *t.l.j.* *ven. saint, 25 déc.* **North Otago Museum** *(03) 434 8060.* *du lun. au sam.* *1er janv., ven. saint, 25 avr., 25 déc.*

Harbour Street
Au cœur du quartier du port, cette rue est bordée d'entrepôts, de greniers et de bâtiments commerciaux du XIXe siècle.

Harbour Board Office (1876)

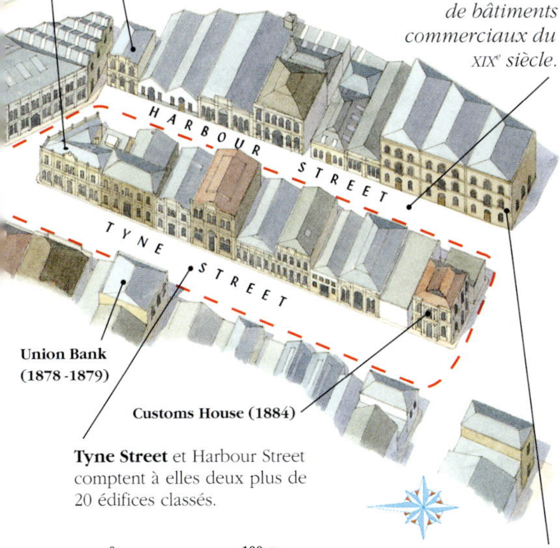

Union Bank (1878-1879)

Customs House (1884)

Tyne Street et Harbour Street comptent à elles deux plus de 20 édifices classés.

0 100 m

LÉGENDE

– – – Itinéraire conseillé

★ Le New Zealand Loan and Mercantile Warehouse
Cet entrepôt victorien de 1882, commandé par la plus grosse société de négociants agricoles du pays, pouvait contenir 100 000 sacs de céréales.

Vue d'Oamaru et de sa baie depuis la Lookout Reserve

À la découverte d'Oamaru

L'intérêt d'Oamaru ne se limite pas à l'architecture ancienne du quartier du port, où se trouvent de nombreuses boutiques. Au-dessus de la ville, un sentier de 1 km, le South Hill Walkway, conduit au panorama de la Lookout Reserve. Plus loin, à Bushy Beach, un affût permet d'observer des manchots pygmées et antipodes. Des visites guidées sont organisées entre les mois de novembre et de février.

Oamaru Blue Penguin Colony

Waterfront Rd. *(03) 433 1195.* *t.l.j.* *flash interdit.*

À Friendly Bay, une ancienne carrière d'Oamaru Harbour, une aire est aménagée pour voir évoluer les manchots pygmées.

Oamaru Public Gardens

Chelmer St. *t.l.j. jusqu'au coucher du soleil.*

Très classiques, ces jardins créés en 1876 renferment, entre autres, une roseraie, une pelouse bordée d'azalées, un vallon de rhododendrons, un kiosque à musique, une volière, des paons et des fontaines en marbre.

Totara Estate

Nationale 1. *(03) 434 7169.* *l'été : t.l.j. de 10h à 18h ; l'hiver : du mer. au dim. de 10h à 16h.*

Dans cet établissement, à 8 km au sud d'Oamaru, une exposition rappelle qu'en 1882, la première cargaison de mouton congelé partit d'ici pour l'Angleterre, marquant le début d'un commerce essentiel pour la Nouvelle-Zélande.

Hangar de tonte de Morven Hills Station, Lindis Pass

Lindis Pass ❺

Carte routière B6.

La route du Lindis Pass, principale voie terrestre entre l'Otago et le bassin de la Waitaki, remonte la vallée encaissée creusée par le fleuve jusqu'aux collines couvertes de landes d'une réserve du Department of Conservation. Comme les Maoris jadis, les vacanciers suivent ce chemin en été pour rejoindre les lacs Wanaka et Hawea. John McLean, le premier Européen à s'installer dans la région, fonda en 1858 la Morven Hills Station, d'une superficie de 2 000 km². Beaucoup des bâtiments d'origine sont visibles à 15 km au sud du col, dont la demeure de McLean et un massif hangar de tonte en pierre. Bâti vers 1880, il pouvait accueillir jusqu'à 1 500 moutons.

Lac Hawea ❻

Carte routière B6. *1 100.* *Hawea Picnic Day & Races (28 déc.).*

Dans un écrin de montagnes et de collines, le lac Hawea, aux eaux d'un bleu profond, est l'un des plus beaux du Sud. Profond par endroits de 410 m, il est séparé du lac Wanaka, superbe lui aussi, par un isthme de 35 km appelé The Neck (« le cou »).

Réputé pour la pêche à la truite et au saumon, il se prête à diverses activités nautiques. Ses rives sont en outre parsemées de terrains de camping gratuits, ce qui explique son succès. Le village de Hawea, au sud, est une base pour une foule de loisirs de plein air, dont des parties de chasse.

Wanaka ❼

Carte routière B6. *3 000.*
Ardmore St, (03) 443 1233.
Wanakafest (sept.).
www.lakewanaka.co.nz

À la pointe sud du lac du même nom, Wanaka est l'un des lieux de villégiature les plus populaires du pays. En été, les vacanciers viennent pêcher, glisser sur l'eau en bateau ou en ski ou se détendre sur les rives plantées de saules. En hiver, skieurs et surfeurs des neiges se pressent dans les stations des environs. Les hauts sommets des Southern Alps dominent le plan d'eau, et le Mount Aspiring National Park *(p. 270-271)*, voisin, recèle des itinéraires de randonnée d'une rare beauté.

La région a toutefois plus à offrir que ses attraits naturels. À l'aérodrome de Wanaka, le **New Zealand Fighter Pilots Museum** possède des avions de chasse de la Seconde Guerre mondiale tels que le Spitfire, le Hurricane, le P51 Mustang, le Vought Corsair, plusieurs Poliakov russes et un Nakajima « Oscar » japonais, le dernier appareil du genre au monde. Une exposition illustre le rôle joué par les pilotes et les équipages néo-zélandais sur plusieurs théâtres de combat. Les visiteurs peuvent également voir le travail de restauration effectué dans le hangar d'entretien. Les années paires, à Pâques, Warbirds over Wanaka, un meeting aérien, réunit d'anciens avions de guerre d'horizons très divers. Contre l'arrière-plan majestueux des montagnes entourant le lac, ils se livrent à des acrobaties et des simulacres de bataille.

Près de l'aérodrome, le **Wanaka Transport Museum** recèle une collection privée de plus de 13 000 pièces allant de jouets et de maquettes à des véhicules et des avions militaires. Son fleuron est un

Les « tours excentriques » du Stuart Landsborough's Puzzling World

énorme Antonov AN-2 soviétique, le plus grand biplan monomoteur du monde.

Une autre attraction, le **Stuart Landsborough's Puzzling World**, s'organise autour du Great Maze, un labyrinthe en trois dimensions où s'enchevêtrent des passages en bois et des passerelles. Le parc renferme également le Hologram Hall, la « maison penchée » et ses « tours excentriques » et le Puzzle Centre, un café où vous pourrez prendre le temps d'essayer de résoudre les casse-tête qui vous sont proposés.

Comme beaucoup d'autres régions du centre de l'Otago, Wanaka jouit d'un climat idéal pour la viticulture. Quelques pionniers ont décidé d'en tirer parti. **Rippon Vineyard**, un domaine établi en 1974 à

Pêcheur au bord du lac Hawea

Rippon Vineyard, sur les rives du lac Wanaka

4 km du centre, en est un bon exemple. La palette de vins produits compte de nombreux cépages.

New Zealand Fighter Pilots Museum
Aérodrome de Wanaka. *(03) 443 7010.* *t.l.j.* *25 déc.* *www.nzfpm.co.uk*

Wanaka Transport and Toy Museum
Nationale 6. *(03) 443 8765.* *t.l.j.* *25 déc.* *www.wttmuseum.com*

Stuart Landsborough's Puzzling World
Nationale 6. *(03) 443 7489.* *t.l.j.* *www.puzzlingworld.com*

Rippon Vineyard
Mt Aspiring Rd. *(03) 443 8084.* *t.l.j.* *25 déc., de mai à juin.* *dégustations.* *Music Festival (6 fév.).*

Aux environs

À 25 km au sud de Wanaka, **Cardrona** se compose de quelques maisons et d'un hôtel de 1863 *(p. 309)* au milieu de Cardrona Valley. Voie de passage empruntée par les chercheurs d'or dans les années 1860, celle-ci est surtout connue aujourd'hui pour Cardrona Alpine Resort, une station de sports d'hiver aménagée sur le versant oriental du mont Cardrona. Non loin, la Waiorau Snow Farm *(p. 192-193, 335)* s'adresse aux amateurs de ski de fond. Accessible par la Mount Aspiring Road, à 20 km au sud-ouest de Wanaka, le **domaine skiable de Treble Cone**, une station assez tranquille *(p. 192-193, 335)*, offre ses pistes aux skieurs de tous niveaux. Autre possibilité, avec guide : être déposé en hélicoptère au départ d'une des plus belles descentes hors piste de la région, sur les monts Harris, Richardson ou Buchanan.

Loisirs de plein air à Wanaka

Wanaka est un centre touristique offrant un large éventail d'activités tout au long de l'année. On y vient en particulier pêcher au bord du lac, le long des rivières ou sur des bateaux affrétés à cet effet. L'eau est aussi exploitée pour des sorties en kayak ou en *jet-boat*, des descentes en eau vive, notamment sur de petites planches spécialement conçues pour cela, ou des mini-croisières. Plusieurs sentiers pédestres partent de la ville ou de ses environs, et les randonneurs aguerris et bien équipés disposent de parcours plus longs dans le Mount Aspiring National Park *(p. 270-271)*. Le cheval, le VTT et le *quad* sont d'autres moyens pour partir à l'aventure. Deux stations de sport d'hiver, Treble Cone et Cardrona, et la Waiorau Snow Farm, spécialisée dans le ski de fond, ne se trouvent qu'à courte distance de Wanaka. L'aérodrome de Wanaka propose des promenades aériennes et, pour les plus audacieux, des vols acrobatiques en Tiger Moth ou dans un Mustang de la Seconde Guerre mondiale.

Télésiège de la station de Treble Cone, au sud-ouest de Wanaka

Mount Aspiring National Park ❽

Fleurs alpines

À courte distance des centres touristiques de Queenstown et Wanaka, le troisième parc national de Nouvelle-Zélande par la superficie (3 500 km²), après ceux du Fiordland et de Kahurangi, fait partie de la Wahipounamu/ Southwest New Zealand World Heritage Area, qui s'étend du mont Cook à la pointe sud du Fiordland. À ce titre, il est inscrit depuis 1990 au patrimoine mondial de l'Unesco. À des sommets couverts de neige et de glaciers succèdent des parois rocheuses dénudées, puis de spectaculaires vallées boisées et de pittoresques rivières, un terrain varié qu'apprécient les randonneurs et les grimpeurs.

À la découverte du parc
Pour les marcheurs, les possibilités vont de la simple balade à des circuits plus ardus dans des zones reculées.

★ Le mont Aspiring/Tititea
Sa forme pyramidale lui vaut d'être souvent comparé au Matterhorn des Alpes européennes.

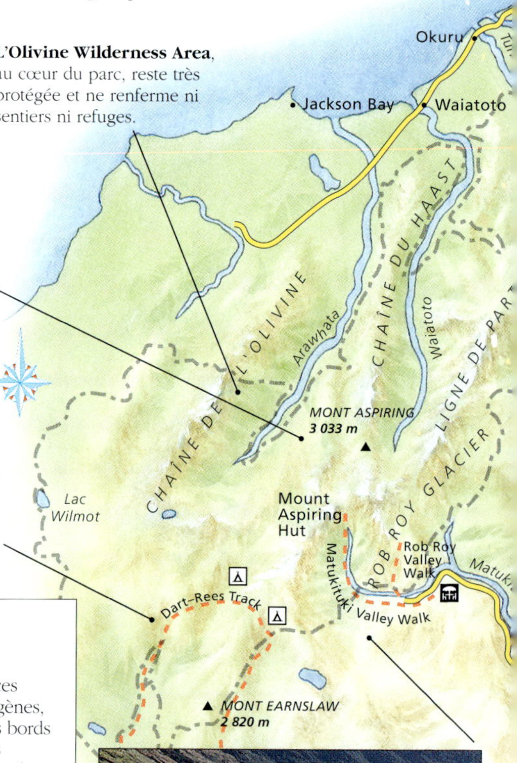

L'Olivine Wilderness Area, au cœur du parc, reste très protégée et ne renferme ni sentiers ni refuges.

Le Dart-Rees Track, accessible depuis l'extrémité du lac Wakatipu, demande de 4 à 5 jours de marche et une excellente forme physique. Le circuit traverse des paysages de montagne stupéfiants.

Les oiseaux du Mount Aspiring National Park

Troglodyte des rochers

Cinquante et une espèces d'oiseaux, dont 38 indigènes, peuplent les vallées, les bords de rivière, les forêts, les broussailles subalpines et les landes d'altitude du parc. Trois, en particulier, sont emblématiques des lieux : le nestor kéa, dont le cri est renvoyé de vallée en vallée par l'écho, perroquet curieux bien connu pour l'intérêt qu'il porte aux affaires et aux victuailles des randonneurs ; le troglodyte des rochers, qui vit en montagne dans un des environnements les plus ingrats de la réserve ; le canard bleu, qui part en couple chercher sa nourriture – insectes et végétaux – dans les torrents.

Matukituki Valley
Au bout de la route, un sentier remonte le bras ouest de la rivière jusqu'à l'entrée de la vallée et certaines des escalades les plus difficiles de la région.

★ Les Gates of Haast
Au lieu-dit les « portes de la Haast », un pont franchit le lit encombré de rochers de la Haast.

★ Les Thunder Creek Falls
Un court sentier forestier conduit de la Nationale 6 à ces chutes qui plongent de 30 m depuis une entaille dans le roc.

Mont Brewster
Apprécié des campeurs et des alpinistes, il est accessible par la Nationale 6.

Légende

- Route nationale
- Route secondaire
- Cours d'eau
- Sentier pédestre
- Limite du parc
- Information touristique
- Terrain de camping
- Aire de pique-nique
- Point de vue

À NE PAS MANQUER

- ★ Gates of Haast
- ★ Mont Aspiring
- ★ Thunder Creek Falls

Mode d'emploi

Carte routière A6. **Wanaka** *Ardmore St. Department of Conservation, Ballantyne Rd, (03) 443 7660. l'été : t.l.j. ; l'hiver : du lun. au sam.* 25 déc. **Makarora** *Nationale 6, (03) 443 8365. l'été : t.l.j. ; l'hiver : du lun. au ven. 1ᵉʳ janv., 25 déc.* *www.doc.govt.nz*

Haast ❾

Carte routière B6. *300.* *à l'angle de la Nationale 6 et de Jackson Bay Rd, (03) 750 0809.*

Ce hameau à l'embouchure de la Haast ne constitue guère plus qu'une étape et un point de ravitaillement pour les automobilistes circulant entre la côte ouest et les lacs du Sud, bien qu'il soit connu des adeptes de surf et de pêche. Le Visitor Centre dispose de souvenirs et de brochures touristiques. Le personnel fournit des renseignements sur les itinéraires de randonnée des alentours, ainsi que des prévisions météorologiques, précieuses dans cette zone soumise à de fortes averses.

Aux environs

La route au sud du village de pêcheurs de **Jackson Bay** dessert plusieurs sentiers et points de vue, dont la Hapuaka Estuary Walk, le Cascade Viewpoint et le Smoothwater Bay Track, à Jackson Bay même. La Wharekai Te Kau Walk conduit à la réserve faunique d'Okahu.

Au nord de Haast, Knights Point et son panorama extraordinaire ainsi que la Dune Lake Walk, qui traverse une dense forêt côtière rabougrie par le vent à Ship Creek, valent le détour.

En poursuivant au-delà du pittoresque **lac Moeraki**, la Monroe Beach Walk s'enfonce dans une végétation luxuriante pour rejoindre une plage isolée où se montrent parfois, de juillet à décembre, des gorfous du Fiordland. La route continue jusqu'au **lac Paringa**, riche en truites. Une promenade d'un quart d'heure passe au pied de hauts bosquets d'arbres indigènes comme le *rimu* et le *kahikatea*.

Jackson Bay, entourée de marais et de bush, au pied des montagnes

Le Milford Sound, dans le Fiordland National Park ▷

Queenstown ❿

Attention, saut à l'élastique !

Sur la rive nord-est du lac Wakatipu, au pied de la chaîne des Remarkables, Queenstown bénéficie de l'un des cadres les plus spectaculaires du monde. En 30 ans, le village assoupi du début des années 1970 est devenu la capitale internationale des sports d'aventure. Les rapides des rivières avoisinantes et le développement de nouveaux défis comme le saut à l'élastique *(p. 192-193)* sont à l'origine de cette métamorphose. À l'instar de la plupart des localités de la région, Queenstown est née lors des ruées vers l'or des années 1860. Malgré le tourisme, elle conserve l'atmosphère d'une petite ville.

L'*Earnslaw*, un ancien bateau à vapeur, sur le lac Wakatipu

Lac Wakatipu

On ne peut se méprendre sur les origines glaciaires du lac Wakatipu. Selon une légende maorie cependant, il occuperait l'empreinte laissée par un géant qu'un guerrier fit brûler vif pendant son sommeil parce qu'il avait enlevé la fille d'un chef. La neige, en fondant, aurait rempli la dépression. Le cœur du démon bat toujours, ce qui explique les oscillations du niveau de l'eau : jusqu'à 7 cm toutes les 5 minutes.

La capitale de l'aventure

Queenstown et ses environs regorgent en défis prenant la forme de simples sports d'extérieur comme d'expéditions complètes *(p. 192-193, 334-339)*. L'été, beaucoup tirent parti du lac et des rivières des alentours, dont la Dart, la Shotover et la Kawarau, où *jet-boats* et rafts permettent d'excitantes chevauchées dans des gorges étroites. En hiver, deux massifs montagneux, les Remarkables et Coronet Peak, abritent des stations de ski à moins de 30 km de la ville. La réputation de Queenstown repose toutefois principalement sur les sports de l'extrême : le saut à l'élastique, d'une hauteur de 43 m au Kawarau Bridge, de 134 m depuis la cabine suspendue du Nevis Highwire ; le parapente, en solitaire (de nombreux reliefs s'y prêtent) ou en tandem (en s'élançant de Bob's Peak), et le parachutisme.

Descente de rapides dans une gorge de la Shotover

Les Remarkables tombent abruptement dans le lac, profond par endroits de 380 m, et Queenstown se serre sur l'un des rares terrains relativement plats de la région. Beaucoup d'hôtels et de résidences privées ont dû s'exiler sur les hauteurs de la périphérie. À la grande époque de l'extraction de l'or, le plan d'eau constituait la principale voie de communication. Il permet aujourd'hui une foule de loisirs.

Queenstown Gardens

Park St. *t.l.j.*

Accessibles à pied depuis le centre, ces jardins s'étendent sur une péninsule formée de moraines. De grands sapins dominent de vastes pelouses et des parterres de roses, ce qui fait des Queenstown Gardens un véritable havre à l'écart de l'animation touristique. Particulièrement agréable en automne, cet espace vert renferme aussi une patinoire, des terrains de sport, une aire de jeu et un sentier au bord du lac.

L'*Earnslaw*

Steamer Wharf. *(03) 442 7500.* *t.l.j.* *quai principal.*

Charmante relique de l'époque où les vapeurs constituaient le principal moyen de circulation dans la région, la « dame du lac », selon son surnom local, reste propulsée par les 2 moteurs de 500 chevaux qui l'équipaient à son lancement en 1912. Elle mesure 51 m de longueur, et des boiseries et des cuivres donnent le ton de son décor intérieur.

L'*Earnslaw* permet toute l'année différents types de croisières au départ de Queenstown, depuis des promenades de 90 minutes jusqu'à des dîners sur l'eau, aux beaux jours, de 4 heures. Il est aussi possible de participer à des visites de la **Walter Peak High Country Farm**, sur la rive opposée. Elle vaut la traversée pour le *Colonel Homestead Restaurant*, ainsi que des randonnées à cheval et des démonstrations de tonte ou de dressage de chiens de berger.

Underwater World

Maintown Pier. (03) 442 8538.
t.l.j. www.kjet.co.nz

À Maintown Pier, un poste d'observation a été aménagé à une profondeur de 5 m sous la surface du lac pour contempler des truites de rivière et arc-en-ciel qui cohabitent pacifiquement avec de grosses anguilles *(Anguilla dieffenbachii)*. Des palmipèdes, les fuligules de Nouvelle-Zélande, plongent souvent pour les rejoindre.

The Mall

La marche est le meilleur moyen pour découvrir Queenstown, et The Mall est le meilleur endroit où commencer. Restaurants, cafés et boutiques de souvenirs bordent cette rue piétonne qui mène directement à Maintown Pier, d'où partent les bateaux pour des promenades sur le lac. The Mall a conservé quelques bâtiments de l'époque coloniale, dont l'*Eichardt's Tavern*, du côté du front de mer, qui date de 1871.

Téléphérique de Bob's Peak

Brecon St. (03) 441 0101.
t.l.j.
www.skyline.co.nz

Il est l'un des symboles de Queenstown. Il franchit un dénivelé de 450 m sur une longueur d'à peine 730 m, et une plate-forme panoramique, au sommet, ménage une vue à couper le souffle des Remarkables, du lac Wakatipu et de la ville. Selon ses envies, on peut manger au café ou au restaurant, faire une balade, observer l'envol des parapentes ou glisser en toboggan en bas de la pente.

Le téléphérique de Bob's Peak

Mode d'emploi

Carte routière A6. 7 500
6 km E. de la ville.
Steamer Wharf. à l'angle de CampSt et Shotover St, (03) 442 4100 ; 0800 668 888.
Winter Festival (juil.).
www.queenstown-nz.co.nz

Kiwi and Birdlife Park

Brecon St. (03) 442 8059. t.l.j.
25 déc. Kiwi House.
un pavillon.
www.kiwibird.co.nz

Ce parc situé sous la gare du téléphérique abrite des kiwis et des oiseaux appartenant à des espèces néo-zélandaises menacées de disparition. Ils sont soit en cours de traitement après une blessure, soit issus de programmes de reproduction, et donc destinés à être relâchés dans la nature.

L'un des pavillons, la Nocturnal Kiwi House, permet d'observer ces oiseaux ratites pendant leur cycle d'activité nocturne. Les autres espèces représentées comptent des rapaces, des nestors kéa, des perruches et des échasses noires *(p. 249)*.

Glenorchy ⓫

Carte routière A6. 360.
à l'angle de Mull St et Oban St, (03) 442 9937.

À 44 km de Queenstown, soit 40 minutes en voiture, ce petit village paisible borde la pointe du lac Wakatipu. Il est niché à l'ombre de sommets enneigés tels que les monts Chaos et Head, qui se découpent au-dessus des vallées de la Rees et de la Dart, dans le Mount Aspiring National Park *(p. 270-271)*.

Glenorchy est une étape pour les randonneurs qui viennent les explorer au long d'un sentier figurant au nombre des Great Walks *(p. 334)*. Pour les plus aguerris convenablement équipés, un itinéraire en boucle de 77 km relie les deux vallées par le passage de Rees Saddle (à 1 447 m). Son parcours prend 4 ou 5 jours, contre une poignée d'heures pour un aller-retour dans l'une des vallées. Des promenades aériennes et des excursions à cheval sont aussi au programme.

Le lac Hayes, près d'Arrowtown

Arrowtown ⓬

Carte routière B6. 2 000.
Buckingham St, (03) 442 1824.
Autumn Festival (avr.).

La ville de la ruée vers l'or la mieux préservée de la région se serre au pied de collines escarpées à 20 km de Queenstown. En 1862, un petit groupe de prospecteurs, dont faisaient partie William Fox et John O'Callaghan, découvrirent de l'or dans la Fox. En quelques semaines, ils récupérèrent 113 kg du précieux métal. Arrowtown, dont la population atteignit 7 000 habitants, est l'une des rares localités nées à cette époque à ne pas être devenue une ville fantôme et à ne pas avoir cédé la place à une forme d'urbanisation plus moderne. La rue principale est toujours bordée, à une extrémité, de boutiques et de bâtiments de l'époque coloniale et, à l'autre, de minuscules maisons de mineurs datant des années 1860 et 1870.

À partir de 1865, des Chinois vinrent remplacer sur les sites d'extraction la main-d'œuvre européenne partie sur la côte ouest. Ils ont laissé en héritage les édifices en pierre du **Chinese Settlement** : de petites habitations, une remise et un magasin.

Maison en pierre du Chinese Settlement

Le **Lakes District Museum** retrace l'histoire d'Arrowtown et de Queenstown en mettant l'accent sur les chercheurs d'or et leurs innovations. Une exposition est consacrée à la première centrale hydroélectrique construite en 1886 dans ce qui est aujourd'hui la ville fantôme de Bullendale. Documents et objets évoquent aussi la géologie de la région, l'élevage et l'exploitation forestière, ainsi que la vie quotidienne à l'époque de la ruée vers l'or. Le musée sert de centre d'information touristique.

Chinese Settlement

Buckingham St. (03) 442 1824.
t.l.j. avec de l'aide.

Lakes District Museum

Buckingham St. (03) 442 1824.
t.l.j. 25 déc.

Aux environs

Près d'Arrowtown, le **lac Hayes** est très photogénique, surtout en automne. Sur la route d'Arrowtown à Queenstown, la station de ski située 7 km après la bifurcation pour Coronet Peak ménage un splendide panorama. **Macetown** est une destination populaire en 4X4. Depuis Arrowtown, le trajet, de 26 km aller-retour, passe par une gorge aux parois abruptes, où des vestiges de la ruée vers l'or comprennent de vieux bâtiments en pierre et une batterie de pilons.

Gibbston Valley Wines offre un bon exemple des domaines viticoles qui se sont multipliés dans la région *(p. 34-35)*. Il propose des visites guidées et des dégustations. Les vins, produits à partir de cépages européens, vieillissent dans une grotte.

Gibbston Valley Wines

Nationale 6. (03) 442 6910.
t.l.j. ven. saint, 25 déc.
grotte.

La grand-rue d'Arrowtown

Cromwell ⓭

Carte routière B7. 3 300.
47 The Mall, (03) 445 0212.

Cromwell a survécu au déclin des mines d'or en devenant une ville de service au sein d'une des principales régions fruitières de Nouvelle-Zélande. La création du lac Dunstan, suite à la construction d'un barrage hydroélectrique en 1980, a entraîné la submersion de la majeure partie de l'ancienne grand-rue, mais les édifices notables ont été déplacés.

AUX ENVIRONS
À 4 km de la Nationale 8, qui relie Cromwell à Lindis Pass, la ville fantôme de **Bendigo** entretient le souvenir d'une époque révolue. Dans un endroit pratiquement désert, la découverte en 1866 d'un gisement de quartz aurifère permit à une petite communauté de vivre pendant 50 ans.

Un sentier en boucle, au-dessus de Bendigo, passe par **Logantown** et **Welshtown**, abandonnées dès les années 1880. De nombreux puits de mine que rien ne signale rendent imprudent de quitter la piste.

Le **Goldfields Mining Centre** de la Kawaru Gorge, à 5 km de Cromwell, propose une initiation à l'orpaillage et des démonstrations de matériel d'extraction.

Goldfields Mining Centre
Kawarau Gorge, Nationale 6.
(03) 445 1038. t.l.j.
25 déc.

La ruée vers l'or

La ruée vers l'or de l'Otago commença en 1861 avec la découverte d'un filon dans le Gabriel's Gully, un ravin près du bourg actuel de Lawrence, à 92 km à l'ouest de Dunedin. La nouvelle donna naissance à une ville de tentes, et des prospecteurs commencèrent bientôt à s'enfoncer dans les terres, avec succès dès 1862 dans les régions de Cromwell et d'Alexandra et, peu après, à Wakatipu. Dans l'espoir de faire rapidement fortune, des dizaines de milliers d'hommes affrontèrent des étés torrides, des hivers éprouvants et le manque de nourriture. Malgré de nouvelles trouvailles dans la province, beaucoup partirent bientôt sur la côte ouest. Il ne suffisait plus, dans l'Otago, de se baisser pour ramasser de l'or, et le passage à des techniques plus sophistiquées comme le dragage et le lavage à l'eau sous pression s'imposa. Les méthodes modernes ont permis récemment de remettre en exploitation des champs aurifères.

Mineurs à Arrowtown dans les années 1860

Kingston ⓮

Carte routière A7. 65.
Kingston to Queenstown Yacht Race (janv.).

Le hameau de Kingston a longtemps fait fonction de terminus ferroviaire et d'embarcadère de vapeurs pour les voyageurs venant du sud à destination du lac Wakatipu. Il a aujourd'hui pour principal sujet de fierté le **Kingston Flyer**, un train à vapeur qui effectue des allers-retours d'une heure et quart. Le personnel est en costume d'époque.

Kingston Flyer
Gare de Kingston. (03) 248 8848.
d'oct. à avr. : t.l.j. *1er janv., 25 déc.*

AUX ENVIRONS
Au sud de Kingston, des cours d'eau réputés pour la pêche à la truite serpentent dans la campagne autour de Lumsden, sur la Nationale 6. Juste avant Lumsden, la Nationale 14 mène à l'est à la région d'élevage de Gore, et à l'ouest à Te Anau, Manapouri et au Fiordland National Park.

Le Kingston Flyer circule jusqu'à Fairlight, un trajet de 14 km

Fiordland National Park ⓯

Manchot du Fiordland

Des paysages hors du commun et une flore et une faune exceptionnelles valent au plus vaste parc national néo-zélandais, avec une superficie de 21 000 km², d'avoir été inscrit au patrimoine mondial de l'Unesco au sein de la Wahipounamu/Southwest New Zealand World Heritage Area. Une épaisse forêt pluviale tempérée couvre les pentes abruptes qui enserrent 14 fjords et 5 grands lacs glaciaires. Elle rend l'intérieur des terres pratiquement impénétrable hors des 500 km de sentiers tracés à travers la réserve naturelle. Des animaux marins prospèrent dans cet environnement protégé, notamment des cétacés et le très rare manchot du Fiordland.

★ Doubtful Sound
Du pied du mont Crowfoot (1695 m) à la mer de Tasman, ce fjord s'étire sur 40 km (p. 282-283).

La formation des fjords

Le terme *sound* désigne un bras de mer formé par la submersion d'une vallée fluviale, mais malgré leur nom, le Milford Sound, le Doubtful Sound et leurs confrères du Fiordland sont des fjords, plissements de l'écorce terrestre approfondis et élargis par des glaciers puis envahis par la mer quand son niveau a monté.

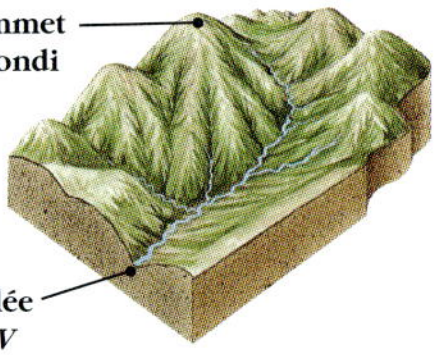

***Il y a 10 millions d'années**, le plus récent soulèvement de la région provoqua l'apparition de reliefs séparés par des vallées en V.*

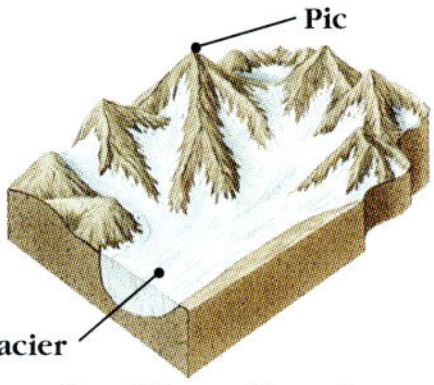

***Il y a 2 millions d'années**, des glaciers couvraient les montagnes. Ils taillèrent crêtes et sommets en pointe et les vallées en U.*

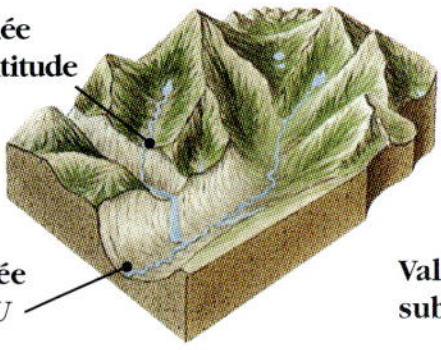

***Il y a 20 000-12 000 ans**, le climat se réchauffant, les glaciers reculèrent. La fonte des bras affluents dégagea des vallées d'altitude.*

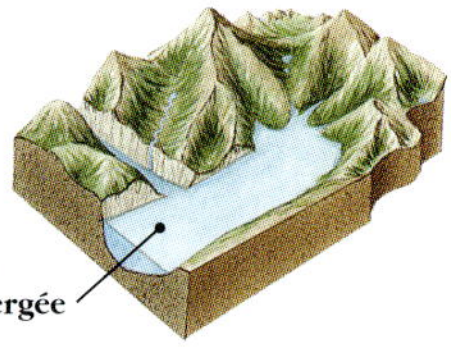

***Il y a 6 000 ans**, la mer monta à son niveau actuel à la fin de la dernière ère glaciaire et envahit les vallées, créant des voies d'eau entre les reliefs.*

Dusky Sound
On peut se rendre au « fjord sombre » en bateau de croisière depuis le lac Manapouri en passant par Doubtful Sound. Quant aux alpinistes aguerris, ils le rejoindront en 10 jours par le Dusky Track.

À ne pas manquer

- **★ Cleddau Valley**
- **★ Le Doubtful Sound**
- **★ Mitre Peak**

MODE D'EMPLOI

Carte routière A6. ✈ *Te Anau/ Manapouri.* ℹ *Lakefront Drive, Te Anau, (03) 249 8900.* ◯ *t.l.j.* W *www.doc.govt.nz*

Le Milford Track et les trois autres Great Walks *(p. 281)* traversent des paysages époustouflants.

Les Bowen Falls jaillissent d'une vallée glaciaire pour une chute de 160 m.

Les lacs Mirror, où se reflètent les montagnes, peuvent être contemplés depuis une promenade en planches partant de la Nationale 94 *(p. 252)*.

Le lac Vert, au nord du lac Monowai, doit son nom à sa couleur émeraude.

Le lac Monowai, un site de loisirs, s'étend dans un superbe écrin de verdure. Plus au sud, une route non goudronnée relie Clifden au lac Hauroko, le plus profond de Nouvelle-Zélande.

★ Mitre Peak
Ressemblant à une mitre, d'où son nom, ce pic est le principal point de repère du Milford Sound (p. 280-281).

★ Cleddau Valley
À la sortie des 1 200 m du Homer Tunnel, une splendide vallée forme une voie naturelle jusqu'au Milford Sound.

Lac Te Anau
Ses eaux ayant pour toile de fond la forêt primitive et de hauts pics sont souvent la première image du Fiordland qui s'offre aux visiteurs.

LÉGENDE

- Route nationale
- Route secondaire
- Cours d'eau
- Sentier pédestre
- Limite du parc
- Voie navigable
- Aérodrome
- Information touristique
- Terrain de camping

À la découverte du Fiordland National Park

Église près de Te Anau

Avec des sommets atteignant 2 750 m d'altitude, des falaises s'élevant de 1 200 m au-dessus de fjords profonds et des chutes d'eau plongeant de 160 m, le Fiordland recèle des paysages extraordinaires qui fascinent des visiteurs des quatre coins du monde. Des chasseurs de phoques furent les premiers à exploiter les richesses naturelles de la région, et ils massacrèrent des centaines de milliers d'otaries entre 1792 et les années 1820. Depuis, la présence humaine est négligeable. Jusqu'à l'achèvement de la Nationale 94 en 1953, la mer et le Milford Track étaient les seuls accès au Milford Sound. Aujourd'hui, les touristes arrivent par cars entiers ou, pour les courageux, par l'un des fameux sentiers de randonnée du parc.

Troupeau de moutons en route pour le Milford Sound

Te Anau

Carte routière A7. *1 800.*
Miro St. *Lakefront Drive, (03) 249 8900.*

Centre commerçant du Fiordland, une région qui vit principalement de l'élevage de daims et du tourisme, Te Anau, sur la rive sud-est du lac de même nom, est une bonne base pour explorer le parc. Apprécié pour la pêche et les sports nautiques, le plan d'eau, long de 61 km et profond de 417 m, est le plus grand de l'île du Sud.

Grottes de Te Anau

Real Journeys Visitor Centre, Lakefront Drive, Te Anau. *(03) 249 7416.* *t.l.j.*

Il faut traverser le lac en bateau pour accéder à ces grottes fascinantes. Là, grâce à des passerelles et des barques, on pénètre dans un univers magique de galeries calcaires illuminées par des milliers de vers luisants. Ceux-ci utilisent leur minuscule lumignon pour attirer les insectes dont ils se nourrissent. L'excursion complète dure deux heures et demie. Il y a plusieurs départs par jour.

Les grottes de Te Anau

Milford Road

Entre le Milford Sound et Te Anau, la Nationale 94 traverse des paysages que de luxuriantes forêts, des reliefs escarpés et des torrents de montagne rendent d'une grande variété. Franchir la distance de 121 km ne demande que 3 heures de voiture, mais de nombreux sentiers incitent à d'agréables détours.

À Te Anau Downs, à 30 km de Te Anau, se trouve l'embarcadère du bateau pour le Milford Track. Une promenade en forêt de 45 minutes conduit au lac Mistletoe. Plus loin sur la route, 5 minutes de marche sur un chemin en planches permettent d'atteindre les lacs Mirror. Ils doivent leur nom aux reflets visibles à leur surface les jours sans vent *(p. 252)*. Non loin commence la curieuse partie de la Milford Road surnommée l'« avenue de la montagne qui disparaît », car le sommet qui se dresse juste en face semble rétrécir au fur et à mesure que l'on progresse.

Au lac Gunn, à quelque 46 km de Te Anau Downs, un circuit facile de 45 minutes dans une hêtraie convient aux personnes de tous âges, et même aux handicapés en fauteuil roulant. The Divide, à courte distance de là, marque le début du Routeburn Track qui rejoint le lac Wakatipu. Un large panorama récompense des efforts à fournir pour atteindre Key Summit (3 heures aller-retour). Hollyford Valley, à côté, ne manque pas non plus de charme. À 19 km à l'est du Milford Sound commence le Homer Tunnel, long de 1 200 m. Son percement dura de 1935 à 1954. La route descend ensuite en pente raide et offre des vues splendides dans Cleddau Valley. À quelques kilomètres du tunnel, 20 minutes de marche mènent au Chasm, « le gouffre », où la Cleddau dévale de pittoresques formations rocheuses.

Panneau routier sur la Milford Road

Milford Sound

Carte routière A6. *170.*

Ce fjord long de 16 km a largement contribué à forger la réputation du Fiordland. Non moins célèbre, Mitre Peak, un sommet de forme pyramidale, le domine du haut de ses 1 692 m. S'il se contemple du ciel, rien ne vaut une excursion en bateau pour apprécier pleinement la grandeur du Milford Sound. Des curiosités géologiques comme Lion Mountain et Elephant and Copper Point le jalonnent, et des cascades vertigineuses s'y précipitent : les Bowen Falls de 160 m, les Stirling Falls de 146 m. Des otaries à fourrure, des dauphins et, parfois, des manchots du Fiordland se montrent en chemin.

L'Underwater Observatory permet de découvrir sa faune sous-marine particulière, dont l'étonnant corail noir. La couche d'eau douce de 3 à 4 m qui se maintient en surface témoigne de l'importance des précipitations dans la région.

Otaries à fourrure à l'entrée du Milford Sound

Il est aussi possible de participer à des croisières jusqu'à la mer de Tasman et d'autres fjords comme le Dusky Sound. Elles imposent parfois de dormir à bord et sont souvent associées à des sorties pour pêcher ou plonger.

Les quatre Great Walks

Randonneurs sur le Milford Track

Sans doute aucun autre endroit de Nouvelle-Zélande n'égale le Fiordland National Park en matière de randonnées. Ses 4 principaux sentiers, dont la beauté justifie leur appartenance aux Great Walks *(p. 334)*, peuvent être suivis en indépendant ou, de fin octobre à avril, dans le cadre d'un groupe guidé. Sur tous, il faut réserver ses places en refuge ou en camping, et pour le Milford Track et le Routeburn Track, mieux vaut le faire le plus tôt possible. Long de 55 km, le spectaculaire **Milford Track** se parcourt en 4 jours. Il remonte Clinton Valley jusqu'au Mackinnon Pass. Après ce col, il rejoint les Sutherland Falls, puis redescend vers le Milford Sound. Il faut compter de 4 à 5 jours pour faire les 60 km du **Hollyford Track**, qui longe la berge de la Hollyford jusqu'à la côte ouest à travers une forêt dominée par des sommets enneigés. Il suffit en général de 3 jours pour arriver au bout du **Routeburn Track**. La piste grimpe à travers bois jusqu'à une zone subalpine spectaculaire, puis franchit Harris Saddle et suit Routeburne Valley en direction du lac Wakatipu. Le **Kepler Track**, une boucle de 67 km (3 à 4 jours), longe le lac Te Anau, franchit le mont Luxmore et aboutit au lac Manapouri.

Exemple de flore alpine

Vue aérienne du Milford Sound

Excursion dans le Doubtful Sound ⓰

Lors de son voyage d'exploration de 1770, le capitaine Cook, devant l'étroitesse de l'embouchure du fjord, douta que son bateau en sorte indemne. Il le nomma donc Doubtful (« douteux ») Sound. S'il n'est que le deuxième du Fiordland par la longueur (40 km), il est le premier par la profondeur (421 m). Le voyage jusqu'à ce territoire reculé hérissé de montagnes, où la forêt pluviale et les eaux cachent un nombre infini d'oiseaux et de créatures marines, est une véritable aventure. Il implique de prendre deux bateaux puis un car à travers la montagne, avec la possibilité de faire un détour par l'immense centrale souterraine de Manapouri.

Lac Manapouri ①
Le voyage commence à Pearl Harbour, un port de plaisance sur la Waiau, rivière qui alimente le lac Manapouri. Cerné par la forêt, le lac, d'une superficie de 142 km², compte 34 îles.

Otaries à fourrure ⑩
Les otaries les plus répandues de Nouvelle-Zélande apprécient les îles à l'entrée du Doubtful Sound.

Grands dauphins ⑨
Installé à résidence, un groupe de grands dauphins, une espèce qui peut atteindre 4,5 m, aime jouer dans les eaux de Malaspina Reach.

Commander Peak ⑧
À gauche de l'entrée de Hall Arm, l'un des bras du fjord, se dresse l'un des nombreux sommets couverts de forêt qui dominent la vallée glaciaire submergée *(p. 278)*.

Deep Cove ⑦
Ses eaux paisibles cachent l'arrivée des tuyaux d'évacuation de la centrale électrique de Manapouri.

La centrale électrique de Manapouri

Cette centrale est un petit miracle d'ingéniosité. Elle tire parti de l'altitude du lac Manapouri et utilise les montagnes qui le séparent du Doubtful Sound comme un barrage naturel. Des conduites forcées amènent l'eau à 7 générateurs installés dans une immense salle souterraine. Elle est ensuite évacuée à Deep Cove grâce à un tunnel long de 10 km. L'électricité alimente la fonderie d'aluminium de Bluff, à 171 km au sud.

Salle des générateurs

Carnet de route

L'excursion dure 8 heures et ne peut être effectuée que par l'intermédiaire d'un voyagiste. C'est au printemps et en été que la demande est la plus forte, mais l'hiver, moins pluvieux, offre de meilleures conditions de visibilité. On peut commander un pique-nique en réservant, mais il vaut mieux emporter quelque chose à manger, ainsi que des produits contre les insectes, des vêtements chauds et une veste imperméable. ***Renseignements :*** *Real Journeys Visitor Centre, Manapouri, (03) 249 6602.* W *www.realjourneys.co.nz*

Centrale électrique de Manapouri ②
Les visiteurs descendent en car un tunnel en spirale long de 2 km pour atteindre la salle des machines de la centrale creusée dans le granit à 213 m sous les montagnes de West Arm.

Moss Gardens ④
Les mousses de douzaines d'espèces qui s'accrochent à une paroi rocheuse ne pourraient survivre si la région ne recevait d'importantes précipitations.

Wilmot Pass Road ③
Achevée en 1965 pour faciliter la construction de l'écluse de fuite de la centrale de Manapouri à Deep Cove, cette route a coûté plus de 2 $ du centimètre.

Cleve Garth Falls ⑤
Cette cascade haute de 365 m jaillit du sommet d'une arête rocheuse dominant la Wilmot Pass Road.

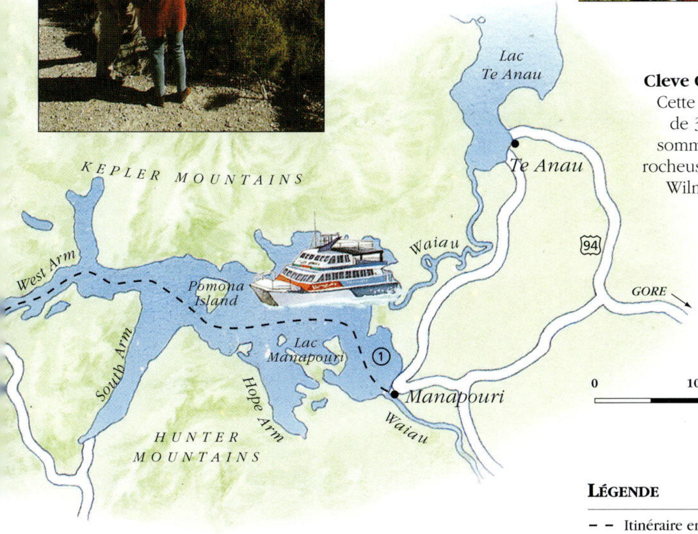

Légende

- – – Itinéraire en bateau
- Itinéraire en car
- Autre route
- Cours d'eau

Wilmot Pass ⑥
La route qui grimpe jusqu'à ce col à 670 m serpente au milieu d'une forêt pluviale tempérée. Elle attaque ensuite la première des 5 grandes descentes avant Deep Cove.

Invercargill ⓱

Water Tower

La ville la plus méridionale de Nouvelle-Zélande est aussi le pôle économique du Southland. Un plan régulier et quantité d'espaces verts lui donnent un aspect ordonné et aéré. Les rues, baptisées d'après des rivières écossaises, et beaucoup de bâtiments anciens rappellent les origines des immigrants qui fondèrent la cité dans les années 1850-1860. Plusieurs plages abritées s'étendent à l'ouest.

Queen's Park

Gala St. *(03) 214 6243.*

L'espace vert le plus connu du centre-ville renferme dans ses 80 hectares des jardins à la française, une roseraie et une grande serre : le Steans Memorial Winter Garden. On y trouve aussi un golf de 18 trous, une volière et un petit parc animalier où évoluent des cerfs et des wallabies.

Southland Museum and Art Gallery

108 Gala St. *(03) 214 6243.* *t.l.j.* *25 déc.* *sur r.-v.*

Installé dans un bâtiment pyramidal situé près de l'entrée du Queen's Park, ce musée, dont 3 galeries sont dédiées à l'art, traite également de l'histoire naturelle et humaine de la région. Un vivarium permet d'observer des sphénodons, les « fossiles vivants » de la Nouvelle-Zélande *(p. 22)*. Au Subantarctic Islands Interpretive Centre, la Roaring Forties Expérience (« expérience des quarantièmes rugissants ») est une présentation des 5 îles néo-zélandaises déclarées réserves naturelles, qui se trouvent à des centaines de kilomètres au sud d'Invercargill.

Sphénodon au Southland Museum and Art Gallery

Mode d'emploi

Carte routière A7. *54 000.* *2 km O. de la ville.* *Leven St.* *108 Gala St, (03) 214 6243.* *t.l.j.* *25 déc.* *Invercargill Summer Festival (début fév.) ; Garden Festival (fév.).* *www.southland.nz.com*

Château d'eau

Leet St.

Point de repère caractéristique du centre-ville depuis son achèvement en 1889, cette tour en brique rouge haute de 42 m offre un exemple intéressant d'application du style néo-roman à l'architecture industrielle.

Dee Street et Tay Street

En accédant à la prospérité, Invercargill se para de beaux immeubles commerciaux et d'élégantes églises. Le Dee Street Hospital borde l'extrémité nord de la rue dont il porte le nom. Il possède les plus anciens bâtiments hospitaliers de Nouvelle-Zélande, dont Porter's Lodge, un cottage pittoresque bâti vers 1866, la plus vieille maison de la ville. Non loin se dresse l'église presbytérienne St Paul, dont le clocher de plan carré renferme un jeu de cloches fondu en Italie

Invercargill d'un coup d'œil

Anderson Park Art Gallery ⑤
Château d'eau ③
Dee Street et Tay Street ④
Queen's Park ①
Southland Museum and Art Gallery ②

Légende

- Gare ferroviaire
- Gare routière
- Parc de stationnement
- Information touristique

0 — 500 m

Dans les jardins de l'Anderson Park Art Gallery

avec le métal de canons pris à l'ennemi. En descendant la rue, l'Alexander Building, édifié en 1901, associe gaiement toute une palette de styles en face du *Grand Hotel* (1913), plus strict.

Au croisement de Dee Street et Tay Street s'élèvent un monument aux morts de la guerre des Boers, le Trooper's Memorial, et 3 banques bâties entre 1876 et 1926. Tay Street renferme l'imposant Civic Theatre (1906), de style néo-Renaissance, l'église anglicane St John, réputée pour ses vitraux et sa voûte en berceau en bois, et First Presbyterian Church, un sanctuaire inspiré des églises lombardes.

Anderson Park Art Gallery

McIvor Rd. *(03) 215 7432.* *de 13h30 à 17h t.l.j.* *ven. saint, 25 déc.* *participation libre.* *à l'intérieur.* *rez-de-chaussée.* *sur r.-v.*

À 5 km au nord du centre, au milieu de 20 hectares de bush et de jardins, une belle maison de style géorgien construite en 1925 renferme une intéressante collection d'art néo-zélandais.

First Prebyterian Church, dans Tay Street

Gore 18

Carte routière B7. *8 500.* *Main St.* *à l'angle de Hokonui Drive et Norfolk St, (03) 208 9908.* *New Zealand Gold Guitar Awards (mai-juin).* *www.gorenz.co.nz*

À 66 km au nord d'Invercargill, Gore revendique plusieurs titres de gloire : la truite, qui abonde dans la Mataura et ses affluents et à laquelle rend hommage une grande statue en plein centre ; le mouton, qui assure la prospérité de ses habitants au cœur d'une fertile région d'élevage ; le whisky de contrebande et le New Zealand Gold Guitar Awards, un concours de musique country qui en 30 ans a révélé de nombreux talents.

Jeunes pêcheurs

Le Gore i-SITE Visitor Centre abrite le **Gore Historical Museum** et le **Hokonui Moonshine Museum** qui évoque l'époque où les Hokonui Hills, les collines derrière Gore, cachaient des distilleries. À 15 km à l'ouest, sur la N94, à l'**aérodrome d'Old Mandeville**, la Croydon Aircraft Company restaure de vieux aéroplanes et propose promenades et baptêmes de l'air.

Gore Historical Museum et Hokonui Moonshine Museum

À l'angle de Honokui Drive et Norfolk St. *(03) 208 9908.* *t.l.j.* *25 déc.*

Aérodrome d'Old Mandeville

(03) 208 9755. *t.l.j.* *25 déc.* *sur r.-v.*

Bluff 19

Carte routière A7. *2 000.* *Gore St.* *Stewart Island Wharf.* *Bluff Oyster & Seafood Festival (dernier w.-e. d'avr.).* *www.bluff.co.nz*

Grand port d'exportation et point de départ des ferries pour Stewart Island, Bluff doit en partie son renom à ses pêcheurs. Outre des langoustes, ils rapportent de leurs expéditions le long des côtes sud et ouest les célèbres « huîtres de Bluff ». Ces coquillages n'existent qu'en Nouvelle-Zélande et ne sont ramassés que pendant une brève période en automne.

Née sur un site occupé par les Maoris dès le XIIIe siècle, la ville tire son nom, qui signifie « falaise » ou « promontoire », de Bluff Hill. Cette éminence de 265 m domine le détroit de Foveaux, large de 32 km, qui sépare l'île du Sud de Stewart Island.

À son pied, la N1 se termine à Stirling Point. Là se dresse un poteau avec des indications pour les quatre coins du monde, chéri des photographes. Plusieurs sentiers, dont le Foveaux Walkway et le Glory Track, s'enfoncent dans la forêt. Les 45 minutes d'ascension de Bluff Hill sont récompensées par un magnifique panorama. Le **Bluff Maritime Museum** retrace l'histoire de l'industrie baleinière, comme celle du ramassage des huîtres, et le développement du port et des liaisons avec Stewart Island.

Bluff Maritime Museum

243 Foreshore Rd. *(03) 212 7534.* *t.l.j.* *25 déc.* *sur r.-v.*

Poteau indicateur à Stirling Point, au terme de la Nationale 1

Stewart Island ⑳

Phoque à fourrure et son petit

Selon la mythologie maorie, la troisième grande île de Nouvelle-Zélande serait l'ancre de Maui, qui sortit de l'eau le grand poisson (l'île du Nord) depuis sa pirogue (l'île du Sud). Séparée de l'île du Sud par le détroit de Foveaux large de 32 km, Stewart Island a vu 85 % de sa superficie devenir le Rakiura National Park, en 2002. Peuplés d'oiseaux, ses 1 746 km² d'espaces vierges – collines boisées, plages désertes et côte découpée – en font un paradis pour les amoureux de la nature. Occupée dans les années 1880 par des chasseurs de baleines et des mineurs, elle est maintenant habitée par une petite communauté vivant de la pêche et du tourisme.

Paterson Inlet vu d'Observation Rock

Oban

La seule localité de l'île est confortablement installée au bord des eaux abritées de Halfmoon Bay. On en fait facilement le tour à pied. Une autre solution consiste à prendre un car qui parcourt ses 28 km de route en une heure et demie en passant près des principaux sites.

Depuis Oban, on peut rejoindre à pied plusieurs plages au nord et à l'est, tandis que de courts sentiers conduisent à travers la forêt jusqu'à des endroits méritant la visite pour des raisons historiques ou la beauté du paysage. Observation Rock, par exemple, ménage une vue splendide du Paterson Inlet, en direction d'Ulva Island. Par temps clair, un soir d'été, il n'est pas difficile de comprendre pourquoi les Maoris appellent Stewart Island l'« île au ciel flamboyant ».

Plusieurs types d'hébergements sont disponibles : auberges de jeunesse, bungalows, *bed-and-breakfasts* et un hôtel centenaire, le *South Sea*.

Le Rakiura Museum, dans Ayr Street, ouvert tous les jours, retrace l'histoire de l'île à l'époque où elle attirait baleiniers, chasseurs de phoques, mineurs (pour l'étain) et bûcherons.

Les nombreuses activités maritimes proposées comprennent la pêche et l'observation de la faune. Par temps clair, des bateaux à fond vitré permettent de contempler poissons, poulpes, langoustes et crevettes. Les visiteurs plus aventureux peuvent aussi participer à des activités aussi variées que la plongée sous-marine ou le kayak de mer, seuls ou avec guide.

Le *South Sea Hotel*, au bord de Halfmoon Bay

Paterson Inlet

Séparé de Halfmoon Bay par une colline, ce bras de mer s'enfonce sur 16 km dans les terres. Affréter une vedette ou prendre un bateau-taxi à Oban permet d'aller y pêcher, plonger ou contempler les paysages. Ces sorties sont aussi l'occasion d'apercevoir des otaries, des dauphins et des oiseaux marins comme les albatros et les manchots antipodes et pygmées. Depuis l'anse de Paterson, on peut également se rendre sur les vestiges d'une scierie et d'un ancien port baleinier.

Ulva Island

Depuis le quai de Golden Bay, 10 minutes en bateau-taxi suffisent pour rejoindre cette île au milieu du Paterson Inlet. Depuis l'éradication des animaux nuisibles, des oiseaux propres à la Nouvelle-Zélande y abondent. Les itinéraires de promenade offrent des marches de 15 minutes à 3 heures.

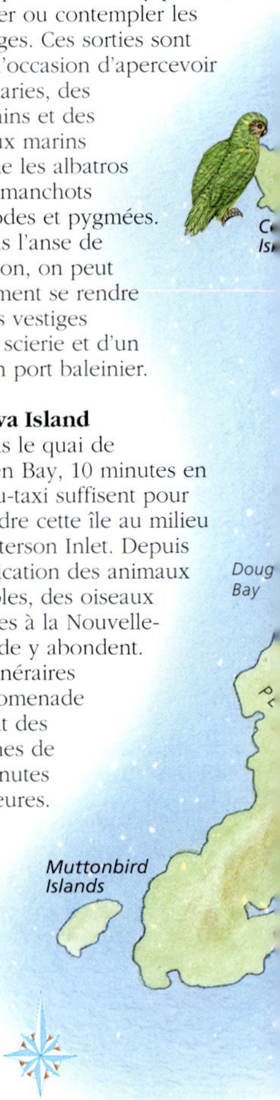

Stewart Island d'un coup d'œil

Big Glory Bay ④
Codfish Island ⑦
Muttonbird Islands ⑥
Oban ①
Ocean Beach ⑤
Paterson Inlet ②
Ulva Island ③

Ocean Beach

Le *kiwi spotting*, – observation du célèbre oiseau nocturne dans son environnement naturel, n'est pratiqué que sur Stewart Island. Des guides patentés emmènent de petits groupes jusqu'à Little Glory Bay par la mer, d'où ils gagnent Ocean Beach à travers bois. À la tombée de la nuit, des kiwis austraux viennent se nourrir sur la plage.

Big Glory Bay

L'élevage de saumons et de moules est devenu une activité importante dans Paterson Inlet. Une sortie en bateau, au cours de laquelle on peut voir otaries et cormorans, fait découvrir aux visiteurs la ferme d'aquaculture de Big Glory Bay.

Muttonbird Islands

Après une migration qui leur fait faire le tour du globe, les puffins fuligineux viennent nicher sur des îlots près de Stewart Island. Depuis longtemps source de nourriture, les petits sont chassés chaque mois d'avril par les descendants des Maoris Rakiura. De jour, la vue sur les îles depuis le phare d'Ackers Point est grandiose. Quelques agences sont autorisées à emmener des visiteurs de nuit sur les îles pour observer les oiseaux depuis les bateaux.

0 10 km

LÉGENDE

- Cours d'eau
- Liaison maritime
- Sentier pédestre
- Piste d'atterrissage
- Embarcadère
- Information touristique

MODE D'EMPLOI

Carte routière A7. *400.*
d'Invercargill (20 min). de *Stewart Island Wharf, à Bluff (1 h).*
Main Rd, Oban, (03) 219 1218.
t.l.j., horaires variables de juin à août. *25 déc.*
www.stewartisland.co.nz

Puffin fuligineux quittant son abri

Codfish Island

À 3 km au large, l'île a abrité par le passé une communauté de chasseurs de phoques. L'élimination de tous les animaux importés a permis la création d'une réserve faunique où vivent près de 60 espèces d'oiseaux, dont le strigops kakapo, un gros perroquet nocturne incapable de voler et menacé de disparition.

DÉCOUVRIR L'ÎLE À PIED

Plusieurs sentiers bien entretenus ménagent sur Stewart Island de splendides parcours de randonnée. Au départ d'Oban, le chemin du phare d'Ackers Point (3 heures aller-retour) traverse une forêt côtière et passe devant l'un des plus vieux bâtiments du pays : Ackers Cottage, construit en 1835. Quant au Ryan's Creek Track, en boucle, il implique une marche de 3 ou 4 heures dans la forêt au-dessus du Paterson Inlet. Les marcheurs plus ambitieux essaieront le Raiura Track, un circuit qui prend 3 jours, contre 10 à 14 pour le North-West Circuit et le Southern Circuit. Il faut réserver ses places dans les campings et les refuges à Oban. Pour obtenir plus de renseignements sur l'hébergement et les randonnées, on peut appeler le (03) 219 0002.

Randonneurs sur le Rakiura Track, au nord d'Oban

Excursion aux Catlins ㉑

Enseigne de galerie

Des curiosités naturelles et une beauté stupéfiante concourent à faire du sud-est de l'île du Sud un endroit magique. Jouissant d'une combinaison unique de chutes d'eau, plages dorées, hautes falaises, grottes secrètes et arbres fossilisés, cette région doit son nom de Catlins à un propriétaire terrien des années 1840. Le littoral, où alternent sable et roc, est fréquenté par une riche faune allant du céphalorhynque à front blanc *(p. 191)* aux lions de mer. La forêt, plantée de hêtres et d'essences indigènes telles que *rimu*, *matai*, *totara* et *miro*, est emplie de chants d'oiseaux. Elle descend presque jusqu'à l'Océan, rendant les paysages encore plus saisissants.

Curio Bay ②
Les vestiges fossilisés vieux de 160 millions d'années d'une forêt du Jurassique apparaissent à marée basse.

Nugget Point ⑨
Perché sur un promontoire, un phare construit en 1869 monte la garde sur une portion de littoral qu'affectionnent otaries, lions de mer, fous austraux, manchots, cormorans et puffins.

Waipapa Point ①
Malgré son charme, elle fut le cadre de la pire catastrophe navale de Nouvelle-Zélande qui fit 131 victimes en 1881, quand le *Tararua* s'échoua sur un récif.

Carnet de route

Itinéraire : *172 km entre Invercargill et l'embranchement avec la Nationale 1, à Balclutha. Sur une soixantaine de kilomètres, la prudence s'impose, car la route n'est pas goudronnée. Prévoir au moins la journée, car les détours sont nombreux pour qui veut voir tous les sites.*

Où faire une pause ? *La plupart des établissements où loger sont modestes. Il existe des motels à Chaslands, Papatowai et Owaka, et des terrains de campings, des auberges de jeunesse et des chambres d'hôte éparpillés dans la région. Boissons et en-cas sont disponibles en de nombreux endroits.*

Jack's Blowhole ⑧
Au milieu de pâturages couvrant le sommet d'une falaise, de l'écume jaillit de ce trou profond de 60 m quand des vagues s'engouffrent dans un tunnel naturel.

Porpoise Bay ③
Des céphalorhynques à front blanc, petits dauphins locaux, jouent souvent dans les vagues qui viennent déferler sur la longue plage de la baie.

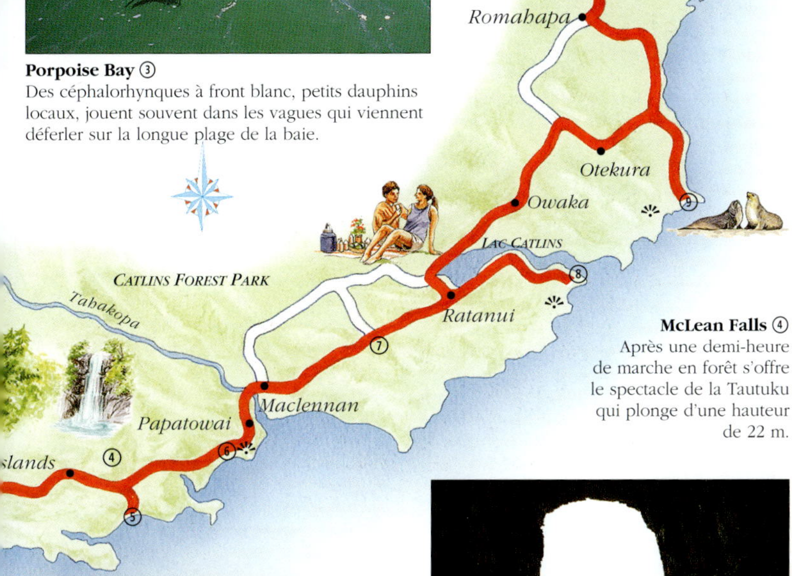

McLean Falls ④
Après une demi-heure de marche en forêt s'offre le spectacle de la Tautuku qui plonge d'une hauteur de 22 m.

Cathedral Caves ⑤
Quarante minutes de marche en forêt, puis sur une plage, sont nécessaires pour arriver à ces grottes accessibles à marée basse. L'ouverture de la plus grande fait 30 m.

Lac Wilkie ⑥
De hauts arbres caractéristiques des essences de la région bordent le sentier qui permet de faire le tour de ce petit lac proche de la route en 20 minutes.

Purakaunui Falls ⑦
À l'issue de 10 minutes de marche à l'ombre des hêtres et des podocarpes apparaît une plate-forme qui domine cette jolie cascade ; l'eau dévale une série de terrasses sur une hauteur de 20 m.

LÉGENDE

- Itinéraire conseillé
- Autre route
- Cours d'eau
- Point de vue

Les bonnes adresses

HÉBERGEMENT

La grande variété des types d'hébergement en Nouvelle-Zélande permet de se loger en fonction de ses moyens. Des cinq-étoiles dans les grandes villes et de somptueux *lodges* en pleine nature répondent aux plus hautes normes de standing. Plus modestes, des hôtels milieux de gamme, des motels, des pubs de campagne, des fermes-auberges, des locations indépendantes et des *bed-and-breakfasts* offrent de bonnes conditions de confort. Les voyageurs à petit budget se rabattront sur les campings et les hôtels pour routards. À l'écart des villes, le choix est parfois restreint, mais il est rare de ne pas trouver un motel ou un camping. Les pages 296-309 présentent un bon éventail d'hébergements dans une large gamme de tarifs.

Portier à Auckland

Le Crowne Plaza Hotel, à Christchurch *(p. 306)*

CLASSEMENT ET PRESTATIONS

Le système d'évaluation des lieux d'hébergement en Nouvelle-Zélande, Qualmark, a été établi en 1994 et sert maintenant de référence touristique dans le pays. Tous les établissements dotés du label Qualmark ont été individuellement évalués. La catégorieest déterminée par le nombre d'étoiles. Une étoile désigne un établissement qui satisfait à des normes minimales d'équipement et de propreté, et cinq étoiles sont attribuées dans le cas de prestations de grand luxe. Trois nouvelles catégories ont été introduites : elles concernent les activités, les transports et les services. Cependant, il dépend de la bonne volonté des établissements, et beaucoup préfèrent s'en tenir à l'écart.

En général, les hôtels des grandes chaînes sont climatisés, bien que le climat le justifie rarement. Douches chaudes et chauffage sont partout de règle.

Dans les hôtels pour routards, les auberges de jeunesse et les campings, les draps et les taies ne sont pas toujours fournis. La plupart du temps, il est alors possible d'en louer pour une somme modique.

LES TARIFS

Ils varient grandement selon le type d'établissement, de 30 $NZ dans certains hôtels pour routards à un minimum de 650 $NZ dans un *lodge*. Une nuitée coûte entre 50 et 100 $NZ la chambre dans la plupart des motels, et entre 50 et 100 $NZ par personne dans les *bed-and-breakfasts*. Hors-saison, n'hésitez pas à vous renseigner sur d'éventuelles réductions au moment de réserver.

LES RÉSERVATIONS

Il est toujours préférable de réserver, en particulier pendant la haute saison, de décembre à février. En hiver (juin à août), les hôtels et motels des stations de ski affichent souvent complet pendant les vacances scolaires (une période de 2 semaines début juillet et une autre à cheval sur septembre et octobre). Les réservations peuvent être prises par l'intermédiaire d'une agence de voyages, en s'adressant à l'un des 100 offices de tourisme du pays ou bien directement par fax, par téléphone ou par l'Internet.

Dans la plupart des cas, il faut fournir un numéro de carte bancaire. Mieux vaut

Façade édouardienne du *Southern Cross* de Dunedin *(p. 308)*

◁ Pommiers dans la région de Hawke's Bay

Huka Lodge, **au bord de la Waikato** *(p. 302)*

préciser tout de suite ses besoins particuliers, l'ajout d'un berceau dans la chambre par exemple, et se renseigner sur les modalités en cas d'annulation : prévenus en deçà d'un certain délai, certains établissements débitent le prix d'une nuitée.

Les enfants

Voyager avec des enfants n'est pas un problème en Nouvelle-Zélande, où berceaux et service de garde sont généralement disponibles sur demande. Cependant, certains complexes hôteliers et chambres d'hôtes hauts de gamme les accueillent avec réticence. La définition de la fin de l'enfance varie selon les hôtels entre 12 et 17 ans. En général, les tarifs spéciaux cessent de s'appliquer s'il faut ajouter un lit dans une chambre. Un site utile : www.kidsnewzealand.com répertorie les lieux, activités, restaurants ou hôtels où les

qualmark ★★★ hotel

Hôtel inscrit au Qualmark

Voyageurs handicapés

Mieux vaut toujours vérifier, mais la plupart des établissements peuvent accueillir des personnes en fauteuil roulant. La loi impose en cas de rénovation ou de construction de prévoir un accès « raisonnable et adéquat » pour les handicapés.

Les lodges de luxe

Le terme *lodge* désigne un hôtel pavillonnaire offrant souvent des prestations haut de gamme à une clientèle restreinte et dans un décor spectaculaire – au bord d'un lac, d'une plage ou d'un cours d'eau. Au nombre des plus prestigieux figurent *Huka Lodge*, sur la Waikato, près de Taupo *(p. 302)*, *Solitaire Lodge*, sur une péninsule boisée du lac Tarawera, près de Rotorua *(p. 301)*, et *Wharekauhau Country Estate*, à Palliser Bay, dans le Wairarapa *(p. 303)*. Beaucoup se spécialisent dans la pêche, la chasse ou d'autres activités de plein air, et leur personnel possède une connaissance intime de l'environnement local. En comptant les repas et les alcools, une journée de pension peut coûter jusqu'à 1 900 $NZ.

Les chaînes

Plusieurs grandes chaînes de luxe internationales, dont **Hyatt**, **Millennium**, **Novotel**, **Parkroyal** et **Sheraton**, ont des antennes en Nouvelle-Zélande. D'autres plus locales, comme **Copthorne**, **Scenic Circle** et **Pacifica**, offrent aussi un bon niveau de prestations. Celles-ci comprennent toujours le téléphone, la télévision, un minibar et une salle de bains dans chaque chambre, ainsi que le service en chambre et des restaurants sur place. Certains hôtels proposent en outre une salle de sport, un service affaires et des salles de conférences. Les pages 296-309 en donnent le détail.

Les pubs ruraux

Présents partout en campagne, les « pubs » offrent une forme d'hébergement allant du plus rustique à un confort sophistiqué dans des bâtiments anciens rénovés. Les prix varient grandement, mais peuvent descendre jusqu'à 45 $NZ la nuit. Le linge est fourni, mais il faut parfois partager la salle de bains. Certains pubs font aussi hôtels et restaurants pour routards.

Un hôtel de campagne en bois, ou « pub », typique

Last Resort, **un hôtel pour routards à Karamea** ***(p. 307)***

Les locations

Disposer en toute indépendance d'un appartement avec chambres spacieuses et cuisine est une possibilité encore peu répandue pour les touristes. Appréciée des voyageurs en déplacement professionnel, la formule commence à se répandre dans les grandes villes et les localités touristiques comme Queenstown. Les prix dépendent de la durée du séjour.

Une option intéressante pour les visiteurs qui désirent passer une semaine ou plus au même endroit consiste à louer une maison de vacances. Le choix est vaste, de la demeure luxueuse au *bach* (prononcer « batch »), un petit cottage rustique. Les agences immobilières locales sauront vous renseigner.

Les motels

Parfois désignés sous le terme de *motor lodges*, ils représentent la forme d'hébergement temporaire la plus répandue en Nouvelle-Zélande, et même les petites localités en abritent un. Les logements, spacieux et souvent dotés d'un coin cuisine, conviennent bien aux familles et aux groupes. Ils se composent en général d'une ou deux chambres, d'un salon, d'une cuisine et d'une salle de bains. L'équipement comprend un téléviseur, la radio et le téléphone. Dans un « studio », il faut dormir dans le salon. Les motels les plus importants possèdent des piscines et des restaurants.

Souscrire un forfait auprès d'une chaîne comme **Best Western** ou **Golden Chain** permet de faire des économies.

Hôtels pour routards et auberges de jeunesse

La Nouvelle-Zélande compte plus de 250 hôtels pour routards, ou *backpacker hostels*. Des panneaux les signalent clairement depuis les routes principales. Ils offrent un hébergement propre et bon marché et un cadre détendu où rencontrer d'autres voyageurs et échanger des informations. Les prix peuvent descendre jusqu'à 15 $NZ pour une place en dortoir et 30 $NZ pour une chambre simple.

Panneau signalant des hébergements

La **Youth Hostel Association** (YHA) fédère 56 auberges de jeunesse ouvertes dans des lieux stratégiques. Adhérer à l'association n'est pas obligatoire pour y séjourner, mais permet d'éviter de payer un supplément de 3-4 $NZ par nuitée. Malgré leur nom, les auberges de jeunesse acceptent des hôtes de tous âges. Presque toutes proposent des dortoirs séparés pour les hommes et les femmes, ainsi que des chambres simples, doubles et familiales. Le linge est fourni, et des cuisines collectives bien équipées et des salons confortables ménagent une grande indépendance. Le plus souvent, il faut toutefois se contenter de salles de bains communes.

Séjours à la ferme et chez l'habitant

Résider dans une exploitation agricole est un excellent moyen de découvrir le mode de vie rural local encore très répandu. Les hôtes dorment soit dans la ferme soit dans une annexe, et ils ne disposent pas toujours de leur propre salle de bains. Ils partagent les repas de la famille et peuvent souvent participer à certaines de ses activités – une joie, en général, pour les enfants.

Les séjours chez l'habitant, en zone rurale comme en ville, suivent les mêmes règles. Attendez-vous à payer entre 100 $NZ et 400 $NZ par nuit pour une double.

Vacances à la ferme à Manawatu

Camping-car de location dans l'île du Sud

Les campings

Qu'ils soient appelés *holiday parks*, *motor camps* ou *camping grounds*, les terrains de camping louent des emplacements pour des tentes ou des caravanes et, parfois, des pavillons rudimentaires équipés de lits superposés et des appartements touristiques avec cuisine et salle de bains. Ils mettent tous à disposition des espaces collectifs aménagés pour la cuisine, la vaisselle et la lessive. Beaucoup possèdent des salles et des aires de jeu pour les enfants, et certains un magasin vendant des aliments et des produits de base. Réserver est une sage précaution pendant la principale période de vacances d'été, de Noël à la fin du mois de janvier. La plupart des terrains de camping demandent autour de 7 $NZ par personne et par nuit pour un emplacement, et à partir de 30 $NZ pour un bungalow double.

Terrain de camping

Les camping-cars

Appelés *campervans*, les camping-cars proposés à la location *(p. 359)* comportent 2, 4 ou 6 couchettes, et les tarifs varient selon la saison.

Des terrains de camping permettent presque partout de trouver un emplacement doté d'un branchement électrique et, souvent, de vider les W.-C. chimiques dans une *dump station*. Dans les lieux les plus isolés, les aires de stationnement représentent des espaces sûrs pour faire une halte ou passer la nuit.

Carnet d'adresses

Hôtels de luxe et lodges

Southern Crossings
Private Bag 93-236, Parnell, Auckland. *(09) 309 5912.* @ *nzdesign@southern-crossings.co.nz*

New Zealand Lodge Association
41 Towey St, Oamaru.
(03) 434 7939.
W *www.lodgesofnz.co.nz*

Chaînes

Copthorne
W *www. mckhotels.co.nz*

Hyatt
W *www.hyatt.com*

Millennium
W *www. mckhotels.co.nz*

Novotel
W *www.novotel.com*

Pacifica
W *www.pacificalodges.co.nz*

Parkroyal
W *www.parkroyal.com*

Scenic Circle
W *www.scenic-circle.co.nz*

Sheraton
W *www.sheraton.com*

Motels

Best Western NZ
PO Box 74-346, Auckland 5. *0800 237 893.* W *www.bestwestern.co.nz*

Golden Chain NZ
PO Box 5341, Christchurch. *(03) 358 0821.*
W *goldenchain.co.nz*

Hôtels pour routards et auberges de jeunesse

Budget Backpacker Hostels NZ
208 Kilmore St, Christchurch.
(03) 379 3014.
W *www.backpack.co.nz*

VIP Backpacker Resorts NZ
PO Box 60177, Titarangi, Auckland.
(09) 816 8903.
W *www.vip.co.nz*

Youth Hostel Association of New Zealand
PO Box 436, Christchurch.
(03) 379 9970.
W *www.stayyha.com*

Séjours à la ferme

New Zealand Farm Holidays
PO Box 74, Kumeu, Auckland. *(09) 412 9649.*
W *www.nzaccom.co.nz*

Campings

Top 10 Holiday Parks
294 Montreal St, Christchurch. *0800 867 836.*
W *www.topparks.co.nz*

Chambres d'hôtes

New Zealand Federation of Bed and Breakfast Hotels
123 Grey St, Palmerston Nth. *(06) 358 6928.*
W *www.nzbnbhotels.com*

Choisir un hôtel

Les établissements suivants ont été sélectionnés pour leur bon rapport qualité-prix, leur emplacement et la qualité de leurs prestations. Ils sont présentés par région, en commençant par Auckland, et les onglets de couleur correspondent aux chapitres du guide. Le tableau ci-dessous donne une brève description de chacun. Pour les restaurants, voir pages 316-327.

AUCKLAND	Prix	Cartes bancaires	Nombre de chambres	Restaurant-café	Enfants bienvenus	Chambres familiales
EN VILLE : *Auckland Central Backpackers* acb.co.nz Angle de Queen St et Darby St. **Carte routière E2.** *(09) 358 4877.* FAX *(09) 358 4872.* Ce nouveau building, situé en plein centre-ville d'Auckland et qui héberge les routards, a été récompensé.	$	MC V	100			■
EN VILLE : *Auckland City Hotel* aucklandcityhotel@xtra.co.nz 131 Beach Rd. **Carte routière E2.** *(09) 303 2463.* FAX *(09) 358 2489.* Cet hôtel en face de la gare est proche du front de mer et de diverses attractions touristiques.	$	AE DC MC V	60	■		■
EN VILLE : *Fat Camel Hostel* reservations@fatcamel.co.nz 38 Fort St. **Carte routière E2.** *(09) 307 0181.* FAX *(09) 307 0182.* À courte distance de toutes les attractions du centre ; chambres propres et bon marché. *toutes.*	$	AE DC MC V	30	■	●	■
EN VILLE : *Georgia Parkside Backpackers* bacpac@georgia.co.nz 189 Park Rd, Grafton. **Carte routière E2.** *09) 309 9560.* FAX *(09) 309 8999.* En face d'Auckland Domain, entre le centre et Newmarket, une maison du début du XXe siècle offre un logement bon marché.	$	MC V	10			■
EN VILLE : *Kiwi International Airport Hotel* kiwiairport@xtra.co.nz 150 McKenzie Rd, Mangere. **Carte routière E2.** *(09) 256 0046.* FAX *(09) 256 0047.* Ouvert 24h/24, l'hôtel possède une piscine à remous et un service permanent de navettes avec l'aéroport.	$	AE DC MC V	84	■	●	■
EN VILLE : *Mount Albert Motor Inn* motel@leadinglight.co.nz 743 New North Rd, Mt Albert. **Carte routière E2.** *(09) 846 4959.* FAX *(09) 846 9462.* Près du centre, il règne une ambiance paisible dans ce motel au jardin agréable. Il possède un bain à remous en plein air.	$	AE DC MC V	14		●	■
EN VILLE : *Portage Peninsula Hotel* peninsula@xtra.co.nz Elm St, Avondale. **Carte routière E2.** *(09) 828 1179.* FAX *(09) 828 3496.* Un jardin privé, un casino et un solarium font partie des atouts de cet établissement un peu loin du centre.	$	AE DC MC V	50	■		
EN VILLE : *The Brown Kiwi* bookings@brownkiwi.co.nz 7 Prosford St, Ponsonby. **Carte routière E2.** et FAX *(09) 378 0191.* Rénovée, la maison coloniale de 2 étages date de 1900. Au sein d'un jardin, et à courte distance des nombreux restaurants et cafés de Ponsonby, elle abrite une cuisine et une laverie.	$	MC V	8			■
EN VILLE : *Acapulco Motel* acapulco.motel@xtra.co.nz 20 Shelly Beach Rd. **Carte routière E2.** *(09) 376 5246.* FAX *(09) 378 1528.* Logements indépendants à proximité d'équipements collectifs et d'un arrêt de bus. Le motel possède un bain à remous. Aux alentours : plus de 50 restaurants, le Maritime Museum et le Victoria Park Market.	$$	AE DC JCB MC V	15		●	■
EN VILLE : *Bavaria B&B Hotel* bavaria@xtra.co.nz 83 Valley Rd, Mt Eden. **Carte routière E2.** *(09) 638 9641.* FAX *(09) 638 9665.* À proximité de l'aéroport et de sites en ville, des Allemands offrent à leurs hôtes un excellent service et des petits déjeuners faits maison. *toutes.*	$$	AE MC V	11		●	■
EN VILLE : *City Towers Serviced Apartments* reservations@citytowers.co.nz 2 Maungawhau Rd, Newmarket. **Carte routière E2.** *(09) 520 6186.* FAX *(09) 524 6512.* De spacieux appartements. Un bon rapport qualité-prix dans le principal quartier commerçant.	$$	AE DC MC V	33		●	■
EN VILLE : *Cornwall Park Motor Inn* cornwallpark@xtra.co.nz 317 Manukau Rd. **Carte routière E2.** *(09) 638 6409.* FAX *(09) 638 6407.* Bien qu'il soit proche de l'aéroport, ce petit motel jouit du calme du quartier du Cornwall Park et de One Tree Hill.	$$	AE DC MC V	20			■

Catégories de prix pour une nuit en chambre double, Goods and Service Tax (GTS) de 12,5 % comprise. En général, le petit déjeuner est en supplément.
$ moins de 100 $NZ
$$ de 100 à 150 $NZ
$$$ de 150 à 200 $NZ
$$$$ de 200 à 250 $NZ
$$$$$ plus de 250 $NZ

CARTES BANCAIRES
AE = American Express ; DC = Diners Club ; JCB = Japanese Credit Bureau ; MC = MasterCard/Access ; V = Visa.

RESTAURANT-CAFÉ
Sauf précision contraire, le restaurant ou la salle à manger accepte d'autres clients que les hôtes.

ENFANTS BIENVENUS
Berceaux et service de garde disponibles.

CHAMBRES FAMILIALES
Établissement possédant des chambres familiales. Les bungalows indépendants sont répandus en Nouvelle-Zélande.

	Cartes bancaires	Nombre de chambres	Restaurant-café	Enfants bienvenus	Chambres familiales
EN VILLE : *Ellerslie International Motor Inn Ltd* accom@eimi.co.nz $$ À l'angle d'Ellerslie/Panmure Hwy et de Wilkinson Rd, Ellerslie. **Carte routière** E2. *(09) 525 1909.* FAX *(09) 525 1465.* Ce motel bien équipé est près de l'autoroute sud et de l'aéroport. *toutes.*	AE DC MC V	36	■	●	■
EN VILLE : *New President Hotel* res@newpresidenthotel.co.nz $$ 27-35 Victoria St West. **Carte routière** E2. *(09) 303 1333.* FAX *(09) 303 1332.* Établissement milieu de gamme, il offre dans le centre un bon rapport qualité-prix et un large éventail de services. *limité.*	AE DC JCB MC V	106	■	●	■
EN VILLE : *Rydges Auckland* www.rydges.com $$ À l'angle de Federal St et de Kingston St. **Carte routière** E2. *(09) 375 5900.* FAX *(09) 357 5901.* Le *Rydges Auckland* loue des chambres à prix raisonnables près des sites touristiques et propose de nombreux services, dont un restaurant.	AE DC JCB MC V	188	■	●	
EN VILLE : *Barrycourt Suites Hotel and Conference Centre* $$$ 10/20 Gladstone Rd. **Carte routière** E2. *(09) 303 3789.* FAX *(09) 377 3309.* barrycourt@xtra.co.nz À 5 minutes du centre, dans le quartier chic de Parnell, les hôtes disposent dans un cadre paisible de la télévision par satellite et d'une piscine à remous. Belles vues de la baie et de la ville.	AE DC JCB MC V	107	■	●	■
EN VILLE : *Crowne Plaza Auckland* www.crowneplaza.com $$$ 128 Albert St. **Carte routière** E2. *(09) 302 1111.* FAX *(09) 302 3111.* Avec un service efficace, d'excellents équipements et quatre niveaux de boutiques dans le centre, cet hôtel s'adresse aux hommes d'affaires comme aux touristes.	AE DC MC V	352	■	●	■
EN VILLE : *The Devereux Boutique Hotel* www.devereux.co.nz $$$ 267 Remuera Rd. **Carte routière** E2. *(09) 524 5044.* FAX *(09) 524 5080.* Dans un grand et paisible jardin de la banlieue aisée de Remuera, ce petit établissement de standing des années 1890 est réputé pour l'importance du choix au petit déjeuner. *dans toutes les chambres.*	AE DC MC V	10	■	●	■
EN VILLE : *Mercury Auckland* www.mercury.co.nz $$$ 8 Customs St. **Carte routière** E2. *(09) 377 8920.* FAX *(09) 302 0993.* Un grand hôtel près du front de mer, du casino et des commerces du quartier des affaires. Le restaurant ménage une belle vue de Rangitoto Island.	AE DC JCB MC V	188	■	●	
EN VILLE : *The Great Ponsonby B&B* www.greatpons.co.nz $$$ 30 Ponsonby Terrace. **Carte routière** E2. *(09) 376 5989.* FAX *(09) 376 5527.* La décoration intérieure de cette luxueuse chambre d'hôtes, très centrale, installée dans une villa restaurée datant de la fin du XIXe siècle, reflète l'héritage « Pacifique » de la Nouvelle-Zélande. *toutes.*	AE DC MC V	11		●	■
EN VILLE : *Hyatt Regency* auckland@hyatt.co.nz $$$$ À l'angle de Prices St et Waterloo Quadrant. **Carte routière** E2. *(09) 366 1234.* FAX *(09) 303 2932.* Le Hyatt offre un excellent service et une cuisine imaginative. Appartements avec cuisine disponibles.	AE DC JCB MC V	394	■	●	■
EN VILLE : *Aachen House* www.aachenhouse.co.nz $$$$$ 39 Market Rd, Remuera. **Carte routière** E2. *(09) 520 2329.* FAX *(09) 524 2898.* Meublée avec goût d'antiquités du XIXe et du début du XXe siècle, l'*Aachen House* possède son propre restaurant, réservé aux hôtes, et un grand jardin d'hiver. Luxe et excellent service individualisé.	AE DC MC V	9			
EN VILLE : *Amersham House* www.amershamhouse.co.nz $$$$$ Angle de Gladstone Rd et Canterbury Pl. **Carte routière** E2. *(09) 303 0321.* FAX *(09) 303 0621.* À deux pas de Parnell, cette luxueuse chambre d'hôtes occupe une maison très bien restaurée. Le linge de maison est raffiné et le petit-déjeuner est servi dans la chambre.	AE DC MC V	4		●	■

Légende des symboles, voir dernier rabat

Catégories de prix pour une nuit en chambre double, Goods and Service Tax (GTS) de 12,5 % comprise. En général, le petit déjeuner est en supplément.
- $ moins de 100 $NZ
- $$ de 100 à 150 $NZ
- $$$ de 150 à 200 $NZ
- $$$$ de 200 à 250 $NZ
- $$$$$ plus de 250 $NZ

CARTES BANCAIRES
AE = American Express ; DC = Diners Club ; JCB = Japanese Credit Bureau ; MC = MasterCard/Access ; V = Visa.

RESTAURANT-CAFÉ
Sauf précision contraire, le restaurant ou la salle à manger accepte d'autres clients que les hôtes.

ENFANTS BIENVENUS
Berceaux et service de garde disponibles.

CHAMBRES FAMILIALES
Établissement possédant des chambres familiales. Les bungalows indépendants sont répandus en Nouvelle-Zélande.

	Cartes bancaires	Nombre de chambres	Restaurant-café	Enfants bienvenus	Chambres familiales
EN VILLE : *Carlton Hotel Auckland* www.carlton-auckland.co.nz $$$$$ Mayoral Drive. **Carte routière** E2. *(09) 366 3000.* FAX *(09) 366 0121.* Un atrium imposant, un splendide restaurant japonais, une vue fabuleuse de Waitemata Harbour et la proximité du centre justifient la popularité de cet hôtel de luxe.	AE DC JCB MC V	455	■		■
EN VILLE : *Sheraton Auckland Hotel* www.sheraton.com-auckland $$$$$ 83 Symonds St. **Carte routière** E2. *(09) 379 5132.* FAX *(09) 377 9367.* Il jouit d'une situation centrale et accueille une clientèle de tourisme et d'affaires. Le restaurant est très coté.	AE DC MC V	410	■	●	■
PÉRIPHÉRIE : *North Shore Motels & Holiday Park* $ 52 Northcote Rd, Takapuna. **Carte routière** E2. *(09) 418 2578.* FAX *(09) 480 0435.* www.nsmotels.co.nz Un large choix : de l'emplacement de tente au bungalow en passant par le lit en dortoir et l'appartement.	AE DC MC V	90		●	■
PÉRIPHÉRIE : *The Stray Possum Lodge* www.straypossum.co.nz $ Cape Barrier Rd, Great Barrier Island. **Carte routière** E2. *(09) 429 0109.* Ce lumineux hôtel pour routards n'est qu'à quelques minutes du terminal du ferry. Des locaux indépendants permettent de loger des groupes.	MC V	9	■		
PÉRIPHÉRIE : *Allenby Park Motor Inn* www.allenbypark.co.nz $$ 477 Great South Rd, Paptoetoe. **Carte routière** E2. *0800 700 477* et FAX *(09) 277 8050.* À seulement 10 minutes des aéroports local et international, cet hôtel propose des chambres confortables à des prix raisonnables. Navette gratuite vers l'aéroport.	AE DC MC V	68	■	●	■
PÉRIPHÉRIE : *Greenmead Farm Cottage* www.greenmead.co.nz $$ 115 Bethells Rd, RD1, Henderson. **Carte routière** E2. *(09) 810 9363.* FAX *(09) 810 8363.* Près des plages et des vignobles de la côte ouest, un cottage bien entretenu de 2 chambres dans un cadre rural.		2		●	■
PÉRIPHÉRIE : *FitzRoy House* www.fitzroyhouse.co.nz $$$ Port FitzRoy, Great Barrier Island. **Carte routière** E2. *(09) 429 0091.* FAX *(09) 429 0492.* Cottage des années 1920 entouré de sentiers sillonnant la forêt. Couchage pour 5 ; 2 nuits minimum. Des canoës sont disponibles. *toutes.*	MC V	3			■
PÉRIPHÉRIE : *Villa Cambria Bed & Breakfast Inn* $$$ 71 Vauxhall Rd, Devonport. **Carte routière** E2. *(09) 445 7899.* FAX *(09) 446 0508.* villacambria@xtra.co.nz Tout près d'une plage, ce petit hôtel de standing à l'atmosphère agréable met gracieusement une voiture à disposition jusqu'à l'embarcadère des bateaux pour Devonport et le centre.	AE MC V	5			
PÉRIPHÉRIE : *Esplanade Hotel* *reservations@esplanadehotel.co.nz* $$$$ 1 Victoria Rd, Devonport. **Carte routière** E2. *(09) 445 1291.* FAX *(09) 445 1999.* À proximité de Devonport, cet établissement conjugue ambiance traditionnelle et équipement moderne.	AE DC MC V	17	■		
PÉRIPHÉRIE : *Glenora Estate* glenora.estate@xtra.co.nz $$$$$ 160 Nick Johnstone Drive, Oneroa, Waiheke Island. **Carte routière** E2. *(09) 372 5082.* FAX *(09) 372 5087.* Une oliveraie et un terrain de pétanque donnent un petit air français à ce domaine luxueux. *toutes.*	AE DC MC V	3			
PÉRIPHÉRIE : *Rangiwai Lodge* rangiwai@ihug.co.nz $$$$$ 29 Rangiwai Rd, Titirangi. **Carte routière** E2. et FAX *(09) 817 8990.* Ce *lodge* permet à la fois de visiter la ville et de partir en randonnée dans la chaîne des Waitakere et sur la côte ouest.	MC V	4			
PÉRIPHÉRIE : *The Peace and Plenty Inn* peaceandplenty@xtra.co.nz $$$$$ 6 Flagstaff Terrace, Devonport. **Carte routière** E2. *(09) 445 2925.* FAX *(09) 445 2901.* Réputé pour ses petits déjeuners, il occupe une villa victorienne près de l'embarcadère pour le centre.	MC V	7			■

NORTHLAND						
KAITAIA : *Historic Kaitaia Hotel* kaitaiahotel@hotmail.com $ 15 Commerce St. **Carte routière** D1. et FAX *(09) 408 0360.* Simple et bon marché, cet hôtel qui date de 1837, est situé en plein centre de Kaitaia.	AE DC MC V	36	■	●	■
KAITAIA : *Houhora Chalets Motor Lodge* chalets@xtra.co.nz $ 860 Far North Rd, Kaitaia. **Carte routière** D1. et FAX *(09) 409 8860.* De paisibles logements indépendants proches de Wagner Park offrent une bonne base d'où visiter le cap Reinga et le Northland.	MC V	6		●	■
KERIKERI : *Palm Grove Cottage Motels* www.palmgrove.co.nz $$$ Kerikeri Rd. **Carte routière** E1. et FAX *(09) 407 8484.* À courte distance en voiture de sites touristiques, un jardin agrémenté de plans d'eau abrite des bungalows parfaitement équipés.	AE DC MC V	6			■
OPUA : *Mako Lodge & Fishing Charters* www.makolodge.co.nz $$$ 18 Point Veronica Dr. **Carte routière** E1. *0800 625 669.* FAX *(09) 402 7957.* info@makolodge.co.nz Sa situation non loin de Paihai permet d'aller pêcher ou de découvrir les environs sur un bateau de 8 m. Canoës et youyous à disposition. Animaux domestiques acceptés.	MC V	5		●	■
PAIHIA : *Peppertree Lodge* www.peppertree.co.nz $ 15 King's Rd. **Carte routière** E1. et FAX *(09) 402 6122.* Chambres bon marché et dortoirs entourent une cuisine centrale. Propre et convivial, il accueille surtout de jeunes visiteurs.	MC V	14			■
PAIHIA : *Phoenix Circle Bay of Islands Hotel* bay.of.islands@scenic-circle.co.nz $$ À l'angle de Seaview Rd et McMurray Rd. **Carte routière** E1. *(09) 402 7826.* FAX *(09) 402 8500.* À 5 minutes à pied du centre, l'hôtel possède un vaste parc avec un camping. Les hôtes disposent d'une piscine d'eau salée.	AE DC MC V	58	■	●	■
PAIHIA : *Pioneer On the Waterfront* hosts@pioneerapartments.co.nz $$$$ Marsden Rd. **Carte routière** E1. *(09) 402 7924.* FAX *(09) 402 7656.* Un service en chambre est assuré dans de spacieux appartements avec lave-linge, barbecue à gaz et balcon. *toutes.*	AE DC MC V	11		●	■
PUKENUI : *Pukenui Lodge Motel* www.pukenuilodge.co.nz $ À l'angle de Wharf et Main Rd North. **Carte routière** D1. *(09) 409 8837.* FAX *(09) 409 8704.* Motel le plus septentrional du pays, il possède une auberge de jeunesse. Visites de Ninety Mile Beach et du cap Reinga.	AE DC MC V	9		●	■
RUSSELL : *Kimberley Lodge* www.lodges.co.nz $$$$$ Pitt St. **Carte routière** E1. *(09) 403 7090.* FAX *(09) 403 7239.* Cette luxueuse demeure emploie un cuisinier professionnel et offre un service individualisé. Le personnel organisera vols en hydravion, sorties en kayak de mer ou location de bateau. Belles vues sur Pahia.	AE DC MC V	5	■		
TUTUKAKA : *Pacific Rendezvous* pacific@igrin.co.nz $$ Motel Rd, RD3. **Carte routière** E1. *(09) 434 3847.* FAX *(09) 434 3919.* Un grand parc renferme des logements indépendants et un petit magasin. Le motel possède une plage propice à la pêche.	AE DC MC V	29		●	■
WAIPOUA FOREST : *Waipoua Lodge* nicole@waipoualodge.co.nz $$$$$ State Hwy 12, RD6. **Carte routière** D1. et FAX *(09) 439 0422.* *Lodge* luxueux avec salle à manger, bar et bibliothèque. Bien isolés, les appartements donnent sur la forêt Waipoua. *toutes.*	AE DC MC V	4			
WAITANGI : *Copthorne Hotel Resort , Bay of Islands* $$ Tau Henare Drive. **Carte routière** E1. *(09) 402 7411.* FAX *(09) 402 8200.* www.copthornebayofislands.co.nz L'un des plus grands complexes hôteliers de la région, non loin du Waitangi National Trust.	AE DC MC V	145	■	●	
WHANGAREI : *Kingsgate Hotel Whangarei* $$ 9 Riverside Drive. **Carte routière** E1. *(09) 438 0284 ; 0800 242 428.* FAX *(09) 438 4320.* whangarei@kingsgatehotels.co.nz Touristes et hommes d'affaires profitent d'une large gamme de prestations, du sauna à la télévision par câble. Les sociétés bénéficient de réductions.	AE DC MC V	95	■	●	■
WHANGAREI : *Mulryan's Luxury Accomodation* www.mulryans.co.nz $$$ Crane Rd. **Carte routière** E1. *(09) 435 0945.* FAX *(09) 435 5246.* Cette villa Kauri restaurée pleine de charme a déjà 100 ans. Linge de maison raffiné et balcons privés donnant sur de beaux jardins.	MC V	2			

Légende des symboles, voir dernier rabat

Catégories de prix pour une nuit en chambre double, Goods and Service Tax (GTS) de 12,5 % comprise. En général, le petit déjeuner est en supplément.
($) moins de 100 $NZ
($)($) de 100 à 150 $NZ
($)($)($) de 150 à 200 $NZ
($)($)($)($) de 200 à 250 $NZ
($)($)($)($)($) plus de 250 $NZ

Cartes bancaires
AE = American Express ; DC = Diners Club ; JCB = Japanese Credit Bureau ; MC = MasterCard/Access ; V = Visa.

Restaurant-café
Sauf précision contraire, le restaurant ou la salle à manger accepte d'autres clients que les hôtes.

Enfants bienvenus
Berceaux et service de garde disponibles.

Chambres familiales
Établissement possédant des chambres familiales. Les bungalows indépendants sont répandus en Nouvelle-Zélande.

Centre de l'Île du Nord

	Cartes bancaires	Nombre de chambres	Restaurant-café	Enfants bienvenus	Chambres familiales
Cambridge : *Riverside Motor Lodge* @ riverside@clear.net.nz ($) 7 Williamson St. **Carte routière** E3. *(07) 827 6069.* FAX *(07) 827 3068.* Non loin d'un sentier en bord de rivière, d'un golf et d'une agence louant des *jet-boats*, ce motel est entouré d'un vaste parc.	AE DC MC V	34		●	■
Coromandel : *Jacaranda Lodge* @ info@jacarandalodge.co.nz ($)($) 3195 Tiki Rd. **Carte routière** E2. et FAX *(07) 866 8002.* Dans une ferme paisible au superbe jardin, il offre l'occasion de voir des oiseaux et des arbres indigènes. Possibilité de repas casher. Cuisine commune.	MC V	6			■
Coromandel : *Karamana Homestead* W karamanahomestead.com ($)($) 84 Whangapoua Rd. **Carte routière** E2. et FAX *(07) 866 7138.* Meublé d'antiquités, l'un des plus vieux édifices de la ville de Coromandel possède un charme très européen. La cuisine est excellente, et le thé vous est offert le jour de votre arrivée.	MC V	4		●	■
Gisborne : *Champers Motor Lodge* @ champers.gisborne@xtra.co.nz ($) 811 Gladstone Rd. **Carte routière** F3. *0800 702 000.* FAX *(06) 863 1520.* Proche d'un terrain de golf, le parc paysager de ce motel moderne et accueillant abrite une aire de jeu.	AE DC JCB MC V	14		●	■
Gisborne : *Blue Pacific Beachfront Motel* @ seafront@xtra.co.nz ($)($) 90 Salisbury Rd. **Carte routière** F3. *(06) 868 6099.* FAX *(06) 867 0481.* Cet authentique motel Kiwi situé juste à côté d'une piscine olympique, sur Waikanae Beach, possède un bain à remous et un sauna.	AE DC MC V	13		●	■
Gisborne : *Pacific Harbour Motor Inn* W www.pacific-harbour.co.nz ($)($) À l'angle de Read's Quay et Pitt St. **Carte routière** F3. *(06) 867 8847.* FAX *(06) 867 4586.* Un établissement moderne à proximité du pittoresque port, de bars, de restaurants et du centre-ville.	AE DC JCB MC V	25			■
Hahei : *The Church Accommodation and Dining* ($)($) 87 Hahei Beach Rd. **Carte routière** E2. *(07) 866 3533.* FAX *(07) 866 3055.* W www.thechurchhahei.co.nz Construits en bois de récupération, la salle à manger et le salon évoquent une église et ont beaucoup de cachet. Un spacieux jardin renferme les chalets.	AE MC V	11	■		■
Hamilton : *The Flying Hedgehog* @ flyinghedgehog@xtra.co.nz ($) 1157 Victoria St. **Carte routière** E2. *(07) 839 2800* FAX *(07) 834 0098.* Cet hôtel pour routards propre et accueillant est situé tout près du centre-ville d'Hamilton et des terrains de sports locaux.	MC V	12			■
Hamilton : *Rydges Le Grand Hotel* W www.legrandhotel.co.nz ($)($) À l'angle de Victoria St et Collingwoods St. **Carte routière** E2. *(07) 839 1994 ; 0800 534 7263.* FAX *(07) 839 7994.* Dans le centre, un immeuble de bureaux de 1926 abrite depuis 1994 un hôtel de style européen.	AE DC MC V	38	■		■
Hamilton : *Novotel Tainui Hamilton* W www.accor-hotels.com ($)($)($) 7 Alma St. **Carte routière** E2. *(07) 838 1366 ; 0800 668 6835.* FAX *(07) 838 1367.* Au bord de la Waikato, dans le centre. Ses grandes chambres bénéficient d'une vue remarquable.	AE DC MC V	177	■	●	■
Mount Maunganui : *Main Beach Motel* ($)($) 23 Marine Parade. **Carte routière** E2. et FAX *(07) 574 4050.* La route sépare de la plage ce petit hôtel de charme proche de commerces, de restaurants et de piscines d'eau chaude.	AE DC MC V	4		●	■
Mount Maunganui : *Oceanside Motel Lodge* W www.oceanside.co.nz ($)($) 1 Maunganui Rd. **Carte routière** E2. *(07) 575 5371 ; 0800 466 868.* FAX *(07) 575 0486.* Ce grand complexe moderne donnant sur le port et l'océan est près du centre-ville et du mont Maunganui.	AE DC MC V	50	■	●	■

NAPIER : *Shoreline Motel* W www.shorelinenapier.co.nz $$ 377 Marine Parade. **Carte routière F4.** *(06) 835 5222 ; 0508 101 112.* FAX *(06) 835 5955.* Des appartements bien équipés réservent des panoramas fabuleux. Bains d'eau douce à remous dans les studios.	*AE DC MC V*	38			■
NAPIER : *Mon Logis Hôtel Privé* @ monlogis@xtra.co.nz $$$ 415 Marine Parade. **Carte routière F4.** *(06) 835 2125.* FAX *(06) 835 8811.* Ambiance française, avec cuisine maison et service personalisé, dans cet hôtel situé près de Marine Parade. Réservation impérative pour savourer le menu de dégustation. Le prix comprens le petit-déjeuner.	*AE DC MC V*	4			
NAPIER : *County Hotel* @ countyhotel@xtra.co.nz $$$$$ 12 Browning St. **Carte routière F4.** *(06) 835 7800 ; 0800 843 468.* FAX *(06) 835 7797.* Cet hôtel Art déco proche du centre et de la plage a été superbement restauré. Le restaurant a été récompensé.	*AE DC MC V*	18	■	●	■
NAPIER : *Mangapapa Lodge* W www.mangapapa.co.nz $$$$$ 466 Napier Rd. **Carte routière F4.** *(06) 878 3234 ; 0800 626 4272.* FAX *(06) 878 1214.* Le magnat de la conserve, sir James Wattie, habita cette propriété, parmi les plus prestigieuses de Napier. La cuisine, le vin et le service sont de haut niveau.	*AE DC JCB MC V*	12	■	●	■
RAGLAN : *SOLSCAPE Accomodation Centre* @ www.solscape.co.nz $ 611 Wainui Rd, Raglan. **Carte routière E2.** *(07) 825 8268.* D'anciens wagons reconvertis sont éparpillés sur un flanc de colline offrant une vue spectaculaire de l'océan. *toutes.*	*MC V*	17			■
ROTORUA : *Funky Green Voyager* $ 4 Union St. **Carte routière E3.** *(07) 346 1754.* FAX *(07) 350 1100.* Ce petit hôtel pour routards loue des chambres doubles et tire fierté de sa propreté. *toutes.*		10			
ROTORUA : *Wylie Court Motor Lodge* @ stay@wyliecourt.co.nz $$ 345 Fenton St. **Carte routière E3.** *(07) 347 7879.* FAX *(07) 346 1494.* À 10 minutes à pied d'une forêt de séquoias. La décoration joue beaucoup de la pierre apparente et du tartan du clan Campbell. Certaines suites ont une mezzanine.	*AE DC MC V*	36	■	●	■
ROTORUA : *Namaste Point* @ namaste.point@xtra.co.nz $$$ 187 Te Akau Rd, Okere Falls. **Carte routière E3.** *(07) 362 4804.* FAX *(07) 362 4060.* Dans cette retraite isolée au bord du lac Rotoiti, les repas sont fournis sur commande. Canoës disponibles ; la pêche est bonne.	*MC V*	3		●	■
ROTORUA : *Royal Lakeside Novotel* @ h1874-rs@novotelrotorua.co.nz $$$ 9-11 Tutanekai St. **Carte routière E3.** *(07) 346 3888 ; 0800 776 677.* FAX *(07) 347 1888.* Cet hôtel construit en 1996 se trouve près du lac et des boutiques et restaurants du centre.	*AE DC JCB MC V*	199	■	●	■
ROTORUA : *The Prince's Gate Hotel* @ princes.gate@clear.net.nz $$$ Arawa St. **Carte routière E3.** *(07) 348 1179.* FAX *(07) 348 6215.* Lustres, boiseries et escaliers ouvragés confèrent à un bâtiment de 1897 un charme que n'ont pas les établissements modernes. *toutes.*	*AE DC MC V*	50	■	●	■
ROTORUA : *Millennium Hotel* @ millennium.rotorua@mckhotels.co.nz $$$$$ À l'angle d'Eruera St et Hinemaru St. **Carte routière E3.** *(07) 347 1234.* FAX *(07) 348 1234.* Des poutres en *rimu*, un arbre indigène, apportent une touche chaleureuse dans le hall de cet hôtel 4 étoiles.	*AE DC MC V*	227	■	●	■
ROTORUA : *Solitaire Lodge* @ solitaire@solitairelodge.co.nz $$$$$ Ronald Rd, Lake Tarawera. **Carte routière E3.** *(07) 362 8208 ; 0800 765 482.* FAX *(07) 362 8445.* Dominant le lac Tarawera depuis un promontoire, il offre à la fois l'isolement, un panorama d'une grande beauté et des prestations de luxe.	*AE DC JCB MC V*	10	■	●	■
TAUPO : *Courtney Motel* W www.courtneymotel.co.nz $ 15 Tui St. **Carte routière E3.** *(07) 378 8398.* FAX *(07) 378 9789.* Ce motel calme loue des suites de 2 ou 3 chambres à 10 minutes à pied de la ville et à proximité du lac Taupo.	*AE DC MC V*	12			■
TAUPO : *Copthorne Hotel and Resort Manuels Taupo* $$$ 243 Lake Terrace. **Carte routière E3.** *(07) 378 5110 ; 0800 555 511.* FAX *(07) 378 5341.* @ copthornetaupo@manuels.co.nz Au bord du lac Taupo, les chambres de cet hôtel de luxe de style méditerranéen bénéficient pour la plupart de vues panoramiques. *toutes.*	*AE DC MC V*	51	■	●	

Légende des symboles, voir dernier rabat

Catégories de prix pour une nuit en chambre double, Goods and Service Tax (GTS) de 12,5 % comprise. En général, le petit déjeuner est en supplément.
$ moins de 100 $NZ
$$ de 100 à 150 $NZ
$$$ de 150 à 200 $NZ
$$$$ de 200 à 250 $NZ
$$$$$ plus de 250 $NZ

Cartes bancaires
AE = American Express ; DC = Diners Club ; JCB = Japanese Credit Bureau ; MC = MasterCard/Access ; V = Visa.
Restaurant-café
Sauf précision contraire, le restaurant ou la salle à manger accepte d'autres clients que les hôtes.
Enfants bienvenus
Berceaux et service de garde disponibles.
Chambres familiales
Établissement possédant des chambres familiales. Les bungalows indépendants sont répandus en Nouvelle-Zélande.

	Cartes bancaires	Nombre de chambres	Restaurant-café	Enfants bienvenus	Chambres familiales
Taupo : *Wairakei Resort* info@wairakei.co.nz $$$ Wairakei. **Carte routière E3.** *(07) 374 8021.* FAX *(07) 374 8485.* Ce grand hôtel possède un golf de 9 trous, un court de squash, une salle de billard, des courts de tennis et des tables de ping-pong. De l'autre côté de la route s'étend un golf de 18 trous.	AE DC MC V	187	■	●	■
Taupo : *Huka Lodge* reservations@hukalodge.co.nz $$$$$ Huka Falls Rd. **Carte routière E3.** *(07) 378 5791.* FAX *(07) 378 0427.* Cet établissement isolé, l'un des plus prisés du monde, reçoit régulièrement des visiteurs royaux.	AE DC MC V	19	■	●	■
Tauranga : *Bell Lodge* www.bell-lodge.co.nz $ 39 Bell St. **Carte routière E3.** *(07) 578 6344.* FAX *(07) 578 3939.* bookings@bell-lodge.co.nz Dans un cadre paisible, le choix s'offre entre un motel et un hôtel pour routard. Le parking est aisé et il y a un service de navettes gratuit avec Tauranga et Mount Maunganui.	MC V	16		●	■
Tauranga : *Hotel Armitage* www.armitage.nz-hotels.com $$ 9 Willow St. **Carte routière E3.** *(07) 578 9119 ; 0800 276 482.* FAX *(07) 577 9198.* info@hotelarmitage.co.nz Près du centre, des Rose Gardens, de Monmouth Redoubt et d'Elm Mission House, il offre une large gamme de services.	AE DC MC V	81	■	●	■
Te Kuiti : *Tapanui Country Home* www.tapanui.co.nz $$$ 1714 Oparure Rd, Te Kuiti (près d'Otorohanga). **Carte routière E3.** *(07) 877 8549.* FAX *(07) 877 8541.* Dans un paysage vallonné, une maison superbement meublée qui ménage de larges panoramas.	MC V	2			
Thames : *Thames Central Backpackers* www.thamescentralbackpackers.com $ 330 Pollen St. **Carte routière E2.** *(07) 868 5330.* FAX *(07) 868 5329.* tcb@xtra.co.nz Petit hôtel de charme pour routards, en plein centre-ville. On peut dîner d'un barbecue sur le balcon. *toutes.*		10	■	●	■
Tongariro National Park : *Skotel Alpine Resort* info@skotel.co.nz $$ Whakapapa Village. **Carte routière E3.** *(07) 892 3719 ; 0800 756 835.* FAX *(07) 892 3777.* À proximité du mont Ruapehu, le *Skotel* possède une atmosphère détendue et offre une vue dégagée. Location de skis.	AE DC MC V	50	■	●	■
Tongariro National Park : *Bayview Chateau Tongariro* $$$ Whakapapa Village. **Carte routière E3.** *(07) 892 3809 ; 0800 242 832.* FAX *(07) 892 3704.* www.chateau.co.nz Cet imposant « château » qui a reçu la famille royale est devenu l'emblème du pays.	AE DC MC V	100	■	●	■
Tongariro National Park : *Powderhorn Chateau* $$$ Mangawhero Terrace, Ohakune. **Carte routière E3.** *(06) 385 8888.* FAX *(06) 385 8925.* powderhorn@xtra.co.nz Près de la station de ski de Turoa. Des lambris créent un décor chaleureux, et les salles de restaurant abritent des cheminées.	AE MC V	32	■	●	■
Waingaro : *Brooklands Country Estate* $$$$$ Waingaro Rd. **Carte routière E2.** *(07) 825 4756.* FAX *(07) 825 4873.* relax@brooklands.net.nz Le luxe absolu dans une exploitation agricole de 8 km². *toutes.*	AE DC MC V	10	■	●	■
Waitomo : *Waitomo Caves Hotel* www.waitomo_hotel.co.nz $$ Lemon Point Rd. **Carte routière E3.** *(07) 878 8204.* FAX *(07) 878 8205.* Cet hôtel bâti en 1910 a reçu des additions Art déco. Les chambres vont du style routard au standing.	AE DC MC V	45	■	●	■
Whakatane : *White Island Rendevous* www.whiteisland.co.nz $ 15 The Strand East. **Carte routière F3.** *(07) 308 9500 ; 0800 733 529.* FAX *(07) 308 0303.* Le décor de ce motel récent proche du centre et du front de mer a la mer pour thème.	AE DC MC V	25	■	●	■

Établissement	Cartes	Chambres			
WHAKATANE : *Livingston Inn Motel* www.livingston.co.nz $$ 42 Landing Rd. **Carte routière F3.** *(07) 308 6400 ; 0800 770 777.* FAX *(07) 308 5665.* livingstoninn@xtra.co.nz À l'écart de la route, des pavillons datant de 1996. Chacun a une piscine à remous. *toutes.*	AE DC MC V	15		●	■
WHANGAMATA : *Garden Motor Lodge* $$ 245 Port Rd. **Carte routière E2.** et FAX *(07) 865 9580.* www.gardenlodge.whangamata.co.nz Chaque logement est doté d'un jardin. Les hôtes disposent d'un barbecue couvert et de planches de surf.	AE DC MC V	18		●	■
WHANGAMATA : *La Dolce Vita Mediterranean* www.ladolcevita.co.nz $$ 107 Beverly Terrace. **Carte routière E2.** *(07) 865 7916.* FAX *(07) 865 7918.* Cet hôtel chic de style méditerranéen accorde une grande attention au détail. Tarifs raisonnables.	AE MC V	3		●	■
WHITIANGA : *Oceanside Motel* www.oceansidemotel.co.nz $$$ 32 Buffalo Beach Rd. **Carte routière E2.** *(07) 866 5766.* FAX *(07) 866 4803.* Ce motel offre une vue superbe de l'océan non loin d'un lieu de baignade sûr ainsi que de boutiques et de restaurants.	AE DC MC V	9		●	■
WHITIANGA : *Waterfront Motel* info@waterfrontmotel.co.nz $$$ 2 Buffalo Beach Rd. **Carte routière E2.** *(07) 866 4498.* FAX *(07) 866 4494.* Près de magasins et de restaurants, les chambres sont grandes et calmes. Une suite avec terrasse, au troisième étage, permet de profiter au maximum de la vue.	MC V	11		●	■
WELLINGTON ET LE SUD					
FEATHERSTON : *Fernside* www.fernside.co.nz $$$$$ RD1, Featherston. **Carte routière E4.** *(06) 308 8265.* FAX *(06) 308 9172.* Sur la route principale, mais à l'écart dans un jardin arboré, *Fernside* fournit un hébergement de luxe à un prix si élevé que rien n'est trop demander.	AE MC V	4	■	●	■
GREYTOWN : *The Green Man* www.thegreenman.net.nz $ 53 Main St, Greytown (près de Featherston). **Carte routière E4.** *(06) 304 9569.* Chambres bon marché dans ce pub de campagne, bières artisanales et vins locaux dans son restaurant.	MC V	7	■	●	■
LEVIN : *The Fantails* www.fantails.co.nz fantails@extra.co.nz $$ 40 MacArthur St. **Carte routière E4.** *(06) 368 9011.* FAX *(06) 368 9279.* Ce *bed-and-breakfast* au sein du bush propose aussi des appartements indépendants. Produits biologiques au dîner.	AE MC V	5		●	■
MARTINBOROUGH : *Shadyvale* www.shadyvale.co.nz $$ Hinakura Rd. **Carte routière E5.** et FAX *(06) 306 9374.* info@shadyvale.co.nz Deux chambres d'hôtes situées aux extrémités opposées de la demeure principale et la vue sur la chaîne des Tararua justifient sa popularité.	MC V	2			■
MARTINBOROUGH : *Wharekauhau Country Estate* $$$$$ Western Lake Rd, Palliser Bay. **Carte routière E5.** *(06) 307 7581.* FAX *(06) 307 7799.* www.wharekauhau.co.nz Dans cette retraite de luxe de renom international, le prix comprend le petit déjeuner et le dîner.	AE DC MC V	12	■	●	■
NEW PLYMOUTH : *Egmont Motor Lodge* www.egmontmotorlodge.co.nz $ 115 Coronation Ave. **Carte routière D3.** *0800 115 033.* FAX *(06) 758 5215.* Dans ce *lodge* accueillant – l'un des moins chers de sa catégorie –, chaque hébergement a sa propre cuisine et un bain à remous.	AE DC MC V	18		●	■
NEW PLYMOUTH : *Pukekura Lodge Motel* www.pukekuralodge.co.nz $$ 52 Victoria Rd. **Carte routière D3.** *(06) 758 2310.* FAX *(06) 757 5408.* À la limite des splendides Pukekura Gardens, ce motel tenu en famille allie confort et atmosphère conviviale.	AE DC MC V	10		●	■
PALMERSTON NORTH : *Adventure Backpackers* $ 95 King St. **Carte routière E4.** *(06) 358 9595.* www.adventure-backpackers.com Un vieil hôtel en centre-ville où loger à très bas prix. Idéal pour les routards. *toutes.*	MC V	70			■
PALMERSTON NORTH : *Supreme Accomodation* www.supremeaccom.co.nz $ 665 Pioneer Hwy. **Carte routière E4.** *(06) 356 5265 ; 0800 112 211.* FAX *(06) 356 5267.* Ce *lodge* bien équipé permet, entre autres, un séjour indépendant dans des studios en duplex avec cuisine.	AE DC MC V	47	■	●	■

Légende des symboles, voir dernier rabat

Catégories de prix pour une nuit en chambre double, Goods and Service Tax (GTS) de 12,5 % comprise. En général, le petit déjeuner est en supplément.
- $ moins de 100 $NZ
- $$ de 100 à 150 $NZ
- $$$ de 150 à 200 $NZ
- $$$$ de 200 à 250 $NZ
- $$$$$ plus de 250 $NZ

Cartes bancaires
AE = American Express ; DC = Diners Club ; JCB = Japanese Credit Bureau ; MC = MasterCard/Access ; V = Visa.

Restaurant-café
Sauf précision contraire, le restaurant ou la salle à manger accepte d'autres clients que les hôtes.

Enfants bienvenus
Berceaux et service de garde disponibles.

Chambres familiales
Établissement possédant des chambres familiales. Les bungalows indépendants sont répandus en Nouvelle-Zélande.

Établissement	Prix	Cartes bancaires	Nombre de chambres	Restaurant-café	Enfants bienvenus	Chambres familiales
Palmerston North : *The Gables* @ youheenz@yahoo.co.nz 179 Fitzherbert Ave. **Carte routière E4.** Tél. et FAX *(06) 358 3209.* Des appartements autonomes et confortables complètent une gracieuse demeure de style anglais datant des années 1920.	$	AE DC MC V	4			
Palmerston North : *Rydges Palmerston north* W www.rydges.com 134 Fitzherbert Ave. **Carte routière E4.** Tél. *(06) 356 5065 ; 0800262 2246.* FAX *(06) 356 6692.* @ reservations_palmerstonnorth@rydges.com Chambres bon marché dotées de tout le nécessaire.	$$	AE DC MC V	73	■	●	■
Wanganui : *Bignell Street Motels* @ bignell@xtra.co.nz 86 Bignell St. **Carte routière E4.** Tél. *(06) 344 2012 ; 0800 244 635.* FAX *(06) 344 2011.* Un établissement bon marché et central. Petits déjeuners et repas sont servis sur demande. Les enfants disposent d'une aire de jeu.	$	AE DC MC V	10		●	■
Wanganui : *Rutland Arms Inn* W www.rutland-arm.co.nz À l'angle de Victoria Ave et Ridgway St. **Carte routière E4.** Tél. *(06) 347 7677 ; 0800 788 5263.* FAX *(06) 347 7345.* Petit *bed-and-breakfast* proche du centre-ville aux multiples prestations. Petit déjeuner compris. *toutes.*	$$$	AE JCB DC MC V	8	■		
Wellington : *Hotel Willis Lodge* W www.wellingtonnz.com 318 Willis St. **Carte routière E5.** Tél. *(04) 384 5955 ; 0800 249 467.* FAX *(04) 384 5952.* Cet hôtel propose une bonne gamme de services du côté calme de Central Park. À pied, on rejoint le centre par Cuba Street, une rue bohème, et l'université et les Botanic Gardens par Devon Street, bordée de villas victoriennes. Petit déjeuner compris.	$	AE DC MC V	25	■	●	■
Wellington : *St George's Hall Summer Hotel* W www.st-george.co.nz 1 Boulcott St. **Carte routière E5.** Tél. *(04) 473 9139 ; 0800 909 707.* FAX *(04) 473 9650.* Dans le centre, autrefois l'un des meilleurs hôtels de la ville. Entre novembre et février, on peut louer à bas prix les chambres d'étudiants aménagées dans cet immeuble Art déco.	$	AE DC MC V	80			■
Wellington : *Eight Parliament Street* W www.boutique-bb.co.nz 8 Parliament St. **Carte routière E5.** Tél. *(04) 499 0808.* FAX *(04) 479 6705.* Petit *bed-and-breakfast* de standing qui occupe une ancienne habitation d'ouvriers en bois dans la banlieue historique de Thorndon.	$$	MC V	3			
Wellington : *Halswell Lodge* W www.halswell.co.nz 21 Kent Terrace. **Carte routière E5.** @ reserve@halswell.co.nz Tél. *(04) 385 0196.* FAX *(04) 385 0503.* Cet hôtel-motel bien établi et confortable est à la fois proche du centre, de Te Papa et d'Oriental Bay.	$$	AE DC MC V	36		●	■
Wellington : *Trekkers Hotel* @ info@trekkers.co.nz 213 Cuba St. **Carte routière E5.** Tél. *(04) 385 2153 ; 0800 873 553.* FAX *(04) 382 8873.* Cet hôtel trois-étoiles non loin du centre est proche de l'ensemble des activités.	$$	AE DC MC V	114	■	●	■
Wellington : *The Lighthouse* @ bruce@lighthouse.net.nz 326 The Esplanade, Island Bay. **Carte routière E5.** Tél. et FAX *(04) 472 4177.* Sur la côte sud, ce phare qui n'est plus en activité abrite un *bed-and-breakfast* à l'aspect excentrique. Proche de l'aéroport.	$$$	MC V	1			■
Wellington : *The Terrace Villas* W www.terracevillas.co.nz 202 The Terrace. **Carte routière E5.** Tél. *(04) 920 2020.* FAX *(04) 920 2030.* Proches du centre et de l'université, des villas de la fin du XIXe siècle restaurées abritent des appartements indépendants.	$$$	AE DC MC V	50		●	■
Wellington : *Hotel Intercontinental* W www.interconti.com À l'angle de Grey St et Featherston St. **Carte routière E5.** Tél. *(04) 472 2722 ; 0800 4683 7266.* FAX *(04) 472 4724.* Dans le quartier des affaires, cet hôtel dépendant d'une chaîne offre un bon choix de restaurants.	$$$$$	AE DC MC V	233	■	●	■

MARLBOROUGH ET NELSON

Établissement	Cartes	Chambres			
BLENHEIM : *Marlborough Hotel & Backpackers* ($) 20 Nelson St. **Carte routière D5.** *(03) 577 7333.* FAX *(03) 577 7337.* W www.marlboroughbackpackers.co.nz Cet hôtel moderne et luxueux pour routards est situé en plein centre-ville.	AE DC MC V	28	■	●	■
BLENHEIM : *Chateau Marlborough* @ chateau@marlborough.co.nz ($)($)($) À l'angle de Henry St et High St. **Carte routière D5.** *(03) 578 0064 ; 0800 752 275.* FAX *(03) 578 2661.* Le motel domine Seymour Square, au centre-ville. Différents types de suites pour les familles.	AE DC MC V	30		●	■
BLENHEIM : *Hotel d'Urville* W www.durville.com ($)($)($)($)($) 52 Queen St. **Carte routière D5.** *(03) 577 9945.* FAX *(03) 577 9946.* Petit hôtel dans un bâtiment ancien. Chambres à thème. Service personnalisé et excellent restaurant. Petit déjeuner compris.	AE DC MC V	11	■	●	■
COLLINGWOOD : *Twin Waters Lodge* @ twinwaters@ts.co.nz ($)($)($) Totara Ave. **Carte routière D4.** et FAX *(03) 524 8014.* Un estuaire aux eaux calmes et une plage entourent ce petit *lodge*. Les suites ouvrent sur le jardin. Salon commun pour les hôtes.	MC V	2			
KAIKOURA : *The Old Convent* W www.theoldconvent.co.nz ($)($) Mt Fyffe Rd. **Carte routière D5.** *(03) 319 6603 ; 0800 365 603.* FAX *(03) 319 6690.* Atmosphère unique, vue imprenable et délicieuse cuisine française dans cet ancien couvent. Petit déjeuner compris.	MC V	17	■	●	■
KAIKOURA : *Fyffe Country Lodge* W www.fyffecountrylodge.com ($)($)($) Nationale 1. **Carte routière D5.** *(03) 319 6869.* FAX *(03) 319 6865.* @ fyffe@xtra.co.nz Au sein d'un jardin, des bâtiments en bois et en brique offrent un hébergement de luxe et une vue superbe. Le restaurant a été récompensé. Petit déjeuner compris. *toutes.*	AE DC MC V	6	■		
MARAHAU : *Abel Tasman Marahau Lodge* ($)($) Marahau Beach (près de l'Abel Tasman National Park). **Carte routière D4.** *(03) 527 8250.* FAX *(03) 527 8258.* W www.abeltasmanmarahaulodge.co.nz Chambres et studios indépendants. Cadre agréable. Bain à remous extérieur.	DC MC V	12		●	■
MARLBOROUGH SOUNDS : *French Pass Motels* W www.seasafaris.co.nz ($)($) RD 3, Rai Valley. **Carte routière D4.** et FAX *(03) 576 5204.* @ adventure@seasafaris.co.nz Des bungalows en bord de mer ménagent un accès facile à French Pass. Le service personnalisé est un plus.	MC V	3		●	■
MARLBOROUGH SOUNDS : *Raetihi Lodge* W www.raetihi.co.nz ($)($)($) Double Bay, Kenepuru Sound. **Carte routière D4.** *(03) 573 4300.* FAX *(03) 573 4323.* Facile à rejoindre en avion ou en bateau, cette confortable retraite côtière se prête à un séjour détendu.	AE DC MC V	14	■		
NELSON : *Rutherford Hotel Nelson* W www.rutherfordhotel.co.nz ($)($) Trafalgar Square. **Carte routière D4.** *(03) 548 2299 ; 0800 437 2273.* FAX *(03) 546 3003.* @ enquiries@rutherfordhotel.co.nz Le principal hôtel du centre propose toutes sortes de chambres.	AE DC MC V	114	■	●	■
NELSON : *The Honest Lawyer Hotel* W www.honestlawyer.co.nz ($)($)($) 1 Point Rd, Monaco. **Carte routière D4.** *(03) 547 8850 ; 0800 921 192.* FAX *(03) 547 8868.* @ thl@ts.co.nz Cet hôtel sort du commun avec son architecture en pierre au bord de l'estuaire. Les chambres sont bien équipées et un garde-manger est mis à disposition des hôtes.	AE DC MC V	13	■		
PICTON : *Jasmine Court* W www.jasminecourt.co.nz ($)($) 78 Wellington St. **Carte routière D4.** *(03) 573 7110 ; 0800 421 999.* FAX *(03) 573 7211.* Une auberge centrale mais calme avec service attentif (clients cherchés au débarcadère). Internet dans les chambres.	AE DC MC V	14			
ST ARNAUD : *Alpine Lodge* W www.alpinelodge.co.nz ($)($) Main Rd. **Carte routière D5.** *(03) 521 1869 ; 0800 367 7777.* FAX *(03) 521 1868.* Chambres confortables dans un établissement à l'orée de la hêtraie du Nelson Lakes National Park.	AE DC MC V	32	■	●	■
TAKAKA : *Sans Souci Inn* W www.sanssouciinn.co.nz ($) Richmond Rd. **Carte routière D4.** et FAX *(03) 525 8663.* @ reto@sanssouciinn.co.nz Le style méditerranéen s'intègre harmonieusement au paysage à quelques minutes de marche de Pohara Bay et des attractions de l'est de Golden Bay.	MC V	7	■	●	■

Légende des symboles, voir dernier rabat

Catégories de prix pour une nuit en chambre double, Goods and Service Tax (GTS) de 12,5 % comprise. En général, le petit déjeuner est en supplément.
- $ moins de 100 $NZ
- $$ de 100 à 150 $NZ
- $$$ de 150 à 200 $NZ
- $$$$ de 200 à 250 $NZ
- $$$$$ plus de 250 $NZ

Cartes bancaires
AE = American Express ; DC = Diners Club ; JCB = Japanese Credit Bureau ; MC = MasterCard/Access ; V = Visa.

Restaurant-café
Sauf précision contraire, le restaurant ou la salle à manger accepte d'autres clients que les hôtes.

Enfants bienvenus
Berceaux et service de garde disponibles.

Chambres familiales
Établissement possédant des chambres familiales. Les bungalows indépendants sont répandus en Nouvelle-Zélande.

Canterbury et côte ouest

	Cartes bancaires	Nombre de chambres	Restaurant-café	Enfants bienvenus	Chambres familiales
Akaroa : *Akaroa Village Inn* W www.akaroavillageinn.co.nz $$ 81 Beach Rd. **Carte routière C6.** *(03) 304 7421 ; 0800 695 2000.* FAX *(03) 304 7423.* L'auberge domine le front de mer non loin de cafés et de boutiques. Les prix des suites vont de modéré à cher.	AE DC MC V	40	■	●	■
Arthur's Pass : *The Chalet* W www.arthurspass.co.nz $$ Nationale 73. **Carte routière C5.** *(03) 318 9236 ; 0800 506 550.* FAX *(03) 318 9200.* Son ambiance rustique et montagnarde est adaptée à l'environnement : le village d'Arthur's Pass.	JCB MC V	11	■		■
Christchurch : *Croydon House Bed and Breakfast Hotel* $$ 63 Armagh St. **Carte routière C6.** *(03) 366 5111 ; 0800 276 936.* FAX *(03) 377 6110.* W www.croydon.co.nz Près du centre, ce *bed-and-breakfast* rénové avec goût loue des chambres gaies et lumineuses. Le prix inclut le petit déjeuner, et les hôtes peuvent se préparer café ou thé.	MC V	12		●	■
Christchurch : *Hotel Grand Chancellor* W www.grandc.co.nz $$$ 161 Cashel St. **Carte routière C6.** *(03) 379 2999 ; 0800 275 337.* FAX *(03) 379 9989.* Bien situé derrière le City Mall, l'hôtel le plus haut de Christchurch accueille aussi des conférences. Chambres spacieuses et bien équipées.	AE DC JCB MC V	176	■	●	■
Christchurch : *Rydges Hotel* @ reservations_christchurch@rydges.com $$$ À l'angle de Worcester St et Oxford Terrace. **Carte routière C6.** *(03) 379 4700.* FAX *(03) 379 5357.* Cet imposant bâtiment incurvé domine l'Avon à un pâté de maisons de Cathedral Square.	AE DC JCB MC V	209	■	●	■
Christchurch : *Crowne Plaza Christchurch* $$$$$ À l'angle de Durham St et Kilmore St. **Carte routière C6.** *(03) 365 7799.* FAX *(03) 365 0082.* @ hotel@crowneplazachristchurch.co.nz Hôtel luxueux avec un atrium spacieux et plusieurs restaurants.	AE DC JCB MC V	298	■	●	■
Christchurch : *Hambledon* W www.hambledon.co.nz $$$$$ 103 Bealey Ave. **Carte routière C6.** *(03) 379 0723.* FAX *(03) 379 0758.* Ce *bed-and-breakfast* installé dans un luxueux manoir victorien très bien préservé bénéficie d'un environnement raffiné. *toutes.*	AE DC MC V	5		●	
Fox Glacier : *Fox Glacier Hotel* @ fox.resorts@xtra.co.nz $$ 6 Cook Flat Rd. **Carte routière B6.** *(03) 751 0839.* FAX *(03) 751 0868.* Un charmant édifice ancien en bois offre un large choix, du bon marché à la chambre tout confort.	AE DC MC V	85	■		
Fox Glacier : *Glacier Country Hotel* W www.scenic-circle.co.nz $$ Nationale 6. **Carte routière B6.** *(03) 751 0847 ; 0800 696 963.* FAX *(03) 751 0822.* @ glacier.country@scenic-circle.co.nz Hôtel bien aménagé avec un arrière-plan boisé au centre du village. *toutes.*	AE DC MC V	51	■	●	■
Franz Josef Glacier : *Terrace Motel* W www.terracemotel.co.nz $$ 1 Cowan St. **Carte routière B6.** *(03) 752 0130 ; 0800 837 722.* FAX *(03) 752 0190.* Des propriétaires accueillants et serviables louent des chambres spacieuses, modernes et bien équipées.	MC V	10		●	■
Franz Josef Glacier : *Franz Josef Glacier Hotel* $$$$ Nationale 6. **Carte routière B6.** *(03) 752 0728 ; 0800 696 963.* FAX *(03) 752 0709.* @ franz.josef@scenic-circle.co.nz Situé au cœur du village, cet hôtel confortable propose des chambres à tous les prix.	AE DC JCB MC V	177	■		
Greymouth : *Rosewood Bed and Breakfast* W www.rosewoodnz.co.nz $$ 20 High St. **Carte routière C5.** (03) 768 4674. FAX (03) 768 4694. Les propriétaires viennent chercher leurs hôtes et proposent des chambres agréables dans une maison de caractère. *toutes.*	MC V	5			■

Établissement	Prix	Cartes	Chambres			
GREYMOUTH : *Kingsgate Hotel* quality.kings@mckhotels.co.nz 32 Mawhera Quay. **Carte routière C5.** *(03) 768 5085 ; 0800 805 085.* FAX *(03) 768 5844.* Confortable, il domine les eaux de la Grey. Près du centre et de boutiques et services.	$$$	AE DC MC V	102	■	●	■
HANMER SPRINGS : *Drifters Inn* www.driftersinn.co.nz 2 Harrogate St. **Carte routière C5.** *(03) 315 7554 ; 0800 374 383.* FAX *(03) 315 7235.* Juste en face du Hanmer Springs Thermal Resort. Le prix inclut le petit déjeuner, et les hôtes disposent d'une cuisine commune.	$$	AE DC MC V	20			■
HANMER SPRINGS : *Albergo Hanmer Bed and Breakfast* 88 Rippingale Rd. **Carte routière C5.** *0800 342 313.* FAX *(03) 315 7428.* www.albergohanmer.com albergo@paradise.net.nz Établissement de charme aux chambres luxueuses. Vue spectaculaire sur la montagne.	$$$	AE DC MC V	4			
HOKITIKA : *Southland Hotel* www.southlandhotel.com 111 Revell St. **Carte routière C5.** *(03) 755 8344 ; 0800 400 344.* FAX *(03) 755 8258.* Le *Southland* occupe dans le centre le site de l'ancien Hokitika Hotel. Il donne vue de la mer de Tasman.	$$	AE DC JCB MC V	23	■	●	■
HOKITIKA : *Villa Polenza Boutique Lodge* 143 Brickfield Rd. **Carte routière C5.** *(03) 755 7801 ; 0800 241 801.* FAX *(03) 755 7901.* www.villapolenza.co.nz Villa moderne de style italien offrant un hébergement de luxe en périphérie. Petit déjeuner compris. *toutes.*	$$$$$	MC V	3			
KARAMEA : *Karamea Village Hotel* karameahotel@xtra.co.nz À l'angle de Waverley St et Wharf Rd. **Carte routière C4.** *0800 826 800.* FAX *(03) 782 6800.* L'édifice date de 1876, et le choix va de lits en dortoir à des chambres propres et sans prétention.	$	MC V	13	■	●	■
KARAMEA : *The Last Resort* last.resort@xtra.co.nz 71 Waverley St. **Carte routière C4.** *(03) 782 6617 ; 0800 505 042.* FAX *(03) 782 6820.* Ce complexe plein de recoins, à la fois rustique et chic, propose des chambres dans une gamme de tarifs étendue. *toutes.*	$$	AE DC MC V	31	■	●	■
LAKE TEKAPO : *The Godley* www.thegodley.com Nationale 8. **Carte routière B6.** *(03) 680 6848 ; 0800 835 276.* FAX *(03) 680 6873.* Le plus grand hôtel du bourg ménage une vue splendide du lac. Petit déjeuner compris.	$$	AE DC MC V	82	■	●	■
LAKE TEKAPO : *Lake Tekapo Lodge* www.laketekapo.co.nz 24 Aorangi Crescent. **Carte routière B6.** *(03) 680 6566 ; 0800 525 383.* FAX *(03) 680 6599.* Des propriétaires accueillants et serviables tiennent ce petit *lodge* en brique qui offre un large panorama du lac.	$$$$$	AE DC JCB MC V	4			
METHVEN : *Brinkley Village Resort* brinkley@xtra.co.nz Barkers Rd. **Carte routière B6.** *(03) 302 8885 ; 0800 161 223.* FAX *(03) 302 8862.* Vaste complexe dans un cadre rural, avec un court de tennis. Chambres indépendantes et appartements disponibles. *toutes.*	$$$	DC MC V	80	■	●	■
MOUNT COOK : *Glentanner Park Centre* www.glentanner.co.nz Nationale 80. **Carte routière C6.** *(03) 435 1855 ; 0800 453 682.* FAX *(03) 435 1854.* Face à une vue splendide sur le Mount Cook National Park. Bungalows, dortoirs ou camping.	$	AE DC JCB MC V	14	■	●	
MOUNT COOK : *The Hermitage* www.mount-cook.com Mount Cook Village. **Carte routière B6.** *(03) 435 1809.* FAX *(03) 435 1879.* Les possibilités offertes par l'unique hôtel du Mount Cook National Park sont compatibles avec des budgets très divers.	$$$	AE DC JCB MC V	272	■	●	■
PUNAKAIKI : *Punakaiki Cottage Motels* Dickinson Parade. **Carte routière C5.** *(03) 731 1008.* FAX *(03) 731 1118.* Un petit complexe hôtelier en bord de plage, à quelques minutes de marche des Pancake Rocks. *toutes.*	$	AE DC MC V	6		●	■
TIMARU : *Grosvenor Hotel* grosvenortimaru@xtra.co.nz 26 Cains Terrace. **Carte routière C6.** *(03) 688 3129 ; 0800 106 102.* FAX *(03) 684 8381.* Au sein du quartier commerçant, il occupe un majestueux édifice élevé en 1875.	$$	AE DC MC V	49	■	●	■
WESTPORT : *Chelsea Gateway Motor Lodge* chelseagateway@xtra.co.nz 330 Palmerston St. **Carte routière C5.** *(03) 789 6835 ; 0800 660 033.* FAX *(03) 789 6379.* Ce complexe moderne du centre propose des logements indépendants avec coin cuisine.	$	AE DC MC V	20		●	■

Légende des symboles, voir dernier rabat

Catégories de prix pour une nuit en chambre double, Goods and Service Tax (GTS) de 12,5 % comprise. En général, le petit déjeuner est en supplément.
- $ moins de 100 $NZ
- $$ de 100 à 150 $NZ
- $$$ de 150 à 200 $NZ
- $$$$ de 200 à 250 $NZ
- $$$$$ plus de 250 $NZ

Cartes bancaires
AE = American Express ; DC = Diners Club ; JCB = Japanese Credit Bureau ; MC = MasterCard/Access ; V = Visa.

Restaurant-café
Sauf précision contraire, le restaurant ou la salle à manger accepte d'autres clients que les hôtes.

Enfants bienvenus
Berceaux et service de garde disponibles.

Chambres familiales
Établissement possédant des chambres familiales.
Les bungalows indépendants sont répandus en Nouvelle-Zélande.

Otago et Southland

	Cartes bancaires	Nombre de chambres	Restaurant-café	Enfants bienvenus	Chambres familiales
Cromwell : *Golden Gate Lodge* www.goldengate.co.nz $$ Barry Ave. **Carte routière** B7. *(03) 445 1777 ; 0800 104 451.* FAX *(03) 445 1776.* Cet hôtel-restaurant-centre de conférences bien équipé offre, entre Wanaka et Queenstown, une base pratique pour explorer les deux régions. Bain à remous et sauna pour les clients.	AE DC MC V	47	■	●	■
Dunedin : *97 Motel Moray* bookings@97motel.co.nz $ 97 Moray Place. **Carte routière** B7. *(03) 477 2050 ; 0800 909 797.* FAX *(03) 477 1991.* Quelques minutes à pied séparent de l'Octagon cet établissement bon marché et accueillant aux chambres confortables.	AE DC MC V	40			
Dunedin : *Pacific Park Hotel* reservations@pacificparkdunedin.co.nz $ 22-24 Wallace St. **Carte routière** B7. *(03) 477 3374.* FAX *(03) 477 1434.* Au bord de la ceinture verte de Dunedin, les chambres d'hôtels et les logements de motel ont vue sur la ville et la baie.	AE DC MC V	52	■	●	■
Dunedin : *Southern Cross Hotel* southern.cross@scenic-circle.co.nz $$$$ À l'angle de Princes St et High St. **Carte routière** B7. *(03) 477 0752 ; 0800 501 616.* FAX *(03) 477 5776.* Une partie de cet hôtel doté d'un casino occupe un bâtiment ancien du centre. Suites de luxe disponibles.	AE DC MC V	178	■	●	■
Gore : *Circle Croydon Hotel* croyden@scenic-circle.co.nz $$ Queenstown Hwy. **Carte routière** B7. *(03) 208 9029 ; 0800 280 280.* FAX *(03) 208 9252.* Chambres bien équipées et récemment redécorées, un golf par 3 de 9 trous ainsi qu'un restaurant et un jardin primés.	AE DC MC V	36	■	●	■
Invercargill : *Birchwood Manor Motel* www.birchwoodmanor.co.nz $$ 189 Tay St. **Carte routière** A7. *(03) 218 8881 ; 0800 888 234.* FAX *(03) 218 8880.* Un motel moderne aux logements spacieux décorés et meublés avec goût. Petit déjeuner disponible.	AE DC MC V	15		●	■
Invercargill : *Victoria Railway Hotel* info@gerrards.co.nz $$ 3 Leven St. **Carte routière** A7. *(03) 218 1281.* FAX *(03) 218 3003.* Ancien hôtel de gare de 1896, il est inscrit au répertoire du Historic Places Trust et recèle des chambres pleines de charme.	AE DC JCB MC V	10	■	●	■
Invercargill : *Ascot Park Hotel* ascot@ilt.co.nz $$$ À l'angle de Tay St et Racecourse Rd. **Carte routière** A7. *(03) 217 6195 ; 0800 272 687.* FAX *(03) 217 7002.* L'un des principaux hôtels d'Invercargill. Restaurant renommé, bain à remous et sauna.	AE DC MC V	96	■	●	■
Manapouri : *Manapouri Lakeview Motor Inn* manapouri@clear.net.nz $ Cathedral Drive. **Carte routière** A7. *(03) 249 6652.* FAX *(03) 249 6650.* Un bon choix en cas de budget serré. La plupart des chambres, de prix variés, donnent vue du lac.	MC V	55	■	●	■
Oamaru : *Armada Motor Inn* armada.galleon@xtra.co.nz $ 500 Thames Hwy. **Carte routière** B7. *(03) 437 0017.* FAX *(03) 437 0297.* L'*Armada* propose un hébergement confortable, un restaurant, une piscine chauffée, un sauna et un bain à remous.	AE DC MC V	22	■	●	■
Oamaru : *Pen-y-bryn* www.penybryn.co.nz $$$$$ 41 Towey St. **Carte routière** B7. *(03) 434 7939.* FAX *(03) 434 9063.* Une maison de 1889 abrite une salle de billard, une bibliothèque et des antiquités. Le prix comprend la demi-pension et les boissons.	AE DC MC V	5			
Péninsule de l'Otago : *Larnach Lodge* larnach@larnachcastle.co.nz $$$$ Camp Rd. **Carte routière** B7. *(03) 476 1616.* FAX *(03) 476 1574.* Petit établissement chic près de Larnach Castle. Chambres aux décors écossais et victoriens. Petit déjeuner compris. *toutes.*	MC V	12	■	●	

Établissement	Prix	Cartes	Chambres			
QUEENSTOWN : *Goldfields Motel* www.nz.com/queenstown/goldfields 57 Frankton Rd. **Carte routière** A6. *(03) 442 7211 ; 0800 344 272.* FAX *(03) 442 6179.* Les visiteurs ont le choix entre une chambre d'hôte et l'indépendance dans de petits chalets douillets.	$	AE DC MC V	15		●	■
QUEENSTOWN : *A-Line Hotel* www.scenic-circle.co.nz 27 Stanley St. **Carte routière** A6. *(03) 442 7700 ; 0800 696 963.* FAX *(03) 442 4715.* Établissement milieu de gamme avec vue du lac et des montagnes à quelques centaines de mètres de la ville. *toutes.*	$$	AE DC JCB MC V	82	■	●	■
QUEENSTOWN : *Kingsgate Hotel* www.kingsgate.co.nz Frankton Rd. **Carte routière** A6. *(03) 442 7950.* FAX *(03) 442 8066.* Près de la ville, des chambres et des appartements agréables ménagent un beau panorama du lac Wakatipu et les montagnes.	$$$	AE DC JCB MC V	85	■	●	■
QUEENSTOWN : *Millennium* central.res@cdlhms.co.nz À l'angle de Frankton Rd et Stanley St. **Carte routière** A6. *(03) 441 8888 ; 0800 358 8888.* FAX *(03) 441 8889.* À quelques minutes à pied de la ville, des chambres modernes et bien meublées avec vue.	$$$$$	AE DC JCB MC V	220	■		
QUEENSTOWN : *The Heritage Queenstown Hotel* 91 Fernhill Rd. **Carte routière** A6. *(03) 442 4988 ; 0800 368 8888.* FAX *(03) 442 4989.* heritagehotels@dynasty.co.nz Cet hôtel haut de gamme proche du centre. Chambres élégantes, sauna et bain à remous.	$$$$$	AE DC MC V	197	■	●	■
RIVERTON : *Riverton Rock Guest House* 136 Palmerston St, Riverton (près d'Invercargill). **Carte routière** A7. *(03) 234 8886.* FAX *(03) 234 8816.* rivertonguesthouse@paradise.co.nz Près de la plage de Riverton, des chambres dans le style victorien, décorées avec goût.	$	MC V	6		●	■
STEWART ISLAND : *South Sea Hotel* southsea@stewart-island.co.nz Front de mer, Oban. **Carte routière** A7. *(03) 219 1059.* FAX *(03) 219 1120.* Sur le front de mer, il évoque un pub de campagne et offre le choix entre des chambres et des logements de motels.	$	AE MC V	26	■	●	■
STEWART ISLAND : *Stewart Island Lodge* Halfmoon Bay, Oban. **Carte routière** A7. et FAX *(03) 219 1085.* www.stewartisland.lodge.co.nz SILODGE@xtra.co.nz Chambres d'hôtes haut de gamme. Le prix inclut la demi-pension. Produits locaux au menu.	$$$$	AE DC MC V	5	■		
TE ANAU : *Kingsgate Hotel* teanau@kingsgate.co.nz 20 Lakefront Drive. **Carte routière** A7. *(03) 249 7421.* FAX *(03) 249 8037.* On rejoint la ville en 10 minutes par un sentier au bord de l'eau. Vastes chambres, la plupart ont une vue.	$$$	AE DC MC V	94	■	●	■
TE ANAU : *Luxmore Hotel* luxmorehotelteanau@xtra.co.nz Main St. **Carte routière** A7. *(03) 249 7526 ; 0800 589 667.* FAX *(03) 249 7272.* Au cœur de Te Anau et près des principaux points de départ touristiques. Confortable, moderne et bien équipé.	$$$	AE DC MC V	152	■	●	■
TE ANAU : *Te Anau Hotel & Villas* reservations@teanauhotel.co.nz Lakefront Drive. **Carte routière** A7. *(03) 249 7411.* FAX *(03) 249 7947.* Cet hôtel milieu de gamme bien situé. Bain à remous couvert et piscine découverte. Beau point de vue.	$$$	AE DC MC V	112	■	●	■
WANAKA : *The Moorings* host@themoorings.co.nz 17 Lakeside Rd. **Carte routière** B6. *(03) 443 8479 ; 0800 843 666.* FAX *(03) 443 8489.* themoorings.co.nz Complexe moderne face au lac, avec motel et appartements. Restaurants et boutiques à proximité.	$$	AE DC MC V	24		●	■
WANAKA : *Cardrona Hotel* info@cardrona_hotel.co.nz Cardrona Valley. **Carte routière** B6. *(03) 443 8153.* FAX *(03) 443 8163.* L'hôtel date de 1863 et de la ruée vers l'or. Il comprend un bar et un restaurant avec terrasse. Sauna et bain à remous. *toutes.*	$$$	AE MC V	16	■	●	■
WANAKA : *Edgewater Resort* edgewater@xtra.co.nz Sargood Drive. **Carte routière** B6. *(03) 443 8311.* FAX *(03) 443 8323.* Au bord du lac, il propose des chambres luxueuses et des appartements. Bain à remous, sauna et courts de tennis.	$$$	AE DC JCB MC V	104	■	●	■
WANAKA : *Mount Aspiring Hotel* www.wanakanz.com Mount Aspiring Rd. **Carte routière** B6. *(03) 443 8216 ; 0800 688 688.* FAX *(03) 443 9108.* info@wanakanz.com Le bois donne aux chambres de cet hôtel 3 étoiles un cachet scandinave. Studios ou grandes suites.	$$$	AE DC JCB MC V	36	■	●	■

Légende des symboles, voir dernier rabat

Restaurants, bars et cafés

Les habitudes gastronomiques ont connu une véritable révolution en Nouvelle-Zélande au cours des 20 dernières années. Alors que les sorties au restaurant restaient réservées à des occasions particulières et que la carte se limitait en général à des plats européens comme l'agneau rôti avec une garniture de légumes, le choix des mets et la gamme des prix se sont considérablement ouverts. Dans un pays à la population multiculturelle, presque toutes les cuisines du monde, et en particulier celles d'Asie et du Pacifique, sont représentées dans les grandes villes. Les spécialités font un large usage de produits frais locaux – poisson, langouste, huîtres, coquilles Saint-Jacques, moules, mais aussi bœuf, agneau, gibier, légumes et fruits. Les vignobles néo-zélandais fournissent des vins de qualité *(p. 314-315)* pour les accompagner.

Enseigne de café à Martinborough

Le *hangi* maori, souvent inclus dans le programme de visites guidées, consiste en un repas cuit à l'étouffée sur des pierres brûlantes disposées au fond d'un trou creusé dans le sol.

Le bar du *Herzog*, un restaurant de Blenheim *(p. 324)*

Types de restaurant

Les grandes villes font preuve de dynamisme en matière de gastronomie, entre les restaurants traditionnels et une multitude de cafés, la grande cuisine et le simple en-cas. Des tables placées dans une cour intérieure, dans un jardin ou sur un trottoir permettent parfois de manger en plein air. Les restaurants exotiques comptent aussi bien des enseignes chinoises, cambodgiennes et malaises que grecques ou turques. Les meilleures tables ne se trouvent pas toutes en zone urbaine : des chefs réputés sont installés à la campagne, et beaucoup de domaines viticoles proposent en extérieur des plats simples comme le *ploughman's lunch* (une assiette de fromages et de légumes au vinaigre) et des repas plus élaborés dans un restaurant. Les pubs servent en général une nourriture bon marché.

Déjeuner dans un café ou un restaurant exotique peut coûter moins de 15 $NZ par personne. Les prix dans les restaurants occidentaux s'échelonnent entre 25 $NZ et plus de 100 $NZ pour un menu de 3 plats. De grandes chaînes internationales de restauration rapide comme McDonalds, KFC et Burger King ont ouvert des succursales en Nouvelle-Zélande, mais le traditionnel *fish and chips* anglais à emporter (un beignet de poisson et un cornet de frites) garde une grande popularité. Les échoppes qui en proposent servent aussi des spécialités comme les huîtres de Bluff et la friture de blanchaille.

Horaires et réservations

La plupart des restaurants servent de 12 h à 14 h et de 18 h à 22 h, mais certains ouvrent plus tôt le week-end pour le brunch. Les cafés ont souvent des horaires plus étendus, et ceux qui restent ouverts 24 h/24 connaissent un succès grandissant. Les réservations sont nécessaires dans les établissements les plus chic. Pour les bars et cafés, la règle est plus floue. Mieux vaut téléphoner pour éviter une déception.

Prix et pourboires

Les cafés et les restaurants acceptent normalement les cartes bancaires, mais il ne coûte rien de le vérifier en réservant. Le paiement par chèques de voyage est moins répandu. Les prix affichés comprennent les taxes, et

Buffet de fruits de mer au *Sheraton Auckland Hotel (p. 298)*

Terrasse de café à Mount Maunganui

le service ne se paie pas. Dans la société égalitaire néo-zélandaise, le pourboire n'a rien d'obligatoire. Versé en espèce ou ajouté sur la note en cas de règlement par carte pour un service ou un repas hors pair, il sera cependant apprécié.

Les enfants

Rares sont les restaurants qui les refusent, mais mieux vaut se renseigner quand on voyage avec de très jeunes enfants. Les établissements exotiques, grecs ou chinois par exemple, ont tendance à se montrer plus tolérants. Dans les cafés très fréquentés, manger tôt permettra d'échapper à la foule des heures d'affluence. Des fast-foods existent dans la plupart des villes, et un en-cas dans un parc ou sur la plage est toujours une solution. Les logements de motel comprennent d'habitude une cuisine. Un aller-retour au supermarché local se révélera souvent plus reposant que d'emmener les plus jeunes au restaurant.

Fauteuils roulants

La législation impose aux propriétaires de rendre accessibles aux fauteuils roulants les édifices ouverts au public nouvellement construits ou remaniés. Les établissements conformes affichent un sigle international. La plupart possèdent aussi des toilettes adaptées. Comme dans beaucoup de pays, il est conseillé de vérifier par téléphone avant de se déplacer.

Les végétariens

Dans chaque ville et lieu de villégiature, les offices de tourisme devraient pouvoir vous renseigner sur les restaurants végétariens locaux. Sinon, beaucoup d'établissements, notamment asiatiques, ont quelques plats végétariens à leur carte. Dans le cas contraire, le chef acceptera presque toujours d'adapter un mets, surtout dans les régions agricoles riches en produits du terroir.

Café de vignoble

Les restaurants BYO

Le sigle BYO, pour *bring your own* (« apportez le vôtre »), désigne des restaurants qui ne possèdent pas une licence complète mais ont le droit de laisser leurs clients venir avec leur propre alcool. La formule est populaire car moins onéreuse, même si l'établissement perçoit un petit droit de bouchon. Cette autorisation s'applique en particulier au vin en bouteille et à la bière. Certains restaurants possédant une licence se prêtent également à cette pratique. Cependant, il est conseillé de se renseigner en réservant.

Les boissons

Un restaurant *licensed* a l'autorisation de vendre des boissons alcoolisées : vin, bière et spiritueux. La plupart des cafés disposent d'une telle licence sans toujours proposer un choix aussi large. Quantité d'établissements accordent une place particulière aux vins néo-zélandais et aux bières artisanales. Dans les régions viticoles, ils sont souvent spécialisés dans les crus locaux. Un restaurant BYO permet à ses clients d'apporter leurs propres bouteilles pour accompagner leur repas. Outre l'eau du robinet, sans danger dans les grands centres, les boissons courantes comprennent l'eau de source, plate ou gazeuse, et les jus de fruit.

Tenue vestimentaire

Une tenue décontractée, mais soignée, suffit dans la majorité des restaurants. Même les plus sophistiqués exigent rarement le port d'une cravate ou d'une veste, mais il peut se révéler gênant de déparer au milieu d'une clientèle habillée.

Fumeurs, non-fumeurs

Depuis fin 2004, il est interdit de fumer dans les bureaux et dans les restaurants. En revanche, si vous dînez dehors, vous aurez le droit de fumer. Dans la mesure du possible, les restaurateurs essaieront de satisfaire les désirs des clients. Il est préférable de se renseigner au moment de la réservation.

L'*Astoria*, un café de Lambton Quay, à Wellington

Que manger en Nouvelle-Zélande ?

Huile d'olive

Sa situation géographique et ses traditions agricoles procurent à la Nouvelle-Zélande une abondance de produits frais de qualité. Les animaux de boucherie ne manquent pas de pâturages, et le bœuf comme l'agneau jouissent d'une haute réputation, tandis que l'élevage de daim se développe. Le pays possède des milliers de kilomètres de côtes, et poisson, langouste, huîtres et coquilles Saint-Jacques figurent souvent à la carte. Garnitures et desserts tirent parti des nombreux fruits et légumes disponibles. De grands classiques comme la tourte et l'agneau rôti gardent leur popularité, mais une nouvelle génération de cuisiniers locaux s'est lancée dans des recettes plus imaginatives. L'essor du tourisme a aussi attiré de grands chefs étrangers. Les visites guidées organisées par des Maoris donnent l'occasion de découvrir leurs spécialités traditionnelles comme le *hangi* *(p. 135)*.

Rewarewa **Vipérine** ***Rata***

Miel néo-zélandais
On trouve de délicieuses variétés issues du pollen de plantes qui ne poussent pas ailleurs.

Filet de bœuf
Nourri à l'herbe, le bœuf se sert grillé avec des légumes.

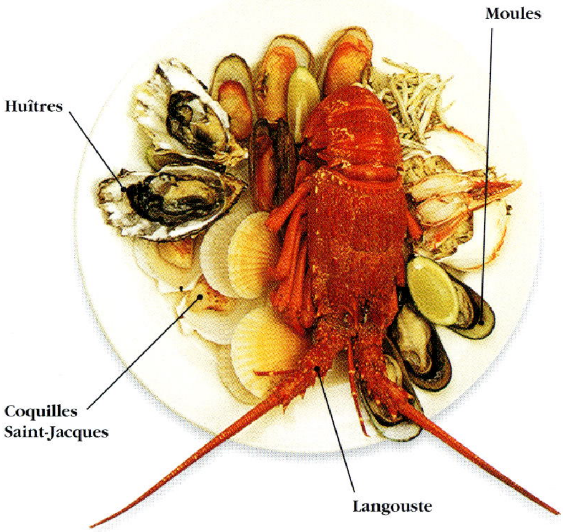

Plateau de fruits de mer
De nombreux restaurants proposent un assortiment où figurent langouste, moules, huîtres et coquilles Saint-Jacques.

Cernier *(groper)*
Répandu et prisé, ce poisson donne d'excellents filets ou steaks.

Fish and chips
Ce plat à emporter populaire apparaît souvent sur les menus enfants.

Pains spéciaux
Des immigrants de diverses origines ont introduit une grande variété de pains.

Ragoût de moules
Les moules vertes qui le composent ne vivent qu'en Nouvelle-Zélande.

Gibier
La viande de gros gibier est en général servie saignante avec une sauce légère et recherchée.

Côtelettes d'agneau
Fiers de la qualité de leur viande d'agneau, les Néo-Zélandais apprécient les côtelettes peu cuites.

Agneau rôti
Ce plat, accompagné de légumes comme la patate douce (kumara), *reste un grand classique national.*

Pavlova
Le kiwi s'associe bien à cette meringue nommée d'après une danseuse étoile.

Asperges
Elles comptent au nombre des légumes de saison appréciés des restaurateurs.

Salade mélangée
La plupart des cartes proposent ce plat de crudités sain et rafraîchissant.

Hokey Pokey Ice Cream
Cette crème glacée comprend des friandises confectionnées avec du sirop.

Cocktail de fruits rouges
Fraises, framboises et myrtilles forment un dessert délicieux avec de la crème.

Fruits à noyau
En saison, les vergers fournissent un large éventail de fruits cueillis à maturité.

Bleu de Kikorangi

Brie

Chèvre de Kapiti

Rouge du Pacifique

Fromage à croûte lavée

Cheddar de Linkwater

Fromages
Pays d'élevage laitier, la Nouvelle-Zélande produit des fromages variés. Ses habitants les mangent en fin de repas et organisent souvent des soirées fromage et vin.

ÉVITER LES MALENTENDUS

Il faut demander de la *tomato sauce* pour obtenir du ketchup à verser sur ses « chips », un terme qui désigne les habituelles lamelles de pomme de terres vendues en sachet, mais aussi les frites. Une personne qui vous invite « pour un thé » *(to have tea)* vous attendra en fait pour dîner. Si elle vous convie justement pour le thé du matin ou de l'après-midi, elle vous demandera de « passer prendre une tasse de thé » *(drop in and have a cup of tea).*

Que boire en Nouvelle-Zélande ?

Étiquette de Corbans Noble Riesling

Si la Nouvelle-Zélande est par tradition une nation de buveurs de bière, l'essor fulgurant de la viticulture au cours des dernières décennies et la production de crus de qualité souvent primés à l'étranger ont rendu la consommation de vin beaucoup plus populaire. Il existe environ 300 domaines. La plupart, situés dans des régions côtières *(p. 34-35)*, jouissent d'un climat tempéré qui favorise les arômes intenses. Comme en Alsace, les vins portent en général le nom de l'unique cépage entrant dans leur fabrication. Vous trouverez sur place, en librairie, des guides présentant en détail les producteurs. Vous pouvez aussi consulter le site Internet www.nzwine.com.

Dégustation à la C.J. Pask Winery, à Hastings *(p. 148-149)*

Les vins blancs secs

Sauvignon blanc de Huia

Sauvignon blanc de Paliser

Réputés pour leurs arômes de fruits, les vins blancs secs produits en Nouvelle-Zélande, en usant de techniques à la fois traditionnelles et modernes, ont été les premiers à émerger sur la scène internationale. Certains œnologues vont jusqu'à considérer les sauvignons blancs comme les meilleurs du monde. Le chardonnay donne aussi d'excellents résultats dans une large gamme de prix, depuis des vins fermentés en cuve inoxydable et mis en bouteille jeunes jusqu'à des crus vieillis en fûts de chêne. La majorité des domaines proposent au moins un chardonnay. Le riesling connaît une faveur grandissante, en particulier dans l'île du Sud où il fournit des vins au caractère marqué.

Les vins blancs doux

Les plus intéressants sont obtenus, comme les sauternes français, à partir de grains attaqués par la moisissure appelée botrytis, ou pourriture noble. Le Marlborough *(p. 204-205)* est en train de s'affirmer comme la région la plus convaincante dans ce domaine, mais cette forme de viticulture impose des conditions climatiques malheureusement aléatoires. Les vins « botrytisés » ont donc tendance à atteindre des prix plus élevés que les autres.

Cave de Gibbston Valley Wines *(p. 276)*

Vins	Régions	Producteurs recommandés
Chardonnay	**Toutes les grandes régions viticoles**	**Church Road, Clearview, Cloudy Bay, Corbans, Hunters, Morton Estate Wines, Vavasour**
Chenin Blanc	**Gisborne, Hawke's Bay**	**Collard Brothers, The Millton Vineyard**
Gewurztraminer	**Centre de l'Otago, Gisborne, Hawke's Bay, Marlborough**	**Brookfields, Chifney Wines, Dry River, Eskdale, Gatehouse, Lawson's Dry Hills, Stonecroft**
Muller-Thurgau	**Gisborne, Hawke's Bay, Marlborough**	**Corbans Gisborne Winery, Pleasant Valley Wines, Vidal of Hawke's Bay, Villa Maria**
Pinot gris	**Canterbury, Marlborough**	**Brookfields, Dry River, Margrain, Martinborough Vineyard**
Riesling	**Canterbury, centre de l'Otago, Hawke's Bay, Marlborough, Nelson, Wairarapa**	**Allan Scott Wines and Estates, Collards, Cooper's Creek, Corbans, Framingham Wine Company, Grove Mill, Martinborough Vineyard, Neudorf, Stoneleigh**
Sauvignon blanc	**Canterbury, Gisborne, Hawke's Bay, Marlborough**	**Cloudy Bay, Grove Mill, Hunters, Jackson Estate, Nautilus, Palliser, Selaks, Villa Maria**
Sémillon	**Gisborne, Hawke's Bay, Marlborough**	**Collards, Huntaway, Kim Crawford, Pleasant Valley, Vidal of Hawke's Bay**
Vins doux	**Centre de l'Otago, Gisborne, Hawke's Bay, Marlborough**	**Church Road, Cooper's Creek, Cottage Block, Dry River, Framingham Wine Company, Villa Maria**

Les mousseux

Les vins pétillants néo-zélandais commencent à attirer l'attention dans les concours internationaux, et le Deutz Marlborough Cuvée a été élu « mousseux de l'année » au Great Wine Challenge organisé en Grande-Bretagne en 1998. Cependant, ils ne possèdent pas tous la même qualité. Au bas de l'échelle, les *bubblies*, des vins gazéifiés par un apport de dioxyde de carbone, sont en général sucrés. Pour les mousseux milieu et haut de gamme, souvent plus secs, la formule « méthode traditionnelle », adoptée du français, indique que l'effervescence provient d'une deuxième fermentation, provoquée dans la bouteille. Malgré la concurrence de nouvelles régions productrices, le Marlborough reste la référence en matière de mousseux « méthode traditionnelle ».

Marlborough Brut de Huia

Régions viticoles néo-zélandaises	
Auckland	Cabernet sauvignon, chardonnay, merlot, pinot noir
Northland	Cabernet sauvignon, chardonnay, merlot
Waikato et Bay of Plenty	Cabernet sauvignon, chardonnay, chenin blanc, sauvignon blanc
Gisborne	Chardonnay, muller-thurgau, muscat, sémillon
Hawke's Bay	Cabernet, chardonnay, chenin blanc, merlot, sauvignon blanc, sémillon
Wairarapa	Chardonnay, pinot noir, riesling, sauvignon blanc
Nelson	Chardonnay, pinot noir, riesling, sauvignon blanc
Marlborough	Chardonnay, pinot noir, riesling, sauvignon blanc
Canterbury	Chardonnay, pinot gris, pinot noir, riesling
Otago	Chardonnay, pinot noir, riesling, sauvignon blanc

Les vins rouges

Pinot noir d'Alana Estate

Les plantations de cépages de rouge commencent à s'étendre en Nouvelle-Zélande, en particulier dans l'île du Nord. Le perfectionnement des techniques de culture et de choix de site, ainsi que des vignes plus anciennes ont permis aux producteurs d'obtenir des crus plus stables. Ils mélangent souvent des vins d'origines différentes. Le pinot noir est la variété la plus répandue, mais le cabernet sauvignon, le merlot et le cabernet franc s'adaptent bien, eux aussi, aux sols et aux conditions climatiques.

Le restaurant en bord de mer de Clearview Estate, à Hawke's Bay ***(p. 148-149)***

Vins	Régions	Producteurs recommandés
Cabernet sauvignon	Auckland, Hawke's Bay, Northland, Waikato	Benfield, Brookfields, Church Road, Delamere, Esk Valley, Goldwater, Morton Estate, Villa Maria
Merlot	Auckland, Gisborne, Hawke's Bay, Marlborough	Arahura, Babich, Church Road, C. J. Pask, Clearview Estate, Corbans, Delegates, Esk Valley, Villa Maria
Pinotage	Auckland, Gisborne, Hawke's Bay, Marlborough	Cottle Hill Winery, Kerr Farm Vineyard, Landmark Estate Wines, Ohinemuri Estate Wine, Pleasant Valley
Pinot noir	Canterbury, centre de l'Otago, Hawke's Bay, Marlborough, Nelson, Wairarapa	Ata Rangi, Black Ridge, Cloudy Bay, Cooper's Creek, Dry River, Martinborough Vineyard, Rippon Vineyard

La bière

La bière reste très populaire dans un pays qui compte 64 brasseries à la production d'une grande variété. Les Néo-Zélandais la boivent en général glacée, et les bars et les hôtels la proposent à la pression. À l'instar des restaurants et des commerces d'alimentation, ils vendent également des bouteilles, y compris de bières étrangères ou sans alcool. Certaines marques locales comme Steinlager et Kiwi Lager connaissent du succès à l'exportation.

Steinlager

Autres boissons

Les conditions climatiques favorisent la culture de nombreux fruits, dont le fameux kiwi *(p. 127)*, pressés pour fournir des jus. Les pommes servent à fabriquer du cidre. Il existe également plusieurs eaux de source. Parfumée au citron, celle de Paeroa est devenue une spécialité recherchée sous le nom de Lemon and Paeroa. Les grandes marques internationales de boissons gazeuses sont partout présentes. Café et thé sont d'autres boissons appréciées.

Kiwis

Choisir un restaurant

Classés par ordre alphabétique au sein de chaque catégorie de prix, les restaurants listés ci-dessous ont été choisis pour leur bon rapport qualité-prix, leur cuisine et leur situation. La plupart sont ouverts aux fumeurs, mais sans doute plus pour longtemps. Les onglets de couleurs correspondent à ceux utilisés dans les chapitres décrivant les différentes régions.

Auckland

Restaurant	Prix	Cartes bancaires	Enfants bienvenus	Réservation recommandée	Spécialités végétariennes	BYO
En ville : *Dizengoff* 256 Ponsonby Rd. **Carte routière** E2. *(09) 360 0108.* *Dizengoff* ferme à 17 h et est donc recommandé pour le petit déjeuner ou le déjeuner. La cuisine, saine, est marquée d'influences juives. Le foie haché est délicieusement parfumé à l'ail. ● *25 déc.*	$	AE DC MC V			●	
En ville : *Landreth & Collie* 272 Ponsonby Rd. **Carte routière** E2. *(09) 360 7440.* On vient surtout chez Landreth & Collie pour le brunch et le déjeuner. Le service est rapide et sympathique. ● *lun. soir.*	$	AE DC MC V	●	■	●	
En ville : *Masala* 169 Ponsonby Rd. **Carte routière** E2. *(09) 378 4500.* Dans un lieu animé, voire parfois un peu bruyant, l'excellente carte ravira les amateurs de cuisine indienne. Elle comprend une riche sélection végétarienne. BYO autorisé contre un petit droit de bouchon.	$	AE DC MC V			●	■
En ville : *City Grind* 20 Lorne St. **Carte routière** E2. *(09) 309 6960.* Dans ce petit restaurant particulièrement apprécié au déjeuner, essayez les salades, les currys et les plats du jour. ○ *lun.-ven. midi, jeu.-sam. soir.* ● *jours fériés et 25 déc.*	$$	AE DC MC V	●		●	
En ville : *Mutiara* 66 Ponsonby Rd. **Carte routière** D5. *(09) 376 2759.* FAX *(09) 376 1450.* Ce très bon restaurant malais et singapourien est particulièrement recommandé pour sa spécialité : les *nonya*, des plats épicés faits d'ingrédients malais préparés à la manière chinoise. ● *midi, 25 déc.*	$$	AE DC MC V	●		●	■
En ville : *Saigon Vietnamese Restaurant* 450 Karangahape Rd. **Carte routière** E2. *(09) 379 5559.* Ce restaurant vietnamien sans prétention et à l'ambiance décontractée permet de déguster des spécialités authentiques. ● *lun., 25 déc., 1er janv.*	$$	AE DC MC V			●	■
En ville : *Shahi Café* 115 Parnell Rd. **Carte routière** E2. *(09) 377 7898.* Le propriétaire dirige deux cafés pratiquement identiques au 26 Jervois Rd, Ponsonby, et au 1/1 Milford Rd, Milford. Ils proposent tous deux des plats savoureux, notamment asiatiques, peu onéreux, et des menus à prix fixe. Petite carte de vins. Faible droit de bouchon.	$$	AE DC MC V			●	■
En ville : *Atlas Power Café* 285 Ponsonby Rd. **Carte routière** E2. *(09) 360 1295.* On se retrouve dans ce lieu ultra branché, situé dans le centre commercial de Ponsonby, autour d'une excellente cuisine ou d'un délicieux café. Le restaurant publie même sa propre gazette !	$$$	AE MC V	●		●	
En ville : *Bella* 165 Ponsonby Rd. **Carte routière** E2. *(09) 360 2656.* Réputé pour sa cuisine italienne légèrement adaptée aux goûts néo-zélandais – le meilleur risotto en ville. Bien situé à Ponsonby, il offre un service agréable et une carte des vins supérieure à la moyenne. ● *25 déc., 1er janv.*	$$$	AE DC MC V	●	■	●	
En ville : *GPK* 234 Dominion Rd. **Carte routière** E2. *(09) 623 1300.* FAX *(09) 623 1309.* Le *GPK* a fondé sa réputation sur des « pizzas gastronomiques » garnies, par exemple, de poulet tandoori à la banane. Il sert aussi du risotto et des spécialités de poisson et de viande. Il existe d'autres *GPK* à Ponsonby et à Takapuna. ● *jours fériés, 25 et 26 déc.*	$$$	AE DC MC V	●		●	

Catégories de prix pour un repas de 3 plats, sans les boissons, mais comprenant la Goods and Service Tax (GST) de 12,5 %.
- $ moins de 25 $NZ
- $$ de 25 à 35 $NZ
- $$$ de 35 à 50 $NZ
- $$$$ de 50 à 70 $NZ
- $$$$$ plus de 70 $NZ

CARTES BANCAIRES
AE = American Express ; DC = Diners Club ; JCB = Japanese Credit Bureau ; MC = MasterCard/Access ; V = Visa.

ENFANTS BIENVENUS
Portions réduites et/ou chaises hautes disponibles.

SPÉCIALITÉS VÉGÉTARIENNES
Des plats végétariens figurent à la carte.

BYO
Établissements ne servant pas d'alcool, mais où l'on peut apporter ses propres bouteilles. Un petit droit de bouchon peut être prélevé.

EN VILLE : *Java Room* www.javaroom.co.nz $$$
317 Parnell Rd. **Carte routière** E2. *(09) 366 1606.*
L'Asie domine sur une carte variée allant du plat de crevettes malais à des currys indiens. Vous pouvez apporter vos bouteilles contre un faible droit de bouchon. ● *dim., 25 déc.*

EN VILLE : *La Bocca* $$$
251 Parnell Rd. **Carte routière** E2. *(09) 375 0083.*
Ce restaurant de qualité sert de la cuisine italienne et de bons fruits de mer. Le *Bocca di Mare* a maintenant fermé. BYO accepté au prix d'un droit de bouchon.

EN VILLE : *Sun World New Millennium* $$$
2 York St, Newmarket. **Carte routière** E2. *(09) 520 3218.*
Très apprécié de la communauté chinoise, le *Sun World* peut accueillir plus de 200 convives. Grand choix de plats cantonais.

EN VILLE : *Tribeca* www.tribeca.co.nz $$$
Foundation Building, 8 George St, Parnell. **Carte routière** E2.
(09) 379 6359 FAX *(09) 379 8859.* À la carte : un riche assortiment de plats métissés mariant des saveurs d'origines variées. Paisible cour intérieure.
● *dim.*

EN VILLE : *Verona Café* $$$
169 Karangahape Rd. **Carte routière** E2. *(09) 307 0508.*
Dans ce plaisant café du cœur de la ville, on sert de délicieux plats à base d'aliments biologiques.

EN VILLE : *Berlin* $$$$
423 Mount Eden Rd. **Carte routière** E2. *(09) 630 6602.*
Le *Berlin* n'a pas fait de concessions aux dernières tendances culinaires et reste fidèle à des mets allemands tels que harengs marinés et saucisses grillées. Service de haut niveau. ● *dim., 25 déc.*

EN VILLE : *Bowmans* $$$$
597 Mount Eden Rd. **Carte routière** E2. *(09) 638 9676.*
Une atmosphère détendue règne dans ce restaurant du mont Eden à la clientèle d'habitués. Il sert de généreuses portions de mets de qualité, surtout de la nouvelle cuisine néo-zélandaise. ● *lun., dim., 25 déc.*

EN VILLE : *Cibo* $$$$
91 St Georges Bay Rd. **Carte routière** E2. *(09) 309 2255.*
Ce repaire de publicitaires possède une cour intérieure très agréable dans un bâtiment industriel reconverti. ● *dim.*

EN VILLE : *Hammerheads Seafood Restaurant* $$$$
19 Tamaki Drive. **Carte routière** E2. *(09) 521 4400.*
De bons crus français figurent sur la carte des vins, et les tables donnent sur le golfe de Hauraki. Excellente cuisine et splendide plateau de fruits de mer. ● *26 déc.*

EN VILLE : *The French Café* $$$$
210 Symonds St. **Carte routière** E2. *(09) 377 1911.* FAX *(09) 377 8283.*
Cet établissement existe depuis des décennies et semble pourtant capable de se réinventer en permanence. Il a bâti sa renommée sur une cuisine novatrice et une riche carte des vins. ● *lun., dim., sam. midi.*

EN VILLE : *Rikka Newmarket* $$$$$
73 Davis Crescent. **Carte routière** E2. *(09) 522 5277.*
Sa situation et son cadre élégant en font l'endroit idéal pour conclure une expédition de lèche-vitrines en dégustant des spécialités japonaises, tout particulièrement les *sashimi.*

Établissement	Cartes bancaires	Enfants bienvenus	Réservation recommandée	Spécialités végétariennes	BYO
Java Room	AE DC MC V	●	■	●	
La Bocca	AE MC V		■	●	■
Sun World New Millennium	AE MC V			●	■
Tribeca	AE DC MC V	●	■	●	
Verona Café	AE DC MC V	●		●	■
Berlin	AE DC MC V	●	■	●	
Bowmans	AE DC MC V	●	■	●	
Cibo	AE DC MC V		■	●	
Hammerheads Seafood Restaurant	AE DC JCB MC V	●	■	●	
The French Café	AE DC MC V		■	●	
Rikka Newmarket	AE DC JCB MC V		■	●	

Catégories de prix pour un repas de 3 plats, sans les boissons, mais comprenant la Goods and Service Tax (GST) de 12,5 %.
$ moins de 25 $NZ
$$ de 25 à 35 $NZ
$$$ de 35 à 50 $NZ
$$$$ de 50 à 70 $NZ
$$$$$ plus de 70 $NZ

CARTES BANCAIRES
AE = American Express ; DC = Diners Club ; JCB = Japanese Credit Bureau ; MC = MasterCard/Access ; V = Visa.
ENFANTS BIENVENUS
Portions réduites et/ou chaises hautes disponibles.
SPÉCIALITÉS VÉGÉTARIENNES
Des plats végétariens figurent à la carte.
BYO
Établissements ne servant pas d'alcool, mais où l'on peut apporter ses propres bouteilles. Un petit droit de bouchon peut être prélevé.

	Cartes bancaires	Enfants bienvenus	Réservation recommandée	Spécialités végétariennes	BYO
EN VILLE : *Toto Italian Restaurant* $$$$ 53 Nelson St. **Carte routière** E2. *(09) 302 2665.* toto@totorestaurant.co.nz Décor traditionnel et cuisine italienne moderne prisée des responsables de la télévision qui travaillent à côté. Des chanteurs d'opéra se produisent certains soirs. *25 et 26 déc.*	AE DC MC V	●	■	●	
EN VILLE : *Veranda Bar and Grill* $$$$ 11/279 Parnell Rd. **Carte routière** E2. *(09) 309 6289.* Souvent réservé à de grandes occasions, ce restaurant est considéré comme l'un des meilleurs de la ville. Les plats sont de grande qualité et la carte des vins comprend de grands crus français. *dim., 25 déc.*	AE DC MC V	●	■	●	
EN VILLE : *Wildfire Churrascaria* www.menus.co.nz/wildfire $$$$ Shed 22, Princes Wharf. **Carte routière** E2. *(09) 377 6869.* FAX *(09) 353 7590.* Dans ce restaurant brésilien animé, poissons, viandes, volailles et saucisses cuisent sur de petites broches que les serveurs apportent jusqu'aux tables pour effectuer la découpe.	AE DC MC V	●	■	●	
EN VILLE : *Zest Restaurant* $$$$ City Life Hotel, 171 Queen St. **Carte routière** E2. *(09) 367 1234.* Bien situé dans le centre, il possède l'une des cartes des vins les plus complètes de Nouvelle-Zélande. Il séduira tous ceux qui apprécient une nourriture saine et fraîche. *sam. et dim. midi.*	AE DC MC V	●		●	
EN VILLE : *Antoines* $$$$$ 333 Parnell Rd. **Carte routière** E2. *(09) 379 8756.* Une excellente cuisine traditionnelle française et un service impeccable font d'*Antoines* une référence depuis plus de 25 ans. *du 26 déc. à début janv.*	AE DC MC V		■	●	■
EN VILLE : *Cin Cin on Quay* www.cincin.co.nz $$$$$ 99 Quay St. **Carte routière** E2. *(09) 307 6966.* Il jouit d'une situation privilégiée en bord de mer, dans le Ferry Building, et attire une clientèle aisée. Personnel réputé pour son amabilité. La salade au poulet est délicieuse.	AE DC MC V	●	■	●	
EN VILLE : *Kermadec Ocean Fresh Restaurant* $$$$$ 1er ét., Viaduct Quay Building, à l'angle de Lower Hobson St et Quay St. **Carte routière** E2. *(09) 309 0412.* Le restaurant et la brasserie voisine appartiennent à une société de pêche réputée pour la fraîcheur de ses produits. Également des salles à manger japonaises privées.	AE DC JCB MC V	●	■	●	
PÉRIPHÉRIE : *Allely House, Selaks Vineyard Restaurant* $$$ À l'angle d'Old North Rd et de la Nationale 16, Kumeu. **Carte routière** E2. *(09) 412 7206.* www.alleyhouse.co.nz Une ardoise porte une longue liste de plats à déguster à l'intérieur d'une villa de 1902 ou dans son patio. Des musiciens jouent le dimanche.	AE DC MC V	●	■	●	■
PÉRIPHÉRIE : *Shamrock Cottage* www.shamrockcottage.co.nz $$$ 73 Selwyn Rd, Howick. **Carte routière** E2. *(09) 534 6861.* Ce petit restaurant installé dans une auberge ancienne propose une bonne cuisine française. Le service est agréable et l'ambiance originale. *dim et lun.*	AE DC MC V	●	■	●	
PÉRIPHÉRIE : *The Hunting Lodge* www.thehuntinglodge.co.nz $$$$ Waikoukou Valley Rd, Waimauku (7 km de Kumeu). **Carte routière** E2. *(09) 411 8259.* Dans un cadre rural pittoresque, au Matua Valley Estate, cet établissement jouit d'une solide réputation. Les meilleurs crus de Matua Valley figurent sur sa carte des vins. *lun. et mar. (de janv. à nov.).*	AE DC MC V		■	●	
PÉRIPHÉRIE : *Vinnies* $$$$ 166 Jervois Rd, Herne Bay. **Carte routière** E2. *(09) 376 5597.* FAX *(09) 376 5559.* Sans doute la meilleure table d'Auckland ; ses mets novateurs lui ont valu de nombreuses récompenses. Les gastronomes locaux tiennent en haute estime son menu dégustation. *dim., 25 déc.*	AE DC MC V		■	●	

Northland

Restaurant	Cartes				
Helensville : *Steak House & Chicken Inn* $$$ 138 Victoria St. **Carte routière** E2. *(09) 439 8460.* Ce restaurant au personnel compétent et aimable a le steak pour spécialité. Une cour intérieure permet de manger dehors en été. *25 déc.*	AE MC V	●	■	●	
Kaitaia : *Henry VIII Restaurant* $$ À l'angle de North Rd et Kohuhu St. **Carte routière** D1. *(09) 408 2800.* FAX *(09) 408 0306.* Ce restaurant du centre installé dans un bâtiment imitant le style tudor existe depuis plus de 20 ans… c'est tout dire !	AE DC. JCB MC V	●	■	●	
Kaitaia : *Beachcomber Restaurant* www.beachcomber.net.nz $$$ The Plaza, 222 Commerce St. **Carte routière** D1. *(09) 408 2010.* Fruits de mer, poisson, gibier et canard figurent à la carte, qui comporte aussi un choix de plats végétariens. *dim., 25 déc. et juil.*	AE DC MC V	●	■	●	■
Kerikeri : *Zest* pete.charlotte@xtra.co.nz $ 73 Kerikeri Rd. **Carte routière** E1. *(09) 407 7164.* Au cœur de la ville, *Zest* sert uniquement des snacks. Il dispose d'une grande cour et n'est ouvert que pour le petit-déjeuner et le déjeuner. *le soir.*	MC V	●		●	■
Kerikeri : *Marsden Estate Vineyard Restaurant* $$ Wiroa Rd, RD3. **Carte routière** E1. *(09) 407 9398.* marsden@zip.co.nz Ce restaurant de domaine viticole n'ouvre que pour le déjeuner. L'été, des tables sont dressées dans la cour intérieure. Plats imaginatifs d'inspiration européenne. *le soir, 25 et 26 déc., lun. et mar. (de juil. à sept.).*	MC V	●		●	
Kerikeri : *The Kina Kitchen* $$$ Village Mall, Kerikeri Rd. **Carte routière** E1. *(09) 407 7669.* Ce restaurant décontracté possède une terrasse, et ses spécialités – produits de la mer et gibier – séduisent une clientèle où se mêlent locaux et visiteurs. BYO pour un modeste droit de bouchon. *25 déc. et 1er janv.*	AE DC MC V	●	■	●	■
Paihia : *Scenic Circle Bay of Islands* $$ À l'angle de Seaview Rd et McMurray Rd. **Carte routière** E1. *(09) 402 7826.* FAX *(09) 402 8500.* Ce restaurant d'hôtel accueille aussi d'autres clients. Il offre le choix entre un buffet et des plats du jour.	AE DC MC V	●	■	●	
Paihia : *Swiss Café and Grill* $$$ 48 Marsden Rd. **Carte routière** E1. *(09) 402 6701.* FAX *(09) 402 8278.* Le décor et la carte évoquent la Suisse, mais les tables donnent sur le front de mer. *de mi-juin à mi-juil.*	BC MC V	●	■	●	■
Russell : *Duke of Marlborough* info@theduke.co.nz $$$$ 35 The Strand. **Carte routière** E1. *(09) 403 7829.* FAX *(09) 403 7828.* Si les fruits de mer sont la spécialité de ce restaurant élégant en front de mer, on y sert aussi de la viande et du gibier.	MC V	●	■	●	
Russell : *Gannets Restaurant* www.gannets.co.nz $$$$ Town Square. **Carte routière** E1. *(09) 403 7990.* restaurant@gannets.co.nz Il sert d'excellentes spécialités néo-zélandaises de viande et de poisson et sait recevoir les étrangers : le personnel parle allemand, néerlandais, français et italien. *du dim. au mer., de juin à mi-août, 25 déc.*	AE DC MC V		■		■
Waitangi : *Waikokopu Café* waikokopucafe@xtra.co.nz $$ Treaty Grounds. **Carte routière** E1. *(09) 402 6275.* FAX *(09) 402 6276.* Cet établissement primé à la carte intéressante met une aire de jeu à disposition des enfants. BYO pour un petit droit de bouchon. *25 déc.*	MC V	●		●	■
Whangarei : *Reva's on the Waterfront* www.revas.co.nz $$$ 31 Quayside, Town Basin. **Carte routière** E1. *(09) 438 8969.* FAX *(09) 438 0172.* Ce restaurant installé dans un bâtiment du bord de mer est réputé pour ses pizzas. *25 déc.*	AE DC MC V	●	■	●	■
Whangarei : *Tonic Restaurant* $$$ 239 Kamo Rd. **Carte routière** E1. et FAX *(09) 437 5558.* Nouvelle cuisine française proposant notamment saumon fumé chaud à l'avocat, aloyau de porc frit ou ragoût de poivrons. *à midi et jours fériés.*	AE DC MC V			●	■
Whangarei : *Killer Prawn* www.killerprawn.co.nz $$$$ Bank St. **Carte routière** E1. *(09) 430 3333.* FAX *(09) 430 3131.* Le service est exceptionnel dans ce restaurant du centre dont les fruits de mer sont la spécialité. *dim., 25 et 26 déc., 1er et 2 janv.*	AE DC MC V	●	■	●	

Légende des symboles, voir dernier rabat

Catégories de prix pour un repas de 3 plats, sans les boissons, mais comprenant la Goods and Service Tax (GST) de 12,5 %.
$ moins de 25 $NZ
$$ de 25 à 35 $NZ
$$$ de 35 à 50 $NZ
$$$$ de 50 à 70 $NZ
$$$$$ plus de 70 $NZ

CARTES BANCAIRES
AE = American Express ; DC = Diners Club ; JCB = Japanese Credit Bureau ; MC = MasterCard/Access ; V = Visa.

ENFANTS BIENVENUS
Portions réduites et/ou chaises hautes disponibles.

SPÉCIALITÉS VÉGÉTARIENNES
Des plats végétariens figurent à la carte.

BYO
Établissements ne servant pas d'alcool, mais où l'on peut apporter ses propres bouteilles. Un petit droit de bouchon peut être prélevé.

CENTRE DE L'ÎLE DU NORD

Restaurant	Cartes bancaires	Enfants bienvenus	Réservation recommandée	Spécialités végétariennes	BYO
CAMBRIDGE : *Souter House* $$$$ 19 Victoria St. **Carte routière** E3. *(07) 827 3610.* FAX *(07) 827 4885.* Primé pour ses spécialités d'agneau et de bœuf, cet élégant restaurant occupe une maison victorienne construite par le capitaine William Souter en 1875. ● *26 déc.*	AE DC MC V		■	●	
COROMANDEL : *Success Café* $$ 104 Kapanga Rd. **Carte routière** E2. et FAX *(07) 866 7100.* Cet établissement propose des fruits de mer locaux, comme les huîtres, et le célèbre ragoût de moules du golf d'Hauraki *(chowder)*. ● *25 déc.*	AE MC V	●	■	●	■
COROMANDEL : *Peppertree Restaurant and Bar* $$$ 31 Kapanga Rd. **Carte routière** E2. *(07) 866 8211.* FAX *(07) 866 7391.* Le *Peppertree* apprête le vivaneau *(snapper)* selon des recettes variées. On peut dîner sur la terrasse. La salle possède une cheminée. ● *25 déc.*	AE DC MC V	●	■	●	■
GISBORNE : *Café Villagio* $$$ 57 Balance St. **Carte routière** F3. et FAX *(06) 868 1611.* Ce restaurant au décor moderne a pour spécialité les plats végétariens, de poisson et de gibier. ● *dim. et lun. soir, 25 déc.*	AE DC MC V	●		●	■
GISBORNE : *The Marina* W www.gizbiz.co.nz/marina $$$ 1 Vogel St. **Carte routière** F3. et FAX *(06) 868 5919.* Ce restaurant occupe une ancienne salle de bal bâtie pour le 21e anniversaire d'une jeune femme. Les convives peuvent choisir leur langouste dans l'aquarium. ● *lun. et dim.*	AE DC MC V	●	■	●	■
GISBORNE : *Wharf Café and Bar* $$$ 60 The Esplanade. **Carte routière** F3. *(06) 868 4876.* FAX *(06) 868 7143.* Les produits de la mer sont les vedettes de cet établissement installé dans un entrepôt du quai.	AE DC MC V	●	■	●	
HAMILTON : *Barzurk Gourmet Pizza Bar* $ 250 Victoria St. **Carte routière** E2. et FAX *(07) 834 2363.* Dans ce restaurant animé, on sert les pizzas cuites au feu de bois accompagnées de salades. Pâtes et desserts sont aussi bons. ● *25 et 26 déc., 1er et 2 janv.*	AE DC MC V	●		●	
HAMILTON : *The Narrows Landing* W www.thenarrowslanding.co.nz $$$$ 431 Airport Rd, Tamihere. **Carte routière** E2. *(07) 858 4001.* FAX *(07) 858 4499.* Dans un parc pittoresque au bord de la Waikato, les spécialités de gibier comprennent de l'émeu et du faisan. ● *25 déc.*	AE DC MC V	●	■	●	
HAMILTON : *Tables on the River* W www.tablesontheriver.vo.nz $$$$ 12 Alma St. **Carte routière** E2. *(07) 839 6555.* FAX *(07) 839 6400.* Les tables en terrasse surplombent la Waikato. Inspirée par la Méditerranée, la cuisine a reçu de nombreuses récompenses. ● *dim.*	AE DC MC V	●	■	●	
MOUNT MAUNGANUI : *Thai-phoon Restaurant* $ 14A Pacific Ave. **Carte routière** E2. et FAX *(07) 572 3545.* En plein centre, savoureuse cuisine thaïlandaise à prix très raisonnables, servie dans un décor de bon goût. ● *lun., dim. (de mai à oct.), 25 déc.*	MC V		■		■
NAPIER : *Clearview Estate Winery* W www.clearviewestate.co.nz $$ 194 Clifton Rd, Te Awanga. **Carte routière** F4. *(06) 875 0150.* FAX *(06) 875 1258.* Ce restaurant de domaine viticole propose en bord de mer, et au déjeuner seulement, des produits locaux.	AE DC MC V	●	■	●	
NAPIER : *Deano's Bar and Grill* $$ 255 Marine Parade. **Carte routière** F4. *(06) 835 4944.* FAX *(06) 835 4387.* Ce grill au cadre intime et chaleureux est spécialisé dans le steak. Une boisson est offerte avec chaque repas. ● *lun. midi, 25 et 26 déc.*	AE DC JCB MC V	●	■		

NAPIER : *Shed 2 on the Quay* W www.shed2.com $$
À l'angle de Lower St et West Quay. **Carte routière F4.** *(06) 835 2202.* FAX *(06) 835 0029.* Installé dans un ancien hangar reconverti, *Shed 2* propose un menu très imaginatif, particulièrement recommandé.

Cartes				
AE DC MC V	●	■	●	

NAPIER : *Chambers Restaurant* W www.countyhotel.co.nz $$$$
12 Browning St. **Carte routière F4.** *(06) 835 7800 ; 0800 843 468.* FAX *(06) 835 7797.* Souvent récompensé pour ses plats de bœuf et d'agneau, ce restaurant est décontracté pendant la journée et élégant le soir.

Cartes				
AE DC MC V	●	■	●	■

OHAKUNE : *Fat Pigeon Garden Café* $$
2 Tyne St. **Carte routière E3.** *(06) 385 9423.*
Apprécié pour le filet de bœuf et le poisson frais, il permet de dîner dans un jardin parmi des oiseaux.

Cartes				
MC V	●	■	●	

OHAKUNE : *O Bar and Restaurant* W www.ohakune/hotel.co.nz $$
72 Clyde St. **Carte routière E3.** *(06) 385 8268.* FAX *(06) 385 8262.*
Deux cheminées réchauffent cet établissement récemment rénové doté d'un bar en fer à cheval. Superbes pizzas au feu de bois.

Cartes				
AE DC MC V	●		●	

OTOROHANGA : *BeGuinness* $$
91 Maniapoto St. **Carte routière E3.** *(07) 873 8010.* FAX *(07) 873 8315.*
Le steak et les plats rustiques traditionnels sont à l'honneur, et la Guinness à la pression. Tableaux de paysages au mur. ● *lun.*

Cartes				
AE DC MC V	●	■	●	■

RAGLAN : *Marlin Café and Grill* $$
Raglan Wharf, 43 Rose St. **Carte routière E2.** *(07) 825 0010.* FAX *(07) 825 0014.*
Les spécialités de fruits de mer, mais aussi de bonnes viandes grillées se savourent en regardant la mer. Il y a un bar pour les fumeurs.

Cartes				
MC V	●	■	●	

RAGLAN : *Vinnies* $$
7 Wainui Rd. **Carte routière E2.** *(07) 825 7273.* FAX *(07) 825 7262.*
Dans un bâtiment en kauri vieux de plus d'un siècle, *Vinnies* offre le choix entre 120 plats internationaux et des jus de fruits. ● *25 déc., lun. (de juin à août).*

Cartes				
AE DC MC V	●		●	■

ROTORUA : *Zanellis* $$
1243 Amohia St. **Carte routière E3.** *(07) 348 4908.* FAX *(07) 349 0935.*
Ouvert seulement le soir, il a bâti sa réputation sur les pâtes et les crèmes glacées. Il adapte ses plats du jour à la saison. ● *dim. et lun.*

Cartes				
AE DC MC V		■	●	■

ROTORUA : *Poppy's Villa* $$$
4 Marguerita St. **Carte routière E3.** et FAX *(07) 347 1700.*
Le meilleur endroit pour goûter à la cuisine néo-zélandaise : le carré d'agneau est la spécialité. Primé pour ses plats de viande.

Cartes				
AE DC JCB MC V	●	■	●	■

ROTORUA : *Sirocco* $$
1280 Eruera St. **Carte routière E3.** *(07) 347 3388.* FAX *(07) 347 3389.*
Le déjeuner méditerranéen est apprécié, comme le dîner en musique : jazz et blues. ● *25 déc.*

Cartes				
AE DC MC V	●	■	●	■

ROTORUA : *Zambique* $$$
1111 Tutanekai St. **Carte routière E3.** et FAX *(07) 349 2140.*
Il qualifie de « cuisine de jungle urbaine » ses plats modernes aux saveurs métissées et tire une grande fierté de son café. ● *25 déc. et 1er janv.*

Cartes				
AE DC JCB MC V			●	■

TAUPO : *Papas Pizza Café* $
64 Tuwharetoa St. **Carte routière E3.** *(07) 377 2425.* FAX *(07) 377 2426.*
Un snack qui sert des pizzas à la farine complète, des pâtes, des salades et de bons desserts. ● *à midi et 25 déc.*

Cartes				
AE DC MC V	●		●	■

TAUPO : *Mole and Chicken* $$
40 Taharepe Rd. **Carte routière E3.** et FAX *(07) 378 7843.*
À la périphérie, un pub de style anglais à l'atmosphère décontractée où les portions sont généreuses. ● *25 déc.*

Cartes				
AE DC MC V	●		●	

TAUPO : *Prawn Park Restaurant* W www.prawnpark.com $$
Wairakei Tourist Park, Huka Falls Rd. **Carte routière E3.** *(07) 374 8474.* FAX *(07) 374 8063.* Après avoir nourri vous-même des crevettes à la ferme d'élevage, vous pourrez en déguster en face d'une belle vue. ● *25 déc.*

Cartes				
AE DC MC V	●		●	■

TAUPO : *Finch's Plateau* W www.plateautaupo.co.nz $$$
64 Tuwharetoa St. **Carte routière E3.** *(07) 377 2425.* FAX *(07) 377 2426.*
Ici, les plats traditionnels néo-zélandais de viande et de poissons sont agrémentés d'une touche contemporaine.

Cartes				
AE DC MC V	●	■	●	■

Légende des symboles, voir dernier rabat

Catégories de prix pour un repas de 3 plats, sans les boissons, mais comprenant la Goods and Service Tax (GST) de 12,5 %.
$ moins de 25 $NZ
$$ de 25 à 35 $NZ
$$$ de 35 à 50 $NZ
$$$$ de 50 à 70 $NZ
$$$$$ plus de 70 $NZ

Cartes bancaires
AE = American Express ; DC = Diners Club ; JCB = Japanese Credit Bureau ; MC = MasterCard/Access ; V = Visa.
Enfants bienvenus
Portions réduites et/ou chaises hautes disponibles.
Spécialités végétariennes
Des plats végétariens figurent à la carte.
BYO
Établissements ne servant pas d'alcool, mais où l'on peut apporter ses propres bouteilles. Un petit droit de bouchon peut être prélevé.

Adresse	Prix	Cartes bancaires	Enfants bienvenus	Réservation recommandée	Spécialités végétariennes	BYO
Taupo : *Huka Lodge* W www.hukalodge.com Huka Falls Rd. **Carte routière** E3. ☎ *(07) 378 5791.* FAX *(07) 378 0427.* Dans ce luxueux complexe hôtelier, le menu de 5 plats, mariant influences pacifiques et asiatiques, change tous les jours. Cocktail à partir de 19 h, dîner à 20 h.	$$$$$	AE DC MC V	●	●	●	
Tauranga : *Shiraz Café* 12 Wharf St. **Carte routière** E3. ☎ *(07) 577 0059.* FAX *(07) 577 0629.* Le *Shiraz* sert en salle et dans une cour intérieure des spécialités du pourtour de la Méditerranée et du Moyen-Orient. ● *dim.*	$$$	AE DC MC V	●	●	●	●
Tauranga : *Spinnaker's Restaurant* 101 Tauranga Bridge Marina. **Carte routière** E3. ☎ *(07) 574 4147.* FAX *(07) 574 7774.* L'un des meilleurs restaurants de fruits de mer de Tauranga ; il donne sur le port de plaisance.	$$$	AE DC MC V	●	●	●	
Te Kuiti : *Tiffany's Café* 241 Rora St. ☎ et FAX *(07) 878 8872.* Situé dans la rue principale de Te Kuiti, il est célèbre localement pour ses copieux petits déjeuners et ses steaks savoureux.	$$	MC V	●		●	
Thames : *The Gold Bar* 404 Pollen St. **Carte routière** E2. ☎ *(07) 868 5548.* FAX *(07) 868 5125.* Le décor évoque l'époque de la ruée vers l'or. On sert les fruits de mer dans les pâtes, dans les soupes (*chowder*) ou bien frits. Spectacles certains soirs. ● *du dim. au mar., 25 déc.*	$$$	AE DC MC V	●	●	●	
Thames : *Sealey Café* 109 Sealey St. **Carte routière** E2. ☎ et FAX *(07) 868 8641.* Ce café réussit particulièrement bien les plats d'agneau et de poisson, à déguster sur le patio extérieur, en écoutant du jazz. La carte est différente à midi.	$$$	AE DC MC V	●	●	●	●
Tongariro National Park : *The Grand Chateau* Whakapapa Village. **Carte routière** E3. ☎ *(07) 892 3809.* FAX *(07) 892 3704.* W www.chateau.co.nz Ce célèbre hôtel propose de l'agneau et de la venaison dans la Ruapehu Room et des mets asiatiques au Pihanga Café.	$$$	MC V	●	●	●	
Waitomo : *Waitomo Caves Tavern* Waitomo Caves Rd. **Carte routière** E3. ☎ et FAX *(07) 878 8448.* Les habitants des environs aiment venir ici se distraire au bar et apprécier des plats simples, savoureux et bon marché. ● *ven. saint, 25 déc.*	$	MC V	●		●	
Whakatane : *In the Interim* 40 The Strand. **Carte routière** F3. ☎ *(07) 307 0107.* FAX *(07) 307 0407.* Le soir, l'ambiance de ce restaurant installé dans l'ancien siège du Whakatane District Council est élégante et les mets raffinés.	$$$	AE MC V	●	●	●	●
Whangamata : *Café 101* 101 Casement Rd. **Carte routière** E2. ☎ *(07) 865 6301.* Idéal pour un sympathique dîner en famille, au son du piano. ● *mar., mer., 25 déc.*	$$	AE DC MC V	●	●	●	●
Whitianga : *On The Rocks Bar and Restaurant* 20 The Esplanade. **Carte routière** E2. ☎ *(07) 866 4833.* FAX *(07) 866 4888.* W www.ontherocks.co.nz Ce restaurant primé tire une grande fierté de ses spécialités néo-zélandaises. Décor nautique.	$$$	AE MC V	●	●	●	
Whitianga : *Zest* 5 Albert St. **Carte routière** E2. ☎ *(07) 866 5127.* Un nouveau venu qui met à l'honneur fruits de mer et cuisine du Pacifique. Le menu change en fonction des saisons. ● *lun. et mar. (d'avr. à déc.).*	$$$	MC V	●	●	●	●

Wellington et le Sud

Restaurant	Cartes				
Masterton : *Café Cecile* $$$ Queen Elizabeth Park. **Carte routière E4.** *(06) 370 1166.* Ce café situé au milieu du parc permet de manger dehors et en été, on peut parfois assister à des matchs de cricket. BYO autorisé le mardi. *dim, 25 déc. et 1er janv.* *lun.*	AE DC MC V	●		●	
New Plymouth : *Bella Vita* $$$ 37 Gover St. **Carte routière D3.** *(06) 758 3393.* *Bella Vita* propose une cuisine italienne. Des marches limitent l'accès en fauteuil roulant. *dim. et 25 déc.*	AE DC MC V	●	■	●	■
New Plymouth : *Salt* $$$$ 1 Egmont St. **Carte routière D3.** *(06) 769 5304.* FAX *(06) 769 5302.* C'est devant une vue sur la côte particulièrement étendue que l'on déguste les spécialités de fruits de mer. Ouvert pour le petit déjeuner, le déjeuner et le dîner. *25 déc.*	DC MC V	●	■	●	■
Otaki : *Brown Sugar* $ Nationale 1. **Carte routière E4.** *(06) 364 6359.* Ce charmant café de bord de route entoure une cour ombragée. Le café y est bon, les mets simples et frais. *25 déc.*	MC V	●		●	■
Paekakariki : *The Fisherman's Table* $$ Nationale 1. **Carte routière E4.** *(04) 292 8125.* Cet établissement bon marché vise une clientèle familiale. Le menu à prix fixe comprend des salades en buffet à volonté.	AE DC MC V	●		●	
Palmerston North : *Aqaba* $$ 186 Broadway Ave. **Carte routière E4.** *(06) 357 8922.* FAX *(06) 357 3648* Décoré dans le style égyptien, avec des colonnes ornées de roseaux et des hiéroglyphes, c'est un restaurant à la carte simple mais à l'atmosphère agréable et qui a le mérite d'être ouvert aux trois repas.	AE DC MC V	●		●	■
Palmerston North : *The Stage Door Café* $$ 90 King St. **Carte routière E4.** et FAX *(06) 359 2233.* Central, détendu et peu onéreux, il ne lésine pas sur les portions de ses plats de nouvelle cuisine néo-zélandaise. *ven. saint et 25 déc.*	AE DC MC V	●		●	
Palmerston North : *Vavasseur* $$$ 201 Broadway Ave. **Carte routière E4.** *06) 359 3167.* Le service est excellent et l'atmosphère chaleureuse et animée. L'agneau figure bien sûr au menu. *dim. et lun.*	AE DC MC V	●	■	●	
Wanganui : *Amadeus Riverbank Café* $ 69 Taupo Quay. **Carte routière E4.** et FAX *(06) 345 1538.* À midi, on sert dans ce café une restauration rapide de qualité, le soir, l'ambiance devient plus chic. *ven. saint, lun. de Pâques et 25 déc.*	AE DC MC V	●		●	■
Wanganui : *Redeye Café* redeyecafe@xtra.co.nz $$ 96 Guyton St. **Carte routière E4.** *(06) 345 5646.* FAX *(06) 345 5109.* Les étudiants apprécient ce café où l'on sert à bon prix des portions copieuses. *25 déc.*	MC V			●	■
Wellington : *Roti Chenai* $ 120 Victoria St. **Carte routière E5.** et FAX *(04) 382 9807.* Service rapide et courtois dans ce restaurant très populaire de cuisines malaise et du sud de l'Inde. *Naan* et curry d'agneau excellents.	AE DC MC V			●	■
Wellington : *Kopi* $$ 103 Willis St. **Carte routière E5.** et FAX *(04) 499 5570.* Le meilleur restaurant asiatique de Wellington propose d'excellentes recettes malaises dans un décor sans prétention.	AE DC MC V			●	■
Wellington : *The Green Parrot* $$ 16 Taranaki St. **Carte routière E5.** *(04) 384 6080.* L'un des plus vieux cafés de Wellington, prisé des noctambules, sert les meilleures grillades de la ville.	AE DC MC V				■
Wellington : *Sakura* $$ À l'angle de Featherstone St et Whitmore St. **Carte routière E5.** *(04) 499 6912.* Les convives peuvent prendre place à des tables ou s'asseoir en tailleur sur des tatamis pour apprécier une cuisine japonaise authentique. Les menus sont d'un excellent rapport qualité-prix.	AE DC MC V	●	■	●	■

Légende des symboles, voir dernier rabat

Catégories de prix pour un repas de 3 plats, sans les boissons, mais comprenant la Goods and Service Tax (GST) de 12,5 %.
$ moins de 25 $NZ
$$ de 25 à 35 $NZ
$$$ de 35 à 50 $NZ
$$$$ de 50 à 70 $NZ
$$$$$ plus de 70 $NZ

CARTES BANCAIRES
AE = American Express ; DC = Diners Club ; JCB = Japanese Credit Bureau ; MC = MasterCard/Access ; V = Visa.

ENFANTS BIENVENUS
Portions réduites et/ou chaises hautes disponibles.

SPÉCIALITÉS VÉGÉTARIENNES
Des plats végétariens figurent à la carte.

BYO
Établissements ne servant pas d'alcool, mais où l'on peut apporter ses propres bouteilles. Un petit droit de bouchon peut être prélevé.

	CARTES BANCAIRES	ENFANTS BIENVENUS	RÉSERVATION RECOMMANDÉE	SPÉCIALITÉS VÉGÉTARIENNES	BYO
WELLINGTON : *Café Bastille* $$$ 16Majoribanks St. **Carte routière** E5. *(04) 382 9559.* FAX *(04) 382 9550.* Près de Courtenay Place, le quartier animé de Wellington, ce restaurant récompensé pour sa cuisine française, reste ouvert tard le soir. *dim., 25 et 26 déc.*	AE DC MC V	●		●	
WELLINGTON : *Toast* $$$ 120 The Terrace. **Carte routière** E5. *(04) 499 1656.* Dans une ambiance branchée et animée en centre-ville, *Toast* vous servira des *antipasti*, du pudding aux dattes et du délicieux café. *sam. et soir*	AE DC MC V		■	●	
WELLINGTON : *Boulcott Street Bistro* $$$$ 99 Boulcott St. **Carte routière** E5. et FAX *(04) 499 4199.* Dans une ancienne demeure coloniale biscornue, juste derrière la principale rue commerçante, ce bistro moderne fait invariablement partie des tables les mieux classées de Wellington. *dim., 25 et 26 déc., 1er et 2 janv.*	AE DC MC V			●	
WELLINGTON : *The Tasting Room* $$$$ 2 Courtenay Place. **Carte routière** D5. *(04) 384 1159.* Une cuisine traditionnelle avec un brin d'excentricité. Parmi les plats : filet de sanglier, tartelettes aux tomates rôties au four ou tarte tatin au chocolat blanc.	AE DC MC V			●	■
WELLINGTON : *The White House* $$$$ 232 Oriental Parade. **Carte routière** E5. *(04) 385 8555.* Au-dessus de l'eau à Oriental Bay, accompagnez de *kumara* (patate douce) du canard ou de l'anguille de Nouvelle-Zélande. *dim., jours fériés.*	AE DC MC V		■	●	
WELLINGTON : *Logan Brown* $$$$$ 192 Cuba St. **Carte routière** E5. *(04) 801 5114.* FAX *(04) 801 9776.* Une ancienne banque abrite cette table réputée ayant pour spécialités les dîners d'avant spectacle et les menus gastronomiques.	AE DC MC V	●	■	●	
MARLBOROUGH ET NELSON					
BLENHEIM : *Bacchus* $$$ 3 Main St. **Carte routière** D5. et FAX *(03) 578 8099.* Bon rapport qualité-prix dans une atmosphère élégante. Des produits frais locaux sont toujours au menu et la carte des vins est longue. *à midi, 25 et 26 déc.*	AE MC V	●	■	●	
BLENHEIM : *Bellafico Caffè and Wine Bar* www.bellafico.co.nz $$$$ 17 Maxwell Rd. **Carte routière** D5. *(03) 577 6072.* Le personnel est de bon conseil sur les plats, savoureux et les délicieux desserts. *dim (de juin à sept.).*	AE DC MC V	●	■	●	
BLENHEIM : *Herzog* www.herzog.co.nz $$$$$ 81 Jeffries Rd. **Carte routière** D5. *(03) 572 8770.* FAX *(03) 572 8730.* Ce restaurant gastronomique récompensé, situé au milieu d'un beau vignoble, reste ouvert tard le soir. Veste et cravate obligatoires… *lun., de mai à sept.*	AE DC MC V	●	■	●	
COLLINGWOOD : *Courthouse Café* courthouse@xtra.co.nz $$$ À l'angle de Gibbs Rd et Elizabeth St. **Carte routière** D4. *(03) 524 8572.* FAX *(03) 524 8566.* L'accent est mis sur les produits locaux et le gibier dans cet ancien tribunal. Ambiance détendue dehors comme dedans. *25 déc.*	AE DC MC V	●	■	●	
HAVELOCK : *Mussel Boys* $$ 73 Main Rd. **Carte routière** D4. *(03) 574 2824.* FAX *(03) 574 2878.* La moule verte locale est à l'honneur dans ce restaurant animé. Bonne sélection de vins du Marlborough. *25 déc.*	AE DC MC V	●	■	●	
KAIKOURA : *The Olive Branch Wine Bar/Café* $$$ 54 West End. **Carte routière** D5. *(03) 319 6992.* FAX *(03) 319 7017.* Dans un bâtiment des années 1930. Les fruits de mer locaux apparaissent sur une carte éclectique. *dim. (de juin à août), 25 déc.*	AE DC MC V	●	■	●	

KAIKOURA : *Finz of South Bay* @ finz@xtra.co.nz $$$$
103 South Bay Parade. **Carte routière D5.** *(03) 319 6688.* FAX *(03) 319 6687.*
Les produits de la mer jouent les vedettes, mais on y sert aussi des viandes. Vue superbe. ● *lun. et mar. (de mai à sept.), 24-26 déc., 1er janv.*
AE DC MC V

NELSON : *Broccoli Row Café* $$
5 Buxton Square. **Carte routière D4.** *(03) 548 9621.* FAX *(03) 545 7424.*
Ce café du centre est prisé pour ses fruits de mer et ses plats végétariens de style méditerranéen, à déguster aussi en plein air. ● *dim. et jours fériés.*
AE DC MC V

NELSON : *Thai Tom-kar Café* $$$
70 Achilles Ave. **Carte routière D4.** *(03) 545 9998.*
Ouvert au dîner seulement, ce délicieux petit restaurant thai allie bonne nourriture et jolie vue. Goûtez à la soupe *tom yum* et au curry *panang*.

NELSON : *Harbour Light Bistro* $$$$
341 Wakefield Quay. **Carte routière D4.** *(03) 546 6685.* FAX *(03) 546 6685.*
La large vue sur le port fait l'attrait de ce restaurant italien au choix éclectique. Une pizzeria fait aussi partie du restaurant.
AE DC MC V

NELSON : *The Boat Shed Café* $$$$
350 Wakefield Quay. **Carte routière D4.** *(03) 546 9783.* FAX *(03) 548 4650.*
Les fruits de mers locaux prennent des saveurs exotiques et ensoleillées. Belle situation sur le port, et carte des vins variée.
AE DC MC V

PICTON : *Moraes Restaurant* @ moraes@xtra.co.nz $$$
25c Wellington St. **Carte routière D4.** *(03) 573 7745.*
Service attentionné dans un cadre chaleureux. Plats copieux et desserts chauds en hiver, fruits de mer en été. ● *à midi, dim. et lun.*
MC V

RICHMOND : *Seifried's Vineyard Restaurant* W www.seifrieds.co.nz $$$
À l'angle de Redwood Rd et de la Nationale 60, Appleby. **Carte routière D4.** *(03) 544 1555.* FAX *(03) 544 1700.* Dans un vignoble doté d'une aire de jeu, des produits locaux pour des plats accessibles. ● *ven. saint, 25 et 26 déc.*
AE DC MC V

TAKAKA : *The Wholemeal Café* @ wholemealcafe@telstra.net $$
60 Commercial St. **Carte routière D4.** *(03) 525 9426.* FAX *(03) 525 9471.*
La carte offre un choix étendu de mets végétariens et de fruits de mer. Le restaurant possède une galerie.
MC V

CANTERBURY ET CÔTE OUEST

AKAROA : *French Farm Winery and Restaurant* $$$
French Farm Valley Rd. **Carte routière C6.** *(03) 304 5784.* FAX *(03) 304 5785.*
Des vignes et des pelouses entourent ce charmant restaurant. Essayez l'assiette de dégustation de saumon. ● *25 déc.*
AE DC MC V

ARTHUR'S PASS : *Alpine Café and Crafts* $$
Nationale 73. **Carte routière C5.** *(03) 318 9234.* FAX *(03) 318 9231.*
Un café animé ouvert au déjeuner seulement. Vente d'artisanat de l'île du Sud dans une galerie adjacente. ● *le soir, juin, 25 déc.*
AE DC MC V

ARTHUR'S PASS : *Chalet Restaurant* W www.arthurspass.co.nz $$$
Nationale 73. **Carte routière C5.** *(03) 318 9236.* FAX *(03) 318 9200.*
Dans le minuscule village d'Arthur's Pass, le *Chalet* propose, dans une ambiance rustique, des plats de bistro bon marché et des dîners plus haut de gamme. Venaison et saumon figurent à la carte.
JCB MC V

CHRISTCHURCH : *Annie's Wine Bar and Restaurant* $$$
À l'angle de Rolleston Ave et Hereford St. **Carte routière C6.** et FAX *(03) 365 0566.* Ce restaurant apprécié borde une cour de l'Arts Centre. Bonne cuisine servie dans une ambiance chic et détendue. La carte des vins est intéressante. ● *du 25 déc. au 2 janv.*
AE DC MC V

CHRISTCHURCH : *Le Bon Bolli* W www.lebonbolli.co.nz $$$$
À l'angle de Montreal St et Worcester Boulevard. **Carte routière C6.** *(03) 374 9444.* FAX *(03) 374 9442.* Maintes fois primé, ce restaurant pousse très loin le « style français ». Les plus aventureux essaieront les mignonnettes de taureau.
AE DC JCB MC V

CHRISTCHURCH : *Sign of the Takahe* $$$$$
200 Hackthorne Rd, Cashmere. **Carte routière C6.** *(03) 332 4052.* FAX *(03) 337 2769.*
Un bâtiment historique abrite une table respectueuse de la tradition. Ingrédients locaux de haute qualité.
AE DC MC V

Légende des symboles, voir dernier rabat

Catégories de prix pour un repas de 3 plats, sans les boissons, mais comprenant la Goods and Service Tax (GST) de 12,5 %.
$ moins de 25 $NZ
$$ de 25 à 35 $NZ
$$$ de 35 à 50 $NZ
$$$$ de 50 à 70 $NZ
$$$$$ plus de 70 $NZ

Cartes bancaires
AE = American Express ; DC = Diners Club ; JCB = Japanese Credit Bureau ; MC = MasterCard/Access ; V = Visa.

Enfants bienvenus
Portions réduites et/ou chaises hautes disponibles.

Spécialités végétariennes
Des plats végétariens figurent à la carte.

BYO
Établissements ne servant pas d'alcool, mais où l'on peut apporter ses propres bouteilles. Un petit droit de bouchon peut être prélevé.

	Cartes bancaires	Enfants bienvenus	Réservation recommandée	Spécialités végétariennes	BYO
Fairlie : *Old Library Café* $$ 6 Allandale Rd. **Carte routière B6.** Tél. et FAX *(03) 685 8999.* Une rénovation menée avec goût a transformé l'ancienne bibliothèque (1914) en un agréable restaurant. L'agneau est à la carte. Fermé *25 déc.*	AE MC V	●	■	●	
Fox Glacier : *Cook Saddle Café* $$ Nationale 6. **Carte routière B6.** Tél. *(03) 751 0700.* FAX *(03) 751 0809.* Une grande cheminée en pierre engage à prendre place, surtout par une de ces journées humides comme en connaît la côte ouest. Fermé *25 déc.*	MC V	●		●	
Fox Glacier : *Café Névé* $$$ Nationale 6. **Carte routière B6.** Tél. *(03) 751 0110.* FAX *(03) 751 0115.* Il propose un excellent café, une large gamme de pâtisseries maison et des mets comme la blanchaille, le gibier et les fruits de mer.	DC MC V	●		●	
Franz Josef : *Beeches* $$$ Nationale 6. **Carte routière B6.** Tél. *(03) 752 0721.* FAX *(03) 752 0726.* Ce vaste restaurant ouvert toute la journée sert des plats variés – blanchaille, gibier et saumon notamment. Fermé *25 déc.*	AE DC MC V	●		●	
Greymouth : *Jones's Licensed Café and Bar* $$ 37 Tainui St. **Carte routière C5.** Tél. *(03) 768 6468.* Les portions sont généreuses dans cet établissement détendu qui propose des plats du jour bon marché. Fermé *25 et 26 déc., 1er janv.*	AE DC MC V	●		●	
Hokitika : *Café de Paris* $$$ 19-21 Tancred St. **Carte routière C5.** Tél. *(03) 755 8933.* FAX *(03) 755 5035.* Du gibier de la côte ouest figure à la carte de ce restaurant français réputé et primé.	AE DC MC V	●	■	●	■
Karamea : *The Last Resort* W www.lastresort.co.nz $$$ 71 Waverley St. **Carte routière C4.** Tél. *(03) 782 6617.* FAX *(03) 782 6820.* La carte change tous les jours dans le restaurant du principal complexe hôtelier de Karamea. Des spécialités locales comme la blanchaille et les coquilles Saint-Jacques y apparaissent en saison.	AE MC V	●	■	●	■
Karamea : *Karamea Bight Restaurant* $$$$ À l'angle de Waverley St et Wharf Rd. **Carte routière C4.** Tél. et FAX *(03) 782 6800 ; 0800 826 800.* Dans un cadre rustique, les propriétaires chaleureux du *Karamea Village Hotel* proposent aussi bien des plats au bar que des repas complets dans la salle à manger. Fermé *25 déc.*	MC V	●		●	
Mount Cook Village : *Alpine Restaurant* $$$ The Hermitage. **Carte routière B6.** Tél. *(03) 435 1809.* FAX *(03) 435 1879.* Le principal restaurant de Mount Cook propose toute l'année une cuisine meilleur marché que celle du *Panorama*, plus chic.	AE DC JCB MC V	●	■	●	
Mount Cook Village : *Panorama Restaurant* $$$$ The Hermitage. **Carte routière B6.** Tél. *(03) 435 1809.* FAX *(03) 435 1879.* Dans le même hôtel que l'*Alpine*, dégustez fruits de mer, gibier ou autres viandes néo-zélandaises en contemplant le coucher de soleil sur les monts Cook et Selton et le Footstool. Fermé *de mai à sept.*	AE DC JCB MC V	●	■	●	
Timaru : *Zanzibar Restaurant and Bar* $$$ 56 The Bay Hill. **Carte routière C6.** Tél. *(03) 688 4367.* FAX *(03) 688 5821.* Ce vaste restaurant de poisson domine Caroline Bay. On y sert tous les jours de la morue bleue fraîche. Fermé *25 déc.*	AE DC MC V	●		●	
Westport : *The Bay House Café and Art Gallery* $$$ Tauranga Bay. **Carte routière C5.** Tél. et FAX *(03) 789 7133.* W www.bayhousecafe.co.nz Excellente adresse en bord de mer où déjeuner, dîner ou simplement prendre un café dans un cadre superbe. Large panorama de Tauranga Bay. Spécialités de fruits de mer.	AE MC V	●	■	●	■

Otago et Southland

Bluff : *Lands End* www.landsend.co.nz $$$$ 10 Ward Parade. **Carte routière A7.** et FAX *(03) 212 7575.* Superbement placé à Stirling Point, dominant Stewart Island, il est réputé pour la morue bleue, le saumon et les huîtres de Bluff (en saison).	*MC V*	●	■	●	
Dunedin : *Etrusco at the Savoy* $ 8a Moray Place. **Carte routière B7.** et FAX *(03) 477 3737.* Les boiseries et les vitraux d'un majestueux restaurant ancien ajoutent au plaisir offert par une cuisine italienne authentique. ● *25 et 26 déc.*	*AE DC MC V*	●	■	●	■
Dunedin : *A Cow Called Berta* $$$ 199 Stuart St. **Carte routière B7.** *(03) 477 2993.* FAX *(03) 471 8226.* Dans une séduisante maison victorienne, un chef suisse apprête des produits locaux comme l'agneau, le gibier, les coquilles Saint-Jacques, le saumon et la morue bleue. ● *dim., 25 et 26 déc.*	*AE DC MC V*		■	●	
Dunedin : *Bell Pepper Blues* www.bellpepperblues.co.nz $$$$ 474 Princes St. **Carte routière B7.** et FAX *(03) 474 0973.* Ce restaurant de renom utilisant les produits du terroir est installé dans un ancien hôtel du XIXe siècle. ● *dim. et jours fériés.*	*AE DC MC V*		■	●	■
Gore : *Blazing Copper* $$$ Queenstown Hwy. **Carte routière A7.** *(03) 208 9029.* FAX *(03) 208 9252.* Les produits du Southland, dont les huîtres et les coquilles Saint-Jacques, sont à l'honneur, accompagnés de vins primés.	*AE DC MC V*	●	■	●	
Oamaru : *The Last Post Pub and Restaurant* $$$ 12 Thames St. **Carte routière B7.** et FAX *(03) 434 8080.* Dans un ancien bureau de poste, vous pourrez opter pour des plats au bar ou un dîner en salle. Riche carte des vins. ● *25 déc.*	*AE DC MC V*	●	■	●	
Queenstown : *The Cow* $ Cow Lane. **Carte routière A6.** et FAX *(03) 442 8588.* Pizzas et délicieuses pâtes sont servies dans un ancien hangar de traite en pierre vieux de 140 ans et décoré d'objets en laiton et en cuivre de l'époque coloniale. ● *25 et 26 déc.*	*AE DC JCB MC V*			●	
Queenstown : *The Dux Restaurant Bar and Brewery* $$ 14 Church St. **Carte routière A6.** *(03) 442 9688.* FAX *(03) 442 7745.* Pizzas et pâtes sont au menu dans ce charmant pub et restaurant, et vous pourrez les accompagner d'un vin local ou d'une bière produite par une brasserie artisanale. ● *25 déc.*	*AE JCB MC V*	●	■	●	■
Queenstown : *Boardwalk* www.boardwalk.net.nz $$$$ Steamer Wharf. **Carte routière A6.** *(03) 442 5630.* FAX *(03) 442 9042.* Quoique ce restaurant soit primé pour le bœuf et l'agneau, il propose surtout du poisson et des fruits de mer. Belle vue du lac.	*AE DC JCB MC V*	●	■	●	■
Te Anau : *The Olive Tree Café* $ 52 Town Centre. **Carte routière A7.** *(03) 249 8496.* FAX *(03) 249 7497.* Ce café décontracté propose une nourriture diététique internationale. Délicieux gâteaux et desserts maison. ● *25 déc.*	*MC V*		■	●	
Te Anau : *Bluestone Restaurant* $$$ 20 Lakefront Drive. **Carte routière A7.** *(03) 249 7421.* FAX *(03) 249 8037.* Vivement recommandé par les habitants de Te Anau. Devant le lac, il a comme spécialités la langouste et le gibier.	*AE DC MC V*	●	■	●	
Waianakarua : *The Mill House* www.themillhousehotel.co.nz $$ Nationale 1, Waianakarua (près d'Omaru). **Carte routière B7.** et FAX *(03) 439 5515.* Cet ancien moulin possède d'épais murs de pierre et des poutres apparentes. Pas de menus. ● *lun., mar., 25 déc. et jours fériés.*	*MC V*	●	■	●	
Wanaka : *Relishes Café* $$$ 99 Ardmore St. **Carte routière B6.** *(03) 443 9018.* FAX *(03) 443 7538.* Du lambris et une cheminée créent une atmosphère chaleureuse. Agneau, venaison et vins locaux figurent à la carte. ● *à midi, 25 et 26 déc.*	*AE DC MC V*	●	■	●	■
Wanaka : *Cardrona Hotel* info@cardrona-hotel.co.nz. $$$ Cardrona Valley. **Carte routière B6.** *(03) 443 8153.* FAX *(03) 443 8163.* Cet authentique pub de la ruée vers l'or a beaucoup de charme et possède une cour intérieure où savourer une bonne cuisine. ● *25 déc.*	*AE MC V*	●	■	●	

Légende des symboles, voir dernier rabat

Magasins et marchés

Enseigne de boutique d'artisanat

La Nouvelle-Zélande offre un large choix d'objets à rapporter, y compris des articles introuvables dans beaucoup d'autres pays, depuis les bijoux traditionnels maoris en os ou en néphrite jusqu'aux lainages tricotés main et aux descentes de lit en peau de mouton. De nombreux artisans vendent leurs créations sur les marchés spécialisés d'Auckland, de Wellington et de Christchurch, et dans des boutiques ouvertes dans les régions touristiques. Le taux peu élevé des droits de douane et des taxes explique les prix avantageux des appareils photographiques, des caméscopes et du matériel hi-fi. Les produits alimentaires, comme les vins *(p. 314-315)*, la viande, les fruits de mer et les fromages, réserveront plus d'une bonne surprise aux gourmands.

Kirkcaldie and Stains, grand magasin de Wellington

Heures d'ouverture

Les commerces ouvrent normalement de 9 h à 17 h ou 17 h 30 du lundi au vendredi. Beaucoup lèvent également leur rideau le samedi et le dimanche. Les nocturnes, généralement le jeudi ou le vendredi, s'entendent jusqu'à 21 h.

Les grandes surfaces et les centres commerciaux des principales villes restent ouverts 7 jours sur 7, et de nombreux supermarchés ne ferment qu'à 20 h ou 21 h plusieurs soirs par semaine. En zone rurale, les épiceries, appelées *dairies*, ont des horaires étendus.

Modes de paiement

Presque tous les magasins acceptent les cartes bancaires, en général au-dessus d'un certain montant. Elles permettent également de retirer des espèces dans les distributeurs automatiques, l'argent liquide restant le mode de règlement préféré des commerçants. Même dans les petites boutiques, ils n'ont pas l'habitude du marchandage. Il faut présenter une pièce d'identité pour payer avec des chèques de voyage.

Tous les biens vendus en Nouvelle-Zélande sont soumis à la Goods and Service Tax (GST), d'un montant de 12,5 %. Elle est incluse dans le prix de vente et n'est pas récupérable à la sortie du pays.

Droits et remboursements

Le Consumers' Institute ([04] 384 7963) vous fournira des renseignements détaillés sur vos droits en tant qu'acheteur. Un article défectueux doit être remboursé. Si vous regrettez votre achat, beaucoup de boutiques vous accorderont un avoir ou vous l'échangeront. Il vous faudra dans tous les cas présenter le ticket de caisse.

Grands magasins

Chacune des 4 principales villes possède un grand magasin proposant des articles haut de gamme et de marque. Il s'agit de **Smith and Caughey** à Auckland, de **Kirkcaldie and Stains** à Wellington, d'**Arthur Barnett** à Dunedin et de **Ballantynes** à Christchurch.

Moins chères, les chaînes nationales Farmers, Kmart et Warehouse ont de nombreuses succursales dans tout le pays.

Centres commerciaux

Presque toujours installés en banlieue, ils regroupent en général au moins un supermarché et un assortiment de boutiques de vêtements, d'articles de sport, de livres ou d'ustensiles ménagers. Ils renferment aussi souvent des stands de restauration proposant des plats bon marché.

Étalagiste soignant la présentation de vêtements Zambesi

Dairies

Ces petits commerces, où l'on trouve produits alimentaires de base, en-cas, boissons, journaux et cigarettes, existent partout en Nouvelle-Zélande. Beaucoup sont ouverts tous les jours de 7 h du matin jusque tard dans la soirée.

Étals en bord de route

Dans toutes les grandes régions horticoles comme la Bay of Plenty, le Marlborough et le centre de l'Otago, des étals de fruits et de légumes jalonnent les routes. Dans quantité de vergers, les fruits sont à prix réduit quand vous les cueillez vous-même. Les fraises abondent partout au printemps et en été. Noël est la période des cerises dans le Marlborough, et janvier-février celle des abricots, des nectarines et des pêches dans l'Otago. La saison des kiwis dure d'avril à septembre dans la Bay of Plenty. De même, n'hésitez pas à vous arrêter pour découvrir la production des nombreuses fromageries du Waikato, du Taranaki, du Marlborough et du Canterbury.

Vente en bord de route

Marchés

En dehors de l'exception notable de l'Otara Market d'Auckland *(p. 89)*, qui permet de découvrir des spécialités culinaires du Pacifique, les marchés néo-zélandais rassemblent plutôt des étals d'objets artisanaux que de produits alimentaires. Les principaux se tiennent à Auckland, Wellington et Christchurch. Le Victoria Park Market d'Auckland *(p. 89)* a lieu tous les jours, le Wakefield Market de Wellington se déroule le vendredi, le week-end et les jours fériés, et le marché de l'Arts Centre de Christchurch *(p. 222)* ne s'installe que le week-end.

Souvenirs et objets artisanaux néo-zélandais à Blenheim

Artisanat

Les grandes villes et les sites touristiques regorgent de magasins vendant des souvenirs et les œuvres d'artisans locaux. Pour présenter leur travail, ceux-ci possèdent souvent une petite galerie en bord de route ou accueillent les visiteurs dans leurs ateliers. Ils sont particulièrement nombreux dans des régions comme le Coromandel *(p. 125)* et le Nelson *(p. 211)*. Les boutiques de musée, par exemple celles du Museum of New Zealand Te Papa Tongarewa de Wellington *(p. 164-165)* et de l'Auckland War Memorial Museum *(p. 76)*, proposent des créations de grande qualité.

Les objets artisanaux les plus intéressants comprennent les paniers traditionnels maoris en lin, les parures en os et en néphrite, les bijoux en nacre de *paua* (ormeau), la céramique, la verrerie soufflée, les sculptures sur bois indigènes, les tricots et les accessoires en peau de mouton.

Objets artisanaux en vente au marché du week-end de Nelson *(p. 208)*

Prêt-à-porter

La Nouvelle-Zélande compte plusieurs créateurs de mode qui se sont imposés à l'étranger avec des marques comme Trelise Cooper, Karen Walker, World, Zambesi et NomD. Il existe aussi quelques grands noms dans le domaine du lainage, dont Untouched World.

Canterbury, Heritage et Macpac *(p. 331)* ont pour spécialité les vêtements et l'équipement d'extérieur, à l'instar d'Arthur Ellis, qui fabrique les produits haut de gamme de Fairydown et ceux, moins chers, de Great Outdoors.

Carnet d'adresses

Grands magasins

Arthur Barnett
267-285 George St, Dunedin.
(03) 477 1129.

Ballantynes
City Mall, Christchurch.
(03) 379 7400.
www.ballantynes.co.nz

Kirkcaldie and Stains
165-177 Lambton Quay, Wellington. *(04) 472 5899.*
www.kirkcaldies.co.nz

Smith and Caughey
253-261 Queen St, Auckland.
(09) 377 4770.
www.smithandcaughey.co.nz

Boutiques de musée

Auckland Museum
Auckland Domain.
(09) 309 2580.

Te Papa
Cable St, Wellington.
(04) 381 7000.

Qu'acheter en Nouvelle-Zélande ?

Panier en lin

Les objets propres à la Nouvelle-Zélande sont légion. Certains, comme les bijoux et les sculptures en os et néphrite ou les vanneries en lin, sont un héritage de la culture maorie. D'autres – les articles en peau de mouton et les lainages notamment – reflètent l'importance fondatrice de l'élevage. Objets en bois indigènes, équipement d'extérieur ou encore vins constitueront d'autres idées de cadeaux, sans parler des centaines de commerces d'artisanat, des grands magasins et des boutiques de musées où vous dénicherez sans nul doute le souvenir de vos rêves, quel que soit votre budget.

Descente de lit en peau de mouton

Pull tricoté main

Pantoufles en peau de mouton

***Les lainages** et les peaux de mouton séduisent beaucoup d'étrangers. Le pays exporte la majorité de sa laine pour la fabrication de tapis, mais la toison des mérinos sert localement à la confection de tricots et de tissus de qualité. Les grands magasins et les boutiques de souvenirs proposent des pulls entièrement faits main, depuis le filage de la laine et sa teinture, ainsi qu'une foule d'articles en peau, entre autres des carpettes et des vestes.*

Manchon en laine

Gants

Saladier en bois sculpté

***Les objets en bois**, utilitaires ou décoratifs, tirent parti du grain d'essences spécifiques à la Nouvelle-Zélande comme le* rimu, *le* kauri *et le* matai. *Beaucoup d'artisans emploient aussi du bois recyclé et celui d'espèces exotiques.*

Dessous-de-bouteille incrusté de nacre de *paua*

Boîte à bijoux en kauri

Figurine maorie aux yeux en nacre de *paua*

Massue traditionnelle maorie

Pendentif à motif en spirale

***La néphrite,** la pierre la plus précieuse de Nouvelle-Zélande, permet la création de nombreux bijoux et ornements selon des modèles traditionnels maoris ou des motifs contemporains (p. 235).*

***L'os**, dont les maoris tiraient des hameçons, sert désormais principalement à la fabrication de parures comme ces pendentifs finement sculptés.*

***Le paua** (ormeau), un coquillage répandu en Nouvelle-Zélande, fournit une nacre irisée utilisée pour fabriquer des bijoux, comme des pendentifs et des boucles d'oreilles, ou réaliser des incrustations dans des objets en bois et des sculptures maories.*

Collier et boucles d'oreilles en argent et nacre de *paua*

Boîte incrustée de nacre de *paua*

Verre à vin

Vase en verre soufflé

Plat peint à la main

Gobelet en terre

Théière en forme de chat

Flacon à parfum

***Céramique et verrerie** sont deux formes d'artisanat très développées. Les céramiques vont de la terre cuite la plus rustique à la vaisselle la plus fine. Quant aux articles en verre soufflé, ils sont souvent de haute qualité. Les créateurs se montrent enchantés d'accueillir des visiteurs* (p. 211).

***L'équipement d'extérieur** néo-zélandais jouit d'une haute réputation, et les modèles d'une marque comme Macpac sont régulièrement testés dans les montagnes de l'île du Sud. Les grandes villes abritent des magasins spécialisés au personnel qualifié. Ils constituent les meilleurs points de vente.*

Coupe-vent

Sac à dos

Tente dans son sac

***Les produits alimentaires** comprennent d'excellentes viandes, le bœuf et l'agneau bien entendu, mais aussi le gibier et l'autruche. La production des petites fromageries mérite un essai. Il existe également de très bonnes crèmes glacées. Les variétés de miel obtenues avec le pollen de plantes indigènes ont des saveurs originales. Les vins, et en particulier les blancs, sont pour certains de haute qualité* (p. 34-35, 314-315).

Plateau de fromages de Kapiti

Sauvignon blanc du Marlborough

Chocolats au kiwi

Variétés locales de miel

Se distraire en Nouvelle-Zélande

La vie culturelle s'est beaucoup enrichie en Nouvelle-Zélande depuis les années 1960 et 1970, aussi bien dans le domaine du théâtre que de la musique et de la danse. Les cités les plus importantes restent de loin les pôles les plus animés, mais mêmes de petits villages possèdent des groupes locaux ou des compagnies amateurs. Cafés et bars accueillent des orchestres de jazz et de rock. Les spectacles proposés dans des lieux comme le New Zealand Maori Arts and Crafts Institute de Rotorua et différents festivals témoignent du renouveau de la culture maorie. Les vedettes internationales de passage ne s'aventurent pas toujours hors d'Auckland et de Wellington.

Chanteuse au marché d'Auckland

Renseignements

Tourism New Zealand propose sur son site Internet (www.purenz.com) le programme annuel des manifestations. Les quotidiens et les magazines comme *North and South*, *The Listener* et *Metro* sont d'autres bonnes sources d'information.

The Edge regroupe les principales salles de spectacle d'Auckland

Grandes salles

Les principaux lieux de spectacle sont concentrés dans les 4 grandes villes de Nouvelle-Zélande : à Auckland, **THE EDGE**®, qui réunit l'Aotea Centre, l'hôtel de ville et le Civic Theatre ; à Wellington, le **Convention Centre** ; à Christchurch, le **Town Hall** et le **Westpac Centre** ; à Dunedin, le **Town Hall**.

Réservations

Mieux vaut toujours réserver sa place, surtout pour les grands spectacles. Le plus simple consiste à passer par le réseau national **Ticketek**, soit en utilisant l'Internet, soit en appelant l'une de ses nombreuses agences. En général, on peut aussi acheter ses billets sur place.

Théâtre

Wellington possède la vie théâtrale la plus animée avec 3 compagnies professionnelles *(p. 154-155)* : **Downstage**, un centre d'art dramatique subventionné qui possède depuis 1973 sa propre salle de 250 places ; **Circa**, une coopérative fondée en 1976 et réputée pour la constante qualité de ses pièces ; **Bats**, surtout connue pour ses créations expérimentales. La seule troupe maorie d'envergure nationale, **Taki Rua**, a également son siège à Wellington, mais elle effectue régulièrement des tournées pour présenter ses nouvelles productions. La Nouvelle-Zélande ne compte que 3 autres compagnies professionnelles : l'**Auckland Theatre Company**, qui se produit au Maidment, au Herald et au Sky, le **Court Theatre**, installé dans l'Arts Centre néo-gothique de Christchurch, et le **Fortune Theatre**, qui a investi une église ancienne du centre de Dunedin.

Musique classique, opéra et danse

Le **New Zealand Symphony Orchestra** est basé à Wellington *(p. 154-155)*, mais ses tournées dans le pays lui font parcourir chaque année environ 50 000 km. En été, il donne de temps en temps des concerts en plein air.

Les régions financent aussi des orchestres locaux d'un bon niveau. Le Canterbury et Hawke's Bay possèdent leurs propres compagnies d'opéra,

Le New Zealand Symphony Orchestra au Town Hall de Wellington

Saxcess, un quartette de saxophonistes

mais elles n'ont pas la renommée du **National Business Review New Zealand Opera**, qui se produit principalement à l'Aotea Centre d'Auckland.

Le **Royal New Zealand Ballet** est la plus ancienne troupe de ballet professionnelle d'Australasie. Son siège est à Wellington *(p. 154-155)*, mais elle n'hésite pas à se déplacer pour présenter son large répertoire. La **Footnote Dance**, l'unique compagnie de danse contemporaine de Nouvelle-Zélande, suit une politique identique. Ses créations ont permis à des chorégraphes et des compositeurs néo-zélandais d'exprimer leur talent.

Affiches de spectacles

Rock, jazz et musique country

Le rock néo-zélandais a un charme très particulier qui a permis à des artistes comme les Muttonbirds, Dave Dobbyn et Neil Finn de se faire une place sur la scène internationale. Ils jouent aussi à l'occasion dans leur pays. Les groupes locaux se produisent dans des pubs et dans des salles comme **THE EDGE**®, à Auckland.

Des musiciens de jazz néo-zélandais et étrangers participent tous les deux ans au Wellington International Arts Festival *(p. 154-155)* et tous les ans, en août, au Bay of Islands Jazz and Blues Festival.

La musique country compte de nombreux adeptes, et il existe d'excellents groupes et chanteurs. The Gold Guitar Awards de Gore, dans le Southland, est l'occasion, en mai et juin, de découvrir de nouveaux talents.

Musique et danse maories

Entre autres lieux proposant des spectacles traditionnels maoris, le **New Zealand Maori Arts and Crafts Institute** de Rotorua *(p. 136-137)* et l'**Auckland War Memorial Museum** *(p. 76-77)* programment des concerts quotidiens. Tous les deux ans, les années paires, dans un site à chaque fois différent, l'Aotearoa Traditional Maori Performing Arts Festival réunit des troupes de musique et de danse de tout le pays. Des voyagistes spécialisés dans la culture maorie incluent dans leurs catalogues des initiations aux traditions et aux pratiques artistiques *(p. 339)*.

Spectacle maori lors d'un festival à Wellington

Carnet d'adresses

Renseignements

Ticketek
(09) 307 5000.
www.ticketek.com

Tourism New Zealand
(04) 917 5400.

Grandes salles

Town Hall, Christchurch
(03) 366 8899.

Town Hall, Dunedin
(03) 474 3614.

THE EDGE®
(09) 309 2677.

Wellington Convention Centre
(04) 801 4231.

Westpac Centre, Christchurch
(03) 339 3599.

Théâtre

Auckland Theatre Company
(09) 309 0390.

Bats Theatre
(04) 802 4175.

Circa Theatre
(04) 801 7992.

Court Theatre
(03) 963 0870.

Downstage Theatre
(04) 801 6946.

Fortune Theatre
(03) 477 8323.

Taki Rua
(04) 472 7377.

Musique classique, opéra et danse

Footnote Dance
(04) 384 7285.

National Business Review New Zealand Opera
(09) 379 4020.

New Zealand Symphony Orchestra
(04) 801 3890.

Royal New Zealand Ballet
(04) 381 9000.

Musique et danse maories

Auckland War Memorial Museum
(09) 309 0443.

New Zealand Maori Arts and Crafts Institute, Rotorua
(07) 348 9047.

Loisirs de plein air et à thème

Les amoureux de la nature verront dans les espaces préservés de Nouvelle-Zélande le terrain idéal pour assouvir leur passion, voire pour tenter de nouveaux défis. Entre le saut à l'élastique, la sortie en *jet-boat (p. 192)* ou en hélicoptère, l'alpinisme, la spéléologie, la descente en eau vive et le ski, les frissons sont garantis. Les meilleurs endroits pour se renseigner sur l'offre vertigineuse proposée sont Tourism New Zealand, les bureaux du Department of Conservation (DOC), les Visitor Centres et les agences de voyages.

Logo du DOC

Randonnée

De nombreux parcs forestiers, réserves naturelles et 14 parcs nationaux ouvrent des possibilités infinies aux randonneurs de tous niveaux. Un réseau national d'itinéraires pédestres, allant de courts chemins au sol nivelé jusqu'à des sentiers de montagne beaucoup plus ardus, sillonne l'ensemble du territoire, et il existe partout des parcours conçus pour aider les visiteurs à découvrir les aspects les plus intéressants de l'environnement local.

Les meilleurs circuits de randonnée (*tramping* pour les Néo-Zélandais) traversent les parcs nationaux. Plusieurs d'entre eux, célèbres dans le monde entier pour leur beauté, ont reçu l'appellation Great Walks (« Grandes Randonnées »). Ils sont jalonnés de refuges *(huts)*, simples mais confortables, où la nuit coûte entre 10 et 45 $NZ.

Les randonnées se font avec guide ou en indépendant. Dans ce dernier cas, vous vous devez d'emporter le nécessaire en matière de ravitaillement et d'équipement. Les refuges varient en taille et n'offrent pas tous les mêmes prestations. Il est donc sage de se renseigner avant de partir, et essentiel de s'informer sur les itinéraires et les prévisions météorologiques – cela auprès du DOC. Au moment du départ, n'oubliez pas d'indiquer votre parcours et votre date prévue de retour à son bureau local ou sur les cahiers prévus à cet effet au début des sentiers. C'est une mesure de sécurité indispensable. Enfin, sachez qu'il faut réserver sur les sentiers les plus populaires comme l'Abel Tasman Coastal Track, le Routeburn Track et le Milford Track.

Sentier balisé

Alpinisme et varappe

Avec 30 sommets de plus de 3 000 m, les Southern Alps de l'île du Sud offrent de riches possibilités d'escalade, en particulier dans les parcs nationaux de Aoraki/Mount Cook, Westland/Tai Poutini, Mount Aspiring, Arthur's Pass et Fiordland. Le plateau central est la région de l'île du Nord la plus propice à l'alpinisme. La saison principale dure de novembre à mars. Même en cette période estivale, dans l'hémisphère Sud, les conditions climatiques peuvent évoluer très rapidement en altitude. Se renseigner sur les prévisions météorologiques, disposer d'un matériel adéquat et avertir le DOC de ses intentions avant le départ constituent donc des précautions indispensables. Des guides de montagne expérimentés, tels ceux d'**Alpine Guides (Aoraki) Ltd**, proposent leurs services à ceux qui le souhaitent.

De nombreuses parois se prêtent à la pratique de la varappe. Les sites les plus réputés comprennent les Port Hills volcaniques de Christchurch *(p. 228)* et les formations calcaires de Castle Hill dans le Canterbury *(p. 240)*.

Randonnée guidée sur le Franz Josef Glacier *(p. 236-237)*

Descente dans la grotte de Mangapu, à Waitomo

Spéléologie

La Nouvelle-Zélande est dotée d'importants réseaux souterrains, les plus remarquables étant les grottes de Waitomo, dans le centre de l'île du Nord *(p. 118-119)*, et les alentours de Takaka dans le nord-ouest du Nelson *(p. 214)*. Certains sont faciles d'accès, d'autres réservés à des spéléologues confirmés. Un moyen original de les découvrir consiste à descendre une rivière souterraine soutenu par une bouée, spécialité, entre autres, d'agences de Waitomo *(p. 118-119)* et Westport *(p. 132)*, dont la **Waitomo Adventures** avec Lost World *(p. 119)*, le « monde perdu ».

Cyclotourisme

Parcourir en vélo le réseau routier de la Nouvelle-Zélande est un bon moyen de découvrir le pays. Le Queen Charlotte Drive, dans les Marlborough Sounds *(p. 200)*, et la Nationale 6, sur la côte ouest, traversent de splendides paysages. L'Otago Central Trail longe une ancienne voie ferrée réaménagée pour les cyclistes sur 150 km.

De multiples pistes s'adressent également aux adeptes du VTT, notamment à Hanmer Springs *(p. 231)* et dans le Victoria Forest Park *(p. 231)*.

VTT dans la Rangataua Forest (p. 140)

Ski

La Nouvelle-Zélande compte de nombreuses stations de sports d'hiver. Si certaines ont un équipement comparable à celui de leurs homologues alpines, d'autres ne sont en fait que des champs de neige gérés par de petits clubs locaux. Les plus grandes stations sont **Whakapapa** et **Turora**, aménagées sur le mont Ruapehu, dans l'île du Nord *(p. 140-141)*, **Mount Hutt** dans le Canterbury *(p. 244)* et **Coronet Peak**, **Remarkables**, **Cardrona Alpine Resort** et **Treble Cone** dans le centre de l'Otago *(p. 192)*.

La saison dure de mi-juin à septembre. Dans l'île du Sud, des clubs proposent de l'héliski dans des territoires vierges. Le ski de randonnée ou de fond peut être pratiqué, entre autres, à la **Waiorau Snow Farm**, près de Wanaka *(p. 192-193)*.

Carnet d'adresses

Randonnée

www.doc.govt.nz fournit des informations sur les Great Walks et explique comment faire ses réservations.

Alpinisme et varappe

Alpine Guides (Aoraki) Ltd
PO Box 20, Mt Cook.
(03) 435 1834.
www.alpineguides.co.nz

Mount Aspiring Guides
99 Ardmore St, Wanaka.
(03) 443 9422.
www.mtaspiringguides.co.nz

Spéléologie

Black Water "Rafting"™
PO Box 13, Waitomo Caves.
(07) 878 6219 ; 0800 228 464. *www.blackwaterrafting.co.nz*

Norwest Adventures
182 Queen St, Westport.
(03) 789 6686.
www.caverafting.com

Waitomo Adventures
PO Box 29, Waitomo Caves.
(07) 878 7788 ; 0800 924 866. *www.waitomo.co.nz*

Cyclotourisme

New Zealand Pedaltours
PO Box 37-575 Parnell, Auckland. *(09) 302 0968 ; 0800.302 0968.*
www.pedaltours.co.nz

Ohakune Mountain Ride
16 Miro St, Ohakune.
(06) 385 8257.

Otago Central Rail Trail
i-SITE Visitor Center, 48 The Octagon, Dunedin.
(03) 474 3300.

Pacific Cycle Tours
17 Bay Heights, Governers Bay. *(03) 329 9913.*

Ski

Cardrona Alpine Resort
(03) 443 7411.
www.cardrona.co.nz

Coronet Peak
(03) 442 4620.
www.nzski.com

Harris Mountains Heli-skiing
(03) 442 6722.
www.heliski.co.nz

Mount Hutt
PO Box 14, Methven.
(03) 302 8811.

Remarkables
PO Box 359, Queenstown.
(03) 442 4615.
www.nzski.com

Treble Cone
PO Box 206, Wanaka.
(03) 443 7443.
www.treblecone.co.nz

Turoa
(06) 892 3738.
www.turoa.com

Waiorau Snow Farm
Cardrona, Wanaka.
(03) 443 7542.
www.snowfarmnz.com

Whakapapa
(07) 892 3738.
www.whakapapa.co.nz

Surf à Whale Bay, célèbre spot près de Raglan *(p. 114-115)*

Les sports d'eau

Avec 18 200 km de littoral et une multitude de lacs et de cours d'eau, la Nouvelle-Zélande se prête à la pratique d'une immense variété de sports d'eau. D'Auckland, dans le golfe de Hauraki, à la pointe septentrionale de l'île du Nord s'étend le paradis de la plaisance. De nombreuses agences louent des voiliers et proposent les services d'un skipper, car les coups de vent de la région peuvent surprendre les marins les plus expérimentés.

Le surf est très populaire, surtout dans l'île du Nord au large des plages de Piha *(p. 84)*, Raglan *(p. 114-115)* et de la Bay of Plenty *(p. 124, 126)*. Partout, des lacs et des baies profondes offrent leurs eaux calmes aux véliplanchistes, et les loueurs de planches sont nombreux sur le rivage.

La Bay of Islands, le golfe de Hauraki, le Nelson, les Marlborough Sounds, le Fiordland et Stewart Island sont particulièrement adaptés au kayak de mer. L'éventail de possibilités présenté aux visiteurs va de la promenade de quelques heures en indépendant à des excursions guidées de plus d'une semaine.

La descente de rapides, en kayak ou en raft, a de nombreux adeptes. Dans l'île du Nord, la Motu *(p. 130)*, la Rangitikei et la Tongariro sont les rivières qui donnent le plus de frissons. Les débutants se sentiront plus à l'aise sur la Whanganui, qui serpente à travers le Whanganui National Park *(p. 177)*. Les torrents à dévaler se comptent par douzaines dans l'île du Sud.

Il existe d'excellents sites de plongée, entre autres dans les réserves marines *(p. 24-25)*. Près de Whangarei, les spectaculaires grottes sous-marines des Poor Knights Islands jouissent d'une renommée internationale *(p. 97)*. Plus au nord, une faune multicolore a pris possession de l'épave du *Rainbow Warrior*, le navire de Greenpeace. Les fjords du Fiordland abritent un écosystème marin unique au monde ; une accumulation d'eau douce due à de fortes précipitations et l'absence de brassage attire certaines espèces plus près de la surface.

La chasse

En l'absence de prédateurs naturels, beaucoup d'animaux introduits par les Européens ont proliféré au point de devenir nuisibles. Les autorités encouragent la chasse au gros gibier en n'imposant ni permis, ni saison de fermeture, ni limitation du nombre de bêtes tuées.

Partout dans le pays, des sociétés privées proposent des parties de chasse organisées. Beaucoup disposent de vastes terrains privés. Dans les forêts vivent 7 espèces de cervidés, des sangliers et des caprins sauvages. Des chamois et des tahrs de l'Himalaya peuplent les montagnes de l'île du Sud. La chasse au canard commence début mai et dure 8 semaines.

La pêche

La Nouvelle-Zélande jouit dans le domaine de la pêche de loisirs d'une renommée pleinement justifiée. Les torrents poissonneux abondent dans tout le pays, mais beaucoup de pêcheurs de truite considèrent la région du lac Taupo, où coule la célèbre Tongariro, comme leur Mecque *(p. 139)*. La saison dure d'octobre à mai. Les principaux cours d'eau fréquentés par les saumons se trouvent sur la côte est de l'île du Sud. Comme pour la truite, un permis est obligatoire. Se procurer des appâts ne présente aucune difficulté.

La meilleure période pour la pêche en haute mer est de

Descente en kayak des rapides de la Tongariro

Pêcheur au bord de la Waikato, près de *Huka Lodge* *(p. 293)*

janvier à mai. Aucun permis n'est exigé. Les bateaux partent de la côte est de l'île du Nord, au-dessus du cap Est. La Bay of Islands est réputée pour le makaire *(p. 100-101)*.

L'ÉCOTOURISME

Les Néo-Zélandais ont une longue tradition de protection de l'environnement, et des agences spécialisées proposent une riche palette d'activités axées sur la découverte et le respect de la nature. Même celles qui travaillent dans un domaine plus ludique comme la descente de rivières souterraines *(p. 118)* ont souvent une bonne connaissance de la faune et de la flore locales.

Les oiseaux abondent *(p. 190-191)*. On peut notamment approcher la colonie d'albatros royaux de la péninsule de l'Otago, celle de grandes aigrettes d'Okarito et les milliers d'échassiers du banc de sable de la pointe de Farewell *(p. 215)*.

L'hiver, à Kaikoura, il est rare de ne pas voir des cachalots *(p. 207)*. Des bateaux partent à la rencontre des dauphins de la péninsule de Banks, de la Bay of Islands ou du Southland.

À la rencontre des cachalots avec Whale Watch®, à Kaikoura *(p. 207)*

CARNET D'ADRESSES

RAFTING

Queenstown Rafting
35 Shotover St, Queenstown.
(03) 442 9792 ; 0800 723 8464.
www.rafting.co.nz

Wild "n" Wet Rafting Company
2 White St, Rotorua.
(07) 348 3191 ; 0800.462 7238.
www.wetnwildrafting.co.nz

KAYAK

Fiordland Wilderness Experiences
66 Quinton Drive, Te Anau.
(03) 249 7700.
www.fiordlandseakayak.co.nz

Abel Tasman Experience
265 High St, Motueka.
0800 223 582 ; (03) 528 7801.
www.abeltasman.co.nz

PLONGÉE

Dive Tutukaka
Marina Rd, Tutukaka, Whangarei.
(09) 434 3867.
www.diving.co.nz

Splash Gordon
432 The Esplanade, Island Bay, Wellington.
(04) 939 3483.
www.splashgordon.co.nz

CHASSE ET PÊCHE

Chris Jolly Outdoors
1 Otupai St, Taupo.
(07) 378 0623.
www.chrisjolly.co.nz

Fly Fishing New Zealand Limited
Beach St, Queenstown.
(03) 442 5363.
www.wakatipu.co.nz

Mountain High Adventure Company
C/- Snow and Stream Lodge, 5/7 Farquhar Place, Methven.
(03) 302 8733.
www.fishandhunt.co.nz

ÉCOTOURISME

Catlins Wildlife Trackers Ecotours
Mirren St, Papatowai, Owaka, South Otago.
(03) 415 8613.
www.catlins-ecotours.nz

Dolphin Discoveries
NZ Post Building, Marsden Rd, Paihia, Bay of Islands.
(09) 402 8234. *enquiries@dolphinz.co.nz*
www.dolphinz.co.nz

Heritage Expeditions
53b Montreal St, Christchurch.
(03) 365 3500.
www.heritage-expeditions.com

Ocean Wings
58 West End, Kaikoura.
(03) 319 6777.
www.oceanwings.co.nz

Whale Watch® Kaikoura Ltd
PO Box 89, Kaikoura.
(03) 319 6767 ; 0800 655 121.
www.whalewatch.co.nz

Saut en tandem au-dessus de Hawke's Bay

Aventures aériennes

Le vol en montgolfière ainsi que le parapente et le saut en parachute en tandem connaissent un succès grandissant *(p. 193)*, et des professionnels qualifiés permettent de s'adonner à ces excitants passe-temps dans toutes les grandes villes et localités touristiques. La montgolfière représente un excellent moyen d'apprécier la grandeur des Southern Alps et des plaines du Canterbury. S'élancer, accroché à un simple pan de toile, de Te Mata Peak à Hawke's Bay *(p. 147)* ou des Remarkables près de Queenstown *(p. 192-193)* est une expérience inoubliable.

Partout, des pilotes proposent également des sorties aériennes en avion de tourisme, en hélicoptère ou en hydravion. Dans l'île du Nord, les plus populaires comprennent le survol de White Island *(p. 128)* et des hauts volcans en cône du Tongariro National Park *(p. 140-141)*. Dans l'île du Sud, elles emmènent les visiteurs au-dessus du mont Cook *(p. 250-251)*, du Fox Glacier, du Franz Josef Glacier *(p. 236-237)* ou du Fiordland *(p. 278-279)*. La promenade comprend en général un atterrissage sur un terrain spectaculaire comme White Island ou l'un des glaciers des Southern Alps.

Survol du Fiordland National Park *(p. 278-281)*

Saut à l'élastique du pont de la Kawarau, à Queenstown *(p. 274)*

Saut à l'élastique

Depuis le succès rencontré par A.J. Hackett qui a sauté de l'un des vieux ponts enjambant la Kawarau à Queenstown *(p. 192-193)*, les sites de saut à l'élastique *(bungy jumping)* se sont multipliés dans toute la Nouvelle-Zélande. Ils tirent souvent parti de cadres spectaculaires : gorges ou points de vue. De strictes mesures de sécurité évitent les accidents. Avant de s'élancer, solidement retenus au niveau des chevilles, les volontaires sont pesés afin de pouvoir adapter la longueur de l'élastique à leur poids.

Jet-boat

Développés par un ingénieur et éleveur local, ces hors-bord dépourvus d'hélices suscitent un grand engouement en Nouvelle-Zélande. Faciles à manœuvrer, n'exigeant pas beaucoup de fond, ils permettent d'organiser des expéditions fort distrayantes dans des gorges étroites, notamment sur la Waikato *(p. 138)* et à Queenstown *(p. 192-193)*. Certaines agences proposent des excursions plus longues qui s'enfoncent dans l'arrière-pays. Le port d'un gilet de sauvetage, fourni, est obligatoire.

Golf

La Nouvelle-Zélande est dotée de plus de 400 terrains de golf et en possède donc probablement plus par habitant que tout autre pays. Le prix d'un parcours peut descendre jusqu'à 5 $NZ en zone rurale, et il ne devrait pas excéder 50 $NZ, même dans les clubs les plus chic des villes. Souvent, seuls les membres ont accès au terrain le week-end. Dans les golfs les plus importants, clubs et chariots peuvent être loués.

Excursions en 4X4

Des centaines de kilomètres de pistes percées à l'origine pour donner accès à des stations d'élevage, des scieries ou des campements miniers sillonnent toujours des régions reculées. Un 4X4 permet de les explorer sans fatigue physique. Beaucoup d'agences organisent des expéditions allant de la promenade d'une journée à des équipées plus ambitieuses en terrains variés.

Randonnées à cheval

De vastes espaces sauvages s'offrent aux amateurs de promenades équestres, aussi bien en forêt que dans des zones alpines ou sur de longues plages. Le choix proposé, y compris près de grandes villes, inclut des sorties d'une journée ou d'une demi-journée et des raids de

Randonnée à cheval à Hanmer, dans le Canterbury

plusieurs jours. La plupart des écuries peuvent accueillir des cavaliers de niveaux variés et fournissent l'équipement nécessaire.

Manifestations sportives

Dans la patrie des All Blacks *(p. 36-37)*, la passion profonde pour le rugby ne se dément pas. Les deux principales compétitions, le Super 12 et le National Provincial Championship, durent de mars à octobre. Les matchs drainent généralement les foules. Autre passion : les courses hippiques. Beaucoup se déroulent entre novembre et avril *(p. 36-37)*.

Le cricket est également très populaire, du moins les rencontres internationales d'une journée. Il y a beaucoup d'ambiance lors de celles qui débutent l'après-midi et finissent en nocturne. Le netball, un sport féminin proche du basket-ball, possède un public fervent, surtout quand l'équipe nationale – les Silver Ferns – joue.

Pour tous les sports, adressez-vous à Tiketek pour les billets *(p. 333)*.

Le patrimoine maori

Plusieurs agences spécialisées organisent des visites guidées visant à mieux connaître la culture maorie. Elles se déroulent souvent dans un *marae*, où les participants partagent un *shangi* (repas traditionnel) et s'initient à des danses, des rites protocolaires et des mythes. Des membres de la tribu Tuhoe dirigent **Te Urewera Adventures**, qui propose des randonnées à cheval ou à pied de 1 à 7 jours à travers leurs terres ancestrales.

Supporters de Waikato à un match du championnat provincial

Carnet d'adresses

Aventures aériennes

Air Safaris
PO Box 71, Lake Tekapo.
(03) 680 6880 ; 0800 806 880.
www.airsafaris.co.nz

Aoraki Hot Air Balloon Safaris
PO Box 75, Methven.
(03) 302 8172 ; 0800 256 837. *www.nzballooning.com*

Fiordland Helicopters
PO Box 180, aéroport de Te Anau. *(03) 249 7575.* *www.fiordlandhelicopters.co.nz*

New Zealand Helicopters Rotorua
New Zealand Maori Arts and Crafts Building, Hemo Rd, Rotorua.
(07) 348 1223.
www.nzhelicopters.co.nz

New Zealand Paragliding
6 Sumnervale Drive, Christchurch.
(03) 326 7634.
www.paragliding.co.nz

Sky Trek
PO Box 412, Queenstown.
(03) 442 6311.
skytrek@xtra.co.nz

Saut à l'élastique

A. J. Hackett Bungy
PO Box 488, Queenstown.
(03) 442 4007.
www.ajhackett.com

Taupo Bungy
202 Spa Rd, Taupo.
(07) 377 1135 ; 0800 888 408.
www.taupobungy.com

Excursions en 4X4

Edgewater Adventures
59A Brownston St, Wanaka.
(03) 443 8422.
www.adventure.net.nz

Jet-boat

Huka Jet
Wairakei Tourist Park.
(07) 374 8572.
www.hukajet.co.nz

Shotover Jet
PO Box 189, Queenstown.
(03) 442 8570.
www.shotoverjet.co.nz

Twin Rivers Jet
PO Box 55 Queenstown.
(03) 442 3257.
www.twinriversjet.co.nz

Randonnées à cheval

Dart Stables
PO Box 47, Glenorchy.
(03) 442 5688 ; 0800 474 346.
www.dartstables.com

Hurunui Horse Treks
757 The Peaks Rd, Hawarden Rd, Canterbury.
(03) 314 4204.
www.horseback.co.nz

Pakiri Beach Horse Rides
Rahuikiri Rd, Pakiri, RD 2, Wellsford.
(09) 422 6275.
www.horseride-nz.co.nz

Patrimoine maori

Red Feather (Tia Raukura) Expeditions
PO Box 60-243, Titirangi, Auckland.
(09) 818 7770.
www.ecotoursnz.com

Tamaki Tours
PO Box 1492, Rotorua.
(07) 346 2823.
www.maoriculture.co.nz

Te Urewera Adventures of NZ
PO Box 3001, Rotorua.
(07) 366 3969.
http://home.clear.net.nz/pages/adventures

RENSEIGNEMENTS PRATIQUES

La Nouvelle-Zélande mode d'emploi

La Nouvelle-Zélande attire plus de 2 millions d'étrangers chaque année, et le tourisme est devenu une source de revenus et d'emplois importante pour son économie. L'essor de la demande ayant entraîné celui de l'offre, les visiteurs disposent aujourd'hui d'un large éventail d'hébergements et de restaurants *(p. 292-309, 316-327)* et peuvent compter, pour les renseigner, sur un réseau efficace et gratuit de bureaux d'information touristique « i-SITE » gérés par Tourism New Zealand. L'accès aux plus beaux sites, comme les parcs nationaux, les plages, les lacs et les rivières, est souvent gratuit. Les Néo-Zélandais sont très accueillants et serviables, mais ils sont relativement peu nombreux à maîtriser une langue étrangère. Connaître au moins des rudiments d'anglais facilitera beaucoup les échanges.

Logo de i-SITE Visitor Center

Bureau d'information touristique, Viaduct Basin, Auckland *(p. 70)*

Quand partir

C'est au printemps, en été et en automne, soit de septembre à avril, que la Nouvelle-Zélande reçoit le plus de visiteurs.

Un mot suffit à résumer le climat : variable. Il est subtropical dans la partie septentrionale de l'île du Nord et tempéré dans le reste du pays. Partout, cependant, le temps peut changer très rapidement. Dans l'île du Sud, il n'y a rien d'inhabituel à ce que les températures chutent brusquement de 10 °C au lendemain d'une chaude journée de janvier. Les températures moyennes s'étagent en été entre 20 et 30 °C et, en hiver, entre 10 et 15 °C. Les plus grands écarts – de plus de 30 °C à moins de 0 °C – ont été relevés dans le centre de l'Otago.

L'Est et l'Ouest connaissent des pluviosités très différentes. Des vents d'ouest soufflant de la mer de Tasman balaient les côtes occidentales et provoquent de fortes précipitations qui permettent à une dense forêt pluviale aux essences variées de prospérer, tandis que toute la partie orientale, protégée par les reliefs, est plus sèche et plus ensoleillée.

Le printemps est la saison la plus venteuse et la plus humide, avec un temps généralement instable sur l'ensemble du territoire. La chaleur de l'été rend la baignade agréable dans presque toutes les régions, et les vacanciers se pressent au bord de la mer, des lacs et des rivières. Le temps se rafraîchit, mais reste en général beau, de février à fin avril, pendant l'automne.

L'hiver (juin à août) n'est pas aussi long ni aussi froid que dans l'hémisphère Nord, et la neige ne tombe normalement qu'en montagne. Il arrive aussi, toutefois, que de fortes chutes s'abattent sur Stewart Island et l'extrême sud du pays.

Décalage horaire

La Nouvelle-Zélande a 12 heures d'avance sur l'heure GMT, un écart qui s'accroît d'une heure d'octobre à mars. Le décalage entre Paris et Wellington est donc de 12 heures en période d'hiver européenne et de 10 heures en été. Toute l'année, la Nouvelle-Zélande a 2 heures d'avance sur Sydney, en Australie.

Passeports et visas

Aucune vaccination n'est requise pour entrer en Nouvelle-Zélande, mais il faut posséder un passeport valide encore 3 mois minimum après la date de retour. Des accords bilatéraux permettent aux citoyens de 50 pays de ne pas avoir besoin d'un visa pour une visite de moins de 3 mois. Très complet, le site Internet www.immigration.govt.nz fournit, entre autres, la liste

Autocar pour une visite organisée sur la Milford Road

◁ **Randonneurs au lac Vert, dans le Fiordland National Park *(p. 279)***

Centre d'accueil du Department of Conservation, Totaranui *(p. 213)*

de ces pays. Ils comprennent la France, le Canada, la Belgique, la Suisse et le Luxembourg. Pour un séjour plus long (jusqu'à 9 mois), adressez-vous à l'ambassade néo-zélandaise pour demander un visa. Dans tous les cas, les visiteurs doivent présenter un billet de retour et fournir la preuve qu'ils disposent de fonds suffisants pour la durée de leur séjour : environ 1 000 $NZ par personne et par mois. Tous les visiteurs doivent vérifier les conditions requises par leur visa avant de partir. Une offre d'emploi est exigée pour obtenir un permis de travail, mais elle n'est pas suffisante. L'employeur doit aussi remplir certaines conditions. Toutefois, si vous avez entre 18 et 30 ans et que vous venez d'un pays qui a signé un accord avec la Nouvelle-Zélande, vous pouvez obtenir un permis de travail temporaire sans avoir obtenu d'offre d'emploi au préalable.

TAXE DE DÉPART

À partir de 12 ans, les passagers au départ d'un vol international doivent acquitter une taxe d'aéroport. Elle est de 22 $NZ depuis Auckland et de 25 $NZ depuis Wellington et Christchurch.

RÈGLES DOUANIÈRES

La Nouvelle-Zélande dépend beaucoup de son agriculture. Elle prend donc de grandes précautions pour se protéger de l'introduction d'insectes nuisibles et de maladies qui pourraient se répandre dans les élevages et les vergers. Ainsi, fruits, viandes et végétaux doivent tous être déclarés à la frontière. Les animaux domestiques sont soumis à une quarantaine pouvant durer 6 mois, et ne pas signaler un article soumis à quarantaine rend passible d'une peine allant jusqu'à 100 000 $NZ et 5 ans de prison. En cas de doute, adressez-vous aux inspecteurs du Ministry of Agriculture à votre arrivée. Dans beaucoup de cas, les objets sont rendus à leurs propriétaires après examen et, éventuellement, traitement.

Enseigne d'hôtel

Les stupéfiants sont strictement interdits. Il faut obtenir un permis de la police pour entrer avec une arme. La Nouvelle-Zélande est signataire d'une convention internationale de protection des espèces menacées qui proscrit le commerce de produits comme l'ivoire, l'écaille de tortue, l'os de baleine et la corne de rhinocéros.

Il existe des boutiques détaxées dans les aéroports internationaux et en ville *(p. 88)*. La législation autorise, par personne de plus de 17 ans, l'importation de 200 cigarettes, 250 grammes de tabac, 50 cigares ou un mélange des trois ne dépassant pas 250 grammes, ainsi que de 4,5 l de bière ou de vin et d'une bouteille de 1 125 ml de spiritueux ou d'une autre boisson.

INFORMATION TOURISTIQUE

Tourism New Zealand est l'instance nationale chargée de la promotion du tourisme, mais les centres de renseignements officiels auxquels les visiteurs ont affaire sont les i-SITE Visitor Center. Un logo vert et noir identifie clairement chacun de ces bureaux, qui sont au nombre plus de 80. Ouverts tous les jours, ils dispensent une foule de renseignements sur les attractions locales et les activités possibles, vendent des cartes et des guides et prennent des réservations d'hébergement, de spectacle, de transport ou bien encore de visite organisée. Ils vendent souvent des souvenirs et ont une borne Internet.

Les parcs nationaux possèdent des centres d'accueil du Department of Conservation. Ils permettent de s'informer, entre autres, de l'état des routes, des cours d'eau et des sentiers, et délivrent également des bulletins météorologiques. Beaucoup proposent des expositions et des montages audiovisuels.

Moment de détente au soleil à Scorching Bay, Wellington *(p. 167)*

L'entrée du Te Papa Museum est gratuite *(p. 164-165)*

HEURES D'OUVERTURE ET DROITS D'ENTRÉE

En pleine saison, les grands sites touristiques ouvrent pour la plupart tous les jours, mais il reste préférable de s'en assurer avant de se déplacer. Les prix d'admission sont variables. Dans certains cas, l'entrée est gratuite, et beaucoup de musées se contentent d'un petit droit d'entrée ou d'une contribution libre. L'accès aux parcs nationaux est gratuit, mais ils renferment parfois des zones accessibles uniquement accompagné d'un guide agréé. La nuit dans une cabane est payante. Des sociétés privées organisent de nombreuses activités dont le coût dépend des prestations.

SAVOIR-VIVRE

Les Néo-Zélandais ont un mode de vie relativement détendu. Ils se montrent dans l'ensemble heureux de rendre service aux voyageurs étrangers. L'étiquette vestimentaire dépend des lieux et du contexte, mais dans la plupart des restaurants et des cafés, une tenue décontractée et propre conviendra.

Il est interdit de fumer dans les bureaux, les boutiques, les avions, les transports publics, les taxis les bars, les cafés, les restaurants et les casinos. Les restaurants ont des zones fumeurs et non-fumeurs. Dans un domicile privé, il serait très impoli d'allumer une cigarette sans en avoir demandé l'autorisation. Si des Néo-Zélandais vous invitent à manger chez eux, apportez une bouteille de vin à partager. Un cadeau trop fastueux risquerait de les gêner.

L'usage du pourboire se répand avec le développement du tourisme, ce que désapprouvent beaucoup de Néo-Zélandais, qui ne donnent ni aux chauffeurs de taxi, ni aux barman, ni aux porteurs. Mais ils trouvent normal de récompenser au restaurant un service particulièrement soigné (environ 10 % de la note).

Toilettes en maori et en anglais

VOYAGEURS HANDICAPÉS

Ils sont plutôt bien lotis en Nouvelle-Zélande, où une loi impose à toute nouvelle construction d'être accessible en fauteuil roulant. C'est ainsi le cas de la plupart des hôtels, restaurants, sites touristiques, cinémas, aéroports et centres commerciaux.

Si, dans les aéroports, du personnel au sol facilite l'embarquement et le débarquement des personnes handicapées, les trains et les bus leurs restent souvent inaccessibles sans aide. Avis loue des voitures à contrôle manuel, mais demande une notification 14 jours au préalable *(p. 361)*. Il existe dans toutes les principales localités des taxis qui prennent les fauteuils roulants. Prévenues à l'avance, les agences proposant des activités de plein air feront en général tout leur possible pour que vous puissiez en profiter.

VOYAGER AVEC DES ENFANTS

Les enfants sont bien reçus dans la plupart des établissements, mais les motels sont souvent mieux adaptés aux familles avec leurs logements dotés de cuisines. Les restaurants proposent en général un menu spécial ou des portions réduites. Beaucoup possèdent des chaises hautes.

À côté des fast-foods de grandes sociétés internationales, il existe de nombreuses enseignes locales de plats à emporter. Les grands magasins et les centres commerciaux sont équipés de tables à langer et de salles d'allaitement.

Beaucoup de lieux touristiques majeurs comme le Museum of New Zealand Te Papa Tongarewa *(p. 164-165)*, l'International Antarctic Centre *(p. 225)* et les parcs nationaux séduiront autant les enfants que les adultes.

Les compagnies aériennes, ferroviaires, maritimes et de cars accordent des réductions aux plus jeunes. Le code de la route impose d'attacher dans un siège spécial les enfants de moins de 5 ans. Les loueurs de voiture en possèdent, mais mieux vaut les prévenir à l'avance.

Tenue décontractée à l'occasion d'un match de cricket à Wellington

Étudiants

La carte d'étudiant internationale ou ISIC (International Student Identity Card) permet en Nouvelle-Zélande d'obtenir des réductions substantielles dans les transports publics, en particulier sur les lignes aériennes intérieures, et donne droit à des tarifs réduits dans les cinémas, les théâtres et les musées. Il faut se la procurer dans son pays d'origine auprès d'une agence de voyages pour étudiants.

Quotidiens, magazines, radio et télévision

Un quotidien local paraît le matin dans chacune des quatre plus grandes villes du pays et le soir dans beaucoup de localités moins importantes. Le plus diffusé du pays, *The New Zealand Herald* est publié à Auckland ; le *Press* de Christchurch est le plus important de l'île du Sud. L'*Otago Daily Times* paraît à Dunedin, et le *Southland Times* à Invercargill. Pour le week-end, la meilleure lecture est *The Sunday Star Times*, un journal national. Les deux meilleurs magazines d'actualité ont pour noms *The Listener* et *North and South*. *The National Business Review*, *Independant Business Weekly* et *Unlimited*

Sélection de quotidiens

Magazine permettent de suivre les événement financiers. Les librairies et les kiosques à journaux vendent aussi des publications étrangères.

Les radios FM spécialisées se sont multipliées, et elles ont en général un rayon de portée assez limité. La régie nationale, Radio New Zealand, se compose principalement de National Radio, une station généraliste qui émet en modulation d'amplitude (AM), et Concert FM, qui diffuse de la musique classique. Des trois principales chaînes de télévision hertzienne, TV1, et TV3 programment surtout des productions locales, tandis que TV2 et TV4 puise dans les catalogues américains. Payant, le réseau par satellite Sky donne accès à de très nombreuses chaînes.

Poids et mesures

La Nouvelle-Zélande a adopté le système métrique depuis 1975, et toutes les indications routières, notamment, sont données en kilomètres.

De l'impérial au métrique
1 *ounce* = 28 grammes
1 *pound* = 454 grammes
1 *pint* = 0,6 litre
1 *gallon* = 4,5 litres

Du métrique à l'impérial
1 gramme = 0,04 *ounce*
1 kilogramme = 2,2 *pounds*
1 litre = 1,8 *pint*

Appareils électriques

La Nouvelle-Zélande est alimentée en courant alternatif de 230-240 V et 50 Hz compatible avec les appareils européens. Les prises, à fiches plates, imposent toutefois un adaptateur. Beaucoup d'hôtels et de motels disposent de prises alimentées en 110 V pour les rasoirs électriques.

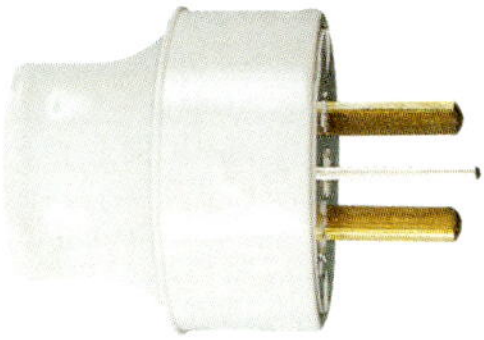

Prise mâle néo-zélandaise à 3 fiches plates

Carnet d'adresses

Ambassades

Belgique
Willis Corroon House, 12e étage, 1-3 Willeston St, Wellington.
☎ *(04) 472.95.58.*

Canada
61 Molesworth St, Wellington.
☎ *(04) 473 9577.*

France
34-42 Manners St, 13e étage, Wellington.
☎ *(04) 384 2555.*

Suisse
22 Panama Street, Wellington.
☎ *(04) 472 1593.*

Information touristique

Christchurch and Canterbury Marketing
Old Chief Post Office, Cathedral Square West.
☎ *(03) 379 9629.*
W *www.christchurch tourism.co.nz*

Hawkes Bay Tourism
2e niveau, Civic Court, Napier. ☎ *(06) 834 1918 ; 0800 429 537.* W *www. hawkesbaytourism.co.nz*

Latitude Nelson
À l'angle de Trafalgar St et Halifax St, Nelson.
☎ *(03) 546 6228.*
W *www.nelsonnz.com*

Tourism West Coast
Niveau 1, Regent Theatre Building, Mackay St, Greymouth.
☎ *(03) 768 6633.*
W *www.west-coast.co.nz.*

Totally Wellington
33 Gilmer Terrace, Wellington.
☎ *(04) 916 1205.*
W *www.wellingtonnz.com*

Tourism Auckland
Wellesley St, Auckland.
☎ *(09) 979 7070.*
W *www. aucklandnz.com*

Tourism Dunedin
193 Princes St, Dunedin.
☎ *(03) 471 8042.*
W *www. dunedinnz.com*

Tourism New Zealand
80 The Terrace, Wellington.
☎ *(04) 917 5400.*
W *www.purenz.com*

Tourism Rotorua
1106 Arawa St, Rotorua.
☎ *(07) 348 4133.*
W *www.rotoruanz.com*

Voyageurs handicapés

Disability Information Centre
☎ *0800 693 342.*

Santé et sécurité

Logo du Mountain Safety Council

La Nouvelle-Zélande fait partie des pays les moins dangereux du monde. Ses habitants sont avenants et respectueux des lois, et le climat politique et économique est stable. Naturellement, comme toute société, elle n'est pas à l'abri d'actes criminels, et quelques précautions de bon sens restent nécessaires. Les risques les plus importants viennent en fait de la nature : beaucoup de touristes se sont retrouvés en fâcheuse posture en montagne ou en forêt parce qu'ils ne disposaient pas du ravitaillement et de l'équipement adéquats ou avaient sous-estimé la vitesse avec laquelle le temps peut changer.

Camion de pompier

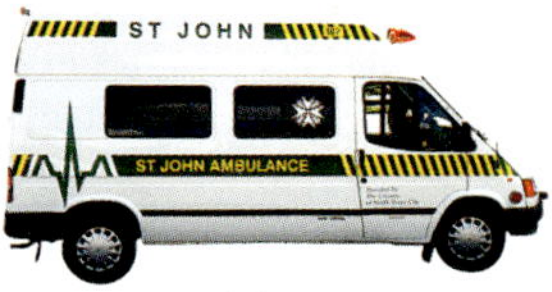
Ambulance

Sécurité des personnes

Contrairement à ce qui se passe dans beaucoup de villes européennes ou asiatiques, les rues se vident le soir en Nouvelle-Zélande, et il est déconseillé, en particulier aux femmes, de se promener seul à pied une fois la nuit tombée. Évitez notamment les parcs et les quartiers isolés et mal éclairés des zones urbaines. Même dans les grandes villes, peu de transports publics circulent à une heure tardive, et les taxis sont alors le moyen le plus pratique et le plus sûr de se déplacer.

Beaucoup de touristes font de l'auto-stop et, bien qu'ils ne rencontrent pas de difficultés dans la plupart des cas, il existe toujours un risque, surtout pour les femmes seules.

Comme dans tous les pays développés, les accidents de la route sont devenus un problème de santé publique majeur. Si vous avez l'intention de conduire, mieux vaut connaître le code de la route *(p. 359)*. La vitesse est limitée à 100 km/h sur route et 50 km/h en ville. La majeure partie du réseau routier est bitumée, mais certains lieux isolés ne restent accessibles que par des pistes *(p. 360)*. Le port de la ceinture de sécurité est obligatoire.

Agent de police

Pompier

Sécurité des biens

Quelques précautions de bon sens sont nécessaires : ne jamais rien laisser en évidence dans une voiture en stationnement et toujours garder les articles précieux comme les passeports, les cartes bancaires et les chèques de voyage dans un coffre d'hôtel ou dans une ceinture passée sous ses vêtements. Une assurance contre le vol est également recommandée.

Perte d'objets

Une perte ou un vol doivent toujours être signalés à la police, même si les circonstances laissent peu de chances de récupérer les articles disparus. Le procès-verbal dressé à l'occasion vous sera nécessaire pour obtenir un remboursement d'une assurance. La plupart des centres commerciaux, des hôtels, des aéroports et des gares ont un service des objets trouvés qu'il est recommandé de contacter.

Soins médicaux

La Nouvelle-Zélande possède d'excellents services de santé, et les numéros de téléphone des médecins généralistes et des hôpitaux figurent sur les premières pages des annuaires.

En cas de blessure par accident, le système de protection sociale assure aux visiteurs la couverture des frais médicaux et hospitaliers uniquement en Nouvelle-Zélande, mais pas le traitement ou la compensation d'une perte de revenus à l'étranger. Dans les autres cas, les soins restent d'un coût raisonnable, mais souscrire une assurance médicale avant le départ est fortement conseillé si votre contrat de carte bancaire ou votre assurance voiture ne l'incluent pas.

Il faut une ordonnance établie par un médecin pour se procurer la majorité des médicaments. Pensez à en emporter une si vous suivez un traitement. Aucune vaccination n'est exigée pour entrer dans le pays.

Pharmacies

La Nouvelle-Zélande possède un bon réseau de pharmacies *(chemists)* vendant une gamme de produits qui s'étend des cosmétiques aux médicaments sur ordonnance. En cas de problème sans gravité, un pharmacien pourra vous donner un conseil avisé, mais il ne peut rédiger une ordonnance. Dans les grandes villes, des officines de garde, dont les numéros figurent sur les premières pages des annuaires, restent ouvertes jusqu'à une heure tardive.

Risques naturels

Dans un pays dépourvu d'animaux dangereux, en particulier de serpents, et où sévissent peu de maladies contagieuses, le risque le plus grand provient de l'instabilité du climat. Il concerne surtout les personnes qui s'aventurent dans des espaces sauvages avec une préparation insuffisante. Même pour une journée de marche en forêt ou en montagne, il faut prévoir des réserves d'eau et de nourriture et des vêtements chauds. L'hypothermie peut survenir très vite et conduire à une issue fatale. Beaucoup de sentiers imposent la traversée de rivières. Après de fortes pluies, le niveau des eaux monte souvent rapidement. Il devient alors nécessaire de trouver un abri et d'attendre que le flot s'apaise. Des randonneurs périssent régulièrement par manque de patience dans cette situation.

Pharmacie à Auckland

La pureté de l'air en Nouvelle-Zélande et une couche d'ozone plus fine facilitent la pénétration des rayons ultraviolets. Méfiez-vous des coups de soleil. Un chapeau et une crème protectrice d'un indice SPF d'au moins 15 sont des accessoires indispensables en été.

Des maîtres-nageurs surveillent les plages les plus fréquentées, où des drapeaux rouges et jaunes signalent les zones où la baignade est sûre. Partout ailleurs, la présence de courants dangereux ne peut être écartée. Avant de la boire, il faut traiter ou faire bouillir toute eau prélevée dans les lacs, les étangs ou les rivières afin de se protéger d'un parasite appelé *giarda* qui provoque des diarrhées, des crampes d'estomac et des nausées. L'eau du robinet ne pose pas de problème en ville.

Avertissement contre le soleil

Les minuscules mouches des sables noires, les *sandflies*, constituent une réelle source de désagrément, notamment sur la côte ouest. Un bon insectifuge suffit habituellement à les tenir à l'écart.

Canot de sauvetage en mer à Mount Maunganui ***(p. 126)***

Carnet d'adresses

Numéros d'urgence

Police, pompiers et ambulances
Appel gratuit ☎ 111, 24h/24, toutes régions.

Service d'urgence routière de l'AA
Appel gratuit ☎ 0800 500 222 24h/24, toutes régions.

Recherche et secours
Appel gratuit ☎ 111, 24h/24, toutes régions.

Principaux hôpitaux

Auckland
☎ (09) 379 7440.

Christchurch
☎ (03) 364 0640.

Dunedin
☎ (03) 474 0999.

Wellington
☎ (04) 385 5999.

Pharmacies de garde

Auckland
☎ (09) 520 6634.

Christchurch
☎ (03) 366 4439.

Dunedin
☎ (03) 477 6344.

Wellington
☎ (04) 385 8810.

Services d'assistance

Dentistes
Consultez les pages jaunes.

Lifeline
Auckland ☎ (09) 522 2999.
Christchurch ☎ (03) 366 6742.
Dunedin ☎ (03) 471 6208.

Samaritans of Wellington
☎ (04) 473 9739.

Centre antipoison
Appels urgents
☎ 0800 764 766.
Appels non urgents
☎ (03) 479 7248.

Banques et monnaie

Il n'existe aucune restriction sur l'importation et l'exportation de devises, mais les personnes franchissant la frontière avec plus de 10 000 $NZ en espèces doivent le déclarer à la douane. Les grandes sociétés bancaires – la Bank of New Zealand, Westpac, la National Bank, ANZ et ASB – ont toutes des succursales dans les quartiers des affaires des grandes villes. Les banlieues et les localités rurales abritent en général les agences d'une ou deux d'entre elles. Dans la plupart, il est possible d'échanger des devises étrangères, y compris quand elles sont sous forme de chèques de voyage.

Logos de banques

Les banques

La Nouvelle-Zélande possède un réseau bancaire moderne et efficace. Cependant, le développement des échanges électroniques a entraîné la fermeture d'agences, si bien que certaines localités rurales n'en possèdent plus aujourd'hui. Prévoyez-le si vous vous rendez dans des régions isolées. Les banques sont géréralement ouvertes de 9 h 30 à 16 h 30 du lundi au vendredi ; certaines ouvrent quelques heures le samedi. Les plus grandes affichent habituellement les taux de change. Les bureaux de change des aéroports internationaux harmonisent leurs horaires avec les arrivées et les départs.

Les chèques de voyage

Ils représentent le moyen le plus sûr de transporter de l'argent… à condition de conserver à part le reçu nécessaire à un remboursement. Les grands hôtels et certaines boutiques de souvenirs les acceptent comme mode de paiement. Les banques, les bureaux de change indépendants et les agences ouvertes par de grands organismes comme Travelex et American Express – dont les chèques sont les plus répandus et les mieux acceptés – permettent de les changer contre des espèces.

Les cartes bancaires

Outre retirer de l'argent dans un distributeur automatique de billets, elles permettent en Nouvelle-Zélande de réserver et de payer une chambre d'hôtel, de louer une voiture, d'acheter un billet d'avion et de régler les droits d'entrée et les achats dans les principaux établissements et boutiques à la clientèle touristique. Dans les cafés et les petits commerces, toutefois, les paiements en liquide restent souvent la règle. Visa, MasterCard, Diners Club et American Express sont les grands réseaux internationaux les mieux implantés.

Retrait d'espèces à un distributeur d'Auckland

Les distributeurs automatiques

Dans toutes les grandes cités et villes moyennes, on trouve des distributeurs automatiques de billets (*automatic teller machine* ou *ATM*) installés dans les centres commerciaux ou à l'extérieur des agences bancaires. Avant de partir, vérifiez auprès de votre banque que votre carte vous donne droit à effectuer des retraits en Nouvelle-Zélande, ce qui dépend du contrat que vous avez souscrit et du réseau international auquel elle est affiliée. Le logo « Plus », sur un distributeur automatique, signifie que les détenteurs d'une carte Visa peuvent l'utiliser. Son équivalent pour Mastercard est « Maestro ». Il vous faudra taper votre code confidentiel pour obtenir des espèces. Une commission est perçue.

Enseigne d'un bureau de change indépendant

Les bureaux de change

Le centre des grandes villes et des lieux touristiques abrite des bureaux de change indépendants ouverts en général de 8 h à 19 h 30 ou 20 h en semaine et de 10 h jusqu'en début de soirée le week-end. Ces horaires les rendent beaucoup plus pratiques que les banques, mais ils prélèvent des frais et des commissions supérieurs.

Carnet d'adresses

Perte de cartes et chèques de voyage

American Express
☎ *0800 441 068.*

Diners Club
☎ *0800 657 373.*

MasterCard
☎ *0800 449 140.*

Visa
☎ *0508 600 300.*

La monnaie

L'unité monétaire est le dollar néo-zélandais ($NZ), divisé en 100 cents (c). Il n'existe plus de pièces de 1 et 2 cents, et les prix, en cas de règlement en liquide, sont arrondis au multiple de 5 cents le plus proche. La Nouvelle-Zélande s'est convertie au système décimal en 1966, mais des pièces antérieures restent en circulation. Celles de 6 pence, 1 shilling et 2 shillings valent respectivement 5, 10 et 20 cents. Les petits commerçants, les cafés et les taxis risquent d'avoir des problèmes à vous rendre la monnaie sur des billets de 50 ou 100 $NZ, et mieux vaut garder en permanence une réserve de coupures de 10 et 20 $NZ. Des billets plastifiés, plus résistants et plus difficiles à imiter, remplacent progressivement ceux en papier.

Billet de 100 $NZ

Les billets
Ils ont des valeurs de 5, 10, 20, 50 et 100 $NZ. Sir Edmund Hillary, le premier homme à avoir escaladé l'Everest, apparaît sur les coupures de 5 $NZ. Le portrait de Kate Sheppard, une suffragette du XIXe siècle, décore celles de 10 $NZ.

Billet de 50 $NZ

Billet de 20 $NZ

Billet de 10 $NZ

Billet de 5 $NZ

5 cents (5 c)

10 cents (10c)

20 cents (20c)

50 cents (50c)

Les pièces
Elles ont pour valeur faciale 5, 10, 20 et 50 c et 1 et 2 $NZ. Le sphénodon, le « fossile vivant » de Nouvelle-Zélande, et une sculpture traditionnelle maorie ornent respectivement les pièces de 5 et 10 c. Les pièces de 20 c et 1 $NZ rendent hommage à l'emblème national : le kiwi.

1 dollar (1 $NZ)

2 dollars (2 $NZ)

Le téléphone

Le réseau téléphonique néo-zélandais est moderne et sophistiqué. Gérés par la principale compagnie de télécommunications, Telecom, les téléphones publics sont nombreux dans les rues, les édifices publics, les aéroports et les centres commerciaux. Mieux vaut les utiliser que d'appeler depuis une chambre d'hôtel, car ces établissements prélèvent une commission. Les téléphones portables fonctionnent dans les zones les plus densément peuplées.

Les téléphones publics

Pour la plupart, les téléphones publics néo-zélandais ne fonctionnent qu'avec une carte téléphonique ou bancaire. Seuls quelques appareils situés dans des endroits surveillés comme les galeries marchandes marchent avec des pièces. Les modes de paiement possibles sont clairement indiqués. Les postes, les supermarchés, les marchands de journaux et les petits commerces appelés *dairies* vendent des cartes téléphoniques. Les cabines renferment un mode d'emploi illustré du fonctionnement de l'appareil ainsi que des annuaires (pages jaunes et blanches). Un service de renseignement gratuit (123) vous permet de connaître au préalable le prix probable d'une communication avec l'étranger ou d'un appel en PCV. Tous les numéros commençant par 0800 de même que le 111, pour les urgences, sont gratuits.

Cabines téléphoniques

Utiliser un téléphone à pièces ou à cartes

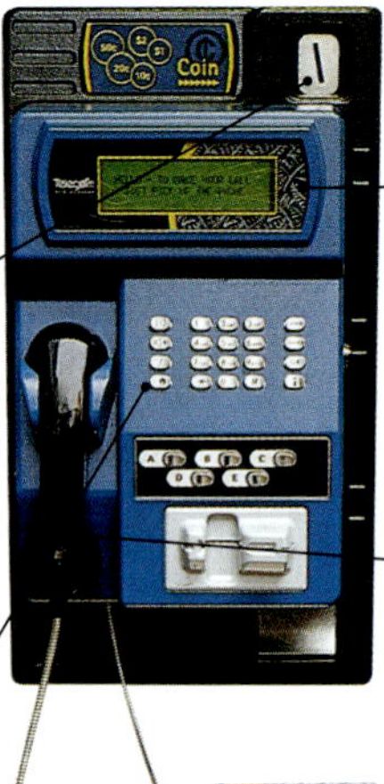

1 Décrochez le combiné et attendez la tonalité.

2 Insérez les pièces requises ou une carte. L'écran affiche le montant de votre crédit.

3 Composez votre numéro et attendez la connexion.

4 Un bip vous avertit quand votre crédit est épuisé. Insérez des pièces ou une nouvelle carte.

5 À la fin de votre appel, raccrochez et récupérez votre carte. L'écran vous indique le montant du crédit restant.

Les cartes téléphoniques
Il en existe à 5, 10, 15, 20 et 50 $NZ.

Les téléphones portables

Ils fonctionnent sur l'ensemble du territoire en dehors des zones montagneuses ou isolées. Si vous n'avez pas emporté le vôtre, des services de location proposent des appareils pour une courte période, mais cette option revient cher. Une solution moins onéreuse consiste à acheter un téléphone – il en existe à moins de 100 $NZ – qui utilise des cartes à prépaiement, que vous trouverez en vente chez les marchands de journaux et dans les commerces d'alimentation *(dairies)*.

Home Country Direct

Grâce au service Home Country Direct, les visiteurs d'environ 50 pays peuvent passer des appels depuis la Nouvelle-Zélande et faire débiter le montant de la communication sur la facture de leur poste fixe. Vous trouverez dans les pages blanches des annuaires les indicatifs à utiliser.

Disponibles dans les points de vente de Telecom, les *dairies* et les stations-service, les *prepaid cards* sont l'option la moins chère pour appeler l'étranger depuis une cabine.

Enseigne de cybercafé

Télécopie et e-mail

Les postes, les magasins où faire des photocopies et de nombreux hôtels, motels et même auberges de jeunesse permettent d'envoyer et de recevoir des télécopies pour un coût forfaitaire par page.

Des cybercafés ont ouvert partout dans le pays. Ils offrent l'accès à l'Internet et attribueront une adresse e-mail à un client si nécessaire, mais il est plus simple, avant le départ, d'ouvrir un compte sur un serveur accessible par le Web. Beaucoup d'hôtels peuvent aussi recevoir et envoyer du courrier électronique. Les pages jaunes donnent les adresses des établissements qui proposent télécopie et services Internet.

LES ANNUAIRES

Chaque région possède des pages jaunes et des pages blanches. Les pages blanches recensent les abonnés par ordre alphabétique et fournissent des numéros utiles, – services d'urgence et administratifs notamment. Les pages jaunes regroupent les entreprises commerciales par activités. Hormis dans les régions les plus peuplées, comme celles d'Auckland, de Wellington et de Christchurch, un seul volume suffit à contenir les deux sections.

LE BON NUMÉRO

- Depuis l'Europe : **0064**, puis numéro complet sans le premier 0.
- Pour appeler l'étranger depuis la Nouvelle-Zélande : **00** puis indicatif national (France 33, Belgique 32, Suisse 41, Canada 1), puis numéro complet sans le premier 0.
- Pour un appel longue distance (STD) en Nouvelle-Zélande : indicatif régional, puis numéro du correspondant.
- Renseignements locaux et nationaux : **018** (50 c par demande).
- Renseignements internationaux : **0172** (1,5 $NZ pour 2 demandes).
- Appels nationaux par un opérateur : **010**.
- Appels internationaux par un opérateur (PCV réglés par carte bancaire) : **0170**.
- Appels internationaux avec notification du coût : utilisez **0160** comme indicatif et non 00 (3,99 $NZ) ou passez par un opérateur : **0170** (3,99 $NZ).
- **021**, **025**, **027** et **029** sont des préfixes de portables.
- Les numéros commençant par **0800** sont gratuits.
- Services d'urgence, *p. 347*.

Les services postaux

Appelés « Post Shops », les bureaux de poste de New Zealand Post offrent de nombreux services, de l'envoi de lettres et de colis à la réception de télécopies et de courrier en poste restante. Ils sont souvent installés dans des librairies. Leurs horaires varient, mais presque tous sont ouverts au moins de 9 h à 17 h en semaine.

ENVOYER DU COURRIER

Il y a deux régimes d'acheminement du courrier à l'intérieur de la Nouvelle-Zélande. L'affranchissement d'une lettre en FastPost coûte 90 c et garantit une distribution le lendemain. En tarif normal (45 c), le pli arrivera à son destinataire après 2 ou 3 jours.

Un courrier envoyé à l'étranger par avion (International Air) met au minimum une semaine pour atteindre la plupart des pays. Pour les documents et paquets urgents, International Express réduit le délai à quelques jours. Il faut compter 3 semaines pour les lettres et colis expédiés par International Economy.

Il existe aussi des sociétés privées de messagerie express aux tarifs et aux délais de livraison compétitifs.

Postière néo-zélandaise

ACHETER DES TIMBRES

Les timbres sont vendus dans les supermarchés, les *dairies* et les bureaux de poste. Pour les collectionneurs, le Stamps Centre de New Zealand Post édite 12 séries commémoratives par an.

Timbres sur le thème des loisirs

BOÎTES AUX LETTRES

Dans la rue comme devant les postes, les boîtes sont différentes pour les lettres en tarif normal et en FastPost. Dans les quartiers les plus animés, deux levées ont lieu chaque jour : à midi et à 17 h.

Boîtes « standard » et « FastPost »

POSTE RESTANTE

Le bureau principal de chaque ville assure un service de poste restante. Faites clairement rédiger l'adresse : votre nom, suivi de « c/- Poste Restante, Central Post Office » et du nom de la ville. Il vous faudra présenter un passeport ou une pièce d'identité pour obtenir votre courrier. Le bureau de poste le garde pendant 3 mois.

ALLER ET CIRCULER EN NOUVELLE-ZÉLANDE

Dans leur immense majorité, les visiteurs arrivent en Nouvelle-Zélande en avion et atterrissent à Auckland ou, dans une moindre mesure, à Christchurch, le deuxième aéroport d'entrée par le trafic. Beaucoup utilisent ensuite les lignes aériennes intérieures pour se déplacer, en particulier de ville à ville entre l'île du Nord et l'île du Sud. Les autocars desservent de très nombreuses destinations. Plus limité, le réseau ferroviaire traverse pour certains trajets des paysages spectaculaires. La voiture reste néanmoins le moyen de transport qui offre le plus de liberté. Les routes sont bien entretenues, mais elles demandent une grande vigilance en montagne et dans la campagne profonde.

Le *koru* (fougère), sur le logo d'Air New Zealand

ARRIVER EN AVION

Les compagnies assurant directement des liaisons avec la Nouvelle-Zélande ne sont qu'une quinzaine. D'autres, comme **British Airways**, ont passé des accords avec des compagnies locales pour des vols avec correspondance. Ce n'est pas le cas d'Air France, de Swissair et de la Sabena. La compagnie nationale, **Air New Zealand**, dessert surtout le Pacifique sud et l'Australie, mais des accords de partenariat lui permettent d'être présente dans plus de 130 pays.

Les trajets depuis l'Europe imposent une escale et, souvent, un changement d'avion, sur le continent américain ou en Asie. **Cathay Pacific**, **Singapore Airlines**, **Malaysia Airlines**, **Japan Airlines** et **Korean Air** permettent de rejoindre Auckland depuis les grands aéroports asiatiques. Air New Zealand et **Qantas** relient la Nouvelle-Zélande et les États-Unis, avant tout la côte ouest. Pour les voyageurs prêts à suivre un itinéraire moins balisé, **Aerolineas Argentinas** propose des vols directs entre Buenos Aires et Auckland.

VOLS INTERNATIONAUX

Pour atteindre la Nouvelle-Zélande, il faut compter 3,5 heures de vol depuis l'est de l'Australie, 10 heures depuis les villes de la bordure du Pacifique comme Singapour, Honk Kong et Tokyo, et environ 24 heures depuis l'Europe. En tenant compte des attentes et des transferts, le voyage depuis l'Europe peut se révéler extrêmement fatigant, et il est conseillé de faire une vraie étape en Asie, aux États-Unis ou dans une île du Pacifique.

Des 3 principaux aéroports néo-zélandais, celui d'Auckland est de loin le plus important. Ceux de Christchurch et Wellington reçoivent surtout des avions en provenance d'Australie, bien que tous deux permettent aussi de prendre des vols directs pour les îles du Pacifique. Il existe également des liaisons directes entre Christchurch et Singapour.

LES TARIFS

Les billets à destination d'un pays aussi isolé que la Nouvelle-Zélande sont relativement chers, en particulier pendant la haute saison, c'est-à-dire de décembre à février. Les réductions de toutes sortes proposées en basse saison peuvent aboutir à de sérieuses économies. Les politiques commerciales des compagnies aériennes, qui vendent à des prix très différents des places dans le même avion, rendent souvent intéressant de réserver longtemps à l'avance. N'hésitez pas à contacter plusieurs agences de voyages et à vous renseigner sur les

Poteau indicateur à Christchurch

AÉROPORT	RENSEIGNEMENTS	DISTANCE DU CENTRE-VILLE
Auckland	(09) 275 0789	21 km
Wellington	(04) 385 5123	8 km
Christchurch	(03) 358 5029	11 km
Dunedin	(03) 486 2879	30 km

Auckland est la « cité des voiles », ce que montre son aéroport

remises accordées, entre autres aux étudiants et aux personnes âgées. Vérifiez toujours attentivement les conditions d'annulation et ne négligez pas, en comparant deux propositions, la fatigue et les frais que peuvent entraîner des correspondances trop nombreuses ou trop longues.

À l'aéroport

Pendant le vol, les passagers reçoivent des documents de déclaration de douane à remplir et à présenter avec leur passeport. Les aliments et les végétaux doivent être placés dans des récipients spéciaux à la sortie de la zone de transit. Les animaux de compagnie n'entrent dans le pays qu'après une très longue quarantaine. Les tentatives d'infraction à cette règle peuvent donner lieu à de lourdes amendes *(p. 342-343)*.

Dans les aéroports d'Auckland, de Wellington et de Christchurch, il est possible de réserver des places sur les lignes aériennes intérieures. Ils sont dotés de boutiques et de services postaux et de télécommunications, ainsi que de comptoirs de location de voiture. Les guichets de change ont des horaires coordonnés avec les arrivées des vols internationaux *(p. 348)*. Pour rejoindre le centre, des bus assurent des navettes régulières, et des taxis et des *shuttles* (sorte de taxi collectif) déposent directement leurs passagers à l'adresse où ils veulent se rendre.

Bus de l'aéroport

Shuttle

Taxi

Carnet d'adresses

Compagnies aériennes

Aerolineas Argentina
(09) 379 3076.
www.aerolineas.co.nz

Air New Zealand
(09) 336 2400.
www.airnz.co.nz

British Airways
(09) 366 3211.
www.british-airways.com

Cathay Pacific
(09) 379 0833.
www.cathaypacific.com

Japan Airlines
(09) 379 3202.
www.japanairlines.com

Korean Air
(09) 303 0166.
www.koreanair.com

Malaysia Airlines
(09) 373 2741.
www.malaysiaairlines.com.my

Qantas
(0800) 808 767.
www.qantas.com

Singapore Airlines
(09) 379 3209.
www.singaporeair.com

Les terminaux des vols internationaux et intérieurs se trouvent dans le même édifice à Christchurch et à Wellington, mais ils occupent à Auckland deux bâtiments éloignés d'environ un kilomètre, soit cinq minutes à pied. Des navettes gratuites circulent tous les jours entre les deux de 6 h à 22 h 30.

Prix d'une course en taxi	Prix d'une course en bus	Prix d'une course en *shuttle*	Durée jusqu'au centre
40 $NZ	13 $NZ	15 $NZ	45 min
18 $NZ	4.50 $NZ	10 $NZ	20 min
20 $NZ	4 $NZ	10 $NZ	20 min
45 $NZ	—	15 $NZ	30 min

Circuler en avion

La Nouvelle-Zélande possède un important réseau de lignes aériennes intérieures, reliant aussi bien les grandes villes que les localités moins peuplées. En effet, le pays est petit, mais tout en longueur, et la durée des trajets entre les centres urbains importants comme Auckland, Wellington et Christchurch a favorisé le développement du transport aérien.

La principale compagnie intérieure est Air New Zealand. Elle possède plusieurs petites compagnies assurant des liaisons avec les différents centres provinciaux. Elle accorde de multiples réductions, en particulier sur Internet, aux voyageurs prêts à faire preuve de souplesse ou à réserver tôt.

Appareil d'Air New Zealand atterrissant à Wellington

Lignes et compagnies

Air New Zealand assure des liaisons régulières entre les principales villes, les chefs-lieux régionaux et les grands sites touristiques comme Rotorua et Queenstown, en tout quelque 26 destinations. Pour les rejoindre, il faut tout d'abord atterrir dans un grand aéroport (Auckland ou Christchurch), puis prendre une correspondance sous la bannière d'Air New Zealand Link, qui comprend **Air Nelson**, **Mount Cook Line** et **Eagle Air**. Des navettes aériennes entre Invercargill et Stewart Island, Auckland et Great Barrier Island, Wellington et Blenheim, ou Wellington et Picton (sur SoundsAir), évitent de prendre le bateau.

Freedom Air, qui appartient à Air New Zealand, casse les prix sur les vols entre Auckland, Wellington et Chirstchurch. Mais elle couvre aussi l'international en volant de Hamilton, Palmerston North et Dunedin, en Nouvelle-Zélande, vers Brisbane, Melbourne, Sidney et Coolanagatta, en Australie. **Qantas** pratique aussi des tarifs intéressants entre Auckland et Christchurch d'une part, Wellington d'autre part. Depuis l'Australie, on peut rejoindre directement Hamilton, Palmerston North, Dunedin et Queenstown.

Origin Pacific Airways relie Auckland, Hamilton, New Plymouth, Tauranga, Rotorua, Napier, Palmerston North, Wellington, Christchurch, Nelson et Blenheim. Quand la demande est suffisante, elle propose des vols entre Dunedin et Christchurch, et Nelson et Wellington.

Réductions pour les voyageurs étrangers

Les accords passés entre certaines compagnies permettent parfois de bénéficier, à l'achat de son billet international, de réductions spéciales sur les lignes intérieures. Renseignez-vous auprès des agences de voyages en organisant votre séjour.

« South Pacific Airpass », d'Air New Zealand, est un système de coupons qui permet aux visiteurs de voyager à l'intérieur de la Nouvelle-Zélande, mais aussi entre la Nouvelle-Zélande, l'Australie et quelques îles du Pacifique Sud. On achète de 2 à 10 coupons donnant droit à un vol dans une « zone ». Le prix dépend de la zone. Par exemple, un vol direct entre Auckland et Hamilton est en zone 1 ; entre Auckland et Christchurch, c'est en zone 3. Uniquement destiné aux visiteurs étrangers, ce forfait peut s'acquérir avant le départ conjointement à un billet international. Les coupons supplémentaires s'achètent dans les bureaux d'Air New Zealand et sont remboursables avant ou après votre départ.

Formules avion-voiture

Une excellente façon de se déplacer en Nouvelle-Zélande consiste à effectuer en avion une partie du trajet, puis à poursuivre en voiture, d'autant que la prise en charge et la remise du véhicule peuvent avoir lieu dans des endroits différents. Par exemple, depuis Auckland, on peut se rendre à Queenstown par les airs, puis prendre la route jusqu'à Christchurch. Des accords lient Air New Zealand et d'autres compagnies aux grandes sociétés de location de voitures, et celles-ci offrent des tarifs préférentiels à leurs passagers *(p. 358)*.

Pendant la saison de ski, les voyagistes proposent un large choix de formules pour rejoindre les stations de l'île du Sud depuis Auckland. Celles qui comprennent le trajet en avion, la location d'un camping-car ou d'une voiture ainsi que le forfait pour les remontées mécaniques sont en général très intéressantes.

Les avions de Mount Cook Line décollent sur patins du mont Cook

Passagers se faisant enregistrer à Christchurch

Les tarifs aériens

Les tarifs normaux des vols intérieurs sont chers, mais un même avion contiendra des places à prix très divers, et il est même possible d'obtenir des réductions substantielles en s'y prenant à la dernière minute.

Air New Zealand, par exemple, propose des tarifs « Express Class » qui sont très compétitifs par rapport aux prix standard. Les conditions d'utilisation varient en fonction des 3 catégories existantes.

Les enfants de moins de moins de 2 ans voyagent pour 10 % d'un plein tarif sur les genoux de leurs parents, et ceux de 2 à 11 ans paient 75 % d'un plein tarif.

Enregistrement

Pour les vols intérieurs, il faut se présenter à l'enregistrement une demi-heure avant le départ. Air New Zealand possède des bornes d'auto-enregistrement pour les vols intérieurs. Il n'est pas nécessaire de confirmer une réservation, mais il est utile de s'assurer que son vol est à l'heure.

Bagages

Sur les lignes intérieures néo-zélandaises, tous les passagers en classe économique, y compris les enfants, ont droit d'emporter 32 kg de bagages. Le poids maximum des bagages à main acceptés en cabine est de 5 kg. Tous les objets – sacs, manteaux, etc. – doivent pouvoir être rangés sous un siège ou dans les compartiments réservés à cet effet.

Carnet d'adresses

Lignes intérieures

Air New Zealand
☎ 0800 737 000.
W www.airnewzealand.co.nz

Freedom Air
☎ 0800 600 500.
W www.freedomair.com

Qantas
☎ 0800 808 767.

Origin Pacific Airways
☎ 0800 302 302.

SoundsAir
☎ 0800 505 005.

Principales lignes intérieures

Les liaisons régulières entre les grandes cités et les vols à destination des villes moyennes et touristiques assurent une couverture assez complète du pays. Aucun moyen de transport ne vaut l'avion pour ceux qui ne disposent pas de beaucoup de temps.

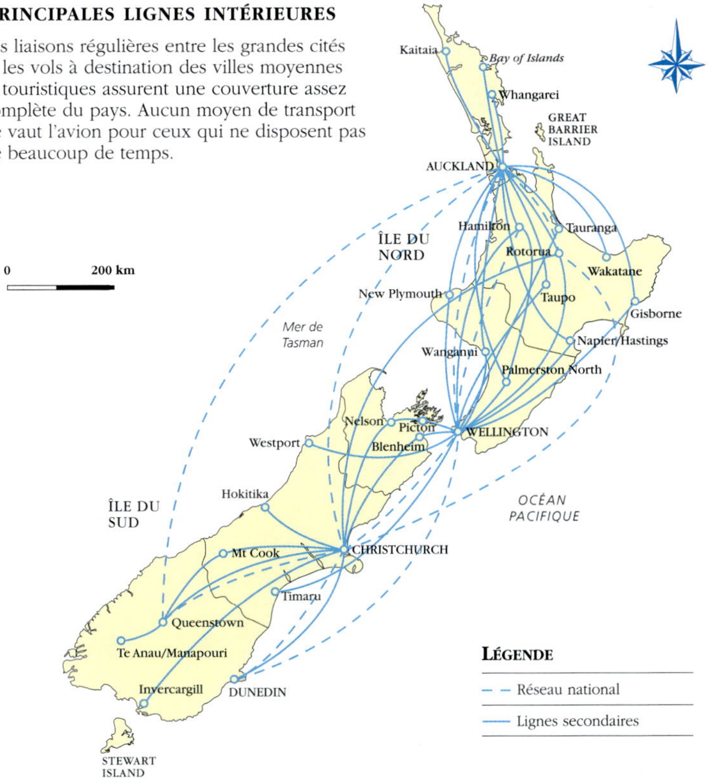

Circuler en train, en autocar et en bateau

La Nouvelle-Zélande ne possède pas un réseau ferroviaire très dense, mais il relie toutes les villes principales et traverse des paysages exceptionnels, pour certains inaccessibles par la route. Les trains empruntent de surcroît d'impressionnants viaducs et tunnels imposés par le terrain montagneux. Le réseau d'autocars néo-zélandais est très étendu et efficace, reliant la quasi-totalité du territoire qu'ils permettent de découvrir en indépendant ou dans le cadre de visites guidées. Ils sont une très bonne alternative au train. Des ferries effectuent plusieurs navettes quotidiennes entre les îles du Nord et du Sud.

Le TranzAlpine franchissant le Kowai Bridge

Le réseau ferroviaire

Les chemins de fer appartiennent à une société privée, **Tranz Scenic 2001 Ltd**. Quant aux services de transport maritime Interislander et Lynx, ils appartiennent à une autre société. Le réseau relie les principales villes et dessert un certain nombre de localités moins importantes, dont Ohakune, Palmerston North, Picton, Kaikoura et Greymouth. L'*Overlander* est le nom du train qui circule entre Auckland et Wellington, sur l'île du Nord.

Trajets touristiques

Bien que toutes les grandes lignes permettent de découvrir de beaux paysages, deux d'entre elles jouissent d'une popularité particulière. La Tranzalpine part de Christchurch, traverse les plaines du Canterbury puis coupe à travers les Southern Alps par l'Otira Tunnel *(p. 240-241)* avant de redescendre au milieu de la forêt pluviale jusqu'à Greymouth, sur la côte ouest. Beaucoup de passagers font l'aller-retour dans la journée, d'autres explorent la région depuis Greymouth.
La TranzCoastal, entre Picton et Christchurch, doit son succès à la splendeur de la côte de Kaikoura.

Deux trains historiques privés permettent des excursions dans l'Otago : le Taieri Gorge Railway *(p. 262)* et le Kingston Flyer *(p. 277)*.

En autocar

C'est un moyen sûr et efficace pour voyager en Nouvelle-Zélande. Les deux principales compagnies d'autocars, **InterCity Coachlines** et **Newmans Coach Lines**, organisent des visites guidées, assurent des liaisons régulières et proposent des forfaits. Intercity relie pratiquement toutes les villes. Ses abonnements variés accordent une libre circulation de 3 mois sur des circuits définis. Il est également possible d'obtenir des réductions ponctuelles de 30 et 50 % sur des billets soumis à des pénalités d'annulation.

Autocar d'InterCity sur la Nationale 6, côte ouest

Magic Bus a mis en place un système très souple qui vise principalement une clientèle de routards. Différents forfaits, valables jusqu'à 12 mois après la date d'achat, permettent aux passagers de moduler librement leur voyage. Quelques compagnies assurent des dessertes locales.

Billets et réservations

Le service de réservation de Tranz Scenic est ouvert 7 jours sur 7 de 7 h à 21 h. Vous pouvez aussi prendre une place de chemin de fer par l'intermédiaire d'une agence de voyages.

Le fait qu'il n'existe pas de système de classes n'exclut pas une tarification multiple, pour le train comme pour les ferries. Par rapport aux prix normaux, elle peut permettre des économies allant jusqu'à 50 %, en particulier hors saison. Au moment de réserver, renseignez-vous sur les remises auxquelles vous pouvez avoir droit.

Les forfaits

Très économique, le forfait Tranz Scenic pour le train et le ferry offre une grande liberté. Il s'apparente aux forfaits disponibles en Europe basés sur la date. Deux types de forfaits sont disponibles : l'un valable pendant 7 jours, l'autre pendant un mois calendaire. Ces forfaits sont très économiques comparés aux prix standard, mais ils n'incluent toutefois pas les trajets éventuels en autocar.

Un bateau de la flotte d'Interislander

Liaisons maritimes entre les deux grandes îles

Les 3 ferries de la flotte d'**Interislander** transportent des passagers, des véhicules et des marchandises entre Wellington et Picton. Ils effectuent 5 navettes quotidiennes, et le trajet dure environ 3 heures. Ils abritent des restaurants, des bars, des cafés, des cinémas, des salles de jeu pour enfants, des plates-formes panoramiques et des salons pour hommes d'affaires. À bord, les passagers peuvent effectuer des réservations sur les autres modes de transport de Tranz Rail. Le **Bluebridge Cook Strait Ferry** fait la navette 2 fois par jour, avec les mêmes prestations celles.

En été, un catamaran, le *Lynx*, assure la liaison entre Wellington et Picton en 2 heures et 15 minutes.

Malgré des tarifs assez élevés, il est recommandé de réserver tôt, surtout en période de vacances scolaires et avec une voiture.

Carnet d'adresses

Train

Tranz Scenic 2001 Ltd
0800 872 467.
0064 4 495 0775
(de l'étranger).
W *www.tranzscenic.co.nz*

Autocars

InterCity Coachlines
(09) 913 6100.
W *www.intercitycoach.co.nz*

Newmans Coach Lines
(04) 499 3261.

Magic Bus
(09) 358 5600.

Ferries

Interislander et Lynx
0800 802 802.
00644 498 3302
(de l'étranger).
W www.interislandline.co.nz

Bluebridge Cook Ferry
(04) 472 3707.

Principales lignes ferroviaires, d'autocar et de ferries

Le train, les autocars et les ferries effectuant des navettes entre les îles permettent de se déplacer pratiquement partout en Nouvelle-Zélande. Des compagnies de bus locales desservent les localités rurales. Attention, les trains suivants ne transportent pas de passagers : Wellington-Napier, Auckland-Tauranga, Auckland-Rotorua, et Christchurch-Invercargill.

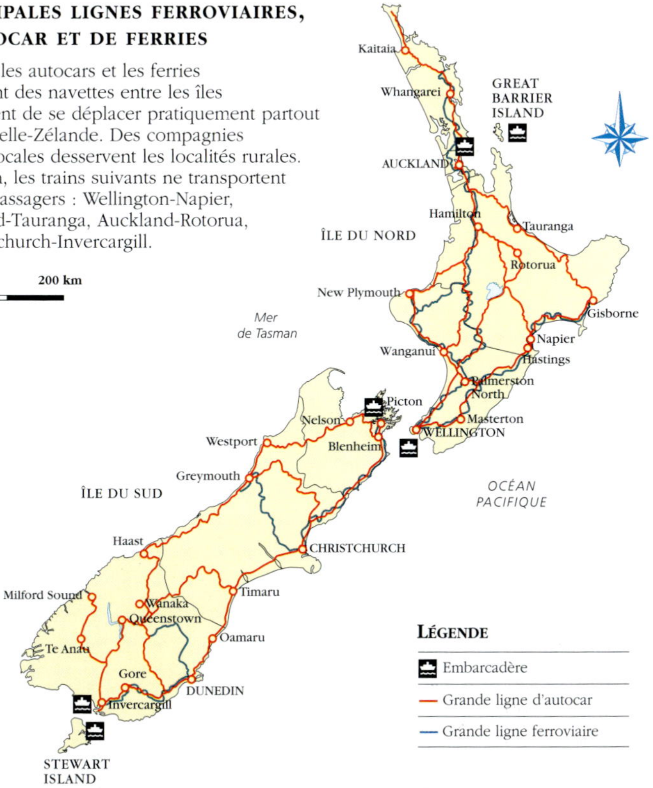

Circuler en voiture

Panneau d'autoroute à Auckland

Les transports publics n'offrent pas autant de liberté pour explorer la Nouvelle-Zélande que la voiture ou le camping-car. Ils permettent de se déplacer à sa guise dans les zones rurales et de s'arrêter à tout moment pour admirer la vue ou faire une pause au café d'un village ou dans un domaine viticole. Hors des villes, les routes sont relativement peu encombrées, voire presque désertes dans certaines régions. Les chaussées sont d'habitude en bon état, mais même les grandes nationales comportent des tronçons sinueux. Il n'existe d'autoroutes ou de routes à doubles voies qu'à l'approche des grandes villes.

Les permis de conduire

Un visiteur étranger peut conduire en Nouvelle-Zélande avec son permis national à condition qu'il soit rédigé en anglais ou accompagné d'une traduction. Il reste plus sûr pour un francophone de se procurer un permis international avant son départ. Le conducteur d'un véhicule doit toujours avoir son permis avec lui.

Location de voitures

Il existe partout des loueurs de voitures, et le nombre d'agences en concurrence procure dans les grandes villes un large choix. Les réseaux de compagnies internationales comme Avis, Budget et Hertz couvrent tout le territoire.

Les tarifs varient énormément en fonction de la taille du véhicule, de la période de l'année et de la durée de la location. Hors saison, une petite voiture peut revenir aussi bon marché que 30 $NZ par jour, tandis qu'un 4X4, au prix fort, risque de coûter 140 $NZ. En règle générale, il est moins cher de louer dans les grandes villes qu'en zone rurale, où les agences ont un parc plus limité.

Les forfaits à kilométrage fixe sont adaptés à la découverte de l'une des villes principales en 2 ou 3 jours. Pour de plus longes périodes et pour faire de la route, mieux vaut opter pour un kilométrage illimité. Le prix ne comprend jamais le carburant.

Les compagnies travaillent souvent en partenariat avec d'autres sociétés, ce qui leur permet de proposer des formules jumelées intéressantes – des forfaits ski-voiture par exemple. Expliquer vos projets à l'employé qui s'occupera de vous vous permettra peut-être de découvrir une promotion intéressante.

Comptoir de location de voitures à l'aéroport d'Auckland

En comparant les tarifs, assurez-vous qu'ils correspondent aux mêmes services et comprennent bien l'assurance. Certains loueurs demandent un supplément quand vous rapportez la voiture à un autre dépôt que celui où vous l'avez prise. L'occasion se présente parfois d'obtenir une location très avantageuse pour conduire une voiture attendue dans un autre endroit. Cette façon économique de voyager laisse généralement peu de temps pour flâner.

Sauf exception, les compagnies ne louent pas à des conducteurs de moins de 21 ans et préfèrent être payées par carte bancaire. Même en cas de règlement en liquide ou en chèque de voyage, on vous demandera une carte pour la caution.

La Nationale 1 longe la voie ferrée sur la côte de Kaikoura

Les camping-cars

Le camping-car, ou *campervan*, est souvent très apprécié des visiteurs. Les plus grandes compagnies de location, comme Maui Rentals et Kea Campers, ont des dépôts à Auckland, Christchurch et Queenstown. Elles proposent des véhicules comportant de 2 à 6 couchettes. Tous sont équipés d'un réfrigérateur et d'un réchaud à gaz, et certains des plus luxueux ont une douche, des toilettes et un four à micro-ondes.

Les prix dépendent de la saison. En été, un camping-car à 2 couchettes coûtera à la journée 145 $NZ environ et un 6 couchettes 275 $NZ. De mai à septembre, les tarifs pour les mêmes véhicules tournent autour de 65 $NZ et 170 $NZ.

Camping-car de Maui Rentals à Auckland

Partout, et en général dans de très beaux sites, des terrains de camping louent des emplacements où passer pour la nuit *(p. 295)*.

Les assurances

Le prix de location comprend normalement une assurance au tiers qui couvre aussi le vol et les dégâts causés au véhicule en cas d'accident. Les polices prévoient cependant des franchises très élevées, dans certains cas de 1 500 $NZ pour une voiture et 5 000 pour un camping-car. Un surcoût de 10 à 20 $NZ par jour permet de la réduire à moins de 200 $NZ. Il est possible aussi de demander une couverture des dommages corporels, mais une de vos assurances la prévoit peut-être déjà. Les conducteurs de moins de 25 ans paient un supplément.

Les stations-service vendent à la fois de l'essence et du gas-oil

Les carburants

La majorité des voitures de tourisme néo-zélandaises fonctionnent à l'essence, tandis que la plupart des véhicules tout terrain et des camping-cars sont équipés de moteurs diesel.

On trouve partout des stations-service, ou au moins une boutique dotée d'une pompe, y compris dans de petites localités rurales. En ville, les stations restent souvent ouvertes tard, et certaines ne ferment jamais. En campagne, elles sont d'habitude fermées le soir et le week-end. Les carburants disponibles comprennent deux formes d'essence sans plomb, le *regular unleaded* et le *premium unleaded*. Elles coûtent environ deux fois moins cher qu'en Europe. Le gas-oil est également bon marché. La plupart des stations-service vendent aussi des journaux, des magazines et des produits alimentaires de base.

Le code de la route

Les Néo-Zélandais roulent à gauche. La signalisation routière utilise les symboles internationaux, et les distances sont indiquées en kilomètres. La vitesse est limitée à 100 km/h sur route et à 50 km/h en ville. Sur les nombreuses routes sinueuses du pays, il est fréquent que des panneaux invitent les conducteurs à ralentir. Des radars installés aussi bien en ville qu'à l'extérieur relèvent les infractions, causes de nombreux accidents en Nouvelle-Zélande. La sanction dépend de l'ampleur de l'excès de vitesse. Un dépassement de 50 km/h peut entraîner une suspension de 28 jours du permis de conduire.

Une ligne jaune au milieu de la chaussée, continue ou non, signifie qu'il est interdit de doubler car la visibilité ne le permet pas. Sur les grandes nationales, à intervalles réguliers, des tronçons comportent une file de dépassement. À un croisement, un conducteur doit laisser la priorité aux véhicules arrivant de droite et à ceux venant d'en face et continuant tout droit.

Limitation de vitesse

Les autorités néo-zélandaises appliquent avec fermeté la législation sur l'ébriété au volant, et un chauffeur peut se retrouver à tout moment soumis à un Alcotest. Le taux maximum d'alcoolémie autorisé est de 0,3 g pour les conducteurs de moins de 20 ans et de 0,8 g pour les autres. La police ne se montre pas moins vigilante en campagne, et elle effectue régulièrement des contrôles surprise. Tout accident de la route ayant entraîné des dommages corporels doit être signalé aux autorités dans les 24 heures. En cas de collision, les automobilistes en cause doivent échanger les coordonnées de leurs assurances. N'admettez jamais votre responsabilité : donnez plutôt votre version des événements à la police et laissez-la décider. Le port de la ceinture est obligatoire pour tous, et les enfants de moins de 5 ans doivent voyager dans un siège spécial.

Priorité aux moutons sur une nationale

L'état des routes

La Nouvelle-Zélande possède des routes très bien entretenues si l'on considère le taux peu élevé de sa population et l'étendue de son territoire. Les visiteurs habitués à franchir de longues distances sur des autoroutes à 2 ou 3 voies sans circulation à contre-courant doivent toutefois se montrer prudents. Des lignes jaunes délimitent la partie de la chaussée réservée à chaque sens, mais il n'y a de séparations centrales en dur que sur les autoroutes d'accès aux principales villes. À cause des reliefs, même les grandes nationales comportent des parties sinueuses. Il faut aussi se méfier des passages à niveau. Des feux clignotants et l'abaissement d'une barrière préviennent normalement de l'arrivée d'un train, mais ces dispositifs peuvent faire défaut dans certaines zones isolées.

Des pistes en terre constituent parfois l'unique moyen de rejoindre un site ou une région pittoresque comme l'Oparara Basin, au nord de Karamea *(p. 232)*. Souvent étroites, elles exigent du conducteur un surcroît de prudence s'il veut éviter de se retrouver obligé de freiner brusquement sur une surface glissante.

Normalement, l'hiver ne pose pas de problèmes de conduite particuliers, hormis

Signalisation en campagne

En zone rurale, les limitations de vitesse dépendent de l'état des routes et du trafic. Des panneaux signalent des risques particuliers. Les conducteurs doivent notamment se méfier des animaux qui errent sur la chaussée, des passages à niveau, des pistes gravillonnées et des ponts à voie unique où le sens de circulation indiqué par une flèche blanche a priorité.

Attention aux manchots !

Piste gravillonnée

Attention au bétail !

Passage à niveau

Attention aux kiwis !

Attention, école

Traversée de talèves sultanes

Pont à voie unique

Camionnette de dépannage de l'Automobile Association

en cas de grosse chute de neige en altitude et dans certaines régions de l'île du Sud. En période de mauvais temps, si vous envisagez de prendre des routes de montagne comme celles de l'Arthur Pass *(p. 240-241)* et du Haast Pass *(p. 271)*, et bien qu'elles soient régulièrement sablées, mieux vaut vous renseigner auprès du DOC ou de l'Automobile Association sur les conditions de circulation.

À l'entrée d'un pont à voie unique, un panneau portant des flèches rouges et blanches indique qui doit céder le passage. Il existe encore des ponts empruntés à la fois par des trains et des voitures. Un feu rouge d'avertissement se

Pont routier et ferroviaire près de Kumara Junction

met à clignoter quand un convoi approche.

Dans les régions rurales, se retrouver bloqué par un troupeau de moutons n'a rien d'exceptionnel. Autant alors prendre patience et apprécier le charme pastoral de la situation. La nuit, il est recommandé de prendre garde aux animaux nocturnes, comme les opossums, qui se risquent sur la chaussée.Il arrive aussi que l'on rencontre du bétail errant sur de petites routes.

Assistance dépannage

Les compagnies de location de voitures s'occupent de leurs propres véhicules quand ils tombent en panne et se chargent de le remplacer si nécessaire. L'**Automobile Association (AA)** possède des bureaux dans presque toutes les villes de quelque importance et assure sur l'ensemble du territoire un service de dépannage et de renseignement sur les conditions de circulation. Elle fournit également des informations techniques et touristiques, des cartes détaillées et des guides recensant des hébergements de tous types, du camping au cinq-étoiles. Les accords de réciprocité conclus avec beaucoup d'Automobiles clubs étrangers permettent aux adhérents de ces derniers de profiter de tous les avantages procurés par l'association. Il suffit de présenter sa carte nationale dans un bureau de l'AA pour bénéficier d'une adhésion temporaire. Elle donne droit à des dépannages gratuits et des réductions auprès de certains loueurs et dans des hôtels et motels.

Conduire en ville

Pour un nouvel arrivant, il est difficile de conduire dans les grandes villes néo-zélandaises sans un plan à jour permettant, entre autres, de localiser les sens interdits. Mieux vaut éviter les heures de pointe, de 7 h 30 à 9 h et de 16 h 30 à 18 h en semaine, en particulier à Auckland et Wellington. Les stations de radio locales *(p. 345)* diffusent des bulletins d'informations routières.

Il est facile de se garer dans le centre grâce aux places de parcmètre (fonctionnant à pièces), aux parkings et aux aires de stationnement des centres commerciaux. Attention, toutefois, aux infractions. Des agents municipaux circulent pour verbaliser les véhicules en stationnement interdit. Si votre voiture est emportée à la fourrière, adressez-vous à la police nationale ou aux autorités routières locales. Il vous faudra payer une amende sur-le-champ.

Carnet d'adresses

Location de voitures

Avis
☎ *0800 655 111.*

Budget Rent A Car
☎ *0800 652 227.*

Hertz
☎ *0800 654 321.*

Maui Rentals
☎ *0800 651 080.*

Kea Campers
☎ *0800 520 052.*

Automobile club

Automobile Association
☎ *0800 500 543.*

Renseignements routiers

Automobile Association
☎ *0900 33 222.*

Horodateur à pièces en centre-ville

Index

Index
Les numéros de page en **gras** renvoient aux entrées principales.

A

D

M

P

S

T

U

V

W

Bibliographie

Littérature

Duff, A., *L'Âme des guerriers*, Arles, Actes sud, 1996.

Duff, A., *Les Âmes brisées*, Arles, Actes sud, 2000.

Frame, J., *Owls Do Cry*, Auckland, Random House, 1999.

Gee, M., *Plumb*, Auckland, Penguin, 1981.

Gee, M., *Live Bodies*, Auckland, Penguin, 1997.

Grace, P., *Potiki*, Auckland, Penguin, 1986.

Hulme, K., *Les Hommes du long nuage blanc*, Paris, Flammarion, 1995.

Ihimaera, W., *The Matriarch*, Auckland, Reed Publishing, 1996.

Kanawa, K.T. et Foreman, M., *Land of the Long White Cloud: Maori Myths, Tales and Legends*, Auckland, Penguin, 1997.

Kassabova, K., *Reconnaissance*, Auckland, Penguin, 1999.

Manhire, B. (éd.), *100 New Zealand Poems*, Auckland, Godwit, 1994.

Mansfield, K., *Œuvres romanesques*, Paris, Stock, 1977.

Mansfield, K., *Journal*, Paris, Gallimard, 1983.

Marshall, O., *The Best of Owen Marshall*, Auckland, Random House, 1997.

O'Sullivan, V., *Believers to the Bright Coast*, Auckland, Penguin, 1998.

Art et culture

Brown, W., *100 New Zealand Paintings*, Auckland, Godwit, 1997.

Clark, J. et Walker, P., *Looking for the Local: Architecture and the New Zealand Modern*, Wellington, Victoria University Press, 2000.

Dunn, M., *Contemporary Painting in New Zealand*, Auckland, Craftsman House, 1996.

Henry, G., *New Zealand Pottery: Commercial and Collectable*, Auckland, Reed Publishing, 2000.

Lingé, G., *Nouvelle-Zélande, terre des Maoris*, Paris, Robert Laffont, 1972.

Salmond, J., *Old New Zealand Houses 1800-1940*, Auckland, Reed Publishing, 1998.

Schamroth, H., *100 New Zealand Craft Artists*, Auckland, Godwit, 1998.

Shaw, P., *A History of New Zealand Architecture*, Auckland, Hodder Moa Beckett, 1998.

Starzecka, D.C. (éd.), *Maori Art and Culture*, Auckland, David Bateman, 1996.

Géographie

Campbell, H. et Hicks, G., *Awesome Forces: The Natural Hazards That Threaten New Zealand*, Wellington, Te Papa Press, 1998.

Goulven-Le Cam, G. et Baudelle, Guy, *L'Australie et la Nouvelle-Zélande*, Rennes, Presses universitaires, 1996.

Grey, A., *Aotearoa and New Zealand: A Historical Geography*, Christchurch, Canterbury University Press, 1995.

Kirkpatrick, R., *Contemporary Atlas of New Zealand*, Auckland, David Bateman, 1999.

Histoire et politique

Belich, J., *Making Peoples: A History of New Zealanders from Polynesian Settlement to the End of the 19th Century*, Auckland, Penguin, 1996.

Evans, J., *The Discovery of Aotearoa*, Auckland, Reed Publishing, 1998.

Goulven-Le Cam, G., *Mythe et stratégie identitaire chez les Maoris de Nouvelle-Zélande*, Paris, L'Harmattan, 2000.

Mulgan, R., *Politics in New Zealand*, Auckland, Auckland University Press, 1997.

Orange, C., *The Treaty of Waitangi*, Wellington, Bridget Williams Books, 1991.

Orbell, M., *A Concise Encyclopaedia of Maori Myth and Legend*, Christchurch, Canterbury University Press, 1998.

Philippe, N., *Une colonie écossaise en Nouvelle-Zélande, Dunedin 1848-1878*, Presses universitaires du Septentrion, 1998.

Tolron, F., *La Nouvelle-Zélande : du duel au duo*, Toulouse, Presses universitaires du Mirail, 2000.

Nature et paysages

Collectif, *Nouvelle-Zélande, À la rencontre des Maoris*, Genève, Minerva, 2001.

Dunkan, J., *Nouvelle-Zélande, terre de tous les rêves*, Paris, Soline, 1992.

Heather, B. et Robertson, H., *Field Guide to the Birds of New Zealand*, Auckland, Viking, 1996.

Hillary, sir E., *Un regard depuis le sommet*, Grenoble, Glénat, 1999.

Minkoff, S. et Viedebantt, K., *Nouvelle-Zélande*, Munich, Vilo, 1994.

Peat, N., *Kiwi: New Zealand's Remarkable Bird*, Auckland, Godwit, 1999.

Roberts, G., *Game Animals of New Zealand*, Blenheim, Shoal Bay Press, 1998.

Salmon, J., *Native Trees of New Zealand*, Auckland, Reed Publishing, 1996.

Salmon, J., *A Field Guide to the Alpine Plants of New Zealand*, Auckland, Godwit, 1999.

Loisirs de plein air

Barnett, S. et Brown, R., *Classic Tramping in New Zealand*, Nelson, Craig Potton Publishing, 1999.

Burton, R. et Atkinson, M., *A Tramper's Guide to New Zealand's National Parks*, Auckland, Reed Publishing, 1998.

Kennett, P., Kennett, S. et Kennett, J., *Classic New Zealand Mountain Bike Rides*, Auckland, Reed Publishing, 1998.

McLennan, C., *New Zealand: Pure Adventure*, Auckland, David Bateman, 1999.

Potton, C., *Classic Walks of New Zealand*, Nelson, Craig Potton Publishing, 1997.

Glossaire

Culture

Aotearoa : littéralement, « terre du long nuage blanc », nom maori donné à la Nouvelle-Zélande par la femme de l'explorateur Kupe *(p. 15)*.
haka : danse et chant de guerre masculins *(p. 28)*.
hangi : mode de cuisson traditionnel sur des pierres chaudes ou des braises dans un four en terre *(p. 135)*.
hongi : salut en se touchant nez à nez. Pendant un *hongi*, les *hau*, ou essences vitales, se mêlent.
iwi : tribu ou peuple, divisés en *hapu* (lignées) et *whanau* (familles étendues).
kai : « aliment ». Utilisé dans des mots composés, comme *kai moana* (fruits de mer), il renvoie toujours à la nourriture *(p. 107)*.
kete : panier tressé en fibre de lin, de *kiekie* ou de *pingao (p. 29)*.
mana : autorité, prestige, puissance spirituelle.
maori : utilisé par les indigènes néo-zélandais partir du XIXe siècle pour se distinguer des Pakehas (*pakeha* signifiant étranger, différent).
Maoritanga : culture maorie.
marae : lieu de rassemblement, en plein air, devant la maison commune, où se déroulent les réunions, les rites et les réceptions officielles *(p. 114)*.
mere : massue plate en néphrite, l'arme la plus estimée *(p. 198)*.
moko : tatouages sur le visage, les fesses et les hanches des hommes et les lèvres et le menton des femmes *(p. 28)*.
pa : camp ou village fortifié *(p. 48)*.
pakeha : étranger, personne de peau blanche.
poi : balle de feuilles au bout d'une ficelle avec laquelle les femmes jonglent lors d'une danse *(p. 28-29)*.
tane : homme, mâle.
tangi : funérailles.
taonga : trésors, objets précieux, tels des sculptures ou des manteaux, transmis de génération en génération.
tapu : sacré, interdit, tabou.
tiki : d'*heitiki* ; pendentif en néphrite très estimé. Les origines et la signification religieuse de cette parure restent un sujet de débat *(p. 28)*.
wahine : femme, femelle.
waiata : chants. Il existe, par exemple, des *waiata tangi* (lamentations) et des *waiata aroha* (chansons d'amour).
waka : priogue. Les *waka taua*, ou pirogues de guerre, mesuraient 30 m de long *(p. 45)*.
whare : maison. Il peut s'agir d'une *whare runanga* (maison commune, *p. 26*), d'une *whare whakairo* (maison sculptée) ou encore d'une *whare puni* (maison familiale).

Géographie et nature

kauri : arbre immense des forêts de l'île du Nord *(p. 22)*.
nestor kéa : perroquet chapardeur qui vit en altitude et doit son nom à son cri *(p. 23)*.
kiwi : cet oiseau ratite propre à la Nouvelle-Zélande utilise son long bec pour fouiller le sol *(p. 1)*.
koru : la spirale, principal motif dans la sculpture maorie, inspiré par la feuille de fougère, ou *koru*, qui se déroule. Il symbolise l'éveil, la croissance, la joie *(p. 22)*.
kumara : la patate douce, importée de Polynésie. Elle devint un aliment de base en Nouvelle-Zélande*(p. 43)*.
manuka : arbuste aux vertus antiseptiques surnommé l'« arbre à thé ». Il donne du miel et des huiles *(p. 22)*.
paua : sorte d'ormeau ; coquillage noir apprécié pour sa nacre qui sert pour des incrustations et la fabrication de bijoux *(p. 331)*.
pohutukawa : grand arbre côtier à troncs multiples qui se couvre de fleurs écarlates au début de l'été ; il a été surnommé l'« arbre de Noël » *(p. 23)*.
ponga : fougère arbustive.
pounamu : néphrite, une forme de jade, la pierre la plus précieuse pour les armes et les bijoux. Trouvée dans l'île du Sud, elle était échangée avec les tribus de l'île du Nord *(p. 235)*.
Te Ika a Maui : l'île du Nord (poisson de Maui).
Te Wai Pounamu : l'île du Sud.

Au quotidien

Haere mai : bienvenue.
Haere ra : au revoir (dit par la personne qui reste).
E noho ra : au revoir (dit par la personne qui s'en va).
Ka pai : merci.
Kia ora : merci, bonne chance, bonne santé.
Tena koe : bonjour (à une personne).
Tena koutou : bonjour (à plus de 3 personnes).
Kei te pehea koe : comment-allez vous ?
Kei te pai : très bien, merci.

Mots utilisés dans les toponymes

ao : nuage.
atua : esprit ou dieu.
awa : rivière ou vallée.
hau : vent.
ika : poisson.
iti : petit.
kai : aliment.
kainga : village.
kare : ruisseau.
manga : rivière, affluent.
manu : oiseau.
maunga : montagne.
moana : mer ou lac.
motu : île.
nui : gros.
one : plage, sable ou boue.
papa : grande dalle.
po : nuit.
puke : colline.
puna : source.
rangi : ciel, cieux.
roa : long.
roto : lac.
rua : deux, trou.
te : le.
wai : eau.
wero : défi.
whanga : baie, crique.
whenua : terre, pays.

Pays

Afrique du Sud • Allemagne • Australie • Canada • Cuba
Égypte • Espagne • France • Grande-Bretagne
Irlande • Italie • Japon • Maroc • Mexique • Norvège
Nouvelle-Zélande • Portugal, Madère et Açores
Singapour • Thaïlande • Turquie

Régions

Aquitaine • Baléares • Bali et Lombok
Barcelone et la Catalogne
Bretagne • Californie
Châteaux de la Loire et vallée de la Loire
Écosse • Florence et la Toscane • Floride
Grèce continentale • Guadeloupe • Hawaii
Îles grecques • Jérusalem et la Terre sainte
Martinique • Naples, Pompéi et la côte amalfitaine
Nouvelle-Angleterre • Provence et Côte d'Azur
Sardaigne • Séville et l'Andalousie • Sicile
Venise et la Vénétie

Villes

Amsterdam • Berlin • Bruxelles, Bruges, Gand et Anvers
Budapest • Delhi, Agra et Jaipur • Istanbul
Londres • Madrid • Moscou • New York
Nouvelle-Orléans • Paris • Prague • Rome
Saint-Pétersbourg • Stockholm • Vienne • Washington

À paraître en 2006
Suisse

Carte routière de la Nouvelle-Zélande

Île du Nord

	Auckland	Gisborne	Hamilton	Kaitaia	Napier	New Plymouth	Palmerston North	Rotorua	Taupo	Tauranga	Thames	Wanganui	Whakatane	Whangarei
Wellington	660	550	533	983	334	355	145	462	380	548	584	195	545	819
Auckland		504	127	325	423	369	528	234	280	206	115	454	298	170
Gisborne			394	829	216	599	394	287	350	298	413	468	201	675
Hamilton				452	296	242	401	107	153	107	107	327	193	297
Kaitaia					748	694	853	561	605	531	440	779	622	155
Napier						412	178	225	143	311	347	252	308	593
New Plymouth							234	312	296	398	349	160	384	539
Palmerston North								331	249	417	454	074	424	698
Rotorua									082	086	158	305	085	404
Taupo										167	205	222	165	450
Tauranga											115	391	097	376
Thames												434	209	285
Wanganui													358	624
Whakatane														467

Distance de ville à ville
(en km)

	Blenheim	Christchurch	Dunedin	Greymouth	Haast	Invercargill	Milford Sound	Mount Cook	Nelson	Picton	Queenstown	Te Anau	Timaru	Wanaka
Christchurch	321													
Dunedin	682	361												
Greymouth	331	255	616											
Haast	721	527	424	308										
Invercargill	876	555	195	745	376									
Milford Sound	1058	748	387	835	494	280								
Mount Cook	643	322	329	525	360	445	578							
Nelson	117	438	799	296	604	996	1107	737						
Picton	029	350	711	360	717	905	1121	672	113					
Queenstown	800	479	299	567	187	189	299	271	917	829				
Te Anau	971	650	286	714	359	159	121	449	986	1000	186			
Timaru	482	162	199	365	426	417	610	210	600	510	336	486		
Wanaka	790	363	276	456	148	242	352	212	649	762	071	231	278	
Westport	265	360	658	105	413	849	921	630	211	324	600	863	476	588

Wellington et le Sud
Pages 150-183

Marlborough et Nelson
Pages 194-215

Canterbury et côte ouest
Pages 216-251

Otago et Southland
Pages 252-289

GUIDES VOIR

NOUVELLE-ZÉLANDE